【权威解读】

中华人民共和国
工会法
释义

主编
张　勇　许山松

中国法制出版社
CHINA LEGAL PUBLISHING HOUSE

本书编委会

主　编：张　勇（全国人大常委会法制工作委员会副主任）
　　　　许山松（全国总工会书记处书记）

副主编：郭林茂（全国人大常委会法制工作委员会社会法室主任）
　　　　江　南（全国总工会法律工作部部长）

参加编写人员：吴晓华　张瑞玲　朱艳丽　李进东
　　　　　　　郑全红　刘　斌　赵　光　王　涛
　　　　　　　吕　翔　顾　冰　张　杨　谢　静

编写说明

2021年12月24日，十三届全国人大常委会第三十二次会议通过了《全国人民代表大会常务委员会关于修改〈中华人民共和国工会法〉的决定》。工会法是明确工会法律地位和工作职责的重要法律，是工会组织依法开展工作的重要制度保障。现行工会法于1992年公布施行，此前先后于2001年、2009年进行了两次修改。工会法实施以来，为各级工会履行团结引导职工群众听党话跟党走的政治责任提供了有力法治保障，在发挥工会职能作用、维护职工合法权益、构建和谐劳动关系等方面起到了有力的推动作用。党的十八大以来，党和国家事业取得历史性成就、发生历史性变革，对工会工作提出了新要求。各级工会在推进产业工人队伍建设改革和工会改革中也积累了宝贵经验。为贯彻落实习近平总书记指示批示精神和党中央决策部署，及时将行之有效的经验做法上升为法律规定，2021年全国人大常委会再次对工会法作出重要修改。

此次修改涉及条文虽然不多，但都是较为重大的修改。同时，随着国家社会快速发展以及法律体系不断完善，工会法很多规定都具有了新的时代内涵，有必要结合新的时代背景和法律体系，重新系统梳理和全面深化对工会法的理解认识。为了更好地宣传贯彻新修改的工会法，使社会各界能够准确理解和把握立法原意，了解和掌握本法确定的各项制度，保障法律正确有效实施，全国人大常委会法制工作委员会、全国总工会直接参与研究起草工作的同志编写了这本《中华人民共和国工会法释义》。本书力求准确、详尽、通俗地阐述工会法的立法原意和相关内容。由于时间和水平有限，不妥和疏漏之处在所难免，敬请广大读者批评指正。

编　者

2022 年 1 月

2021年工会法修改情况介绍

一、工会法修改的背景

党的十八大以来，党和国家事业取得历史性成就、发生历史性变革，对工会工作提出了新要求。习近平新时代中国特色社会主义思想已经写入党章、宪法，成为党和国家长期坚持的指导思想，也是工会组织和工会工作必须长期坚持的指导思想。习近平总书记对坚持党对工会工作的领导提出明确要求，指出工会要认真履行维护职工合法权益、竭诚服务职工群众的基本职责，构建联系广泛、服务职工的工会工作体系，切实保持和增强政治性、先进性、群众性。各级工会在推进产业工人队伍建设改革和工会改革中也积累了宝贵经验。有必要通过修改工会法，贯彻落实习近平总书记指示批示精神和党中央决策部署，及时将行之有效的经验做法上升为法律规定。

二、本次工会法修改的主要内容

这次工会法修改坚持必要性原则，根据党中央精神和现实需要，确有必要的才作修改。修改的主要内容包括以下四个方面：

一是落实习近平总书记指示批示精神和党中央决策部署。党的十八大以来，习近平总书记对工会工作多次作出重要指示批示，党中央也有有关决策部署，对加强和改进工会工作提出明确要求。本次修改进一步完善工会法和工会工作指导思想，明确将习近平新时代中国特色社会主义思想同马克思列宁主义、毛泽东思想、邓小平理论、“三个代表”重要思想、科学发展观一道，确立为工会法和工会工作的指导思想。同时，体现党中央对产业工人队伍建设改革的新要求，增加关于工会推动产业工人队伍建设改革的规定。

二是明确工会工作的基本要求。坚持党的领导是做好工会工作的基本要求和根本保证，工会必须坚持正确的政治方向，自觉服从党的领导，贯彻党的意志和主张，严守政治纪律和政治规矩，在思想上政治上行动上始终同以习近平同志为核心的党中央保持高度一致。本次工会法修改，进一步突出坚持党的领导，明确工会是中国共产党领导的职工自愿结合的工人阶级群众组织，是中国共产党联系职工群众的桥梁和纽带，应当保持和增强政治性、先进性、群众性，不断增强工会组织的吸引力、凝聚力、战斗力。

三是积极回应工会工作中的新情况、新问题。党的十八大以来，党和国家事业取得历史性成就、发生历史性变革，对工会工作提出了新要求。修订后的工会法明确新就业形态劳动者参加和组织工会的权利，增加规定工会适应企业组织形式、职工队伍结构、劳动关系、就业形态等方面的发展变化，维护劳动者参加和组织工会的权利。同时，进一步扩大基层工会组织的覆盖面，明确社会组织中的劳动者依法参加和组织工会的权利。

四是做好与相关法律的衔接。新通过的法律援助法规定，工会等群团组织开展法律援助工作，参照适用其相关规定。修订后的工会法明确规定，县级以上各级总工会依法为所属工会和职工提供法律援助等法律服务。

三、贯彻实施好新修改的工会法

法律的生命在于实施。工会法是明确工会法律地位和工作职责的重要法律，是工会组织依法开展工作的重要制度保障。要切实推进法律有效实施，充分发挥工会在维护职工合法权益、竭诚服务职工群众、构建和谐劳动关系等方面的重要作用。一是做好法律的宣传工作。本次工会法修订的内容不多，但政治性、指导性很强，意义十分重大。要组织宣传工会法修改的重要意义和主要内容，让用人单位和干部职工理解、拥护和践行这部法律。要丰富宣传形式，既要组织集中宣传，也要在日常工作中开展常态化宣传，充分发挥传统媒体和新媒体的优势特点，营造良好的社会氛围。二是加强法律的贯彻实施。各级工会组织应当落实主体责任，切实承担其法律赋予的职责，积极推动工会法的贯彻实施工作。有关部门要加强协同配合，依据各自职责共同推动法律规定落实落地。

目　录

附录一

附录二

中华人民共和国工会法释义

第一章 总 则

第一条 为保障工会在国家政治、经济和社会生活中的地位，确定工会的权利与义务，发挥工会在社会主义现代化建设事业中的作用，根据宪法，制定本法。

◆ 条文主旨

本条是关于工会法的立法宗旨和立法依据的规定。

◆ 条文解读

一、保障工会地位

工会在国家政治、经济和社会生活中所处的位置共同构建了工会的地位，这种地位是由法律所规定的工会的权利和义务所确定的，是通过工会在社会经济、政治关系和广泛的社会生活中所发挥的作用而实现的。

工会在政治关系中的地位，主要指工会是我国重要的社会政治团体，是国家政治体系中不可缺少的重要组成部分。工人阶级是党的阶级基础，是国家的领导阶级，其领导地位由本阶级的先锋队组织中国共产党的领导地位集中体现。坚持和发展中国特色社会主义，必须坚持党的领导，必须坚持全心全意依靠工人阶级方针，巩固工人阶级的领导阶级地位，保证工会在国家政治体系中的重要社会政治团体的地位。工会是国家政权的重要社会支柱，社会主义国家必须依靠最广大职工群众的支持，并以职工群众为基础才能得到巩固，而工会正是提供这种群众基础的重要组织。人民当家作主是社会主义民主政治的本质特征，社会主义民主政治的一个最基本的要素，就是保障广大职工的政治地位和民主权利，保障和不断发展广大职工依法、有序、广泛参与管理国家事务和社会事务、管理经济和文化事业。在这个过程中，作为劳动者代表的工会，从法律上对其地位予以保障，是必然要求。

工会在经济生活中的地位，是指工会在社会经济关系中所处的具体地位。在社会主义市场经济条件下，工会的地位主要通过其对劳动关系的影响而体现。工会产生并作用于社会经济关系和社会经济矛盾之中，作为社会经济构成的一个基本要素直接参与这种经济关系运行。在市场经济中，如果缺少工会这一要素，或这一要素的作用不能正常发挥，社会经济关系便不能正常运行，社会经济矛盾也不能有效得到调节。我国工会在经济关系中的地位集中体现在它是劳动关系中劳动者一方合法权益的代表。而在社会经济关系和劳动关系中，劳动者是不可或缺的基本要素。工会成为劳动关系当中不可缺少的一方，是推进改革、促进经济发展、维护社会稳定的重要力量。没有工会的参与，劳动关系将是不平衡的。同时，工会的地位还表现在劳动争议处理上，作为职工代表的工会，在参与处理劳动争议过程中，是帮助职工群众解决实际问题和沟通情况、化解矛盾的重要角色。随着我国劳动关系市场化程度越来越高，工会在其中的作用和地位也越来越突出。

而这种作用和地位，需要从法律上加以保障，这是保障职工合法权益，保持劳动关系和谐稳定的必然要求。

工会在社会生活中的地位，主要是指工会作为社会团体在现实而广泛的社会生活中的影响力和声望。工会是职工合法权益的代表者和维护者。这里的合法权益，主要是指与其职工这一身份直接相关的劳动经济权益、民主政治权益、精神文化权益，但在这些权益之外，职工作为公民的权益工会组织也应当给予关注。工会应该关心并参与广泛的社会生活，表达职工对于其社会权益的意愿和关切，为推动社会全面发展发挥其应有作用。

中国特色社会主义进入新时代，立足新发展阶段，贯彻新发展理念，构建新发展格局，推动高质量发展，工会必将承担更艰巨的任务，发挥更重要的作用。这是党的重托，职工群众的期望。我国正处于转变发展方式、优化经济结构、转换增长动力的攻关期，劳动关系领域面临很多新情况新问题，更好保障广大职工的劳动权利、经济利益、政治地位、民主权利等，是党的要求、职工的期盼。新的历史时期，党需要工会组织更加重视职工利益，反映职工诉求，更加密切与职工群众的联系，充分发挥党联系职工群众的桥梁纽带作用，团结引导职工群众听党话、跟党走。职工群众需要工会敢于和善于为自己说话办事，更好地代表和维护自己的合法权益与合理利益，充分发挥民主渠道和社会调节作用。

当前，我国社会主要矛盾已经转化为人民日益增长的美好生活需要和不平衡不充分的发展之间的矛盾。职工队伍规模不断壮大、结构深刻变化，同时在收入分配、利益诉求、价值取向、思想观念等方面呈现日益多样化、差异化的新特征。这就要求工会组织坚持以职工为中心的工作导向，深化对职工队伍发展变化特点与规律的认识，研究解决职工在劳动经济、精神文化、民主法治、公平公正、安全环境等方面多样化的需求，协调不同职工群体之间的利益关系，更好促进职工体面劳动、舒心工作、全面发展。随着新一轮科技革命和产业变革不断深入，数字经济、共享经济等新业态蓬勃兴起，企业组织形式、管理模式、生产经营方式及用工方式等发生深刻变化，劳动关系的确立与运行、职工权益的维护和保障，面临许多新情况新问题，要求工会组织把推动构建中国特色和谐劳动关系作为重点工作，及时研究劳动关系的新动向、新特征和新问题，积极化解劳动关系矛盾，组织动员职工积极参与社会治理，构建企业与职工命运共同体，维护职工队伍团结统一与社会和谐稳定，在完善社会治理体制与提高社会治理水平中发挥工会的优势和作用。因此，新形势下工会的地位和作用更加重要了，工会工作只能加强不能削弱，这些都需要从法律上加以确定。

二、确定工会权利义务

权利与义务是相对而言的，是相互联系、辩证统一的整体。没有不讲权利的义务，也没有不履行义务的权利。

我国推进全面依法治国方略，一方面要求进一步完善社会主义法制，另一方面要求包括国家机关、企业事业单位、社会组织和公民个人在内的所有主体都应依法行事，即在法律的范围内进行活动。工会作为群众组织也必须在法律规定的范围内活动，享有法律赋予的权利，履行法律规定的义务。工会法是调整工会活动关系的法律。它为保障工会在国家政治、经济和社会生活中的地位和作用，赋予了工会广泛、具体的权利，同时也规定了相应的责任和义务。工会法确立的工会的权利和义务主要有：

1. 代表和维护职工合法权益的权利和义务

工会代表和维护职工合法权益，既是工会的权利，又是工会的义务。一方面，随着社会主义市场经济体制的进一步完善，国家、企业、职工三方利益格局（即劳动关系三方格局）已经形成，工会法、劳动法等相关法律都赋予工会代表和维护职工合法权益的资格，即工会享有代表和维护职工合法权益的权利，工会以外的其他社会组织则没有这一法定权利。另一方面，相对于职工群众而言，这同时又是工会应当履行的义务。工会在任何时候都必须代表和维护职工的合法权益，特别是当职工的利益受到侵害时，工会有义务代表职工，维护其合法权益。工会代表和维护职工合法权益的权利和义务主要表现在以下几个方面：

（1）维护职工的民主权利。企业、事业单位、社会组织违反职工代表大会制度和其他民主管理制度，工会有权要求其纠正，从而保证职工依法行使民主管理的权利。职工的民主权利不仅需要党和国家在制定和执行法律、法规、政策时加以维护，还需要工会通过参与立法、参政议政，代表和组织职工参加民主管理和民主监督等途径，依法加以维护。

（2）帮助、指导职工与企业、实行企业化管理的事业单位、社会组织签订劳动合同，代表职工与企业、实行企业化管理的事业单位以及社会组织进行平等协商，签订集体合同并监督集体合同的履行。劳动合同是劳动者与用人单位确立劳动关系、明确双方权利和义务的协议。集体合同是企业职工一方与企业、实行企业化管理的事业单位、社会组织就劳动报酬、工作时间、休息休假、劳动安全卫生、保险福利等事项签订的合同。工会帮助、指导职工与用人单位签订劳动合同，代表职工与用人单位进行平等协商、签订集体合同，可以促进劳动合同的依法签订和履行，避免合同纠纷，可以将全体职工的各项劳动权利通过合同形式加以规定，使劳动者明确自身合法权益和应尽义务。企业、事业单位、社会组织违反集体合同，侵犯职工劳动权益的，工会可以依法要求其承担责任；因履行集体合同发生争议，经协商解决不成的，工会可以向劳动争议仲裁机构提请仲裁，仲裁机构不予受理或者对仲裁裁决不服的，可以向人民法院提起诉讼。

（3）对企业、事业单位、社会组织处分职工，工会认为不适当的，有权提出意见。用人单位单方面解除职工劳动合同，工会认为其违反法律、法规和有关合同，可以要求用人单位重新研究处理。用人单位应当研究工会的意见，并将处理结果书面通知工会。

（4）对企业、事业单位、社会组织违反劳动法律法规规定，严重侵犯职工合法权益的，工会应当代表职工与企业、事业单位、社会组织交涉。企业、事业单位、社会组织违反国家有关职工工资、劳动安全卫生条件、劳动时间的规定，以及违反保护女职工和未成年工特殊权益的法律法规或者存在其他严重侵犯职工劳动权益的情形的，工会应当代表职工与企业、事业单位、社会组织交涉，要求其采取措施予以改正；企业、事业单位、社会组织应当予以研究处理，并向工会作出答复；企业、事业单位、社会组织拒不改正的，工会可以提请当地人民政府依法作出处理。

（5）工会有权对危及职工生命安全的情况提出解决的建议。当发现生产经营单位违章指挥、强令冒险作业或者发现事故隐患和职业危害时，工会有权提出解决建议；当发现危及从业人员生命安全的情况时，工会有权向生产经营单位建议组织从业人员撤离危险场所；工会有权依法参加事故和其他严重危害职工健康问题的调查处理，向有关部门提出处理意见，并有权要求追究有关人员的责任。安全生产法对工会的监督权利也作了规定，该法第七条规定，工会依法对安全生产工作进行监督。生产经营单位的工会依法组织职工参加本单位安全生产工作的民主管理和民主监督，维护职工在安全生产方面的合法权益。生产经营单位制定或者修改有关安全生产的规章制度，应当听取工会的意见。此外，工会依照国家有关规定对企业“三同时”项目的使用进行监督。安全生产法第六十条规定，工会有权对建设项目的安全设施与主体工程同时设计、同时施工、同时投入生产和使用进行监督，提出意见。该条同时规定，工会对生产经营单位违反安全生产法律、法规，侵犯从业人员合法权益的行为，有权要求纠正；发现生产经营单位违章指挥、强令冒险作业或者发现事故隐患时，有权提出解决的建议，生产经营单位应当及时研究答复；发现危及从业人员生命安全的情况时，有权向生产经营单位建议组织从业人员撤离危险场所，生产经营单位必须立即作出处理。工会有权依法参加事故调查，向有关部门提出处理意见，并要求追究有关人员的责任。

（6）企业、事业单位、社会组织发生停工、怠工事件，工会应当代表职工同企业、事业单位、社会组织或者有关方面协商，反映职工的意见和要求并提出解决意见。停工、怠工事件的原因是多方面的，其中有相当一部分是职工的正当愿望或要求未能得到及时解决或者答复。我国的停工、怠工不同于资本主义国家的罢工，但如果不能得到及时、正确的处理，也会影响企业、事业单位、社会组织的生产经营和正常活动，增加社会不稳定因素。发生这类事件时，工会应在地方党委领导下，积极协助政府及政府相关部门，代表职工与企业、事业单位、社会组织或者有关方面进行协商，反映职工的意见并提出解决意见。由于工会组织与职工联系紧密，熟悉职工的意见和要求，容易做好职工的思想工作。职工与企业之间的矛盾通过工会参与协调，有利于问题得到更快、更有效解决。

（7）工会有权参加劳动争议调解和仲裁工作，县级以上各级总工会有权为其所属的工会和职工提供法律援助等法律服务。工会参加企业的劳动争议调解工作。根据劳动争议调解仲裁法的规定，“企业劳动争议调解委员会由职工代表和企业代表组成。职工代表由工会成员担任或者由全体职工推举产生，企业代表由企业负责人指定。企业劳动争议调解委员会主任由工会成员或者双方推举的人员担任”。也就是说，法律明确规定，工会在劳动争议调解组织中并非客观中立第三人角色，工会代表职工一方，其职责是维护职工合法权益。企业劳动争议调解委员会、地方劳动争议仲裁组织应当有同级工会代表参加，职工认为企业侵犯其劳动权益而申请劳动争议仲裁或者向人民法院提起诉讼的，工会应当给予支持和帮助，县级以上各级地方总工会依法为所属的工会和职工提供法律援助等法律服务。

2. 工会的其他权利和义务

工会其他权利和义务主要表现在以下几个方面：

（1）建立联系广泛、服务职工的工会工作体系，密切联系职工，听取和反映职工的意见和要求，关心职工生活，帮助职工解决困难，全心全意为职工服务。其中，“建立联系广泛、服务职工的工会工作体系”系本次工会法修改新增内容，是贯彻落实习近平总书记 2020 年 11 月 24 日在全国劳模大会上重要讲话精神的具体体现。

（2）动员和组织职工积极参加建设和改革，努力促进经济、政治、文化、社会和生态文明建设。

（3）代表和组织职工参与国家和社会事务管理，参与涉及职工切身利益的相关立法和政策的制定，参与企业、事业单位和机关的民主选举、民主协商、民主决策、民主管理和民主监督。其中，“民主选举、民主协商”是本次工会法修改新增内容，强化了工会组织职工参与民主管理的权利和职责，彰显了工会组织在发展全过程民主中的重要作用。

（4）加强对职工的思想政治引领，教育职工以国家主人翁态度对待劳动，爱护国家和单位的财产；组织职工开展群众性的合理化建议、技术革新、劳动和技能竞赛活动，进行业余文化技术学习和职工培训，参加职业教育和文化体育活动，推进职业安全健康教育和劳动保护工作。其中的思想政治引领、劳动和技能竞赛、职业教育、职业安全健康教育、劳动保护工作等，都是本次工会法修改新增内容，这些新的规定，为工会切实履行维权服务基本职责，提供了更多的资源和手段。

（5）推动产业工人队伍建设改革，提高产业工人队伍整体素质，发挥产业工人骨干作用，维护产业工人合法权益，保障产业工人主人翁地位，造就一支有理想守信念、懂技术会创新、敢担当讲奉献的宏大产业工人队伍。这是本次工会法修改新增内容，是将党中央推进产业工人队伍建设改革的决策部署法律化，将党的意志通过法定程序转化为了国家意志，明确了产业工人队伍建设改革的法律地位和工会推动产业工人队伍建设改革的工作任务、内容、目标。

（6）根据政府委托，与有关部门共同做好劳动模范和先进生产（工作）者的评选、表彰、培养和管理服务工作。按照党中央和工会法赋予工会的职责，各级工会要协助党委、政府做好劳模的推荐、评选工作，负责劳模的管理工作；负责“五一”劳动奖章、奖状获得者的评选表彰和管理工作。

三、立法依据

工会法的立法依据是《中华人民共和国宪法》。宪法是国家的根本大法，规定国家的根本制度和原则，具有最高的法律效力，是一切立法的依据和准则。根据宪法规定，我国是工人阶级领导的、以工农联盟为基础的人民民主专政的社会主义国家，人民依照法律规定，通过各种途径和形式，管理国家事务，管理经济和文化事业，管理社会事务。工会法的任务就是以宪法为依据，总结实践经验，将工会的性质、地位、权利、义务、职能等纳入法治轨道，以最大限度保护职工合法权益，最大限度保障社会主义现代化建设事业的顺利进行，最大限度保障我国无产阶级专政的政权性质。

◆ **相关规定**

《中华人民共和国宪法》第五条、第十一条、第十六条、第十七条、第三十五条；《中华人民共和国劳动法》第七条、第八条、第二十七条、第三十条、第三十三条、第四十一条、第八十条、第八十一条、第八十八条；《中华人民共和国劳动争议调解仲裁法》第十条；《中华人民共和国安全生产法》第七条、第六十条

第二条 工会是中国共产党领导的职工自愿结合的工人阶级群众组织，是中国共产党联系职工群众的桥梁和纽带。

中华全国总工会及其各工会组织代表职工的利益，依法维护职工的合法权益。

◆ **条文主旨**

本条规定了工会的性质、职责定位。

◆ **条文解读**

一、工会的性质

工会的性质，是指工会的本质属性或本质特征，是工会区别于其他社会组织的根本标志。本条第一款规定，工会是中国共产党领导的职工自愿结合的工人阶级群众组织，是中国共产党联系职工群众的桥梁和纽带，这一规定准确反映了我国工会的性质。

2021 年工会法修改在第一款“职工自愿结合”前增加了“中

国共产党领导的”，并新增了“是中国共产党联系职工群众的桥梁和纽带”的表述，这是对中国工会强化党的领导、突出其政治属性的进一步明确。增加“中国共产党领导”，从法律上确定了坚持党的领导是工会工作的根本要求和政治保证，为工会坚持正确政治方向，自觉接受党的领导，贯彻党的意志和主张，在思想上政治上行动上始终同以习近平同志为核心的党中央保持高度一致，提供了坚强的法律保障。

工会必须坚持党的领导。中国特色社会主义最本质的特征是中国共产党的领导，中国特色社会主义制度的最大优势是中国共产党的领导。坚持中国特色社会主义制度，最根本的是坚持中国共产党的领导。中国工会具有社会主义性质，是党领导的工人阶级群众组织。受社会意识形态、政治经济制度、历史文化传统、社会发展阶段等影响，中国工会在产生、性质、地位、职能、组织体制等方面，都有自身特点，与其他国家工会特别是西方工会有着本质区别和显著不同。工会工作是党的群团工作、群众工作的重要组成部分，坚持党对工会工作的领导，是做好工会工作的政治原则和根本保证。工会必须从自身性质和特点出发，把贯彻党的主张和反映职工群众的愿望紧密结合起来，在政治上坚持党指引的方向，在思想上以党的理论武装头脑，在组织上接受党委领导，通过工会的决议、政策等，把党的理论和路线方针政策以及党委决策部署转化为工会组织和广大职工的自觉行动，把职工群众紧密团结在党的周围。

工会是工人阶级的组织。一方面，工会会员必须是工人阶级成员，另一方面，工会会员的构成仅限于工人阶级范围之内。这就表明，工会具有鲜明的阶级性，工人阶级是工会的阶级基础。工会必须维护工人阶级利益。我国是工人阶级领导的社会主义国家，维护国家利益，巩固人民民主专政是工人阶级义不容辞的责任。工会作为工人阶级群众组织，虽然它维护的重点是工人阶级群众的具体利益，但必须把维护总体利益和维护具体利益结合起来。

工会要始终做党联系职工群众的桥梁和纽带。工会是党直接领导的群众组织，承担着组织动员广大职工为完成党的中心任务而共同奋斗的重大责任。各级工会必须牢牢把握为实现中华民族伟大复兴中国梦而奋斗的时代主题，紧紧围绕党和国家工作大局，组织动员广大职工走在时代前列，在改革发展稳定第一线建功立业。以先进引领后进，以文明进步代替蒙昧落后，以真善美抑制假恶丑，教育引导广大职工不断提高思想觉悟和道德水平，坚定走中国特色社会主义道路，自觉践行社会主义核心价值观，真正成为党执政的坚实依靠力量、强大支持力量、深厚社会基础。必须始终站在党和人民的立场上，坚持为党分忧、为民谋利，把思想政治工作贯穿所开展的各项活动中，多做组织职工、宣传职工、教育职工、引导职工的工作，多做统一思想、凝聚人心、化解矛盾、增进感情、激发动力的工作。必须旗帜鲜明讲政治，切实增强“四个意识”，坚定“四个自信”，做到“两个维护”，始终在思想上政治上行动上同以习近平同志为核心的党中央保持高度一致。必须认真履行工会政治责任，充分发挥党联系职工群众的桥梁和纽带作用，团结引导亿万职工群众坚定不移听党话、矢志不渝跟党走。

工会是职工群众自愿结合的组织。这是工会组织群众性的重要体现。工会不是按照某种指令组织起来的，而是职工群众为了谋求共同利益，实现共同愿望自觉自愿地组织起来的群众团体。工会组织的自愿性包括两个方面：一是坚持职工自愿入会的原则；二是工会组织或者开展的一切活动，必须适合大多数群众的觉悟，建立在群众自觉自愿的基础上。

二、工会的职责定位

在我国的社会主义条件下，工人阶级是国家的领导阶级，党和政府都代表和维护工人阶级的利益。从整体上说，全国人民的总体利益同职工的具体利益，在根本上是一致的。在这些基础上，本条第二款明确规定工会的职责定位，即代表和维护职工的合法利益，这是因为：

第一，这是社会主义市场经济的客观要求。市场经济各国的经验证明，和谐的劳动关系是市场经济得以顺利运转和活力不断增强的必备条件。但是，劳动关系是最难协调的一种社会关系。作为生产要素之一的劳动力是社会的人，他们有人格尊严、有特殊的经济利益、有思想感情。在我国，劳动者具有主人翁地位。因此，市场经济体制和现代企业制度本身，就要求有一个代表职工利益的组织来参与劳动关系的协调，这是工会存在的基本意义。工会以劳动者一方代表的身份通过对劳动关系的调节，一方面可以保护劳动者的合法权益，另一方面可以帮助建立起和谐的劳动关系，调动起劳动者的生产积极性，保证企业经济的发展。

随着改革开放不断深入和社会主义市场经济进一步发展，社会经济成分、组织形式、就业方式、利益关系和分配方式日益多样化，特别是经济关系、劳动关系日趋复杂，劳动关系矛盾日益凸显，工会面临的情况更加复杂，协调劳动关系、维护职工合法权益任务更加突出。在这种形势下，党更需要工会时刻关心职工群众的疾苦，维护职工群众的利益，进一步密切与职工群众的联系，更好地发挥党联系职工群众的桥梁的作用。各级政府和企业行政更加需要工会及时反映职工群众的意见和要求，更好地协调劳动关系，调处劳动争议，团结广大职工完成各项任务，促进企业发展。职工群众更加需要工会从他们的利益出发，敢于和善于为他们说话办事，更好地代表和维护他们的合法权益，保护和调动他们的积极性。职工群众组织工会、加入工会，就是希望工会为他们说话办事，解决实际困难。如果工会组织不能代表职工群众的利益，不能为职工群众服务，就不会得到职工群众的拥护，工会组织的生命力就要受到影响。

第二，党的十九大报告指出，我国社会主要矛盾的变化，没有改变对我国社会主义所处历史阶段的判断，我国仍处于并将长期处于社会主义初级阶段的基本国情没有变，我国是世界最大发展中国家的国际地位没有变。我国宪法规定，国家在社会主义初级阶段，坚持公有制为主体、多种所有制经济共同发展的基本经济制度，坚持按劳分配为主体、多种分配方式并存的分配制度。在这样的大背景下，职工群众在就业、工资、工时、社会保险、生活福利等方面的具体利益与其他各部分人民的利益之间存在着差别和矛盾，必然要求工会来表达和维护他们的利益和权利。

第三，目前，有法不依、执法不严的现象还不同程度存在，职工群众的合法权益和民主权利受到漠视和侵犯的问题仍有发生，这不仅需要国家的法律保护，也需要工会忠实履行自己的职责，维护好职工的合法权益。

◆ **相关规定**

《中华人民共和国劳动法》第七条；《中国工会章程》总则

第三条 在中国境内的企业、事业单位、机关、社会组织（以下统称用人单位）中以工资收入为主要生活来源的劳动者，不分民族、种族、性别、职业、宗教信仰、教育程度，都有依法参加和组织工会的权利。任何组织和个人不得阻挠和限制。

工会适应企业组织形式、职工队伍结构、劳动关系、就业形态等方面的发展变化，依法维护劳动者参加和组织工会的权利。

◆ **条文主旨**

本条是对劳动者参加和组织工会权利的规定。

◆ **条文解读**

一、参加和组织工会的权利受法律保护

根据本条第一款的规定，国家保护劳动者依法参加和组织工会的权利。通常认为，劳动者参加和组织工会的权利，源自宪法赋予公民的结社权。结社权是指公民享有为了一定的宗旨而依照法律规定的程序参加或者组建某种社会团体（或者组织）的权利，并享有以该社会团体（或者组织）或者其成员的名义依法开展活动的权利和自由。《中华人民共和国宪法》第三十五条明确规定，中华人民共和国公民有言论、出版、集会、结社、游行、示威的自由。依据宪法规定，结社权是我国公民所享有的一项基本政治权利和自由。劳动者依法参加和组织工会，是宪法规定的结社权的具体体现。因此工会法作出明确规定，中国境内的用人单位中以工资收入为主要生活来源的劳动者，都有依法参加和组织工会的权利，任何组织和个人不得阻挠和限制。所谓参加工会，是指劳动者可以依法申请加入已经成立于各企业、事业单位、机关、社会组织之内的基层工会或者这些单位之外的基层工会联合会。所谓组织工会，是指劳动者可以依法在各企业、事业单位、机关、社会组织中组建基层工会委员会或者可以在这些单位之外联合组建基层工会委员会。

依据本条第一款规定，对于劳动者依法参加和组织工会的权利，不得有歧视性待遇，不能因为他们来自不同的民族、种族，从事不同的职业，信仰不同的宗教或者受教育水平不同，而对他们加以区别对待。香港、澳门和台湾居民在我国境内用人单位任职并符合本条规定情形的，其依法参加和组织工会的权利受工会法的保护。此外，外国人、无国籍人在我国境内的用人单位任职并符合本条规定情形的，也享有依法加入中国工会的权利，他们申请加入中国工会的，工会应当接受其为会员，并代表和维护他们的合法权益。

上文所说的基层工会委员会和基层工会联合会都是中华全国总工会所属的工会组织。依照宪法、工会法、劳动法等法律规定，中华全国总工会及其各工会组织是我国唯一合法的工会；我国不存在、法律也不允许在中华全国总工会之外成立第二工会。因此，本条规定的“任何组织和个人不得阻挠和限制”，不能理解为对非法组建工会的行为不得干预。

二、本法适用于中国境内的用人单位

本条所规定的中国境内的“境”，是指“关境”，即我国海关所管辖的“境”，不包括我国香港、澳门和台湾地区。中国境内的企业、事业单位、机关、社会组织的职工因公派驻境外，仍然可以依照本法的规定申请加入中国工会，享有工会会员的权利，同时也应履行会员义务。根据香港特别行政区基本法和澳门特别行政区基本法的规定，全国性法律除列于特别行政区基本法附件者外，不在香港或者澳门特别行政区实施。工会法没有列入两个特别行政区基本法附件之中，所以也不在香港或者澳门特别行政区实施。

用人单位是此次工会法修改新引入的法律概念，主要参考了劳动法、劳动合同法等法律相关规定。用人单位具体包括企业、事业单位、机关、社会组织。企业是以盈利为目的的经济组织，包括法人企业和非法人企业。事业单位包括医院、学校、科研机构等一般事业单位，也包括具有管理公共事务职能的事业单位，还包括实行企业化管理的事业单位。机关包括国家权力机关、国家行政机关、司法机关、政协等，但不包括国家军事机关。社会组织主要包括社会团体、民办非企业单位、基金会、社会中介组织以及城乡社区社会组织等。社会组织是本次工会法修改新增加的主体，主要考虑是，我国社会组织的规模整体上一直处于稳步增长扩大的趋势，目前，社会组织总数量比党的十八大以前翻了近一番，全国登记的社会组织已经超过90万个，从业人员超过1000万人；全国性社会组织和地方性社会组织已遍布所有行业和各个领域。党中央高度重视加强和改进党的群团工作，就深化工会改革创新、切实做好工会联系引导社会组织工作提出明确要求。中央党的群团工作会议强调，联系和引导相关社会组织，是群团组织发挥桥梁和纽带作用的一项重要任务。加强社会组织工会建设，有利于团结引导社会组织职工听党话、跟党走，有利于增强工会对社会组织的政治引领、示范带动、联系服务，有利于促进社会组织健康有序发展，在国家治理体系和治理能力现代化进程中更好发挥作用。

三、对“以工资收入为主要生活来源的劳动者”的理解

“以工资收入为主要生活来源”，是指生活费用支出的大部分依赖于个人的工资、津贴、奖金或者其他工资性收入。将“以工资收入为主要生活来源的劳动者”作为工会会员的主体部分，有其重要的历史背景和现实意义。本法第二条明确规定，工会是中国共产党领导的职工自愿结合的工人阶级群众组织，这一规定在阐明工会的阶级性和群众性的同时，也指明了工会会员的组成和范围。也就是说，工会是工人阶级的群众组织，加入工会成为工会会员，首先必须是工人阶级一分子。工人阶级泛指不拥有生产资料、以出卖劳动力获取报酬的阶级。工资是劳动力的对价，劳动者挣取工资并以此为主要生活来源，表明其在阶级属性上属于以出让劳动力换取报酬的工人阶级。现行工会法制定于1992年，在当时的历史条件下，“以工资收入为主要生活来源”这一工人阶级的特征，基本上能够涵盖所有职工，符合这一表述的劳动者，都属于工人阶级组成部分，也就因此而具备了依法参加和组织工会的权利。

随着经济社会发展，职工队伍结构不断发生变化，就业形式和收入来源有了一些新变化，“以工资收入为主要生活来源的劳动者”一定程度上不能涵盖新形势下工人阶级这一概念所应囊括的所有群体。但是，工人阶级尤其是产业工人队伍基本稳定并不断发展壮大，工会组织与工会工作的主要覆盖面没有发生根本性变化，因此2021年工会法修改没有改变“以工资收入为主要生活来源”的表述。在保持关于工人阶级特征表述不变的同时，兼顾时代发展需要，新增一款作为第二款，明确规定：工会适应企业组织形式、职工队伍结构、劳动关系、就业形态等方面的发展变化，依法维护劳动者参加和组织工会的权利。这一规定适应经济社会发展对工会组织建设提出的新要求，体现原则性和灵活性相结合，与时俱进为新就业形态劳动者等参加和组织工会提供了明确的法律遵循，为工会开展新就业形态劳动者等建会入会工作提供了坚强的法律保障。

另外，此次工会法修改，将“体力劳动者和脑力劳动者”修改成了“劳动者”。把体力劳动者和脑力劳动者并列进行表述的法律规范方式，是从1950年工会法开始的。1950年工会法使用的概念是“体力与脑力的雇佣劳动者”。现行工会法于1992年制定时，调整成为“体力劳动者和脑力劳动者”。把二者并列，表明的是工人阶级的范围不仅包括从事体力劳动的传统意义上的工人，也包括从事脑力劳动并因此获取报酬的劳动者。以当时的社会实际和人们的观念认识状况看，这种并列规定的方式重点在于强调脑力劳动者，意在明确“知识分子是工人阶级的一部分”，不能忽略脑力劳动者这一工人阶级的组成部分。但是经济社会发展到今天，劳动者包括体力劳动者和脑力劳动者，早已成为社会共识，再用并列的方式强调，已经没有太大必要。特别是随着信息化时代的到来，劳动者从事的劳动体力和脑力相互交融，两者之间已没有了明确界限。基于这些考虑，此次修改将“体力劳动者和脑力劳动者”统称为“劳动者”。

四、新就业形态劳动者享有依法参加和组织工会的权利

此次工会法修改，在本条中新增了一款作为第二款。即：工会适应企业组织形式、职工队伍结构、劳动关系、就业形态等方面的发展变化，依法维护劳动者参加和组织工会的权利。主要考虑如下：

当前，新技术新业态新模式迅速发展，新就业形态劳动者数量快速增加，这些劳动者与平台企业之间有的存在劳动关系，有的劳动关系不明确或者不存在劳动关系；其收入是否属于工资，以及其是否以工资收入为主要生活来源，也无法一概而论。但无论是否存在劳动关系，无论他们收入的性质如何界定，基于这些劳动者提供劳动获取收入、并以此收入供养自身及其家庭成员的事实，都足以认定其工人阶级属性。但是，考虑到企业组织形式、职工队伍结构、劳动关系、就业形态等方面的变化，在该条中增加这一款，原则性规定工会“维护劳动者参加和组织工会”的权利，对原有规定作出延伸说明，是将本条第一款的规定彻底打开，进一步明确包括新就业形态劳动者在内的非传统就业形态劳动者参加和组织工会的权利，有效解决了“以工资收入为主要生活来源的劳动者”不能涵盖部分新就业形态劳动者的问题。依照此款规定，工会在制定自己的内部文件时，可以根据实际需要，作出明确某类群体参加和组建工会具体程序的规定。

对于为何没有在本次工会法修改时直接将“新就业形态劳动者”这一概念引入，主要考虑有以下几点：一是“新就业形态劳动者”这一概念尚未在劳动法、劳动合同法等劳动法律当中使用，其自身缺乏明确的法律定义，如果直接在工会法中使用，会出现理解上的不确定性及法律衔接困难。二是“新就业形态劳动者”中的“新”是相对于传统就业方式而言的，随着互联网经济的不断蓬勃发展，今天的“新”事物明天可能就不再“新”了。而法律是管长远的，需要有一定的稳定性，应当尽可能避免使用那些带有临时性、暂时性的概念。

◆ **相关规定**

《中华人民共和国宪法》第三十五条；《中华人民共和国工会法》第二条；《中华人民共和国劳动法》第二条、第七条；《中华人民共和国香港特别行政区基本法》；《中华人民共和国澳门特别行政区基本法》

第四条 工会必须遵守和维护宪法，以宪法为根本的活动准则，以经济建设为中心，坚持社会主义道路，坚持人民民主专政，坚持中国共产党的领导，坚持马克思列宁主义、毛泽东思想、邓小平理论、“三个代表”重要思想、科学发展观、习近平新时代中国特色社会主义思想，坚持改革开放，保持和增强政治性、先进性、群众性，依照工会章程独立自主地开展工作。

工会会员全国代表大会制定或者修改《中国工会章程》，章程不得与宪法和法律相抵触。

国家保护工会的合法权益不受侵犯。

◆ **条文主旨**

本条规定了工会的根本活动准则和国家保护工会合法权益的原则。

◆ **条文解读**

一、以宪法为根本活动准则

我国宪法是国家的根本大法，具有最高的法律效力。中国境内的一切个人和组织都必须在宪法的范围内进行活动，也就是说，宪法是一切个人和组织的根本活动准则。工会作为一个社会团体，当然也必须以宪法为根本的活动准则，必须在宪法规定的范围内开展活动。本条规定的工会“以宪法为根本的活动准则”，指的是工会活动要遵循宪法规定的基本原则。而宪法规定的党在新时期的基本路线，即以经济建设为中心，坚持四项基本原则，坚持改革开放（即“一个中心，两个基本点”），是工会必须遵守的最重要的根本活动准则。正是基于这一点，2001 年工会法修改时，在本条将“一个中心，两个基本点”展开，作出了具体规定，明确工会必须以经济建设为中心，坚持社会主义道路，坚持人民民主专政，坚持中国共产党的领导，坚持马克思列宁主义、毛泽东思想、邓小平理论，坚持改革开放。此次工会法修改，又与时俱进，将习近平新时代中国特色社会主义思想，连同“三个代表”重要思想、科学发展观一起写入。

二、工会工作的指导思想

本次工会法修改，将习近平新时代中国特色社会主义思想同马克思列宁主义、毛泽东思想、邓小平理论、“三个代表”重要思想、科学发展观一道，确立为工会法和工会工作的指导思想，成为各级工会组织和广大工会干部的强大思想武器，为推进新时代党的工运事业和工会工作提供了根本遵循，反映了广大职工群众和工会干部的热切期盼和共同心声。将习近平新时代中国特色社会主义思想写入工会法，作为工会法和工会工作的指导思想，这是本次修法最重要的成果之一。

党的十八大以来，以习近平同志为核心的党中央在带领全党全国各族人民谱写中国特色社会主义新篇章的历史进程中，着力推进党的理论创新，形成了习近平新时代中国特色社会主义思想，这一思想已经写入了党章、宪法，是党和国家必须长期坚持的指导思想，也是工会组织和工会工作必须长期坚持的指导思想。习近平总书记高度重视工人阶级和工会工作，发表一系列重要讲话、作出一系列重要指示，形成了习近平总书记关于工人阶级和工会工作的重要论述，科学回答了工人阶级和工会工作的一系列方向性、根本性、战略性重大问题。习近平总书记关于工人阶级和工会工作的重要论述，是习近平新时代中国特色社会主义思想的重要组成部分。

工会法的这一重要修改，是中国工会坚持以习近平新时代中国特色社会主义思想为指导，坚决维护习近平总书记党中央的核心、全党的核心地位，坚决维护党中央权威和集中统一领导，在思想上、政治上、行动上同以习近平同志为核心的党中央保持高度一致的根本举措，是中国工会坚持自觉接受中国共产党领导，坚定不移走中国特色社会主义工会发展道路，确保工会工作正确政治方向的政治要求，是中国工会积极适应新时代赋予工会组织和工会工作新任务、新要求，开创新时代工会工作新局面的基本遵循和科学指针。

三、工会活动应当以经济建设为中心

工人阶级作为国家的领导阶级，是社会主义现代化建设的主力军。工会作为工人阶级的群众组织，是社会主义民主政治体制的重要组成部分。党的“一个中心，两个基本点”的基本路线，是工会在整个社会主义时期的活动准则，在任何情况下都不能动摇。以经济建设为中心，是党的基本路线的核心内容。坚持党的基本路线不动摇，必须坚持以经济建设为中心不动摇。

改革开放以来，我们国家聚精会神搞建设，一心一意谋发展，取得了骄人的成就。党的十八大以来，以习近平同志为核心的党中央领导全党全军全国各族人民砥砺前行，全面建成小康社会目标如期实现；历史性地解决了绝对贫困问题，创造了人类减贫史上的奇迹；在全球率先控制住疫情、率先复工复产、率先恢复经济社会发展，抗疫斗争取得重大战略成果。我们的底气之一就是经济发展取得的举世瞩目成就积累起来的巨大物质财富。在新阶段，继续推动经济持续健康发展，才能筑牢国家繁荣富强、人民幸福安康、社会和谐稳定的物质基础。要清醒认识到，我国仍处于并将长期处于社会主义初级阶段，我国社会主要矛盾是人民日益增长的美好生活需要和不平衡不充分的发展之间的矛盾，我国是世界上最大发展中国家，这决定了我们必须坚持以经济建设为中心。

无论是深化改革对外开放还是保持稳定，都是为了促进我国经济持续健康高质量发展。只有以经济建设为中心，不断发展生产力，解决发展不平衡不充分问题，才能不断满足人民的美好生活需要。职工群众的利益，无论是工资收入、福利待遇、劳动条件或精神文化的满足，都受生产力发展制约，受经济发展水平制约。以经济建设为中心，发展社会生产力，就是对工人阶级根本利益和长远利益的代表和维护。因此，工会工作必须站在全局高度，服从、服务于经济建设这个中心。这是全国人民的总体利益，也是工人阶级的总体利益。工会应当通过维护职工合法权益、竭诚服务职工群众，保护和调动广大职工的积极性和创造性，充分发挥广大职工群众在经济建设中的重要作用。

当然，工会以经济建设为中心，不是指工会直接参与经济建设的各项具体工作。工会是工人阶级的群众组织，以经济建设为中心开展工作，着力点应当放在做好人的工作上，即履行好代表和维护职工的合法权益职责上，通过维护职工合法权益、竭诚服务职工群众，保护好、引导好、发挥好职工投身社会主义现代化建设的积极性，从而积极完成各项生产和建设任务，推动生产力发展和促进社会全面进步。

四、坚持党的领导和独立自主地开展工作相统一

工会必须接受党的领导，是由我国工会运动的性质决定的。马克思主义的工会运动，是一种争取工人阶级彻底解放的工会运动，这一运动不仅要争取和维护工人的现实和具体的利益，而且还要争取工人阶级的社会解放。为实现这一目标，工会组织必须接受党的领导。这是因为，从性质上看，工会和党都是工人阶级的阶级组织，但工会是工人阶级的群众组织，群众性是工会的基本特点；党是工人阶级的先锋队，是工人阶级的先进组织，先进性是党的基本特点。工会运动作为一个阶级的行动，仅靠自发的和散漫的群众运动是无法实现的，只有接受具有明确的纲领和严格纪律的党的领导，工会运动才能作为一个阶级的自觉的运动。从我国工会运动历史看，中国工会运动是在中国共产党的领导下发展壮大起来的，接受党的领导是中国工会的历史选择。

在社会主义国家中，工会的存在是必然的、长期的。党必须加强和改善对工会工作的领导，发挥工会的作用，通过工会把广大职工群众团结在党的周围，听党话、跟党走。要通过加强和改善党对工会工作的领导，保证工会坚持正确的政治方向。工会只有自觉接受党的领导，才能保证自己坚定的政治方向，工会必须在思想上、政治上、行动上与党中央保持高度一致，坚决贯彻党的路线方针政策，重大问题必须请示同级党委。同时，要通过工会自身的改革和建设，建立党领导的工会与职工群众之间的正确关系，实现工会组织群众化和民主化，真正得到广大职工的支持、拥护和信赖。工会作为党联系广大职工群众的桥梁与纽带，应当密切地与职工群众生活在一起，熟悉职工群众的生活，了解他们的要求和意见，关心并满足职工群众的要求，这样才能真正发挥其桥梁与纽带的作用。

工会必须独立自主开展工作，这是马克思主义工会运动的本质要求。马克思主义的工会运动是一种劳动群众自我解放的运动，这一运动所注重的是劳动群众的自主性和能动性，注重劳动者的首创精神。在社会主义国家，以劳动者为主体的工会运动的目的，是要在代表、维护劳动者利益的基础上，使劳动者发挥社会主义现代化建设事业的创造者作用，在更大程度上参与管理国家事务、管理经济和文化事业、管理社会事务，真正成为国家和社会的主人。因而，不仅要坚持党对工会的领导，也要坚持工会在党的领导下，依照法律和工会章程独立自主地开展工作。工会必须坚持接受党的领导与独立自主开展工作相统一的原则。所谓统一，是要统一在工会工作的全部过程和一切方面。也就是说，工会的一切工作都要按照党的路线方针政策来开展。

五、保持和增强政治性、先进性、群众性

2015 年 7 月召开的中央党的群团工作会议明确指出，要切实保持和增强群团组织和群团工作的政治性、先进性、群众性。此次工会法修改将工会保持和增强政治性、先进性、群众性写入总则，是落实习近平总书记要求和中央党的群团工作会议精神的重要体现。

关于政治性。习近平总书记强调，政治性是群团组织的灵魂，是第一位的；离开了政治性，群团组织就容易产生脱离党的领导的倾向，就会庸俗化，就会成为一般社会组织，甚至会走向邪路。

习近平总书记这一重要论述，深刻揭示了包括工会组织在内的党领导的群团组织与一般社会组织的区别。保持和增强政治性，关键是始终坚持中国共产党的领导。这是工会工作必须时刻遵循的重大政治原则，也是工会工作的根本政治保证。保持和增强政治性，必须毫不动摇坚持中国特色社会主义工会发展道路。中国特色社会主义工会发展道路，既是一个系统化、理论化的科学体系，也是中国工人运动的伟大实践，是工会组织和工会工作始终沿着正确方向前进的重要保证。保持和增强政治性，要切实加强和改善党对工会的领导。这就要求各级党组织充分认识工会在国家政治、经济和社会生活中的重要地位，高度重视和大力支持工会依法、依章程独立自主开展工作。

关于先进性。习近平总书记强调，工会必须把保持和增强先进性作为重要着力点，引领职工群众跟党走，使之成为党最坚实的阶级基础。先进性是群团工作的力量之源。工会承担着组织动员广大职工群众为完成党的中心任务而奋斗的重大责任，新时代工会组织必须进一步增强先进性。工会的先进性体现在有先进政党的领导。中国共产党是先进的马克思主义政党，党作为中国一切事业的领导核心，在政治上统一领导工会等群团组织是历史发展的必然。中国工会坚持在中国共产党的领导下开展活动，体现了工会组织的先进性，是工会组织唯一正确的选择。工会的先进性体现在有先进的理论指导。中国特色社会主义工会发展道路是新的历史条件下党的工会工作理论的创新，是工会工作的实践总结，适应时代要求、符合基本国情、体现工会性质，是工会组织和工会工作始终沿着正确方向前进的重要保证，奠定了工会组织先进性的基础。中国工会的先进性还体现在有先进的阶级基础。我国工人阶级属于中国社会的先进阶级，中国工会就是依靠工人阶级组建起来的，工会的先进性具有与生俱来的重要阶级基础。

关于群众性。习近平总书记强调，群众性是群团组织的根本特点。离开了群众性，群团组织就容易走向官僚化、空壳化。工会是职工自愿结合的产物，这是工会存在、发展和开展活动的基本前提，职工群众的利益诉求和兴趣爱好是工会开展各项工作的依据。保持和增强群众性，要求各级工会以职工群众为中心，让更多的职工群众参加到工会工作中来，改变一些工会自娱自乐、隔空喊话、封闭运行的倾向。竭诚服务职工群众是工会一切工作的出发点和落脚点，保持和增强群众性，要求工会在维权和服务上更加有为，为党分忧、为民谋利。

六、工会章程不得与宪法和法律相抵触

《中国工会章程》是中国工会及其会员的行为规范，是中国工会与其会员的权利义务的重要载体。职工参加或者组建工会组织，首先必须完全接受《中国工会章程》。

《中国工会章程》制定权和修改权均在工会全国代表大会，任何其他各级工会组织，包括中华全国总工会都无权制定或者修改《中国工会章程》。《中国工会章程》的依据是宪法和法律，其内容不得与宪法和有关法律相抵触。

七、工会合法权益受国家保护

工会组织的合法权益主要包括代表权、维护权、参与权、协商权、监督权、财产权等。工会的代表权，是指工会有代表职工合法权益的权利，对此，工会法、劳动法等法律都作了明确规定。工会的维护权，是指工会有依法维护职工合法权益的权利，工会在行使维护权时应当处理好全国人民总体利益与职工具体利益的关系。工会的参与权，是指工会依法享有代表职工参与国家和社会事务的管理以及参与企事业单位、社会组织管理的权利。工会参与国家和社会事务的管理包括参与立法、参政议政等；参与企事业单位、社会组织管理包括通过职工代表大会和其他形式参与民主管理等。工会的协商权，是指工会依法享有代表职工与用人单位就劳动报酬、工作时间、休息休假、劳动安全卫生等事项进行协商，签订集体合同的权利。在社会主义市场经济条件下，工会代表职工与用人单位进行集体协商，已成为协调劳动关系的一项重要机制。工会的监督权，是指工会对相关主体执行国家劳动法律法规情况进行监督的权利。我国法律确认和保障工会的监督权。没有监督权，工会的其他权利很难有效行使。工会的财产权，是指工会具备独立的财产、经费及其使用上的自主权，这是工会赖以存在和取得社会地位的物质条件。

依法成立的工会组织，其合法权益受国家保护，任何个人或者组织不得侵犯工会的合法权益。工会法在法律责任一章中对侵犯工会及其工作人员权益应承担的责任，作出了明确规定。《中华人民共和国民法典》第二百七十条也明确规定，社会团体法人、捐助法人依法所有的不动产和动产，受法律保护。

◆ **相关规定**

《中华人民共和国宪法》第五条；《中国工会章程》

第五条 工会组织和教育职工依照宪法和法律的规定行使民主权利，发挥国家主人翁的作用，通过各种途径和形式，参与管理国家事务、管理经济和文化事业、管理社会事务；协助人民政府开展工作，维护工人阶级领导的、以工农联盟为基础的人民民主专政的社会主义国家政权。

◆ **条文主旨**

本条是关于工会组织和教育职工依法行使民主权利的规定。

◆ **条文解读**

一、工会的重要作用

《中华人民共和国宪法》第一条第一款规定，中华人民共和国是工人阶级领导的、以工农联盟为基础的人民民主专政的社会主义国家；第四十二条第三款明确要求国有企业和城乡集体经济组织的劳动者都应当以国家主人翁的态度对待自己的劳动。《中华人民共和国全民所有制工业企业法》第九条规定，国家保障职工的主人翁地位，职工的合法权益受法律保护；第五十条规定，职工应当以国家主人翁的态度从事劳动，遵守劳动纪律和规章制度，完成生产和工作任务。《中国共产党章程》总纲开宗明义，中国共产党是中国工人阶级的先锋队。因此，工人阶级是我国宪法规定的国家政权的领导阶级，是先进生产力和生产关系的代表，是中国共产党最坚实最可靠的阶级基础，是改革开放和社会主义现代化建设的主力军，是维护社会安定的强大而集中的社会力量。

在我们党百年的发展历程中，全心全意依靠工人阶级是我们党一贯的指导方针，也是我们党领导革命、建设、改革取得伟大胜利的根本政治保证。新中国成立后，作为社会主义国家的主人，工人阶级在历史舞台上发挥积极的建设作用，为我国顺利完成社会主义改造打下了坚实的阶级基础。在社会主义建设时期，我们党在社会主义工业化建设中依靠并积极发挥工人阶级的主力军作用，实现了较短时间内在一穷二白的基础上初步建立起完整的工业体系，为我国经济更好发展打下坚实的工业基础。改革开放后，中国工人阶级作为我国先进生产力和生产关系的代表，是全面建设小康社会、发展中国特色社会主义的主力军。

二、参与管理国家各项事业

工会是中国共产党领导的职工自愿结合的工人阶级群众组织，是党联系职工群众的桥梁和纽带，是国家政权的重要社会支柱，是会员和职工利益的代表。工会要以宪法为根本活动准则，按照本法、全民所有制工业企业法、公司法、劳动法等法律和《中国工会章程》独立自主地开展工作，依法行使权利和履行义务。党的十八大以来，习近平总书记提出，坚持和发展中国特色社会主义，必须全心全意依靠工人阶级、巩固工人阶级的领导阶级地位，充分发挥工人阶级的主力军作用；要求各级党委和政府要把全心全意依靠工人阶级的根本方针贯彻到经济、政治、文化、社会、生态文明建设以及党的建设各方面，落实到党和国家制定政策、推进工作全过程，体现到企业生产经营各环节。工会应当坚定不移地走中国特色社会主义工会发展道路，推动党的全心全意依靠工人阶级的根本指导方针的贯彻落实，全面履行工会的社会职能，在维护全国人民总体利益的同时，更好地表达和维护职工的具体利益。要立足新时代中国特色社会主义的新方位，主动适应社会主要矛盾发生变化、共建共治共享社会治理新格局和全面深化改革的新阶段的需要，按照党赋予工会组织的新使命、新目标、新要求，努力开创工会工作新局面。要弘扬劳动精神、劳模精神、工匠精神，发挥广大职工的国家主人翁的积极性、主动性和创造性，动员和组织职工积极参加建设和改革，努力促进经济、政治、文化、社会和生态文明建设；要代表、组织、教育职工以国家主人翁的态度，依法有序参与国家事务、经济和文化事业、社会事务等方面的管理，参与企业、事业单位和机关的民主管理，把人民当家作主现实地体现到党和国家机关各个方面、各个层级工作上，推动发展全过程人民民主；要推动完善社会主义劳动法律体系，保障工人阶级特别是产业工人的国家主人翁地位，维护职工的经济、政治、文化和社会权利，维护工人阶级和工会组织的团结统一，为经济社会长期稳定发展、构建社会主义和谐社会作出贡献。

三、维护社会主义国家政权

习近平总书记强调，我国工人阶级要增强历史使命感和责任感，立足本职、胸怀全局，自觉把人生理想、家庭幸福融入国家富强、民族复兴的伟业之中，把个人梦与中国梦紧密联系在一起，始终以国家主人翁姿态为坚持和发展中国特色社会主义作出贡献；要牢固树立中国特色社会主义理想信念，坚定永远跟党走的信念，坚决拥护社会主义制度，坚决拥护改革开放，始终做坚持中国道路的柱石；要自觉践行社会主义核心价值观，发扬我国工人阶级的伟大品格，用先进思想、模范行动影响和带动全社会，不断为中国精神注入新能量，始终做弘扬中国精神的楷模；要坚持以振兴中华为己任，充分发挥伟大创造力量，发扬工人阶级识大体、顾大局的光荣传统，自觉维护安定团结的政治局面，始终做凝聚中国力量的中坚。各级工会组织要始终坚持正确政治方向，推动习近平新时代中国特色社会主义思想在工会系统和广大职工群众中形成生动实践；要自觉接受中国共产党的领导，承担团结引导职工群众听党话、跟党走的政治责任，巩固和扩大党执政的阶级基础和群众基础；要组织和教育职工通过各种途径和形式，依法有序行使民主权利，协助人民政府开展工作，发挥民主参与和社会监督作用，筑牢人民民主专政政权群众基础，从而起到维护工人阶级领导的、以工农联盟为基础的人民民主专政的社会主义国家政权的坚强作用。

◆ **相关规定**

《中华人民共和国宪法》第一条、第四十二条；《中华人民共和国全民所有制工业企业法》第九条、第五十条；《中华人民共

和国劳动法》；《中华人民共和国公司法》；《中国共产党章程》；《中国工会章程》

第六条 维护职工合法权益、竭诚服务职工群众是工会的基本职责。工会在维护全国人民总体利益的同时，代表和维护职工的合法权益。

工会通过平等协商和集体合同制度等，推动健全劳动关系协调机制，维护职工劳动权益，构建和谐劳动关系。

工会依照法律规定通过职工代表大会或者其他形式，组织职工参与本单位的民主选举、民主协商、民主决策、民主管理和民主监督。

工会建立联系广泛、服务职工的工会工作体系，密切联系职工，听取和反映职工的意见和要求，关心职工的生活，帮助职工解决困难，全心全意为职工服务。

◆ 条文主旨

本条是关于工会基本职责的规定。

◆ 条文解读

一、工会的基本职责

党的十八大以来，党和国家事业取得历史性成就、发生历史性变革，对工会工作提出了新要求。习近平总书记指出，工会要认真履行维护职工合法权益、竭诚服务职工群众的基本职能，切实保持和增强政治性、先进性、群众性。因此，有必要通过修改工会法，贯彻落实习近平总书记指示批示精神和党中央决策部署，及时将行之有效的经验做法上升为法律规定。本条的修改，就是要落实党中央对工会改革的新要求，坚持从国情出发，将工会的基本职责由“维护职工合法权益”扩展为“维护职工合法权益、竭诚服务职工群众”；要求工会推动健全劳动关系协调机制，构建和谐劳动关系；同时完善职工民主权利，增加规定工会组织职工参与本单位的民主选举、民主协商；要求工会建立联系广泛、服务职工的工会工作体系以全心全意为职工服务。通过完善工会工作相关制度和工作机制，为工会履行维护职工合法权益、竭诚服务职工群众基本职责提供有力的法治保障。

工会的基本职责从“维护职工合法权益”，发展为“维护职工合法权益、竭诚服务职工群众”，是中国工会组织基本职责在新时代的新发展，是新时代党对工会组织的政治要求，也是本法赋予工会的法定职责。

新的历史时期，我们党的使命是领导全国人民坚持和发展中国特色社会主义，全面建设社会主义现代化国家，实现“两个一百年”奋斗目标和中华民族伟大复兴的中国梦，这是全国人民的总体利益的集中体现。国家经济社会发展的全局，全国各族人民的团结和社会安定的全局都是全国人民总体利益的体现。维护好、实现好全国人民总体利益必须充分发挥工人阶级主力军作用。代表好、维护好、发展好职工群众的合法权益，努力让广大职工群众实现体面劳动、全面发展，我国工人阶级和广大职工群众就一定能进一步焕发劳动热情、释放创造潜能，在实现中国梦的伟大进程中继续拼搏奋斗。工会必须代表和组织广大职工牢牢把握时代主题，把自身前途命运同国家和民族前途命运紧紧联系在一起，把个人梦同中国梦紧密联系在一起，把实现党和国家确立的发展目标变成自己的自觉行动。工会要在维护全国人民总体利益的同时，更好地表达和维护职工的具体利益。

二、构建和谐劳动关系

本次工会法修改，不仅扩展了工会的基本职责，还结合新时代工会性质定位，对工会履行好基本职责、做好维权服务工作提出了新的更高要求，明确要求工会构建和谐劳动关系。劳动关系是生产关系的重要组成部分，是最基本、最重要的社会关系之一。劳动关系是否和谐，事关广大职工和企业的切身利益，事关经济发展与社会和谐。党和国家历来高度重视构建和谐劳动关系，制定了一系列法律法规和政策措施，并作出工作部署。党的十八大明确提出构建和谐劳动关系。在新的历史条件下，努力构建中国特色和谐劳动关系，是加强和创新社会管理、保障和改善民生的重要内容，是经济持续健康发展的重要保证，是增强党的执政基础、巩固党的执政地位的必然要求。

2015 年，中共中央、国务院出台《关于构建和谐劳动关系的意见》，要求依法保障职工基本劳动权益，健全劳动关系协调机制，加强企业民主管理制度建设，健全劳动关系矛盾调处机制。同时要求加强对职工的教育引导和人文关怀，教育引导企业经营者积极履行社会责任，优化企业发展环境，营造加强构建和谐劳动关系的法治保障，以构建和谐劳动关系的良好环境。

在此基础上，本条第二款规定，工会通过平等协商和集体合同制度等，推动健全劳动关系协调机制，维护职工劳动权益，构建和谐劳动关系。

1. 关于平等协商

平等协商是 1994 年劳动法所确定的劳动关系处理的基本原则。平等协商，是用人单位和相应的工会组织（未建立工会的企业由职工民主推举代表），在法律地位完全平等的基础上，就劳动标准、劳动条件以及其他与劳动关系相关的问题，依据国家法律法规而进行沟通、协商的行为。建立平等协商机制，是保护职工合法权益，建立和谐稳定的劳动关系，调动和发挥广大职工积极性、创造性，促进用人单位和职工加强沟通、共谋发展的重要手段。2001 年工会法修改确立了这一重要制度。从近年来的实践看，在企业中，尤其是在非公有制企业中，由工会代表职工与企业通过平等协商签订集体合同，有利于工会发挥维权职能，建立和维护和谐的劳动关系。为此，本次工会法修改，进一步作了完善性规定。

2. 关于集体合同制度

1994 年劳动法，对集体合同制度作出了明确规定。劳动法实施后，工会依法大力推动集体合同工作，通过工会与企业签订集体合同，更好地维护劳动者的合法权益，并取得了显著的效果。2004 年，劳动和社会保障部颁布《集体合同规定》，进一步规范集体合同制度。根据本法第二十一条的规定，工会帮助、指导职工与企业、实行企业化管理的事业单位、社会组织签订劳动合同；工会代表职工与企业、实行企业化管理的事业单位、社会组织进行平等协商，依法签订集体合同；集体合同草案应当提交职工代表大会或者全体职工讨论通过；工会签订集体合同，上级工会应当给予支持和帮助。

3. 推动健全劳动关系协调机制

劳动关系协调机制又称劳动关系三方协调机制，是指由政府劳动行政部门、企业方面代表组织和工会三方，按照三方共同制定的协商规则和协商程序，共同处理劳动关系。2001 年工会法修改，明确要求建立劳动关系三方协调机制。2001 年，原劳动保障部、国家经贸委、全国总工会、中国企业联合会（中国企业家协会）联合印发《关于进一步推行平等协商和集体合同制度的通知》，要求各地要积极探索建立劳动关系三方协商机制，定期分析本地区劳动关系的发展态势，协商解决企业平等协商和集体合同工作中的重大问题。2007 年颁布的劳动合同法进一步明确要求建立健全协调劳动关系三方机制。目前全国省级和市一级的劳动关系三方机制已经基本建立。三方机制正逐步向县（市、区）和产业一级延伸。2015 年的《中共中央、国务院关于构建和谐劳动关系的意见》进一步强调健全协调劳动关系三方机制。根据劳动合同法和本法的规定，劳动关系三方协调机制共同研究解决劳动关系方面的重大问题。三方机制处理的事务都是当前劳动关系方面的重大问题或者重大事务，如有关劳动法律法规和政策的制定与实施，劳动就业、劳动报酬、社会保险、职业培训、劳动安全与职业健康、工作时间与休息休假、劳动合同与集体合同以及有关劳动争议的处理等。

三、依法组织职工参与本单位民主管理

本条第三款规定了工会依法组织职工参与本单位民主管理。我国是社会主义国家，职工民主管理作为一种民主形式，是社会主义民主的组成部分。职工民主管理，是职工依照宪法和法律的有关规定，通过一定的组织形式，参加企业、事业管理，行使民主权利的活动。以职工代表大会为基本形式的企事业单位民主管理制度是职工依法参与企事业单位决策、管理和监督的基本制度，它与农村村民自治、城市居民自治等共同组成了我国社会主义基层民主。一直以来，推进我国社会主义民主政治建设的一个重要举措，就是要不断扩大基层民主，坚持和完善以职工代表大会为基本形式的企事业民主管理制度，组织职工参与改革和管理，维护职工合法权益。邓小平同志多次强调，充分发扬人民民主，保证全体人民真正享有通过各种有效形式管理国家，特别是管理基层地方政权和各项企事业的权力，是充分发挥社会主义制度优越性的一个重要环节。习近平总书记深化对民主政治发展规律的认识，强调要扩大人民有序政治参与，保证人民依法实行民主选举、民主协商、民主决策、民主管理、民主监督，并创造性地提出全过程人民民主的重大理念。2021 年 10 月，习近平总书记在中央人大工作会议上对中国特色社会主义民主，特别是全过程人民民主作了全面深刻阐述。习近平总书记指出，全体人民依法实行民主选举、民主协商、民主决策、民主管理、民主监督，依法通过各种途径和形式管理国家事务，管理经济和文化事业，管理社会事务。企事业单位民主管理制度是我国全过程人民民主的生动实践，具有完整的制度程序。本次工会法修改，在“民主决策、民主管理和民主监督”规定的基础上，增加“民主选举、民主协商”，进一步丰富完善工会组织职工参与本单位民主管理的内容。

我国职工实现民主管理的形式包括：职工代表大会和职工代表大会以外的其他形式。《中华人民共和国宪法》第十六条第二款和第十七条第二款规定：“国有企业依照法律规定，通过职工代表大会和其他形式，实行民主管理。”“集体经济组织实行民主管理，依照法律规定选举和罢免管理人员，决定经营管理的重大问题。”《中华人民共和国劳动法》第八条规定，劳动者依照法律规定，通过职工大会、职工代表大会或者其他形式，参与民主管理或者就保护劳动者合法权益与用人单位进行平等协商。本法第三十六条、第三十七条、第三十八条分别对国有企业和集体企业如何实行民主管理作了规定，同时要求国有企业、集体企业以外的其他企业、事业单位的工会委员会，依照法律规定组织职工采取与企业、事业单位相适应的形式，参与企业、事业单位民主管理。另外，乡镇企业法、公司法都也对职工民主管理作了具体要求。

2012 年 2 月，中华全国总工会、中华全国工商业联合会等六部委印发《企业民主管理规定》，以完善以职工代表大会为基本形式的企业民主管理制度，推进厂务公开，支持职工参与企业管理，维护职工合法权益，构建和谐劳动关系，促进企业持续健康发展，加强基层民主政治建设。该规定对职工代表大会制度、厂务公开制度、职工董事和职工监事制度等民主管理的形式作了具体规定，涵盖职工参与本单位的民主选举、民主协商、民主决策、民主管理和民主监督，是各企业单位实施民主管理制度的重要依据。

参与企业事业管理也是工会行使自身权利的一个十分重要的方面。如果企业事业单位违反工会法的规定，妨碍工会组织职工通过职工代表大会或其他形式行使民主权利的，要承担相应的法律责任。

四、建立联系广泛、服务职工的工会工作体系

面对中国工会基本职责的新定位，各级工会要建立联系广泛、服务职工的工会工作体系，要改革和改进机关机构设置、管理模式、运行机制，减少中间层次，不搞叠床架屋，进一步形成眼睛向下、面向基层、职责明确、运转高效的格局，才能更好适应基层工作和职工群众需要。要健全服务职工体系，拓宽服务职工领域，推进“互联网+”工会普惠性服务，让工会在职工需要时能够看得见、找得到、信得过、靠得住。要建立服务职工群众满意度评价制度，服务做得怎么样要让职工群众说了算，并且要根据职工群众意见不断提高服务水平。要推动完善职工福利制度，注重对职工的人文关怀和心理疏导服务，在做好物质服务、生活服务同时提供更高水平的精神和文化服务。要创新基层工会组织形式，动员职工依照工会法和工会章程组建和参加工会。在各类企事业特别是非公有制经济组织、社会组织中普遍建立工会组织，在中小企业集中的地方推进区域性、行业性工会联合会建设，提高建会质量，实现对非公有制企业职工、科技工作者和灵活就业人员等有效覆盖。依法规范基层工会民主选举，增强工会组织代表性。要坚持重心下移，力量配备、服务资源向基层倾斜，立足自身挖掘潜能，善于借船出海、借梯登高，把神经末梢搞敏感、把毛细血管搞畅通。要建立完善社会化工会工作者队伍管理制度，加大干部培训和实践锻炼力度，提高各级工会干部联系引导能力、维权服务能力、调查研究能力、沟通协调能力。

要把群众观念牢牢根植心中，增强与职工群众的血肉联系，就要把对工人阶级和职工群众的真挚感情落到工会工作的方方面面。各级工会组织要经常深入到职工群众中去，说职工群众听得懂的话，办职工群众期望办的事，用自己的眼睛看最真实的情况，用自己的耳朵听最真实的声音，面对面、心贴心、实打实做好职工群众维权服务工作，把职工群众呼声作为第一信号，把职工群众需求作为第一选择，把职工群众利益放在第一位置，把职工群众满意当作第一标准，始终做职工群众的贴心人。为解决好职工群众最关心最直接最现实的利益问题殚精竭虑、倾尽所能，以服务职工群众实效赢得人心。

第七条 工会动员和组织职工积极参加经济建设，努力完成生产任务和工作任务。教育职工不断提高思想道德、技术业务和科学文化素质，建设有理想、有道德、有文化、有纪律的职工队伍。

◆ 条文主旨

本条是关于工会的建设和教育职能的规定。

◆ 条文解读

建设职能和教育职能是我国工会具有的两项重要职能。中国工会曾在较长时间内把工作方针概括为以生产为中心，生产、生活、教育三位一体。20世纪50年代，在重申工会的生产作用、教育作用的同时，明确工会的维护、建设、教育和调节职能。改革开放以后，中国工会积极进行了理论和实践探索，明确了工会的维护、建设、参与、教育四项社会职能。因此，2001年工会法修改时，仍然强调了建设职能和教育职能，将1992年《中华人民共和国工会法》中第八条的“工会动员和教育职工以主人翁态度对待劳动，爱护国家和企业的财产，遵守劳动纪律，发动和组织职工努力完成生产任务和工作任务。工会组织职工开展社会主义劳动竞赛，开展群众性的合理化建议、技术革新和技术协作的活动，提高劳动生产率和经济效益，发展社会生产力”和第九条的“工会对职工进行爱国主义、集体主义、社会主义教育，民主、法制、纪律教育，以及科学、文化、技术教育，提高职工的思想、道德和科学、文化、技术、业务素质，使职工成为有理想、有道德、有文化、有纪律的劳动者”合并规定为“工会动员和组织职工积极参加经济建设，努力完成生产任务和工作任务。教育职工不断提高思想道德、技术业务和科学文化素质，建设有理想、有道德、有文化、有纪律的职工队伍。”

一、建设职能

工人阶级是物质文明的创造者。改革开放以后，党的指导方针转变到以经济建设为中心，强调社会主义的根本任务是发展生产力，增强社会主义国家的综合国力，使人民的生活日益改善。人是生产力中最具有决定性的力量，工人阶级是推动我国先进生产力发展的基本力量，发展生产力是工人阶级所承担的历史任务。因此，工会应当始终坚持其在生产建设中的重要职能。

工会具有建设职能的意义在于：第一，这是完成工人阶级历史任务的要求。工会做好吸引和团结职工积极参加经济建设，充分发挥工人阶级在改革和建设中的主动性、积极性、创造性和主力军作用，正是直接地促进生产力的发展；第二，工会吸引职工参加改革和建设，以自己的活动领域和活动方式，去解放生产力，发展生产力；第三，发展生产力，是全国人民整体利益、根本利益所在，又是职工具体利益、现实利益所在。

新的历史时期，我们党的使命是领导全国人民坚持和发展中国特色社会主义，全面建设社会主义现代化国家，实现两个一百年奋斗目标和中华民族伟大复兴的中国梦，这是全党全国各族人民的共同任务，更是我国工人阶级的历史使命。进入新发展阶段，服从服务于党和国家的工作大局是工会工作的基本方向。工会要动员和组织广大职工群众，积极参加建设和改革，紧紧围绕全面贯彻新发展理念、推动构建新发展格局、服务高质量发展，围绕“十四五”时期国家重大战略、重大工程、重大项目、重点产业，努力完成各项生产任务和工作任务，努力促进经济、政治、文化、社会和生态文明建设。一是要不断开展劳动竞赛，促进安全生产，提高企业经济效益。工会要正确利用法律所赋予的权力，发挥好执法监督作用，定期检查劳动保护措施的落实情况，监督处理生产过程中违反劳动保护有关规定的行为，切实做好劳动安全工作。开展劳动竞赛是工会组织群众生产的一项重要活动，是促进生产、提高经济效益的有效形式。劳动竞赛必须紧紧围绕安全生产、提高工作质量和经营管理水平、降低成本、提高效益来开展。通过开展劳动竞赛，充分调动广大职工群众在发展生产中的积极性，为实现企业的各项目标任务贡献力量。二是要大力开展提合理化建议和“双增双节”活动。要按照科学规律、市场规律和建立现代企业制度的要求，在广大职工中深入开展提合理化建议、技术革新、技术协作、发明创造等活动，激发广大职工的主人翁精神，为企业的改革和发展多做贡献。三是要深化产业工人队伍建设改革，激发人才创新活力，壮大高技能人才队伍，为经济高质量发展贡献智慧和力量。

二、教育职能

我国社会主义社会的工人阶级是先进生产力和先进生产关系的代表，是最先进的阶级。工人阶级在社会化大生产的环境中锻造了坚强的组织性和纪律性，是最有发展前途的阶级，代表着人类社会的发展方向。工人阶级不仅是社会物质文明的建设者，也是精神文明的建设者，它在改造客观世界的同时，也在不断地改造着自己的主观世界，以更好地改造客观世界，如此才能始终保持和发展工人阶级的先进性。这需要工会充分履行其教育职能，提高广大工人职工的综合素质，进而维护工人阶级根本利益。工会履行教育职能，就是要把远大理想和现实目标结合起来，通过日常的工作和各种群众活动，教育和团结广大职工，不断地把他们吸引到实现工人阶级各个阶段面临的任务的实践中来，真正做到教育人、引导人、培育人，促进职工思想道德、技术业务和科学文化素质的不断提高，为我国经济发展和社会进步提供精神动力和智力支持。

教育职工首先提高职工思想道德素质，切实强化对职工群众的思想政治引领。深化理想信念教育和劳动精神教育，引导广大职工积极践行社会主义核心价值观，坚定不移听党话、跟党走。在工会干部和职工群众中组织开展中国特色社会主义制度宣传教育，认真落实《新时代爱国主义教育实施纲要》，进一步坚定制度自信。加强对职工特别是新生代职工和农民工的人文关怀和心理疏导，把解决思想问题与解决实际问题结合起来，增强思想政治工作的针对性和实效性。落实意识形态工作责任制，加强网上思想引领工作，做好非公经济组织等重点领域和青年职工、农民工等重点群体工作，筑牢工会意识形态安全防线。其次要提高职工业务技术素质和科学文化素质。要进一步弘扬劳动精神、劳模精神和工匠精神，形成“尊重劳动、尊重知识、尊重人才、尊重创造”的社会氛围。要结合不同岗位的特点，积极开展技术革新活动、劳动和技能竞赛活动等，提高职工的学习能力、创新能力、竞争能力和创业能力。要制定切合实际的工作方案，有计划有步骤地组织职工学习科学文化知识和岗位职业培训与教育，不断提高职工的学习能力和综合素质。要逐步完善育人用人机制，注重对企业经营管理人才、科技专业人才和优秀技术工人的培养，使之成为具有创新能力的一流人才。要更好满足广大职工不断增长的精神文化需求。根据职工需求多样、参与意识增强、思想观念多元等新情况新特点，推出更多内涵精深、制作精良，有思想、有温度、有价值、有品质的文化产品。深入开展全国职工主题阅读活动，推动形成健康文明、昂扬向上、全员参与的职工文化。充分发挥工会报刊、网站、出版社、文化宫、职工书屋、文艺团体等宣传文化阵地及“两微一端”等新媒体作用，深入职工生活，把职工的精神面貌和奋斗风采搬到舞台和作品中，讲好中国故事、中国工人故事、中国工会故事。注重在职工群众中宣传中华优秀传统文化，将其丰富内涵和精髓更好地融入职工生产生活各方面，将其智慧、气度、神韵更多地植根于职工群众的心灵深处，做到以文化人、以文育人、以文培元、以文养心，引导广大职工坚定文化自信，使中华文化成为职工群众的精神家园。职工教育是一项涉及面广、层次性强的系统工程。工会组织要站在长远发展的战略高度，从自身特点和优势出发，充分发挥工会的教育职能作用，全面提高职工素质，建设有理想、有道德、有文化、有纪律的“四有”职工队伍，不断发展工人阶级的先进性。

◆ **相关规定**

《中华人民共和国宪法》第十六条、第十七条；《中华人民共和国劳动法》第八条、第三十三条；《中华人民共和国工会法》第二十一条、第三十五条至第三十八条；《中华人民共和国劳动合同法》第五条；《中华人民共和国公司法》第十八条；《中华人民共和国乡镇企业法》第十四条；《中共中央、国务院关于构建和谐劳动关系的意见》；《集体合同规定》；《劳动保障部、国家经贸委、全国总工会、中国企业联合会（中国企业家协会）关于进一步推行平等协商和集体合同制度的通知》；《企业民主管理规定》

第八条 工会推动产业工人队伍建设改革，提高产业工人队伍整体素质，发挥产业工人骨干作用，维护产业工人合法权益，保障产业工人主人翁地位，造就一支有理想守信念、懂技术会创新、敢担当讲奉献的宏大产业工人队伍。

◆ **条文主旨**

本条是关于工会推动产业工人队伍建设改革的规定。

◆ **条文解读**

一、工会推动产业工人队伍建设改革

工人阶级是我国的领导阶级，是全面建成小康社会、坚持和发展中国特色社会主义的主力军。产业工人是工人阶级中发挥支撑作用的主体力量，是创造社会财富的中坚力量，是创新驱动发展的骨干力量，是实施制造强国战略的有生力量。党中央历来高度重视产业工人队伍建设，特别是党的十八大以来，以习近平同志为核心的党中央坚持以人民为中心的发展思想和全心全意依靠工人阶级的方针，就推进产业工人队伍建设改革作出一系列决策部署，产业工人队伍建设不断取得新进展。习近平总书记多次就产业工人队伍建设发表重要讲话、作出重要指示，提出了一系列新思想新观点新要求。集中体现在以下方面：一是充分肯定产业工人的地位作用，指出工人阶级和广大劳动群众始终是推动我国经济社会发展、维护社会安定团结的根本力量，是我们党最坚实最可靠的阶级基础，产业工人是工人阶级的主体力量。二是明确提出产业工人队伍建设改革的目标任务，指出按照“政治上保证、制度上落实、素质上提高、权益上维护”的总体思路，造就一支有理想守信念、懂技术会创新、敢担当讲奉献的宏大的产业工人队伍。三是不断强化对产业工人的思想政治引领，指出要求加强和改进职工思想政治工作，使广大职工在理想信念、价值理念、道德观念上紧紧团结在一起。四是强调发挥劳动模范和工匠人才的示范带动作用，大力弘扬劳模精神、工匠精神，培养造就更多劳动模范、大国工匠。五是重视产业工人的素质提升，要求高度重视提高劳动者素质，培养宏大的高素质劳动者大军。六是切实维护产业工人合法权益，要求实现好、维护好、发展好广大普通劳动者根本利益，帮助广大劳动群众排忧解难，积极构建和谐劳动关系。

习近平总书记关于产业工人队伍建设改革的重要论述，涉及产业工人队伍建设改革的意义、目标、原则、方向和重点等方面，指明了新的历史条件下我国产业工人队伍的历史使命和责任担当，回应和解决了在推动高质量发展、深化供给侧结构性改革、振兴实体经济的形势下依靠谁、为了谁等重大问题，具有重大的政治意义；进一步深化了我们党对产业工人队伍发展变化与特点规律的认识，丰富和发展了马克思工人阶级理论和劳动学说，具有深远的理论意义；回答了为什么改革、如何改革、改革目标是什么等重大理论和实践问题，为加快建设一支高素质的产业工人队伍明确了“路线图”、“时间表”，是推进产业工人队伍建设改革的基本遵循和行动指南，具有鲜明的实践意义。

为贯彻落实习近平总书记重要指示精神，2017 年 4 月，中共中央、国务院印发《新时期产业工人队伍建设改革方案》（以下简称《改革方案》）。《改革方案》明确了改革的指导思想、基本原则、目标任务，从加强和改进产业工人队伍思想政治建设、构建产业工人技能形成体系、运用互联网促进产业工人队伍建设、创新产业工人发展制度、强化产业工人队伍建设支撑保障等 5 个方面，提出了 25 条具体改革举措，厘清了新时期产业工人队伍建设改革为什么改、怎么改、通过什么途径、达到什么目标等一系列重大问题，是对产业工人把握为实现中国梦而奋斗这一工运时代主题的政治动员，进一步焕发广大产业工人创新创造创优的热情和活力，引导产业工人更加紧密地团结在以习近平同志为核心的党中央周围，坚定不移听党话、跟党走。

产业工人队伍建设改革推进 3 年多来，取得重要阶段性成果，相关制度建设得到加强，重点任务取得积极进展，产业工人队伍逐步壮大、素质不断提升，全社会关心支持产业工人队伍建设的良好氛围逐步形成。在这种背景下，需要在工会法修改中，深入贯彻落实习近平总书记有关重要论述和党中央决策部署，系统总结产业工人队伍建设改革实践经验，及时将行之有效的经验做法上升为法律规定，为改革深入推进提供更加有力的法治保障。为此，在 2021 年工会法修改中，专门增加一条规定，对工会推动产业工人队伍建设改革有关内容作出明确规定。

根据本条规定，工会承担推动产业工人队伍建设改革的重要职责。工会作为党领导的工人阶级群众组织，是国家政权的重要社会支柱，是会员和职工利益的代表，在产业工人队伍建设改革中工会责无旁贷、义不容辞。《改革方案》提出的各方面改革举措，涉及党委、人大、政府、政协和工会等多个部门和单位，许多工作都与工会有关。《改革方案》明确提出，建立贯彻落实协调机制，由全国总工会牵头、各相关部门参与，形成整体合力。按照《改革方案》要求，全国总工会要切实履行宏观指导、政策协调、组织推进、督促检查的职责，发挥好牵头作用。各地方、各产业工会和基层工会也要在同级党委领导下，按照统一部署，积极参加贯彻落实协调机制，搞好协调配合，主动开展工作，努力推动改革举措落地见效。

二、推动改革的主要举措

1. 提高产业工人队伍整体素质

素质是安身立命之本。目前，我国已经建成独立完整的现代工业体系，拥有 41 个工业大类、207 个工业中类、666 个工业小类，成为唯一拥有联合国产业分类中全部工业门类的国家。经济快速发展的同时，也面临着结构性、体制性、周期性问题相互交织所带来的困难和挑战，关键核心技术受制于人等瓶颈亟待突破，要实现产业转型升级、建设制造强国，需要先进生产技术和装备，也迫切需要一大批高技能产业工人。同时，我国产业工人技能素质不高、总量不足等问题亟待解决。因此，推进产业工人队伍建设改革，要着力提高产业工人整体素质。要在产业工人中大力弘扬劳模精神、劳动精神、工匠精神，用正确的世界观、人生观、价值观引领产业工人，在全社会宣传产业工人的社会贡献与价值，使劳动光荣、技能宝贵、创造伟大成为社会主流价值观。要在产业工人中广泛开展技术革新、技术协作、小发明小创造等职工技术创新活动，开展先进操作法总结、命名和推广，发挥职工创新工作室、劳模创新工作室的示范带动作用；要深入实施职工素质建设工程，整合工会职工技能培训资源，发挥工会职工教育阵地优势，引导产业工人提高技术技能素质，培育更多“大国工匠”等。

2. 发挥产业工人骨干作用

产业工人是工人阶级中发挥支撑作用的主体力量，是创造社会财富的中坚力量，是创新驱动发展的骨干力量，是实施制造强国战略的有生力量。要把思想政治工作贯穿到产业工人队伍建设改革各项工作中，改进和创新工作方式，从产业工人的实际出发，通过务实管用的载体，深化群众性精神文明创建活动，教育引导广大产业工人自觉践行社会主义核心价值观，不断增强中国特色社会主义道路自信、理论自信、制度自信、文化自信，真正成为党执政的坚实依靠力量、强大支持力量、深厚社会基础；要围绕贯彻落实党和国家重大战略、决策部署，深入推进重大工程、重大项目、重点产业劳动和技能竞赛，加强和改进组织协调、示范引领、检查评估、评比表彰、宣传推广等，提高产业工人参与率和受益度；要以职业道德为重点，在广大产业工人中开展社会公德、职业道德、家庭美德、个人品德教育，发挥劳模、道德模范、“最美职工”等先进人物的示范带动作用，打造健康文明、昂扬向上的职工文化；要发挥工会民间外交优势，加强产业工人技能国际交流与合作，组织产业工人积极参加国际性的产业工人技能交流活动，服务走出去战略和“一带一路”建设。

3. 维护产业工人合法权益

劳动经济权益是产业工人的重要权益，涵盖了广大产业工人最关心最直接最现实的利益问题、最困难最忧虑最急迫的实际问题。保障产业工人劳动经济权益，不仅有利于充分调动产业工人的劳动热情和创造潜能，而且也是构建和谐劳动关系的出发点和落脚点。维权要讲全面，也要讲重点，综合起来看，劳动就业、收入分配、社会保障、安全卫生等问题，是维护产业工人合法权益的重点。劳动就业方面，要顺应时代要求、适应社会变化，着力创造平等就业环境、保障就业机会公平、提高就业质量；收入分配方面，要着力完善工资平等协商机制、正常增长机制、支付保障机制，排除阻碍劳动者参与发展、分享发展成果的障碍，努力让劳动者实现体面劳动、全面发展；社会保障方面，着力健全社会保险制度，解除产业工人后顾之忧；安全卫生方面，要把关心产业工人健康、提升产业工人健康素质摆到重要工作日程，努力提升广大产业工人的健康素养和健康水平。只有切实维护好产业工人劳动经济权益，才能使职工的合法权益和合理利益诉求得到应有的重视和充分的保障，让改革发展成果更多更公平惠及全体人民，促进社会公平正义。

4. 保障产业工人主人翁地位

党和国家始终坚持全心全意依靠工人阶级的方针，通过制定法律法规以及有关政策，采取有力措施，保障产业工人主人翁地位。但也要注意到，在改革开放和发展社会主义市场经济过程中，也出现一些模糊认识甚至错误观点，对产业工人主人翁地位产生不利影响。针对这些问题，党和国家不断加大改革力度，探索创新产业工人当家做主权利的实现途径和方法，健全保证产业工人主人翁地位的制度安排。例如，在 2016 年进行的工会改革试点中，工会探索实行了产业工人在工会领导机关挂职和兼职；在精简工青妇机关内设机构、减少专职成员数量的基础上，吸纳各行各业优秀干部和人才，特别是有一定参政议政能力的一线产业工人参与到群团机关领导工作中来，对于进一步发挥群团组织的桥梁和纽带作用产生积极影响。要通过健全协调劳动关系三方机制、政府与工会联席（联系）会议制度等，组织和代表产业工人参与涉及自身权益法律法规政策的制定与实施。进一步落实和完善以职工代表大会为基本形式的民主管理制度，丰富民主参与形式，畅通民主参与渠道。针对不同所有制企业，探索符合各自特点的职工代表大会形式、权限和职能，在中小企业集中的地方建立区域性、行业性职工代表大会，依法保障产业工人的知情权、参与权、表达权、监督权，更好地落实产业工人主人翁地位。

三、改革的目标任务

《改革方案》明确提出，产业工人队伍建设改革的目标任务是，把产业工人队伍建设作为实施科教兴国战略、人才强国战略、创新驱动发展战略的重要支撑和基础保障，纳入国家和地方经济社会发展规划，通过改革，产业工人队伍不断壮大、综合素质明显提高，保障产业工人地位的制度更加健全，产业工人合法权益进一步实现，劳动光荣、技能宝贵、创造伟大的时代风尚更加浓厚，造就一支有理想守信念、懂技术会创新、敢担当讲奉献的宏大的产业工人队伍。2020 年 11 月 24 日，习近平总书记在全国劳动模范和先进工作者表彰大会上发表重要讲话，要求推进产业工人队伍建设改革，落实产业工人思想引领、建功立业、素质提升、地位提高、队伍壮大等改革措施，造就一支有理想守信念、懂技术会创新、敢担当讲奉献的宏大产业工人队伍。为此，2021 年工会法修改中，以法律规定的形式再次明确产业工人队伍建设改革的目标任务。

这一目标，既包含质的要求，即有理想守信念是思想政治目标，懂技术会创新是职业技能目标，敢担当讲奉献是职业道德目标；还包括量的要求，即宏大产业工人队伍。宏大产业工人队伍涵盖第一产业的农场、林场，第二产业的采矿业、制造业、建筑业和电力、热气、燃气及水生产和供应业，以及第三产业的交通运输、仓储及邮政业和信息传输、软件和信息技术服务业等行业中从事集体生产劳动，以工资收入为生活来源的工人。从当下来看，既包括传统工业领域的劳动者，也包括农民工和新就业形态劳动者。

◆ **相关规定**

中共中央、国务院《新时期产业工人队伍建设改革方案》；《中共中央关于加强和改进党的群团工作的意见》；《中国工会章程》

第九条 中华全国总工会根据独立、平等、互相尊重、互不干涉内部事务的原则，加强同各国工会组织的友好合作关系。

◆ **条文主旨**

本条是关于总工会加强对外交往的规定。

◆ **条文解读**

一、中华全国总工会可以开展对外交往合作

工会是中国共产党领导的职工自愿结合的工人阶级群众组织。工会对外交流与合作工作是我国对外交往工作的重要组成部分，也是我国民间外交的重要组成部分。中华全国总工会，对外代表中国工会，积极开展对外交流与合作，是其发挥民间外交作用的重要体现。

党中央高度重视工会的对外交往交流工作。在中国革命、建设、改革各个历史时期，党和国家领导人都曾就工会外事工作作出重要指示批示，并多次出席工会多边会议。工会外事工作在党的领导下，始终围绕党和国家的中心工作来谋划和推进，开展了广泛的对外友好交流合作。截至目前，中国工会已与世界上 150

多个国家、400多个工会组织建立了友好关系。中国工会代表连续4次成功当选国际劳工组织理事会工人组正理事。

2015年《中共中央关于加强和改进党的群团工作的意见》提出，群团组织要多领域、多渠道、多层次开展民间对外交流，增进中国人民同各国人民友谊，维护国家核心利益。同时还要求群体组织广泛开展民族团结进步宣传教育，动员所联系群众旗帜鲜明反对民族分裂、维护祖国统一，促进各民族群众手足相亲、守望相助；加强同香港同胞、澳门同胞、台湾同胞和海外侨胞的往来和交流，推进国家现代化建设和祖国和平统一。2018年新修订的《中国工会章程》进一步明确规定，中国工会在国际事务中坚持独立自主、互相尊重、求同存异、加强合作、增进友谊的方针，在独立、平等、互相尊重、互不干涉内部事务的原则基础上，广泛建立和发展同国际和各国工会组织的友好关系，积极参与“一带一路”建设，增进我国工人阶级同各国工人阶级的友谊，同全世界工人和工会一起，在推动构建人类命运共同体中发挥作用，为世界的和平、发展、合作、工人权益和社会进步而共同努力。进入新时代，中国工会必须始终坚持党对工会外事工作的领导，在党总揽全局、协调各方的对外工作大协同格局中积极作为，确保党中央对外方针政策和战略部署在工会外事工作中落到实处。

二、我国工会对外交往原则

依照本条规定，中华全国总工会和各国工会组织的合作原则有四项：一是独立原则，指每个国家或者地区的工会都有权根据本国国情和广大工会会员及职工的愿望，选择自身的发展模式，确定自己的对外政策，采取自己的方式方法，从事自己的工会业务，任何别国工会或者国际工会组织不得进行干预。二是平等原则，指各国家或者各地区的工会，不论大小强弱，都具有平等地位和权利，有权平等地参与协商解决国际工会运动事务，不能由少数几个大工会或者某个国际工会组织进行垄断。三是互相尊重原则，即指每个国家或地区的工会不得歧视任何别国工会，要对别国工会的发展模式和内部政策给予充分的理解。各国工会应该进一步增进相互理解和尊重，进一步加强对话，平等交流，求同存异，扩大交往，增强合作，共同推动发展相互尊重、友好合作、民主和谐的国际工会关系，进一步推动公正合理、民主和谐的国际工运新秩序的构建，推动构建人类命运共同体。四是互不干涉内政原则，指任何国家都有权根据本国国情自主地选择本国的政治制度、经济制度、社会文化制度的权利，任何其他国家不得以任何借口直接或者间接地干预他国的国内事务和外交事务，既不允许武装干涉，也不允许政治干涉、经济干涉、文化干涉乃至人权干涉；任何国家不得组织、协助、煽动、资助目的在于颠覆别国合法政府的组织或者活动。任何别国工会和国际工会组织不得以任何借口干涉他国工会的内部事务，不以任何借口损害各国工人的根本利益。各国工会都要发扬国际工会运动团结声援的传统，支持各国工人和人民的正义斗争，促进各国工会之间互相尊重，求同存异、平等相待、互利合作的精神，增强团结、互相支持。

参加国际工会活动，是工会的一项重要工作。长期以来，中国工会始终坚持“独立自主、互相尊重、求同存异、加强合作、增进友谊”的方针，在独立、平等、互相尊重、互不干涉内部事务的原则基础上，与各国、各国际工会组织建立和发展关系，在工会对外交往交流工作上取得显著进展，向世界广泛宣传中国工会的理念和工作成就，极大地增进了各工会组织之间的相互了解和友谊。近年来，中华全国总工会进一步加强工会外事工作，坚持工会外事工作服务国家总体外交、服务工会全局工作，深化同港澳台工会和劳动界的交流合作，高举和平、发展、合作、工人权益的旗帜，加大与各国、各地区、国际性工会组织和劳动界的交流交往力度，拓展工会外事工作都有效平台，进一步发展了同各国工会组织、国际和区域工会组织的双边和多边关系，增进了同各国工人阶级的友谊，增强了在国际工运中的话语权，提升了我国工会的国际影响力，促进国际工运秩序更加公正合理、民主和谐。

当前，国际工会运动正越来越多地受到国际政治经济形势变化的影响，处在一个重要的变化时期。新冠疫情对全球经济和国际形势变化产生了深刻的影响，要解决由此给各国劳动者带来的新问题、新挑战，切实维护广大劳动者权益，推进国际工会运动健康发展，需要各国工会和国际工会组织的共同努力和协商交流，必须促进对话交流，协商应对挑战，谋求合作共赢。各国工会组织要和所属国际组织的差别，把推动经济发展、维护职工利益、促进共同繁荣作为重要前提，相互尊重、增进理解，加强交流、扩大合作，共同应对挑战、共迎发展机遇、共担发展责任、共享发展成果。中国工会应当始终坚持独立、平等、互相尊重、互不干涉内部事务的原则，紧紧围绕党和国家外交战略布局，充分发挥工会民间外交优势，努力为推动构建人类命运共同体、增进各国劳动者福祉作出新的更大贡献。

◆ **相关规定**

《中共中央关于加强和改进党的群团工作的意见》；《中国工会章程》

第二章　工会组织

第十条　工会各级组织按照民主集中制原则建立。

各级工会委员会由会员大会或者会员代表大会民主选举产生。企业主要负责人的近亲属不得作为本企业基层工会委员会成员的人选。

各级工会委员会向同级会员大会或者会员代表大会负责并报告工作，接受其监督。

工会会员大会或者会员代表大会有权撤换或者罢免其所选举的代表或者工会委员会组成人员。

上级工会组织领导下级工会组织。

◆ **条文主旨**

本条是关于工会民主集中制原则的规定。

◆ **条文解读**

民主集中制是工会的组织原则之一，体现了中国工会作为工人阶级的群众组织的性质，体现了中国共产党领导下的中国工会的根本特征。民主集中制是民主基础上的集中和集中指导下的民主相结合的制度。工会组织和会员都必须按照这个原则进行活动。

一、各级工会委员会民主选举产生

会员大会由同级工会的全体会员组成；会员代表大会由全体会员通过民主选举产生的代表组成。工会各级代表大会的代表和工会委员会的产生，要充分体现选举人的意志。候选人名单要反复酝酿，充分讨论。选举采用无记名投票方式，可以直接采用候选人数多于应选人数的差额选举办法进行正式选举；也可以先采用差额选举办法进行预选，产生候选人名单，然后进行正式选举。任何组织和个人，不得以任何方式强迫选举人选举或者不选举某个人。部分省、自治区总工会设立的地区工会办事处以及有些产业工会的工作委员会等工会派出代表机关，都不是一级工会组织，不是采取民主选举的办法，而是由各级工会任命其负责的工作人员。

工会的各级领导机关，除它们的派出代表机关外，都由民主选举产生，这是工会的一项重要的组织制度。这是因为：第一，这是实现民主集中制的重要保证。只有会员民主选举产生的领导机关，才能充分体现会员的意志，才能建立起领导与被领导的正确关系。第二，这是建立一个有一定威信、强有力领导班子的关键。经过民主选举，有利于把真正为职工群众服务，敢于为职工说话，深受职工群众拥护的人选进工会的领导机构，并增强当选的工会干部的责任感和使命感。第三，这是调动广大会员积极性的重要措施。由会员民主选举工会干部并对工会干部实行监督，体现了会员的民主权利，有利于发挥会员的积极性、主动性和创造性。工会干部在会员的监督下开展工作，有利于防止各种腐败现象的发生。

实践中，比如在一些非公有制企业中，经理、厂长等主要负责人的配偶或兄弟姐妹等近亲属担任基层工会主席。为使工会更有效地代表和维护职工的合法权益，针对这些现象，工会法对基层工会委员会成员的人选作出限制性规定，规定企业主要负责人的近亲属不得作为本企业基层工会委员会成员的人选。

二、各级工会委员会向同级会员大会或者会员代表大会负责

这里明确了工会委员会与同级会员大会或者会员代表大会的关系。各级工会代表大会或会员大会，是同级工会的最高领导机关，是讨论、决定工会重大事项和选举工会领导机构的权力机关。各级工会委员会由会员大会或者会员代表大会选举产生。各级工会委员会在代表大会闭会期间，负责贯彻执行上级工会的决定和同级工会代表大会的决议，领导本地区的工会工作，工会委员会必须向代表大会负责，并向代表大会报告代表大会所决定的工作任务的完成情况、经费的使用情况以及代表大会认为有必要报告的其他情况，接受全体会员的监督。

三、撤换或者罢免权

撤换和罢免是工会会员对会员代表和工会委员会委员、会员代表对工会委员会委员实施监督的有效形式之一。工会会员认为会员代表或者工会委员有违法、违反章程或者失职、不称职以及其他违背工会会员意志的行为，可以要求撤换或者罢免其选举的代表或者委员；工会代表认为工会委员有违法、违反章程或者有失职、不称职以及其他违背工会会员或者会员代表意志的行为，也可以要求撤换或者罢免工会委员。不论是要求撤换还是要求罢免代表或者工会委员，都要严格依照民主集中制原则办事，坚持少数服从多数的原则，做到民主规范。

四、上级工会领导下级工会

工会的最高领导机关，是工会的全国代表大会和它所产生的中华全国总工会执行委员会。工会的地方各级领导机关，是工会的地方各级代表大会和它所产生的总工会委员会。中华全国总工会领导全国的工会组织。工会的全国代表大会讨论决定全国工会的工作方针和一定时期的全国工会的任务，在代表大会闭会期间由中华全国总工会执行委员会负责贯彻执行，领导全国各级工会按代表大会的决议开展工作；地方各级工会的工作方针和一定时期的工作任务，也要在上级工会的领导下，按这个原则确定和实施。

《中共中央关于加强和改进党的群团工作的意见》规定，工会受同级党委和上级工会双重领导。双重领导原则是由中国工会的性质和特点所决定的重要组织原则。工会组织接受上级工会的领导，其基本要求是：认真贯彻上级工会的重要决议和工作部署；按照上级工会的要求，结合本地区（产业）、本单位的实际开展工作；工会的重要工作和涉及职工利益的重大问题、信息及时向上级工会报告；召开工会代表大会的报告、换届选举结果和届中人事变动情况，及时报上级工会审批；工作上主动接受上级工会的监督检查与指导。

同时，工会的各级领导机关要加强对下级组织的领导和服务，经常向下级组织通报情况，听取下级组织和会员的意见，研究和解决他们提出的问题。下级组织要及时向上级组织请示报告工作，建立正常的工作制度，保证上级组织能在充分了解下级组织和会员群众的愿望和要求的基础上作出正确的决定，同时保证上级工会组织集中起来的正确意见，得到所有下级组织的正确贯彻执行，从而加强工会的系统领导。

◆ **相关规定**

《中共中央关于加强和改进党的群团工作的意见》

第十一条　用人单位有会员二十五人以上的，应当建立基层工会委员会；不足二十五人的，可以单独建立基层工会委员会，也可以由两个以上单位的会员联合建立基层工会委员会，也可以选举组织员一人，组织会员开展活动。女职工人数较多的，可以建立工会女职工委员会，在同级工会领导下开展工作；女职工人数较少的，可以在工会委员会中设女职工委员。

企业职工较多的乡镇、城市街道，可以建立基层工会的联合会。

县级以上地方建立地方各级总工会。

同一行业或者性质相近的几个行业，可以根据需要建立全国的或者地方的产业工会。

全国建立统一的中华全国总工会。

◆ 条文主旨

本条是关于建立基层工会、地方工会、产业工会和工会组织系统的规定。

◆ 条文解读

一、关于建立基层工会委员会的条件

本次工会法修改，关于建立基层工会委员会的条件没有变化，仍然是有会员二十五人以上的，应当建立基层工会委员会；不足二十五人的，可以单独建立基层工会委员会，也可以由两个以上单位的会员联合建立基层工会委员会，也可以选举组织员一人，组织会员开展活动。即工会会员不足二十五人的基层单位，在建立工会组织时可以有多种选择，既可以单独建立基层工会委员会，

也可以由几个单位联合组建基层工会委员会，还可以选举组织员一人，开展活动。法律这样规定，主要是方便基层工会的建立，解决工会组建难的问题。

工会要按照工会法的要求，建立基层工会委员会，基层工会委员会由基层工会组织的会员大会或会员代表大会依照工会法和《中国工会章程》选举产生。为了加强基层工会委员会与群众的直接联系，基层工会委员会一般不设常务委员会，大型企事业单位的基层工会委员会如因工作需要，经上级工会批准，可以设常务委员会。基层工会委员会要承担起自己的职责和完成基本任务，要把两个方面的组织系统建立健全起来。一是经过选举把工会小组建设好。这是加强基层工会组织建设的基础。基层工会的许多活动，都要在工会小组里落实。工会小组犹如工会的细胞，细胞有了活力，基层工会的工作才能朝气蓬勃。二是根据工作需要聘请工会积极分子，建立一些工作委员会，如生活工作委员会、劳动安全卫生工作委员会等，这样才能使基层工会把各种工作任务承担起来，并且通过这些工作委员会中的广大工会积极分子，加强同群众的联系，使整个基层工会的工作真正扎根于职工群众之中。

为更好地维护女职工的合法权益和特殊利益，工会法对基层工会建立女职工委员会或者设女职工委员作了明确规定。即用人单位女职工人数较多的，可以建立工会女职工委员会，在同级工会领导下开展工作；女职工人数较少的，可以在工会委员会中设女职工委员。

二、关于在乡镇和城市街道建立基层工会的联合会

随着我国市场经济的发展，乡镇（街道）区域内非公有制企业、小型企业日益增多，职工队伍不断发展壮大，劳动关系进一步复杂。为适应加强基层工会组织建设的需要，最大限度地把职工组织到工会中来，2001 年修改工会法时，增加了在职工较多的乡镇、城市街道建立工会组织的规定。“职工较多”是建立乡镇、街道工会联合会的主要条件，在一些职工比较多的乡镇、街道，可以按照联合制、代表制的原则，建立基层工会的联合会，在乡镇（街道）同级党委和上级工会的领导下开展工作。

三、关于地方各级总工会及产业工会的设置

《中国工会章程》提出的产业和地方相结合的原则，集中了产业原则的长处，发挥了地区的优势，使得工会系统在组织领导关系上更加完善，更加切合我国的实际。中国工会实行产业和地方相结合的组织领导原则。这是地方各级总工会及产业工会设置的原则和条件，根据这一原则，按照国家行政区划在县级以上行政区域成立地方各级总工会，同时按照国民经济的行业特点在同一行业或者性质相近的几个行业，根据需要建立全国或者地方的产业工会。

产业和地方相结合的原则，具体包括三层含义：一是按照产业原则，把同一用人单位中的会员，组织在一个工会基层组织中，而不是在一个单位中按工种、职业组成若干个职业工会。二是同一行业或性质相近的几个行业，可以根据需要建立全国的或者地方的产业工会组织，开展适合产业特点的活动，反映和解决本产业职工需要解决的共同性问题。三是按行政区划，在省、自治区、直辖市，设区的市、自治州，县（旗）、自治县、不设区的市和市辖区建立各级地方总工会，作为当地地方工会和产业工会的领导机关。除少数行政管理体制实行垂直管理的产业的工会组织，如中华全国铁路总工会、中国民航工会、中国金融工会等，实行产业工会和地方工会双重领导，以上级产业工会领导为主外，其他产业工会均实行以同级地方工会领导为主，同时接受上级产业工会领导的体制。

四、关于全国建立统一的中华全国总工会

工会是一个统一的组织。工人阶级的根本利益是一致的，没有任何理由分裂出不同组织。在中国共产党的领导下，最广泛地把职工群众组织到工会中来，实现工人阶级的团结和工会组织的统一，是经历了长期曲折的过程才逐步实现的，是中国工人阶级的重大斗争成果，是中国工会的一个显著特点和一大优势。中国工人运动的历史表明，中国工人阶级的团结和工会组织的统一来之不易，是完成党在不同历史时期的目标和任务的组织保证，是反对敌对势力西化、分化我国工人阶级队伍和工会组织图谋，维护我国工人阶级和工会组织的团结统一，维护我国职工队伍和社会政治稳定的客观需要。

从法律规定的精神和原则的角度看，工会法关于“全国建立统一的中华全国总工会”的规定，表明除中华全国总工会之外，我国法律不允许存在其他所谓“工会”，这体现了我国工会体制的鲜明特点。依法保障工会组织的团结和统一是由我国的国家性质和国情决定的。我国是工人阶级领导的、以工农联盟为基础的人民民主专政的社会主义国家。工人阶级是我国的领导阶级，中国共产党是工人阶级的先锋队，代表全体工人阶级和全国各族人民的根本利益。中国工会是中国共产党领导的工人阶级群众组织。我国工人阶级的根本利益是一致的，因此没有理由建立两个或者多个工会组织。正因为如此，工会法和《中国工会章程》均明确规定，全国建立统一的中华全国总工会。工会法所确立的工会建立的民主集中制原则，体现了中国工会作为工人阶级群众组织的性质，体现了中国工会的根本特征，也从制度上保证了工会组织的团结和统一。全国建立统一的中华全国总工会，是维护我国工人阶级和工会组织的团结统一，坚持走中国特色社会主义工会发展道路的一个重要组织原则；是在总结我国工人运动历史经验的基础上作出的必然选择；是实现工人阶级的广泛联合，推动中国工人运动沿着正确道路发展的客观要求；是在中国共产党的领导下，最大限度地把职工群众组织起来，完成党在不同历史时期目标和任务的组织保证；是履行工会基本职责，全面代表和维护职工合法权益的有利条件。

全国建立统一的中华全国总工会的基本要求：一是中华全国总工会是中国境内唯一合法的工会组织，是中国境内的各级各类工会组织的最高领导机关，负责领导全国工会工作。二是在中国境内建立的各级各类工会组织，都是中华全国总工会的下级或基层组织，必须认真贯彻中华全国总工会提出的工会工作方针和作出的决议，按照中华全国总工会的工作部署和要求，结合各自的实际开展工作。三是各级、各地工会工作和职工队伍的重大问题与事项，要按照组织程序及时报告中华全国总工会。四是全国产业工会和省级地方工会的设立和撤销，其领导班子成员和经费审查委员会领导机构成员，必须报中华全国总工会审批。五是各地方工会、地方产业工会和各基层工会的设立和撤销，其领导班子成员和经费审查委员会领导机构成员，必须按照《中国工会章程》规定报上级工会审批。六是未按照工会法和《中国工会章程》规定成立的组织，不得称为工会组织。

◆ **相关规定**

《中国工会章程》第十九条至第二十五条；《企业工会工作条例》第十六条

第十二条 基层工会、地方各级总工会、全国或者地方产业工会组织的建立，必须报上一级工会批准。

上级工会可以派员帮助和指导企业职工组建工会，任何单位和个人不得阻挠。

◆ **条文主旨**

本条是对工会建立程序的规定。

◆ **条文解读**

一、必须报上一级工会批准

本条第一款规定了基层工会、地方总工会、全国产业工会和地方各级产业工会建立必须报上一级工会批准的程序。这样规定，目的在于保证我国工会组织的统一性，同时也有利于明确工会的组织隶属关系，接受上级工会的帮助、指导和服务。按照法律规定，省、自治区、直辖市建立总工会要报全国总工会批复同意；设区的市和自治州建立总工会要报省、自治区、直辖市总工会批准；县（旗）、自治县、不设区的市和市辖区建立总工会要报设区的市和自治州总工会批准；全国产业工会的建立要报全国总工会批准；地方产业工会的建立，应根据其特点报地方同级总工会或者上级产业工会批准。

二、上级工会可以派员帮助和指导企业职工组建工会

本条第二款规定了工会组建过程中上级工会的作用。随着改革开放的深化，外商投资企业、私营企业等非公有制经济成为我国经济中的重要组成部分。出于多方面原因，在这些经济组织中组建工会有许多困难，非公有制企业"建会难"已成为全国工会组织建设工作中的突出问题。

非公有制企业工会组建困难的原因主要有：一是一些外商投资企业、私营企业不组建工会，有的企业钻职工自愿组建工会的空子，或拖或推。二是一些外商投资企业、私营企业对工会的性质和作用存在疑虑和抵触。他们有的认为"工会就是与老板唱对台戏"，对组建工会存有戒心；有的怕工会经常组织活动占用工作时间，影响生产。三是一些外商投资企业、私营企业对缴纳百分之二的工会经费难以认同，致使工会组建困难。有些外商投资企业、私营企业宁可直接安排资金为企业职工搞福利，也不愿上缴经费。有些企业往往因不愿缴纳工会经费而拒绝建立工会。四是职工缺乏组建工会的内在要求和自我保护意识。个别地方领导片面强调营商环境，对工会的组建工作不够支持，也是影响工会组建工作的原因之一。

对此，2001 年工会法修改时，增加了上级工会可以派员帮助和指导企业职工组建工会，任何单位和个人不得阻挠的规定。上级工会派员帮助和指导企业职工组建工会的方式，包括与企业、事业单位以及其他组织的法定代表人或者负责人约见商谈，取得其对职工组建工会的理解与支持；在与企业、事业单位以及其他组织的法定代表人或者负责人协商确定的时间内进入企业、事业单位以及其他组织，以口头、书面等各种形式向职工宣传建会的意义和入会的方式。“阻挠”是指以各种方式阻止、限制上级工会派员帮助和指导企业、事业单位以及其他组织的职工组建工会，其中包括拒绝与上级工会就建会问题约见商谈；阻止、限制上级工会派员进入企业、事业单位和其他组织；对上级工会派出的人员进行威胁、殴打、谩骂、侮辱等。

此外，工会法在法律责任一章，对拒不组建工会的，明确规定予以追究法律责任。这些规定，是保障上级工会依法帮助职工组建工会的有力法律武器，各级工会在开展具体工作时要用好用足。但是，仅仅有法律依据是不够的。不能指望依靠国家的法律、文件解决一切问题，要改变靠发文件解决问题的工作作风，切实保持和增强工会工作的政治性、先进性、群众性，防止机关化、行政化、贵族化、娱乐化倾向。工会组建工作具体、繁琐，需要做大量艰苦细致的工作。要坚持以职工为中心、让职工当主角，眼睛向下、面向基层，力量配备、服务资源向基层倾斜。要将入会权利宣传到每个职工，激励他们行使自己的政治权利。要及时主动向广大职工提供所需的帮助服务，激发他们加入和组建工会的意愿。要向企业及相关方面完整准确地宣讲工会法，营造工会组建的良好氛围。

◆ **相关规定**

《中国工会章程》第十六条

第十三条 任何组织和个人不得随意撤销、合并工会组织。

基层工会所在的用人单位终止或者被撤销，该工会组织相应撤销，并报告上一级工会。

依前款规定被撤销的工会，其会员的会籍可以继续保留，具体管理办法由中华全国总工会制定。

◆ **条文主旨**

本条是关于工会组织撤销与合并的规定。

◆ **条文解读**

一、不得随意撤销、合并工会组织

根据本条第一款的规定，任何组织和个人不得随意撤销、合并工会组织。任何社会团体一经依法成立，国家就保护其合法的权益。根据《中华人民共和国工会法》第三条和第四条的规定，在中国境内的企业、事业单位、机关、社会组织中以工资收入为主要生活来源的劳动者，都有依法参加和组织工会的权利，任何组织和个人不得阻挠和限制；工会必须遵守和维护宪法，依照工会章程独立自主地开展工作，工会章程不得与宪法和法律相抵触；

国家保护工会的合法权益不受侵犯。因此工会是依法建立的社会团体，其依法开展各项工会活动，代表职工的利益，维护职工的合法权益，国家也保护工会的合法权益不受侵犯。近年来，在各种所有制企业中，工会工作覆盖面不断扩大，工会组织凝聚力不断增强，在促进企业发展、维护职工权益、构建和谐劳动关系等方面发挥着越来越重要的积极作用，因此健全工会组织，重视和支持工会组织依法独立自主、创造性地开展工会工作尤为重要。实践中，一些企业不能正确看待工会工作，不重视发挥工会的积极作用，有的企业甚至随意撤销或者合并工会组织；也有一些国有企业在改革改制过程中，出现了工会组织被撤销、工会工作机构被合并到党群工作部、工会专职工作人员被大量裁减等现象。这种做法，严重削弱了企业工会组织，严重影响了企业工会工作，致使企业管理者与职工群众的沟通渠道不畅通，劳动关系矛盾得不到及时调处和化解，成为导致群体性事件发生的重要原因之一，严重影响了企业和社会的和谐稳定。因此工会法明确规定，任何组织和个人不得随意撤销、合并工会组织。

2009年，全国总工会印发《关于坚决纠正在企业改革改制中撤销工会组织、合并工会工作机构问题的通知》，要求坚决纠正一个时期以来一些国有企业在改革改制过程中，随意撤销工会组织或将工会工作机构合并归属到其他工作部门的错误做法，保证企业工会在党的领导下独立自主、创造性地开展工作。各级工会特别是国有企业工会必须充分认识企业改革改制中健全工会组织的重要性和必要性，认清撤销工会组织、合并工会工作机构的危害，统一思想认识，采取有效措施，坚决纠正并遏制撤销工会组织、合并工会工作机构的现象。应当注意的是，工会作为中国共产党领导的群众组织，也应当服从党和国家工作大局，严格贯彻中央关于深化党和国家机构改革的精神，改革机构设置，优化职能配置，深化转职能、转方式、转作风，提高效率效能，按照中央和地方各级党委的要求，积极构建系统完备、科学规范、运行高效的工会组织机构职能体系，不能随意撤销、合并。

二、工会撤销的程序以及会员会籍的处理

本条第二款规定了工会撤销的程序。企业的关闭、合并、破产及其他形式的企业终止，以及机关、事业单位、社会组织合并或者被撤销，使基层工会组织失去了存在的基础，用人单位所在的基层工会组织也就随之撤销。基层工会组织撤销时，应当报告上一级工会。按照《中国工会章程》的有关规定，撤销工会组织应当经会员大会或者会员代表大会通过。

在2001年工会法修改过程中，一些同志提出，被撤销工会的会员如何处理，工会法应有所规定，并建议会员的会籍应当继续保留，工会组织也应当关心他们，帮助他们解决困难。根据相关意见，工会法增加了这一规定，要求继续保留被撤销的工会的会员的会籍。2016年12月，根据工会法的规定，中华全国总工会制定印发《工会会员会籍管理办法》，规定原用人单位关闭或破产的，可将会员会籍转至其居住地的乡镇（街道）或村（社区）工会。重新就业后，由其本人及时与新用人单位接转会员会籍。会员在保留会籍期间免交会费，不再享有选举权、被选举权和表决权。

◆ **相关规定**

《中华人民共和国工会法》第三条、第四条；《中国工会章程》；《工会会员会籍管理办法》；《全国总工会关于坚决纠正在企业改革改制中撤销工会组织、合并工会工作机构问题的通知》

第十四条　职工二百人以上的企业、事业单位、社会组织的工会，可以设专职工会主席。工会专职工作人员的人数由工会与企业、事业单位、社会组织协商确定。

◆ 条文主旨

本条是对专职工会主席和工会专职工作人员的规定。

◆ 条文解读

1992 年工会法没有规定专职工会主席和工会专职工作人员。在 2001 年修订工会法的时候，有意见提出，随着经济体制改革的深化，特别是在企业改制等过程中，有的单位工会被合并、工会工作人员由专职变为兼职等，存在工会专职工作人员不足的问题，建议对工会专职干部的配备作出规定。

经研究，2001 年修改工会法时增加规定："职工二百人以上的企业、事业单位的工会，可以设专职工会主席。工会专职工作人员的人数由工会与企业、事业单位协商确定。"2021 年修改工会法时，在企业、事业单位之外又增加了"社会组织"。

一、专职工会主席

工会主席分为专职和兼职，职工人数较多的企业、事业单位、社会组织的工会工作量相对较大，这些单位根据实际情况设立专职工会主席有利于开展相关工作。根据本条规定，职工二百人以上的企业、事业单位、社会组织的工会，可以设专职工会主席。需要注意的是，本条是关于企业、事业单位、社会组织工会的规定，不包括国家机关工会。此外，即使企业、事业单位、社会组织职工人数少于二百人，也可以根据实际工作需要设专职工会主席。

《中国工会章程》第二十五条第三款规定，职工二百人以上企业、事业单位的工会设专职工会主席。《企业工会主席产生办法（试行）》第二十一条规定，职工二百人以上的企业依法配备专职工会主席。由同级党组织负责人担任工会主席的，应配备专职工会副主席。

二、工会专职工作人员

根据本条规定，工会专职工作人员的人数由工会与企业、事业单位、社会组织协商确定。本条没有对工会专职工作人员数量等问题作强制性要求，主要是考虑到设工会专职工作人员可能增加企业等单位的成本，通常需要根据具体情况由工会与企业、事业单位、社会组织协商确定。《企业工会工作条例》第十三条第二款、第三款规定，企业和实行企业化管理的事业单位工会专职工作人员一般按不低于企业职工人数的千分之三配备，具体人数由上级工会、企业工会与企业行政协商确定。根据工作需要和经费许可，工会可从社会聘用工会工作人员，建立专兼职相结合的干部队伍。

◆ **相关规定**

《企业工会工作条例》第二十三条；《机关工会工作暂行条例》第十七条、第十八条；《事业单位工会工作条例》第二十七条；《工会基层组织选举工作条例》第八条、第九条

第十五条　中华全国总工会、地方总工会、产业工会具有社会团体法人资格。

基层工会组织具备民法典规定的法人条件的，依法取得社会团体法人资格。

◆ **条文主旨**

本条是对工会法人资格的规定。

◆ **条文解读**

一、中华全国总工会、地方总工会、产业工会具有社会团体法人资格

法人是具有民事权利能力和民事行为能力，依法独立享有民事权利和承担民事义务的组织。民法典规定，法人应当依法成立。法人应当有自己的名称、组织机构、住所、财产或者经费。法人成立的具体条件和程序，依照法律、行政法规的规定。法人以其全部财产独立承担民事责任。民法典对我国的法人制度作了总体设计，规定法人的类型包括营利法人、非营利法人和特别法人。营利法人包括有限责任公司、股份有限公司和其他企业法人等。非营利法人包括事业单位、社会团体、基金会、社会服务机构等。特别法人包括机关法人、农村集体经济组织法人、城镇农村的合作经济组织法人、基层群众性自治组织法人。工会是职工自愿结合的工人阶级群众组织，从法律性质上说，工会组织属于社会团体。目前，全国的工会组织包括中华全国总工会、地方总工会、产业工会、基层工会，由于不同类型工会的具体情况差别较大，工会法对工会的法人资格问题分情况作了规定。

中华全国总工会是各级地方总工会和各产业工会全国组织的领导机关，负责指导各地方总工会和全国产业工会开展工作。地方总工会是工会的地方组织，按照我国地方行政区划建立，包括省、自治区、直辖市，设区的市和自治州，县（旗）、自治县、不设区的市、市辖区三级，由同级工会代表大会民主选举产生。产业工会是同一行业或者性质相近的几个行业，根据需要建立的全国的或者地方的工会组织。根据民法典规定，具备法人条件，基于会员共同意愿，为公益目的或者会员共同利益等非营利目的设立的社会团体，经依法登记成立，取得社会团体法人资格；依法不需要办理法人登记的，从成立之日起，具有社会团体法人资格。可见，社会团体法人资格有成立即取得和申请登记取得两种情形。根据《社会团体登记管理条例》规定，参加中国人民政治协商会议的人民团体不属于《社会团体登记管理条例》规定登记的范围。《民政部关于对部分团体免予社团登记有关问题的通知》明确，参加中国人民政治协商会议的人民团体不进行社团登记，具体包括工会、共青团、妇联、科协、侨联、台联、青联、工商联八个人民团体。根据《中国人民政治协商会议章程》，县级以上工会属于参加人民政协的人民团体，因此中华全国总工会、地方总工会、产业工会不需要登记，一经成立即自然取得社会团体法人资格，工会法以法律形式予以确认。

二、基层工会组织具备民法典规定的法人条件的，依法取得社会团体法人资格

基层工会是建立在各种所有制的企业、事业单位、机关、社会组织中的工会组织，它是工会组织体系中最基本的组织单位，是整个工会的组织基础和工作基础。此外，基层工会还包括村（社区）工会，区域性、行业性工会联合会等。基层工会是否具有社会团体法人资格，要按照民法典规定的法人条件依法予以确认。基层工会组织依法成立，有自己的名称、组织机构、住所、财产或者经费是申请取得社会团体法人资格的必要条件。具体来讲，一是要程序合法。根据《中华人民共和国工会法》第十二条规定，基层工会、地方各级总工会、全国或者地方产业工会组织的建立，必须报上一级工会批准。同时，根据《中国工会章程》有关规定，工会组织的成立及选举结果要报上一级工会批复。因而，基层工会成立及选举结果必须报上一级工会批准，得到上级工会的正式批复。二是组织形式合法。工会法、《中国工会章程》中明确的工会组织形式有总工会、工会委员会、工会联合会、联合工会等。《中国工会章程》第十二条第一款规定，县和县以上各级地方总工会委员会，根据工作需要可以派出代表机关。工会派出代表机关的主要形式为工会工作委员会或工会办事处等。三是组织机构合法。《中华人民共和国民法典》第九十一条规定，社会团体法人应当设会员大会或者会员代表大会等权力机构。社会团体法人应当设理事会等执行机构。根据工会法、《中国工会章程》有关规定，工会各级组织按照民主集中制原则建立。工会基层委员会和经费审查委员会须由会员大会或者会员代表大会民主选举产生。

工会法只规定了具备民法典规定的法人条件的基层工会组织依法取得社会团体法人资格，但对如何依法取得没有作出规定。《最高人民法院关于产业工会、基层工会是否具备社会团体法人资格和工会经费集中户可否冻结划拨问题的批复》第一条中规定，“根据《中华人民共和国工会法》（以下简称工会法）的规定，产业工会社会团体法人资格的取得是由《工会法》直接规定的，依法不需要办理法人登记。基层工会只要符合《中华人民共和国民法典》、工会法和《中国工会章程》规定的条件，报上一级工会批准成立，即具有社会团体法人资格”。这个司法解释解决了基层工会到哪里登记的问题，明确了基层工会组织法人资格不需要到工会外部登记，由工会系统内部登记即可。围绕谁来登记的问题，1997 年 10 月，全国总工会制定了《基层工会法人资格登记办法》，明确工会法人登记机关为地市级以上总工会。2008 年 6 月，全国总工会修订《基层工会法人资格登记办法》，规定县级总工会经上级工会授权，可以履行审查登记机关的职责。2020 年 12 月，全国总工会印发了新修订的《基层工会法人登记管理办法》，规定中华全国总工会和县以上各级地方总工会为基层工会法人登记管理机关。

◆ **相关规定**

《中华人民共和国民法典》第一编第三章；《社会团体登记管理条例》第三条；《中国人民政治协商会议章程》第二十二条；《中国工会章程》第二十五条、第三十八条；《基层工会法人登记管理办法》第六条；《最高人民法院关于产业工会、基层工会是否具备社会团体法人资格和工会经费集中户可否冻结划拨问题的批复》第一条

第十六条 基层工会委员会每届任期三年或者五年。各级地方总工会委员会和产业工会委员会每届任期五年。

◆ **条文主旨**

本条是关于工会委员会任期的规定。

◆ **条文解读**

一、基层工会委员会的任期

基层工会委员会负责基层工会的日常工作，在工会基层组织中发挥着十分重要的作用。根据工会法规定，企业、事业单位、机关有会员二十五人以上的，应当建立基层工会委员会；不足二十五人的，可以单独建立基层工会委员会，也可以由两个以上单位的会员联合建立基层工会委员会，也可以选举组织员一人，组织会员开展活动。此外，《中国工会章程》第二十七条、第二十八条分别对工会基层委员会组成人员的产生、职责作了明确。其中，第二十七条规定，工会基层委员会的委员，应当在会员或者

会员代表充分酝酿协商的基础上选举产生；主席、副主席，可以由会员大会或者会员代表大会直接选举产生，也可以由工会基层委员会选举产生。第二十八条规定，工会基层委员会的基本任务是：（一）执行会员大会或者会员代表大会的决议和上级工会的决定，主持基层工会的日常工作。（二）代表和组织职工依照法律规定，通过职工代表大会、厂务公开和其他形式，参加本单位民主管理和民主监督，在公司制企业落实职工董事、职工监事制度。企业、事业单位工会委员会是职工代表大会工作机构，负责职工代表大会的日常工作，检查、督促职工代表大会决议的执行。（三）参与协调劳动关系和调解劳动争议，与企业、事业单位行政方面建立协商制度，协商解决涉及职工切身利益问题。帮助和指导职工与企业、事业单位行政方面签订和履行劳动合同，代表职工与企业、事业单位行政方面签订集体合同或者其他专项协议，并监督执行。（四）组织职工开展劳动和技能竞赛、合理化建议、技能培训、技术革新和技术协作等活动，培育工匠人才，总结推广先进经验。做好劳动模范和先进生产（工作）者的评选、表彰、培养和管理服务工作。（五）加强对职工的政治引领和思想教育，开展法治宣传教育，重视人文关怀和心理疏导，鼓励支持职工学习文化科学技术和管理知识，开展健康的文化体育活动。推进企业文化职工文化建设，办好工会文化、教育、体育事业。（六）监督有关法律、法规的贯彻执行。协助和督促行政方面做好工资、安全生产、职业病防治和社会保险等方面的工作，推动落实职工福利待遇。办好职工集体福利事业，改善职工生活，对困难职工开展帮扶。依法参与生产安全事故和职业病危害事故的调查处理。（七）维护女职工的特殊利益，同歧视、虐待、摧残、迫害女职工的现象作斗争。（八）搞好工会组织建设，健全民主制度和民主生活。建立和发展工会积极分子队伍。做好会员的发展、接收、教育和会籍管理工作。加强职工之家建设。（九）收好、管好、用好工会经费，管理好工会资产和工会的企业、事业。

与地方工会委员会、产业工会委员会相比，基层工会委员会有其特殊性，根据工会法规定，只要工会会员超过二十五人的单位即应当建立基层工会委员会，这样可能会产生虽同属于基层工会委员会，但不同的基层工会委员会承担的工作任务有显著差异的结果。比如，有的企业规模较小，工会会员比较少，基层工会委员会的日常工作较为简单，其任期可以相应短些；有的企业规模很大，工会会员也很多，基层工会委员会需要承担更加复杂、繁重的工作任务，因此有必要保持一定的稳定性，其任期可以相应长一些。考虑到上述实际情况，本条对基层工会委员会的任期没有作单一规定，而是留有一定的弹性，作了任期三年或者五年的选择性规定。

二、各级地方总工会委员会和产业工会委员会的任期

根据工会法和《中国工会章程》的规定，县级以上地方建立地方各级总工会，地方总工会是当地地方工会组织和产业工会地方组织的领导机关，各级地方总工会委员会由各级地方工会代表大会选举产生，其职责主要包括：负责召集每五年举行一次的各级地方工会代表大会，在代表大会闭会期间，执行上级工会的决定和同级工会代表大会的决议，领导本地区的工会工作，定期向上级总工会委员会报告工作等。因此，为与各级地方工会代表大会的期限保持一致，更好发挥工会委员会的作用，本条规定各级地方总工会委员会的任期为五年。

根据工会法和《中国工会章程》的规定，同一行业或者性质相近的几个行业，可以根据需要建立全国的或者地方的产业工会。中华全国总工会是各产业工会全国组织的领导机关；产业工会全国委员会的建立，经中华全国总工会批准，可以按照联合制、代表制原则组成，也可以由产业工会全国代表大会选举产生。除少数行政管理体制实行垂直管理的产业，其产业工会实行产业工会和地方工会双重领导，以产业工会领导为主外，其他产业工会均实行以地方工会领导为主，同时接受上级产业工会领导的体制。本条对产业工会委员会的任期也明确规定为五年，与作为其主要领导机关的各级地方总工会委员会的任期保持一致。

◆ **相关规定**

《中国工会章程》第十一条、第二十一条、第二十二条、第二十六条至第二十八条；《企业工会工作条例》第十一条；《机关工会工作暂行条例》第八条；《事业单位工会工作条例》第十七条

第十七条　基层工会委员会定期召开会员大会或者会员代表大会，讨论决定工会工作的重大问题。经基层工会委员会或者三分之一以上的工会会员提议，可以临时召开会员大会或者会员代表大会。

◆ **条文主旨**

本条是关于基层工会召开会员大会或者会员代表大会的规定。

◆ **条文解读**

一、会议召开的条件

会员大会或者会员代表大会应由基层工会委员会定期组织召开。工会法未对“定期”作具体规定，《中国工会章程》规定：“工会基层组织的会员大会或者会员代表大会，每年至少召开一次。”除定期召开外，遇到一些临时出现的重要问题，应当经工会

会员大会或者会员代表大会决定的事项，也可临时召开。基层工会委员会可以决定临时召开会员大会或者会员代表大会。为防止少数人决定工会的重大问题，经工会三分之一以上会员的提议，也可以召开会员大会或者会员代表大会，以全体会员或者会员代表过半数的票数决定工会工作的重大问题。应当指出，一旦三分之一以上的工会会员要求召开会员大会或者会员代表大会，基层工会委员会必须组织召开，不得以任何理由否决三分之一以上会员的提议。基层工会应当根据工会法这一规定再制定有关办法，将规定具体落实，使之更具有可操作性。另外，对于召开会员大会还是会员代表大会，《中国工会章程》规定："工会会员在一百人以下的基层工会应当召开会员大会。"

二、基层工会会员大会或者会员代表大会的职权

关于基层工会会员大会或者会员代表大会的职权，《中国工会章程》作了具体规定："工会会员大会或者会员代表大会的职权是：（一）审议和批准工会基层委员会的工作报告。（二）审议和批准工会基层委员会的经费收支情况报告和经费审查委员会的工作报告。（三）选举工会基层委员会和经费审查委员会。（四）撤换或者罢免其所选举的代表或者工会委员会组成人员。（五）讨论决定工会工作的重大问题。"有关内容工会法第十条中也有体现。

◆ **相关规定**

《中国工会章程》第二十六条

第十八条 工会主席、副主席任期未满时，不得随意调动其工作。因工作需要调动时，应当征得本级工会委员会和上一级工会的同意。

罢免工会主席、副主席必须召开会员大会或者会员代表大会讨论，非经会员大会全体会员或者会员代表大会全体代表过半数通过，不得罢免。

◆ **条文主旨**

本条是对工会主席、副主席工作调动以及罢免的规定。

◆ **条文解读**

一、工会主席、副主席任期内的工作调动

1. 工会主席、副主席的产生及任期。根据本法第十条规定，工会各级组织按照民主集中制原则建立，各级工会委员会由会员大会或者会员代表大会民主选举产生。根据《中国工会章程》的规定，中华全国总工会执行委员会主席、副主席等由工会的全国代表大会产生的中华全国总工会执行委员会全体会议选举产生；各级地方总工会委员会主席、副主席等由地方各级工会代表大会产生的各级地方总工会委员会选举产生，但须报上一级总工会批准；工会基层委员会的主席、副主席等，可以由工会基层组织的会员大会或会员代表大会直接选举产生，也可以由基层工会委员会选举产生，但也须报上一级工会批准。本法第十六条规定，基层工会委员会每届任期三年或者五年。各级地方总工会委员会和产业工会委员会每届任期五年。工会主席、副主席实行任期制。根据《工会基层组织选举工作条例》第三十条的规定，基层工会委员会每届任期三年或五年，具体任期由会员大会或会员代表大会决定。经选举产生的工会委员会委员、常务委员会委员和主席、副主席可连选连任。基层工会委员会任期届满，应按期换届选举。遇有特殊情况，经上一级工会批准，可以提前或延期换届，延期时间一般不超过半年。

2. 任期内不得随意调动工作。实践中，基层工会干部在代表和维护职工合法权益时与用人单位行政方面发生冲突，遭受打击报复的情况时有发生，其中常见的就是随意被调离原工作岗位。工会法规定各级工会主席、副主席在任期内不得被随意调动工作，既是落实法律赋予会员大会或会员代表大会权力、保障体现选举人意志、尊重选举人民主权利的需要，也是保障各级工会主席、副主席向选举人负责并报告工作、接受监督的需要。同时，这种制度安排能够保持工会组织和工会主席等工会干部工作的稳定性，保证其相对独立地开展工作，更好地代表和维护会员利益，依法做好工会工作。

3. 调动工作的程序要求。根据工会法和《中国工会章程》的规定，上级工会组织领导下级工会组织，工会主席、副主席是工会委员会的组成人员，由选举产生，并报上一级工会批准。因此，工会主席、副主席的调动，应当经民主选举产生他们的工会委员会和批准该委员会成立的上一级工会同意。调动工会主席、副主席的工作，必须是因为工作需要，不能出于打击报复等其他目的。

二、罢免工会主席、副主席的程序要求

罢免是指选民或代表机关撤销他们所选出的人员的职务。罢免工会主席、副主席关系到工会组织和全体会员的重大利益，必须设置严格的程序要求。本条第二款规定了工会主席、副主席的罢免程序。一方面是出于对工会主要干部的保护，为其顺利开展工作，依法维护会员权益提供法律保障，避免实践中出现随意罢免工会主要干部的情况，另一方面也是从法律上明确了罢免工会主席、副主席的程序，划定了基本要求。一是必须召开会员大会或者会员代表大会。根据本法第十条的规定，各级工会委员会由会员大会或者会员代表大会民主选举产生，罢免工会委员会组成人员是工会会员大会或者会员代表大会的法定权力。《工会基层组织选举工作条例》规定，工会委员会的主席、副主席，可以由会员大会或会员代表大会直接选举产生，也可以由工会委员会选举产生。因此，罢免工会主席、副主席是工会会员大会或者会员代表大会的权力，必须召开大会进行充分讨论。二是必须经会员大会全体会员或者会员代表大会全体代表过半数通过。根据民主选举原则，工会主席是由会员大会全体会员或者会员代表大会全体代表过半数通过选举产生的，所以罢免也必须经过这一程序。需要强调的是，“过半数”必须以“全体”会员或者会员代表数量为基准，而不是会议的出席人员数量。

◆ **相关规定**

《中国工会章程》第九条、第二十三条；《工会基层组织选举工作条例》第三十一条、第三十二条；《企业工会工作条例》第二十八条；《机关工会工作暂行条例》第十九条；《事业单位工会工作条例》第二十七条

第十九条　基层工会专职主席、副主席或者委员自任职之日起，其劳动合同期限自动延长，延长期限相当于其任职期间；非专职主席、副主席或者委员自任职之日起，其尚未履行的劳动合同期限短于任期的，劳动合同期限自动延长至任期期满。但是，任职期间个人严重过失或者达到法定退休年龄的除外。

◆ **条文主旨**

本条是关于工会干部劳动合同期限延长的规定。

◆ **条文解读**

基层工会干部维护职工合法权益，有可能与用人单位行政方

面发生矛盾，有些人还可能因此受到打击报复。如以各种理由解除为职工维权的基层工会干部的劳动合同，或者将其调离原工作岗位，或者降低其工资待遇，还有的在工会干部劳动合同到期后以种种借口不续签合同。在保障工会维护职工利益的同时，也迫切需要保护工会干部的合法权益。

一、基层工会专职主席、副主席或者委员的劳动合同期限

由于专职的工会工作人员是完全脱产的，所以对工会专职工作人员劳动合同期限的规定是，其劳动合同期限自动延长，延长期限相当于其任职期间。也就是说，职工被会员民主选举作为工会主席、副主席或者委员，根据规定或者与企业协商确定为脱产的专门从事工会工作的专职工会干部，其原来与企业签订的劳动合同有关期限的约定中止执行，当专职工会工作人员任期期满后，其原来尚未履行的劳动合同期限再继续履行。专职工会工作人员连选连任后，其劳动合同继续延长。最高人民法院《关于在民事审判工作中适用〈中华人民共和国工会法〉若干问题的解释》第二条规定，根据工会法规定，人民法院审理劳动争议案件，涉及确定基层工会专职主席、副主席或者委员延长的劳动合同期限的，应当自上述人员工会职务任职期限届满之日起计算，延长的期限等于其工会职务任职的期间。最高人民法院的司法解释，进一步明确了对专职工会干部劳动合同期限延长的认识理解和操作方式。对此，可从两个层面来理解：一是工会干部任职期限届满后，劳动合同继续履行；二是工会干部任职期视为追加的劳动合同期限。如：某用人单位的职工原劳动合同期限是 5 年，已履行 3 年后当选为专职工会主席，任期 5 年。那么，担任工会职务的这 5 年是追加的劳动合同期，劳动合同总的期限自动延长为 10 年，任期届满时其劳动合同实际已履行 8 年，任职前尚未履行完的两年劳动合同再接续履行。特别需要指出的是，司法解释的这一规定，不应理解为工会专职干部任职期满后，再将劳动合同延长与任职期相等的期限。

二、非专职主席、副主席或者委员的劳动合同期限

非专职主席、副主席或者委员自任职之日起，其尚未履行的劳动合同期限短于任期的，劳动合同期限自动延长至任期期满。经民主选举产生的工会工作人员如果是不脱产的，即非专职的工会工作人员，如果其尚未履行的劳动合同期限与工会职务任期相比是少的，比如刚刚当选的非专职工会工作人员任期为三年，而其劳动合同期限还有半年就到期了，那么其劳动合同期限要延长到本届工会工作届满，也就是其劳动合同要延长二年半的时间。

三、任职期间个人严重过失或者达到法定退休年龄的除外

上述两种情况不适用于任职期间个人严重过失或者达到法定退休年龄的工会干部。这里的个人严重过失是指依照《中华人民共和国劳动法》第二十五条规定用人单位可以解除劳动合同的情形。即劳动者在试用期间被证明不符合录用条件的；劳动者严重违反劳动纪律或者用人单位规章制度的；劳动者严重失职，营私舞弊，对用人单位利益造成重大的损害的；劳动者被依法追究刑事责任的。另外，当劳动者到法定退休年龄时，依法应当退休，不再履行劳动合同。

◆ **相关规定**

《中华人民共和国劳动法》第二十五条；《中华人民共和国劳动合同法》第三十九条；《最高人民法院关于在民事审判工作中适用〈中华人民共和国工会法〉若干问题的解释》第二条

第三章 工会的权利和义务

第二十条 企业、事业单位、社会组织违反职工代表大会制度和其他民主管理制度，工会有权要求纠正，保障职工依法行使民主管理的权利。

法律、法规规定应当提交职工大会或者职工代表大会审议、通过、决定的事项，企业、事业单位、社会组织应当依法办理。

◆ 条文主旨

本条是关于工会保障职工行使民主权利的规定。

◆ 条文解读

一、工会要求用人单位纠正违反民主管理制度的行为

民主管理权利是职工维护自身权利的重要保障。《中华人民共和国工会法》第六条第三款规定，工会依照法律规定通过职工代表大会或者其他形式，组织职工参与本单位的民主选举、民主协商、民主决策、民主管理和民主监督。

职工代表大会是民主选举、民主协商、民主决策、民主管理和民主监督的重要形式之一。相关法律如公司法等对职工代表大会的职责、人员组成等作了规定。民办教育促进法规定，民办学校依法通过以教师为主体的教职工代表大会等形式，保障教职工参与民主管理和监督。

企业、事业单位、社会组织违反职工代表大会制度和其他民主管理制度的行为，包括不按照规定成立职工代表大会，不依法通过职工代表大会等民主管理制度听取意见等。工会有权要求企业、事业单位、社会组织纠正违反民主管理制度的行为，包括停止正在进行的违反民主管理制度的行为，对于通过违反民主管理制度的行为做出的决定停止执行、进行改正等。

二、企业等依法办理职工大会或职工代表大会事项

职工大会或者职工代表大会制度是职工维护自身合法权益的重要制度，有的法律规定，一些重大事项需要经职工大会或者职工代表大会审议、通过或决定。例如，《中华人民共和国工会法》第二十一条规定，集体合同草案应当提交职工代表大会或者全体职工讨论通过。《中华人民共和国公司法》第十八条规定，公司研究决定改制以及经营方面的重大问题、制定重要的规章制度时，应当听取公司工会的意见，并通过职工代表大会或者其他形式听取职工的意见和建议。第四十四条、第五十一条规定，董事会、监事会中的职工代表由公司职工通过职工代表大会、职工大会或者其他形式民主选举产生。《中华人民共和国企业国有资产法》第四十一条规定，企业改制涉及重新安置企业职工的，还应当制定职工安置方案，并经职工代表大会或者职工大会审议通过。《中华人民共和国劳动合同法》第四条规定，用人单位在制定、修改或者决定有关劳动报酬、工作时间、休息休假、劳动安全卫生、保险福利、职工培训、劳动纪律以及劳动定额管理等直接涉及劳动者切身利益的规章制度或者重大事项时，应当经职工代表大会或者全体职工讨论，提出方案和意见，与工会或者职工代表平等协商确定。第五十一条规定，集体合同草案应当提交职工代表大会或者全体职工讨论通过。《中华人民共和国人民调解法》第九条规定，企业事业单位设立的人民调解委员会委员由职工大会、职工代表大会或者工会组织推选产生。

2011 年教育部发布的《学校教职工代表大会规定》第七条规定：“教职工代表大会的职权是：（一）听取学校章程草案的制定和修订情况报告，提出修改意见和建议；（二）听取学校发展规划、教职工队伍建设、教育教学改革、校园建设以及其他重大改革和重大问题解决方案的报告，提出意见和建议；（三）听取学校年度工作、财务工作、工会工作报告以及其他专项工作报告，提出意见和建议；（四）讨论通过学校提出的与教职工利益直接相关的福利、校内分配实施方案以及相应的教职工聘任、考核、奖惩办法；（五）审议学校上一届（次）教职工代表大会提案的办理情况报告；（六）按照有关工作规定和安排评议学校领导干部；（七）通过多种方式对学校工作提出意见和建议，监督学校章程、规章制度和决策的落实，提出整改意见和建议；（八）讨论法律法规规章规定的以及学校与学校工会商定的其他事项。”

对于法律、法规规定的应当提交职工大会或者职工代表大会审议、通过、决定的事项，企业、事业单位、社会组织应当依法办理。一是在召开职工大会或者职工代表大会对相关事项进行审议时，企业、事业单位、社会组织应当依法提供该事项相关材料如集体合同草案、重要规章制度草案、相关工作报告等，确保会议顺利进行。二是对于职工大会或者职工代表大会在审议等过程中提出的意见和问题，应当依法进行解释说明，确保职工知情权。三是对于职工大会或者职工代表大会表决通过的相关事项，企业、事业单位、社会组织应当依法认真执行。

◆ **相关规定**

《中华人民共和国公司法》第十八条、第四十四条、第五十

一条；《中华人民共和国企业国有资产法》第四十一条；《中华人民共和国劳动合同法》第四条、第五十一条

第二十一条　工会帮助、指导职工与企业、实行企业化管理的事业单位、社会组织签订劳动合同。

工会代表职工与企业、实行企业化管理的事业单位、社会组织进行平等协商，依法签订集体合同。集体合同草案应当提交职工代表大会或者全体职工讨论通过。

工会签订集体合同，上级工会应当给予支持和帮助。

企业、事业单位、社会组织违反集体合同，侵犯职工劳动权益的，工会可以依法要求企业、事业单位、社会组织予以改正并承担责任；因履行集体合同发生争议，经协商解决不成的，工会可以向劳动争议仲裁机构提请仲裁，仲裁机构不予受理或者对仲裁裁决不服的，可以向人民法院提起诉讼。

◆ **条文主旨**

本条是关于工会在签订和履行劳动合同中作用的规定。

◆ **条文解读**

一、工会为职工签订劳动合同提供帮助和指导

劳动合同是职工与用人单位签订的，用以确定双方劳动关系，明确双方权利义务的协议。劳动合同的签订直接关系到职工的各项劳动权利包括劳动就业、劳动报酬、劳动安全卫生、社会保险等项权利的实现。工会帮助、指导职工签订劳动合同，便于我国劳动法律、法规的贯彻执行。《中华人民共和国劳动合同法》第

六条也规定，工会应当帮助、指导劳动者与用人单位依法订立和履行劳动合同。

劳动合同的签订涉及许多法律、法规的问题，工会较职工更熟悉这些法律、法规。工会帮助、指导职工与企业、实行企业化管理的事业单位、社会组织签订劳动合同，并不是由工会代替职工与上述用人单位签订劳动合同，而主要是对职工做法律政策的宣传解读工作，包括签订劳动合同的重要性、如何签订劳动合同、如何理解劳动合同的相关条款、劳动者和用人单位分别有哪些权利和义务、发生劳动争议之后怎么处理等。通过工会的指导和帮助，可以让用人单位与职工签订的劳动合同更加符合劳动法律、法规，有利于劳动合同的正确履行，避免或减少劳动争议的发生。

二、工会代表职工签订集体合同

1. 关于集体合同

集体合同也称团体合同，是工会或职工代表代表全体职工与用人单位根据法律法规规定，就劳动报酬、工作时间、休息休假、劳动安全卫生、社会保险等事项，在平等协商一致的基础上签订的书面协议。与一般劳动合同相比，集体合同有以下特点：（1）集体合同当事人为劳动者团体和用人单位或其团体。（2）订立集体合同的主要目的是确立劳动关系设定具体标准。《中华人民共和国劳动合同法》第五十五条规定，集体合同中劳动报酬和劳动条件等标准不得低于当地人民政府规定的最低标准；用人单位与劳动者订立的劳动合同中劳动报酬和劳动条件等标准不得低于集体合同规定的标准。用人单位与职工个人签订的劳动合同约定的劳动条件和劳动报酬等标准，不得低于集体合同或专项集体合同的规定。（3）集体合同以集体劳动关系中全体劳动者的共同权利和义务为内容，可能涉及劳动关系的各个方面，也可能只涉及劳动关系的某个方面，专门就集体协商的某项内容签订的专项书面协议也称为专项集体合同。《中华人民共和国劳动合同法》第五十二条规定，企业职工一方与用人单位可以订立劳动安全卫生、女职工权益保护、工资调整机制等专项集体合同。第五十三条规定，在县级以下区域内，建筑业、采矿业、餐饮服务业等行业可以由工会与企业方面代表订立行业性集体合同，或者订立区域性集体合同。(4) 集体合同一般为书面合同。(5) 集体合同对签订合同的某个用人单位或用人单位所代表的全体用人单位，以及工会和工会所代表的全体劳动者都有法律效力。

2. 工会代表职工与有关用人单位进行平等协商

《中华人民共和国劳动合同法》第五十一条规定，集体合同由工会代表企业职工一方与用人单位订立；尚未建立工会的用人单位，由上级工会指导劳动者推举的代表与用人单位订立。《集体合同规定》第二十条规定，职工一方的首席代表由本单位工会主席担任。工会主席可以书面委托其他协商代表代理首席代表。工会主席空缺的，首席代表由工会主要负责人担任。未建立工会的，职工一方的首席代表从协商代表中民主推举产生。第三十条规定，工会可以更换职工一方协商代表；未建立工会的，经本单位半数以上职工同意可以更换职工一方协商代表。

3. 集体合同的通过、签订和生效

集体合同草案应当提交职工代表大会或者全体职工讨论通过。《集体合同规定》第三十六条规定，经双方协商代表协商一致的集体合同草案或专项集体合同草案应当提交职工代表大会或者全体职工讨论。职工代表大会或者全体职工讨论集体合同草案或专项集体合同草案，应当有三分之二以上职工代表或者职工出席，且须经全体职工代表半数以上或者全体职工半数以上同意，集体合同草案或专项集体合同草案方获通过。《集体合同规定》第三十七条规定，集体合同草案或专项集体合同草案经职工代表大会或者职工大会通过后，由集体协商双方首席代表签字。

《中华人民共和国劳动合同法》第五十四条规定，集体合同订立后，应当报送劳动行政部门；劳动行政部门自收到集体合同文本之日起十五日内未提出异议的，集体合同即行生效。依法订立的集体合同对用人单位和劳动者具有约束力。行业性、区域性集体合同对当地本行业、本区域的用人单位和劳动者具有约束力。

三、上级工会给予支持和帮助

集体合同关系到用人单位全体职工的权益保护，需要规定的内容比较多、专业性比较强，考虑到有的基层工会工作力量相对薄弱，为了确保集体合同协商顺利进行，更好地保护职工合法权益，本条专门规定，工会签订集体合同，上级工会应当给予支持和帮助。这也符合工会法第十条“上级工会组织领导下级工会组织”的规定。

四、集体合同争议解决

根据《中华人民共和国劳动争议调解仲裁法》的规定，发生劳动争议，有以下解决途径：一是，劳动者可以与用人单位协商，也可以请工会或者第三方共同与用人单位协商，达成和解协议。二是，当事人不愿协商、协商不成或者达成和解协议后不履行的，可以向调解组织申请调解。三是，不愿调解、调解不成或者达成调解协议后不履行的，可以向劳动争议仲裁委员会申请仲裁。四是，对仲裁裁决不服的，除了仲裁裁决为终局裁决的外，可以向人民法院提起诉讼。

根据本条规定，企业、事业单位、社会组织违反集体合同，侵犯职工劳动权益的，工会可以依法要求上述用人单位予以改正并承担责任，包括停止违反集体合同的行为、赔偿职工的损失等。

因履行集体合同发生争议，经协商解决不成的，工会可以向劳动争议仲裁机构提请仲裁，仲裁机构不予受理或者对仲裁裁决不服的，可以向人民法院提起诉讼。仲裁和诉讼按照《中华人民共和国劳动争议调解仲裁法》《中华人民共和国民事诉讼法》等法律的规定进行。

◆ **相关规定**

《中华人民共和国劳动合同法》第五十一条至第五十五条；《中华人民共和国劳动争议调解仲裁法》第五条

第二十二条 企业、事业单位、社会组织处分职工，工会认为不适当的，有权提出意见。

用人单位单方面解除职工劳动合同时，应当事先将理由通知工会，工会认为用人单位违反法律、法规和有关合同，要求重新研究处理时，用人单位应当研究工会的意见，并将处理结果书面通知工会。

职工认为用人单位侵犯其劳动权益而申请劳动争议仲裁或者向人民法院提起诉讼的，工会应当给予支持和帮助。

◆ **条文主旨**

本条是关于工会对单位人事管理进行监督的规定。

◆ **条文解读**

一、工会对处分职工提出意见

企业等用人单位对职工的处分，通常是在职工违反法律、法规和本单位规章制度的情况下对职工采取的处理措施，例如内部通报批评、调整职务和岗位、扣除奖金等。用人单位依照法律、法规和规章制度对职工进行合理的处分，是用人单位行使管理权的一种方式。但是，用人单位对职工进行处分，也可能存在不合法合理的情况，例如进行处分所依据的内部规章制度不符合法律法规精神或者不合理、具体处分措施不公平不合理等，侵犯职工合法权益。

职工由于处于弱势地位，在受到用人单位处分的时候通常难以通过自身力量和用人单位进行有效的沟通，此时需要发挥工会的作用。工会作用的发挥有两个层面：一是在用人单位制定规章制度的时候发挥作用，避免规章制度违法或者不合理。《中华人民共和国劳动合同法》第四条规定，用人单位在制定、修改或者决定有关劳动报酬、工作时间、休息休假、劳动安全卫生、保险福利、职工培训、劳动纪律以及劳动定额管理等直接涉及劳动者切身利益的规章制度或者重大事项时，应当经职工代表大会或者全体职工讨论，提出方案和意见，与工会或者职工代表平等协商确定。在规章制度和重大事项决定实施过程中，工会或者职工认为不适当的，有权向用人单位提出，通过协商予以修改完善。二是对于具体处分措施，工会认为不适当的，应当提出意见。用人单位对职工的处分行为不适当有多种情形，包括依据的规章制度本身违法或者不合理，处分的程序和方式不适当等，无论存在何种瑕疵，工会都有权提出意见。这是工会的权利，也是工会的义务，职工本人如果认为处分不适当而请求工会帮助的，工会应当认真研究职工的请求，对于确实不当的处分行为应当积极向用人单位提出意见，切实维护职工合法权益。

二、工会对解除劳动合同提出意见

解除劳动合同关系对劳动者影响重大，在这种情况下需要发挥工会的作用，维护劳动者合法权益，工会法、劳动法、劳动合同法都对此作了规定。《中华人民共和国劳动法》第三十条规定：

“用人单位解除劳动合同，工会认为不适当的，有权提出意见。如果用人单位违反法律、法规或者劳动合同，工会有权要求重新处理；劳动者申请仲裁或者提起诉讼的，工会应当依法给予支持和帮助。”《中华人民共和国劳动合同法》第四十一条第一款规定：“有下列情形之一，需要裁减人员二十人以上或者裁减不足二十人但占企业职工总数百分之十以上的，用人单位提前三十日向工会或者全体职工说明情况，听取工会或者职工的意见后，裁减人员方案经向劳动行政部门报告，可以裁减人员：（一）依照企业破产法规定进行重整的；（二）生产经营发生严重困难的；（三）企业转产、重大技术革新或者经营方式调整，经变更劳动合同后，仍需裁减人员的；（四）其他因劳动合同订立时所依据的客观经济情况发生重大变化，致使劳动合同无法履行的。”第四十三条规定：“用人单位单方解除劳动合同，应当事先将理由通知工会。用人单位违反法律、行政法规规定或者劳动合同约定的，工会有权要求用人单位纠正。用人单位应当研究工会的意见，并将处理结果书面通知工会。”

用人单位单方面解除职工劳动合同时，关于工会如何维护职工权益，工会法、劳动法、劳动合同法规定了三点：（1）用人单位应当事先将理由通知工会。为了充分发挥工会的作用，缓解矛盾，减少争议，工会对用人单位单方解除劳动合同的行为有知情权。用人单位凡是要单方解除劳动合同，都须事先将理由通知工会。（2）工会认为用人单位违反法律、法规和有关合同，有权要求重新研究处理，这样做有利于督促用人单位更好地遵守法律法规和劳动合同，也有利于职工合法权益不受侵害。（3）用人单位应当研究工会的意见，并将处理结果书面通知工会。需要注意的是，该规定是强调用人单位要重视工会意见，并非要求用人单位必须按照工会的意见改变相关决定。如果用人单位仍然决定单方解除劳动合同，侵犯职工合法权益的，需要承担法律责任。

三、工会支持和帮助职工维护权益

职工的劳动权益，是指基于劳动关系的建立而产生的职工应享有的不容侵犯的权利。包括劳动合同的履行、劳动合同的解除；劳动报酬；工作、休息时间；劳动安全卫生；职业培训、社会保险与福利待遇；奖励；企业民主管理等方面。职工认为企业侵犯其劳动权益而申请劳动争议仲裁或者向人民法院提起诉讼的，工会应当给予支持和帮助。

在劳动争议仲裁或诉讼中，工会对职工的支持和帮助主要包括：（1）为职工提供法律援助。根据《中华人民共和国法律援助法》第六十八条的规定，工会、共产主义青年团、妇女联合会、残疾人联合会等群团组织可以依法组织开展法律援助工作。《中华人民共和国工会法》第三十条规定，县级以上各级总工会依法为所属工会和职工提供法律援助等法律服务。（2）根据《中华人民共和国民事诉讼法》的规定，工会作为同当事人有关的社会团体可以推荐有关人员接受职工委托，作为其诉讼代理人参加诉讼活动，并有权调查收集证据和查阅本案材料，行使诉讼代理人的权利，维护职工的合法权益。（3）帮助职工提供相关材料。根据《中华人民共和国劳动合同法》《中华人民共和国工会法》等法律的规定，工会参与集体合同的制定、监督用人单位履行劳动合同、对用人单位解除劳动合同等情况提出意见等，对用人单位履行劳动合同和执行法律法规等情况比较了解，为职工提供支持和帮助，如有需要，应当依法如实向仲裁机构和人民法院提供相关材料。（4）协助职工和用人单位进行协商。在仲裁和诉讼过程中，劳动者和用人单位也可以依法进行和解，工会可以依法配合仲裁机构、人民法院进行调解工作，促进纠纷的妥善解决。

◆ **相关规定**

《中华人民共和国劳动合同法》第四条、第四十一条、第四十三条；《中华人民共和国劳动法》第三十条；《中华人民共和国法律援助法》第六十八条

第二十三条　企业、事业单位、社会组织违反劳动法律法规规定，有下列侵犯职工劳动权益情形，工会应当代表职工与企业、事业单位、社会组织交涉，要求企业、事业单位、社会组织采取措施予以改正；企业、事业单位、社会组织应当予以研究处理，并向工会作出答复；企业、事业单位、社会组织拒不改正的，工会可以提请当地人民政府依法作出处理：

（一）克扣、拖欠职工工资的；

（二）不提供劳动安全卫生条件的；

（三）随意延长劳动时间的；

（四）侵犯女职工和未成年工特殊权益的；

（五）其他严重侵犯职工劳动权益的。

◆ **条文主旨**

本条是关于工会维护职工劳动权益的规定。

◆ **条文解读**

一、用人单位侵害职工劳动权益的情形

本条针对用人单位严重侵害职工劳动权益的情形，规定了工会与用人单位进行交涉以及提请人民政府予以处理。这些情形包括：

1. 克扣、拖欠职工工资

克扣、拖欠职工工资，就是不及时足额向职工支付工资的行为。用人单位应当按照劳动合同约定和国家规定，及时足额支付劳动者的工资。一是及时支付工资。根据劳动法和其他有关规定，用人单位应当每月至少发放一次工资。例如，《中华人民共和国劳动合同法》第五十八条规定，劳务派遣单位应当与被派遣劳动者订立二年以上的固定期限劳动合同，按月支付劳动报酬；被派遣劳动者在无工作期间，劳务派遣单位应当按照所在地人民政府规定的最低工资标准，向其按月支付报酬。实行月薪制的用人单位工资应当按月发放；实行小时工资制、日工资制、周工资制的用人单位，工资也可以按小时、按日或按周发放 。二是应当足额支付。一方面，法律对工资标准有相关规定。例如，《中华人民共和国劳动合同法》第二十条规定，劳动者在试用期的工资不得低于本单位相同岗位最低档工资或者劳动合同约定工资的百分之八十，并不得低于用人单位所在地的最低工资标准。第五十五条规定，集体合同中劳动报酬和劳动条件等标准不得低于当地人民政府规定的最低标准；用人单位与劳动者订立的劳动合同中劳动报酬和劳动条件等标准不得低于集体合同规定的标准。另一方面，用人单位和劳动者在劳动合同中会约定工资数额，这种约定不能违反法律法规强制性规定。用人单位应当按照法律规定和劳动合同的约定，向劳动者足额支付工资。

2. 不提供劳动安全卫生条件

不提供劳动安全卫生条件，就是不向劳动者提供符合法律法规或者相关标准以及劳动合同约定的劳动条件。

用人单位为劳动者提供劳动安全卫生条件，是确保劳动者身心健康的基础，是用人单位的法定义务，劳动安全卫生条款也是劳动合同、劳动规章制度的重要内容。根据《中华人民共和国安全生产法》第二十条的规定，生产经营单位应当具备法律法规、国家标准或者行业标准规定的安全生产条件，否则不得从事生产经营活动。《中华人民共和国职业病防治法》第四条规定，劳动者依法享有职业卫生保护的权利。用人单位应当为劳动者创造符合国家职业卫生标准和卫生要求的工作环境和条件，并采取措施保障劳动者获得职业卫生保护。

3. 随意延长劳动时间

随意延长劳动时间，是指违反法律法规规定或者劳动合同约定，随意延长劳动者进行劳动的时间，有的是通过制定、修改本单位的规章制度随意延长劳动时间，有的是在具体工作中安排劳动者加班等。

《中华人民共和国劳动法》第三十六条规定，国家实行劳动者每日工作时间不超过八小时、平均每周工作时间不超过四十四小时的工时制度。第三十八条规定，用人单位应当保证劳动者每周至少休息一日。第四十一条规定，用人单位由于生产经营需要，经与工会和劳动者协商后可以延长工作时间，一般每日不得超过一小时；因特殊原因需要延长工作时间的，在保障劳动者身体健康的条件下延长工作时间，每日不得超过三小时，但是每月不得超过三十六小时。第四十二条规定，在一些特定情形下，延长工作时间不受本法第四十一条规定的限制，包括发生自然灾害、事故或者因其他原因，威胁劳动者生命健康和财产安全，需要紧急处理的；生产设备、交通运输线路、公共设施发生故障，影响生产和公众利益，必须及时抢修的；法律、行政法规规定的其他情形。《中华人民共和国劳动合同法》第四条规定，用人单位在制定、修改或者决定有关工作时间等直接涉及劳动者切身利益的规章制度或者重大事项时，应当经职工代表大会或者全体职工讨论，提出方案和意见，与工会或者职工代表平等协商确定。第十七条规定，劳动合同中应当具备劳动时间和休息休假条款。第三十一条规定，用人单位应当严格执行劳动定额标准，不得强迫或者变相强迫劳动者加班。用人单位安排加班的，应当按照国家有关规定向劳动者支付加班费。

4. 侵犯女职工和未成年工特殊权益

《中华人民共和国劳动法》第七章规定了对女职工和未成年工的特殊保护。包括禁止安排女职工从事矿山井下、国家规定的第四级体力劳动强度的劳动和其他禁忌从事的劳动。不得安排女职工在经期从事高处、低温、冷水作业和国家规定的第三级体力劳动强度的劳动。不得安排女职工在怀孕期间从事国家规定的第三级体力劳动强度的劳动和孕期禁忌从事的劳动。对怀孕七个月以上的女职工，不得安排其延长工作时间和夜班劳动。女职工生育享受不少于九十天的产假。不得安排未成年工从事矿山井下、有毒有害、国家规定的第四级体力劳动强度的劳动和其他禁忌从事的劳动。用人单位应当对未成年工定期进行健康检查。《女职工劳动保护特别规定》《未成年工特殊保护规定》也有相关规定。

5. 其他严重侵犯职工劳动权益的行为

《中华人民共和国劳动合同法》第八十八条规定了用人单位的违法行为，包括以暴力、威胁或者非法限制人身自由的手段强迫劳动，违章指挥或者强令冒险作业危及劳动者人身安全，侮辱、体罚、殴打、非法搜查或者拘禁劳动者等，这些行为都属于严重侵犯职工人身权益和劳动权益的行为。

二、工会与用人单位进行交涉

工会维护职工合法权益，有权监督用人单位遵守法律法规以及履行劳动合同的情况。《中华人民共和国劳动法》第八十八条规定，各级工会依法维护劳动者的合法权益，对用人单位遵守劳动法律、法规的情况进行监督。《中华人民共和国劳动合同法》

第七十八条规定，工会依法维护劳动者的合法权益，对用人单位履行劳动合同、集体合同的情况进行监督。用人单位违反劳动法律、法规和劳动合同、集体合同的，工会有权提出意见或者要求纠正。

根据《中华人民共和国工会法》本条的规定，用人单位侵犯职工合法权益的，工会应当代表职工与用人单位进行交涉，要求用人单位采取措施予以改正，这是工会的权利，也是工会的职责，在职工权益受到侵害时，工会必须和用人单位进行交涉。对于工会提出的意见，用人单位应当予以研究处理，无论研究后的处理方案是什么，都应当向工会作出答复。

三、工会提请政府依法作出处理

用人单位拒不改正违法行为的，工会可以提请当地人民政府依法作出处理。《中华人民共和国工会法》本条规定的用人单位侵害职工合法权益的情形有多种，对这些违法行为的处理也涉及多个部门。例如，有的是劳动合同的履行，根据《中华人民共和国劳动合同法》的规定，县级以上地方人民政府劳动行政部门负责本行政区域内劳动合同制度实施的监督管理。县级以上人民政府建设、卫生、安全生产监督管理等有关主管部门在各自职责范围内，对用人单位执行劳动合同制度的情况进行监督管理。有的是安全生产监管，根据《中华人民共和国安全生产法》第十条的规定，国务院应急管理部门依照本法，对全国安全生产工作实施综合监督管理；县级以上地方各级人民政府应急管理部门依照本法，对本行政区域内安全生产工作实施综合监督管理。国务院交通运输、住房和城乡建设、水利、民航等有关部门依照本法和其他有关法律、行政法规的规定，在各自的职责范围内对有关行业、领域的安全生产工作实施监督管理；县级以上地方各级人民政府有关部门依照本法和其他有关法律、法规的规定，在各自的职责范围内对有关行业、领域的安全生产工作实施监督管理。对新兴行业、领域的安全生产监督管理职责不明确的，由县级以上地方各级人民政府按照业务相近的原则确定监督管理部门。

◆ **相关规定**

《中华人民共和国劳动合同法》第四条、第十七条、第二十条、第三十一条、第五十五条、第五十八条、第七十八条、第八十八条；《中华人民共和国劳动法》第三十六、第三十八条、第四十一条、第四十二条；《中华人民共和国安全生产法》第十条、第二十条；《中华人民共和国职业病防治法》第四条

第二十四条 工会依照国家规定对新建、扩建企业和技术改造工程中的劳动条件和安全卫生设施与主体工程同时设计、同时施工、同时投产使用进行监督。对工会提出的意见，企业或者主管部门应当认真处理，并将处理结果书面通知工会。

◆ **条文主旨**

本条是关于工会监督劳动安全卫生制度落实的规定。

◆ **条文解读**

一、劳动安全卫生设施与主体工程“三同时”原则

职工从事生产劳动，必须有相应的劳动条件和安全卫生设施，以确保职工的生命安全和身体健康，这是劳动安全卫生工作中的基本内容。新建、扩建企业和技术改造工程中的劳动条件和安全卫生设施与主体工程同时设计、同时施工、同时投产使用，简称为“三同时”原则，该原则对于防止和减少生产安全事故、保障

劳动者生命健康具有重要意义。

“三同时”原则是我国安全生产实践中长期坚持的一项制度。《中华人民共和国安全生产法》第三十一条规定，生产经营单位新建、改建、扩建工程项目的安全设施，必须与主体工程同时设计、同时施工、同时投入生产和使用。安全设施投资应当纳入建设项目概算。《中华人民共和国劳动法》第五十三条规定，劳动安全卫生设施必须符合国家规定的标准。新建、改建、扩建工程的劳动安全卫生设施必须与主体工程同时设计、同时施工、同时投入生产和使用。《中华人民共和国职业病防治法》第十八条规定，建设项目的职业病防护设施所需费用应当纳入建设项目工程预算，并与主体工程同时设计，同时施工，同时投入生产和使用。

二、工会进行监督

工会依照国家规定对新建、扩建企业和技术改造工程中的劳动条件和安全卫生设施与主体工程同时设计、同时施工、同时投产使用进行监督。《中华人民共和国安全生产法》第六十条第一款也规定，工会有权对建设项目的安全设施与主体工程同时设计、同时施工、同时投入生产和使用进行监督，提出意见。

工会进行监督的方式是多样的，既包括向用人单位提出，要求用人单位予以改正；也包括向监管部门等有关方面提出，要求依法进行调查处理。

三、有关方面应当认真处理工会意见

对工会提出的意见，企业或者主管部门应当认真处理，并将处理结果书面通知工会。企业收到工会提出的意见后，应当认真研究处理，发现存在违反法律法规行为的，应当及时予以改正并向工会回复；认为没有违反法律法规的，也应当向工会回复。

主管部门接到工会提出的意见，应当认真调查处理。对于用人单位有违法行为的，应当依法进行处理，包括责令改正、罚款等。例如《中华人民共和国职业病防治法》第六十九条规定，建设项目的职业病防护设施未按照规定与主体工程同时设计、同时施工、同时投入生产和使用的，由卫生行政部门给予警告，责令限期改正；逾期不改正的，处十万元以上五十万元以下的罚款；情节严重的，责令停止产生职业病危害的作业，或者提请有关人民政府按照国务院规定的权限责令停建、关闭。处理之后，主管部门应当将处理结果回复工会。

◆ **相关规定**

《中华人民共和国劳动法》第五十三条；《中华人民共和国安全生产法》第三十一条、第六十条；《中华人民共和国职业病防治法》第十八条、第六十九条

第二十五条 工会发现企业违章指挥、强令工人冒险作业，或者生产过程中发现明显重大事故隐患和职业危害，有权提出解决的建议，企业应当及时研究答复；发现危及职工生命安全的情况时，工会有权向企业建议组织职工撤离危险现场，企业必须及时作出处理决定。

◆ **条文主旨**

本条是关于工会在企业安全生产方面的建议权和企业应当履行义务的规定。

◆ **条文解读**

维护职工合法权益、竭诚服务职工群众是工会的基本职责。安全生产和职业健康是职工在工作场所的基本权利。工会参与安

全生产工作，本质是代表和组织职工加强安全生产群众监督，是我国安全生产工作格局的重要组成部分。近年来，各级工会高度重视职工劳动保护工作，为维护职工安全健康合法权益作出了不懈努力。全国安全生产状况总体稳定、趋于好转，职业病危害的源头治理和专项整治力度不断加大，重大安全生产事故和急性重大职业病危害事件得到有效遏制，劳动者的职业健康水平得到了稳步提高。但同时一些行业和部分企业，特别是高危行业和中小企业的安全生产和职工职业健康法治意识淡薄，违章指挥、强令工人违章冒险作业的情况仍时有发生，安全防护措施落实不到位，职工劳动保护问题仍然突出，职业病危害仍是我国重大公共卫生和社会问题。据国家卫生健康委员会统计，全国共报告 26756 起新发现的职业病病例，其中，职业性尘肺病 22701 人。据此，本条明确了工会在企业安全生产中有权提出相关建议，以及企业收到建议后应当履行的相应义务。

一、提出解决建议的权利

根据本条的规定，工会可针对两类情形，向企业提出解决的建议：一类是发现企业违章指挥、强令工人冒险作业；另一类是生产过程中发现明显重大事故隐患和职业危害。其中，“企业违章指挥、强令工作冒险作业”是指，在生产过程中，企业不遵守国家关于安全生产和工业卫生方面的安全规程或规章制度，命令或指挥工人违章操作或者冒险作业。“明显重大事故隐患”是指，在生产过程中或作业现场不仅存在着事故苗头，而且这种苗头已非常明显，如果不采取措施，就将发生致人重伤或死亡，或者给国家财产造成重大损失的事故。“职业危害”是指在生产过程中或作业场所存在着危害职工身体健康的尘毒危害和工业性毒物，如果不采取防治措施，将直接危害职工生命健康，导致职业病。

当工会发现具有上述两类情形时，有权向企业提出解决的建议，具体可建议企业停止违章指挥，改变让工人冒险作业的指令，采取有力措施消除生产过程中存在的明显事故隐患和职业危害，以确保职工的生命健康。

二、提出组织职工撤离危险现场建议的权利

根据本条规定，工会提出组织职工撤离危险现场的建议，所针对的情形为在生产过程中发现危及职工生命安全的情况。此类情形一般属于情况紧急，不及时组织撤离可能会造成职工重大人员伤亡的事故。

需要说明的是，本条规定的工会在企业安全生产方面的权利，是向企业提出建议的权利，然后由企业及时研究、答复工会，或者作出处理决定，而不是由工会直接去制止或组织撤离。工会的建议权与企业的经营管理权目标是一致的，如果发生了事故，不仅会造成职工生命和健康的损害，而且也会给企业造成损失。工会行使这一权利，防患于未然，不仅有利于督促企业健全安全生产责任制、改善劳动生产条件，也有利于维护企业正常的生产经营、提高职工安全生产的自觉性。

三、企业及时研究答复、及时作出处理决定的义务

对于工会提出的建议，企业需要高度重视，及时采取相关措施，才能有效防范重大事故发生，保护职工的生命健康安全。因此，本条除对工会的建议权作了规定，还区分情况对企业收到建议后应当履行的义务作了明确。首先，针对工会提出的“解决建议”，本条要求企业在收到工会的建议后应当及时研究答复，主要包括两种义务：一是，及时研究的义务，即企业收到工会提出的建议后，应当及时对建议进行研究；需要采取措施的，应当及时采取处理措施，不得推诿或者无故拖延。二是，及时答复的义务，即企业应当及时将研究结果、处理措施等告知工会。其次，针对工会提出的“组织撤离建议”，本条明确企业收到工会提出的此类建议，必须及时作出处理决定。这里的“必须及时作出处理决定”，与收到“解决建议”时的“应当及时研究答复”相比，显然对企业提出了更高的义务性要求，不仅需要企业及时研究而且必须要及时作出处理决定，以避免职工伤亡事故的发生。

第二十六条　工会有权对企业、事业单位、社会组织侵犯职工合法权益的问题进行调查，有关单位应当予以协助。

◆ 条文主旨

本条是关于工会调查权和有关单位协助义务的规定。

◆ 条文解读

劳动关系是生产关系的重要组成部分，是最基本、最重要的社会关系，劳动关系是否和谐，事关广大职工和企业的切身利益。当前，随着经济社会的迅速发展，我国企业组织形式、管理模式、生产经营方式及用工方式发生了深刻变化，面临着许多新情况新问题，主要包括：劳动关系的主体及其利益诉求多元化，经济下行压力对劳动关系的风险传导增加，劳动关系矛盾凸显，劳动争议案件居高不下，用人单位侵害职工合法权益的现象仍然较为突出，等等。在推动和发展和谐劳动关系的过程中，不仅要加强劳动保障监察和争议调解仲裁，还应充分发挥各级工会在维护职工合法权益方面的重要作用。为切实发挥工会作用、维护职工合法权益，本条对工会进行调查的权利，以及有关单位的协助义务作了规定。

一、工会进行调查的权利

调查是工会了解和掌握实际情况，维护职工合法权益的前提和基础。根据本条的规定，工会在发现企业、事业单位、社会组织侵犯职工合法权益的情况后，可以对相关问题进行调查。工会行使调查权时，调查方式可以多种多样，既可以询问有关人员取得第一手材料，也可以实地调查取证，掌握企业、事业单位侵犯职工合法权益的起因、过程及造成的后果，为依法提出工会的处理意见准备事实根据。此外，在工会法规定的基础上，各地制定的工会法实施办法中，对调查措施作了较为的具体规定，如《江苏省实施〈中华人民共和国工会法〉办法》第二十一条规定，工会有权对侵犯职工合法权益的问题向有关单位和个人调查、取证，可以查阅、复制与侵权事实有关的资料和其他证据。《北京市实施〈中华人民共和国工会法〉办法》第二十九条规定，工会对企业、事业单位以及其他组织侵犯职工合法权益的问题进行调查时，有权向有关单位或者知情人了解情况，查阅、复制与侵权事实有关的资料。工会依法行使调查权，为工会维护职工群众的合法权益提供有效的手段，同时，工会通过行使这一权利，也可以促进企业、事业单位依法行使职权，尊重职工的各项合法权益，为工会工作的开展提供有力的保障。

二、有关单位的协助义务

根据本条的规定，对于工会开展的侵犯职工合法权益问题的调查，有关单位应当予以协助，提供便利条件，不得设置障碍，阻挠或者拒绝调查，不得隐瞒真相、隐匿和毁灭证据，以使工会能够真实、准确了解和掌握有关问题的情况。如果发生企业、事业单位、社会组织干扰工会进行调查的情况，工会可以建议有关部门进行查处。当然，企业、事业单位、社会组织对有关问题所作出的申辩和说明等，不属于不予协助的情形。

◆ **相关规定**

《江苏省实施〈中华人民共和国工会法〉办法》；《北京市实施〈中华人民共和国工会法〉办法》

第二十七条　职工因工伤亡事故和其他严重危害职工健康问题的调查处理，必须有工会参加。工会应当向有关部门提出处理意见，并有权要求追究直接负责的主管人员和有关责任人员的责任。对工会提出的意见，应当及时研究，给予答复。

◆ **条文主旨**

本条是关于工会参加安全生产事故调查处理等权利的规定。

◆ **条文解读**

一、工会参加调查处理的权利

因工伤亡事故和其他严重危害职工健康的问题，直接关系到职工的生命健康和社会保障等问题，工会作为以维护职工合法权益、竭诚服务职工群众为基本职责的群众性组织，理应在上述问题的调查、处理过程中发挥重要作用。因此，本条规定，职工因工伤亡事故和其他严重危害职工健康问题的调查处理，必须有工会参加。这里的"职工因工伤亡事故"，一般是指职工在生产区域内发生的与生产或工作有关的伤亡事故，主要包括职工从事生产或工作发生的伤亡事故；在生产时间、生产区域内，职工虽未从事生产或工作，但由于企业的设备、设施、劳动条件、工作环境不良而造成的伤亡事故等。"其他严重危害职工健康的问题"是指除因工伤亡事故以外，严重危害职工健康的问题，比如职业病等。工会参加上述问题的调查处理，是工会的重要权利，任何组织和个人不得阻挠工会参加调查。对于妨碍工会参加调查的行为，本法第五十四条规定了相应的法律责任：“妨碍工会参加职工因工伤亡事故以及其他侵犯职工合法权益问题的调查处理的，由县级以上人民政府责令改正，依法处理。”

二、应当提出处理意见、有权要求追究责任

工会参加职工因工伤亡事故和其他严重危害职工健康问题的调查处理，必须坚持实事求是、尊重科学的原则，不能带有主观色彩；有关单位必须积极支持、配合事故调查工作，不得设置障碍。一般来说，调查应当查明事故发生的原因、人员伤亡情况、事故的性质以及主要责任等内容。在此基础上，本条规定，工会应当向有关部门提出事故处理意见。需要说明的是，这里“提出处理意见”，既是工会的权利也是工会的责任，工会应当根据调查查明的客观事实，提出对上述问题的处理意见。此外，对经调查发现，对事故和问题的发生，企业直接负责的主管人员和有关责任人员应当承担责任的，如有因忽视安全生产、违章指挥，违章作业、玩忽职守或者发现事故隐患、危害情况而不采取有效措施以致造成伤亡事故等情形，工会有权要求相关主管部门追究上述人员的责任。

三、及时研究、给予答复的义务

有关部门收到工会提出的处理意见，应当予以重视，及时加以认真研究，经研究认为工会提出的处理意见客观真实、符合实际情况、具有可操行性的，应当及时予以吸收和采纳，并及时将相关情况告知工会。如果有关部门认为工会提出的处理意见有待商榷、需要进一步研究论证的，也应将相关情况告知工会。

第二十八条 企业、事业单位、社会组织发生停工、怠工事件，工会应当代表职工同企业、事业单位、社会组织或者有关方面协商，反映职工的意见和要求并提出解决意见。对于职工的合理要求，企业、事业单位、社会组织应当予以解决。工会协助企业、事业单位、社会组织做好工作，尽快恢复生产、工作秩序。

◆ 条文主旨

本条是关于工会参与解决停工、怠工事件的规定。

◆ 条文解读

随着我国经济社会的不断发展，劳动和社会保障类法律制度不断完善，为构建和谐劳动关系奠定了基础，职工合法权益得到了有力维护，停工、怠工事件逐步减少。但同时，也必须清醒认识到我国正处于战略机遇期、改革关键期和矛盾多发期，劳动关系虽然已得到较好改善，但劳动关系双方的矛盾仍是普遍存在的，甚至在有些行业和区域，矛盾较为激烈和尖锐。工会要适应劳动关系变化新趋势，立足共建共治共享社会治理新格局，把推动构建和谐劳动关系作为工作主线，充分发挥桥梁和纽带作用，积极代表职工参与劳动关系协调，及时化解劳动关系领域矛盾和纠纷，组织动员职工积极参与社会治理，构建企业与职工命运共同体，维护职工队伍团结统一与社会和谐稳定，在完善社会治理体制与提高社会治理水平中发挥工会组织应有的作用。因此，本条对工会参与职工停工、怠工事件的处理，协助作好工作、尽快恢复生产和工作秩序作了规定。

一、参与协商、反映意见要求和提出解决意见

停工、怠工事件发生的原因是多方面的，有来自职工自身的

原因，也有来自社会及企业的原因，但多数是由于职工的合法权益或正当要求未能得到应有的维护或及时的解决而造成的。在处理停工、怠工事件中，工会作为党和政府联系职工群众的桥梁和纽带，与职工有着密切联系，熟悉职工的具体利益，了解职工的意见和要求，能够在协调企业、事业单位、社会组织与职工之间关系上发挥重要作用。根据本条的规定，在发生停工、怠工事件时，工会应当履行三方面的义务：一是，代表职工同企业、事业单位、社会组织或者有关方面协商，避免职工由于推举不出适合的代表无法进行协商，造成矛盾激化和事件影响扩大；二是，工会要向企业、事业单位、社会组织或者有关方面反映职工的意见和要求，畅通双方沟通的渠道；三是，工会要提出解决的意见。这就要求工会对职工提出的意见要求，以及企业、事业单位、社会组织等的实际情况，进行综合考虑和分析研判，对职工提出的合理要求，且企业、事业单位、社会组织等应当也能够解决的部分，要及时提出解决意见，并督促企业、事业单位、社会组织等予以解决。此外，本条也同时规定，对于职工的合理要求，企业、事业单位、社会组织应当予以解决。这就为工会督促企业、事业单位、社会组织提供了法律依据。对于职工提出的不合理要求或者企业、事业单位、社会组织难以解决的部分，工会应向职工作好解释工作，引导职工合理表达诉求，尽早结束停工、怠工事件。

二、协助做好工作、恢复生产和工作秩序

停工、怠工事件的发生，将不可避免地会对正常的生产、工作秩序造成影响，如果不能及时加以解决，还有可能造成风险的扩大化，进而影响正常的社会秩序，危及社会稳定。因此，当发生停工、怠工事件，工会除代表职工表达诉求、进行协商和督促有关单位予以解决外，还要协助企业、事业单位、社会组织对实施停工、怠工的职工作工作，比如，进行解释说明和教育引导等，使实施停工、怠工的职工认识到，坚持和发展生产，于国家有利，于企业有利，于自己也有利，通过共同的努力，使其能够尽早结束停工、怠工，尽快投入生产和工作，恢复正常的生产和工作秩序。在企业发生职工停工、怠工事件时，只有正确处理好企业与职工的关系，妥善解决矛盾，才能维护企业生产的正常进行，促进社会安定和经济的发展。

第二十九条 工会参加企业的劳动争议调解工作。

地方劳动争议仲裁组织应当有同级工会代表参加。

◆ 条文主旨

本条是关于工会参加企业劳动争议调解和仲裁的规定。

◆ 条文解读

一、参加劳动争议调解工作

劳动争议是指劳动关系当事人之间因劳动权利和义务产生分歧而引起的争议。根据《中华人民共和国劳动争议调解仲裁法》第二条的规定，中华人民共和国境内的用人单位与劳动者发生的下列劳动争议，适用本法：（一）因确认劳动关系发生的争议；（二）因订立、履行、变更、解除和终止劳动合同发生的争议；（三）因除名、辞退和辞职、离职发生的争议；（四）因工作时间、休息休假、社会保险、福利、培训以及劳动保护发生的争议；（五）因劳动报酬、工伤医疗费、经济补偿或者赔偿金等发生的争议；（六）法律、法规规定的其他劳动争议。根据《中华人民共和国劳动法》第七十七条的规定，用人单位与劳动者发生劳动争议，当事人可以依法申请调解、仲裁、提起诉讼，也可以协商解决；调解原则适用于仲裁和诉讼程序。

劳动争议调解是一种十分有效又有利于改善双方关系的方式，因此，调解成为处理劳动争议的法定程序。然而，劳动争议调解委员会的性质决定了它的调解不具有法律强制效力。因此，分歧较大、矛盾尖锐的争议调解方式难以解决，而调解达成的协议要靠当事人的自我约束来履行。所以，应当赋予当事人选择的权利，而不能强迫。故劳动争议当事人可以向本企业劳动争议调解委员会申请调解，若调解不成的，可以向劳动争议仲裁委员会申请仲裁，同时，当事人也可以直接向劳动争议仲裁委员会申请仲裁，而不经过调解程序，调解达成协议后当事人反悔的，仍然可以向仲裁委员会申请仲裁。作为维护职工合法权益的群众组织，工会在劳动争议调解中也发挥着重要作用，对此，本条规定工会参加企业的劳动争议调解工作。此外，工会参加劳动争议调解，在劳动法和劳动争议调解仲裁法中也有着明确规定，主要包括：《中华人民共和国劳动法》第八十条规定，在用人单位内，可以设立劳动争议调解委员会。劳动争议调解委员会由职工代表、用人单位代表和工会代表组成。劳动争议调解委员会主任由工会代表担任。劳动争议经调解达成协议的，当事人应当履行。《中华人民共和国劳动争议调解仲裁法》第十条规定，发生劳动争议，当事人可以到企业劳动争议调解委员会申请调解，企业劳动争议调解委员会由职工代表和企业代表组成。职工代表由工会成员担任或者由全体职工推举产生，企业代表由企业负责人指定。企业劳动争议调解委员会主任由工会成员或者双方推举的人员担任。

二、参加地方劳动争议仲裁组织

劳动争议仲裁也是有效解决劳动争议的重要方式之一，不经过仲裁，当事人无权直接向人民法院提起诉讼。仲裁程序介于调解与法院判决之间，既具有调解程序的灵活性，又具有法院审判的权威性和法律强制效力。劳动争议当事人只有在仲裁委员会裁决后，对裁决不服时，才能向法院起诉，否则法院不予受理。我国劳动争议仲裁实行的是一裁终裁，不服的可以向法院起诉，而不是采取“裁审择一”的体制，即或选择仲裁、或选择诉讼的制度。鉴于工会在解决劳动争议中的重要作用，本条明确地方劳动争议仲裁组织应当有同级工会代表参加。此外，在劳动法和劳动争议调解仲裁法中对上述要求作了进一步明确。其中，《中华人民共和国劳动法》第八十一条规定，劳动争议仲裁委员会由劳动行政部门代表、同级工会代表、用人单位方面的代表组成。劳动争议仲裁委员会主任由劳动行政部门代表担任。《中华人民共和国劳动争议调解仲裁法》第十九条规定，劳动争议仲裁委员会由劳动行政部门代表、工会代表和企业方面代表组成。劳动争议仲裁委员会组成人员应当是单数。劳动争议仲裁委员会依法履行下列职责：（一）聘任、解聘专职或者兼职仲裁员；（二）受理劳动争议案件；（三）讨论重大或者疑难的劳动争议案件；（四）对仲裁活动进行监督。劳动争议仲裁委员会下设办事机构，负责办理劳动争议仲裁委员会的日常工作。

除参加劳动争议调解与仲裁外，工会在和解等其他争议解决方式中也应发挥重要作用，对此，劳动争议调解仲裁法作了完善性规定。其中，该法第四条规定，发生劳动争议，劳动者可以与用人单位协商，也可以请工会或者第三方共同与用人单位协商，达成和解协议。第八条规定，县级以上人民政府劳动行政部门会同工会和企业方面代表建立协调劳动关系三方机制，共同研究解决劳动争议的重大问题。

◆ **相关规定**

《中华人民共和国劳动法》第七十七条、第八十条、第八十

一条；《中华人民共和国劳动争议调解仲裁法》第二条、第四条、第八条、第十条、第十九条

第三十条　县级以上各级总工会依法为所属工会和职工提供法律援助等法律服务。

◆ 条文主旨

本条是关于各级总工会为职工提供法律服务的规定。

◆ 条文解读

一、提供法律服务的主体

维护职工合法权益、竭诚服务职工群众是工会的基本职责，体现了工会组织的政治性、先进性、群众性。随着经济社会的发展，新技术新业态新模式大量涌现，劳动关系的确立与运行出现很多新情况新问题，劳动争议从过去的主要是权利争议向现在的权利争议与利益争议并存转变，职工权益的实现、需求的满足面临新变化新课题，需要工会通过多种维权方式、提供更多领域的服务，满足职工在民主、法治、安全、环境等多方面日益增长的需求。其中，依法提供法律服务，通过法律手段维护职工合法权益是最直接最有效的一种方式，也是工会的一项重要任务。

根据本法第十一条第三款的规定，县级以上地方建立地方各级总工会。《中国工会章程》第十五条规定，县和县以上各级工会组织应当建立法律服务机构，为保护职工和工会组织的合法权益提供服务。本次修改，将原法规定的“可以”提供法律服务，修改为“依法”提供法律服务，进一步明确将提供法律服务作为“县级以上各级总工会”的法律义务。县级以上各级总工会应当

切实承担法律赋予的职责，履行为所属工会和职工提供法律服务的义务。

二、提供法律援助等法律服务

1. 为职工提供法律援助。本次工会法修改的一项重要内容，就是明确县级以上各级总工会可以为职工提供法律援助，做好《工会法》与《法律援助法》的衔接。《法律援助法》出台前，法律援助大多是由司法行政部门设立的法律援助机构根据当事人的申请，指派律师或者安排本机构人员，为符合条件的公民提供法律援助，渠道相对单一、力量较为有限，对于工会能否开展法律援助工作，相关部门还存在一定的争议。《法律援助法》贯彻落实《中共中央关于加强和改进党的群团工作的意见》及《中共中央办公厅、国务院办公厅关于完善法律援助制度的意见》等中央文件精神，明确规定国家鼓励和支持群团组织在司法行政部门的指导下，依法提供法律援助；群团组织可以参照法律相关规定开展法律援助工作。《法律援助法》的出台，为工会依法开展法律援助工作提供了明确的法律依据。同时，工会为职工提供法律援助，应当结合自身职责和工作实际，参照适用《法律援助法》的相关规定，不应也不能漫无边际、面面俱到。例如，工会对职工进行法律援助应以协调劳动关系、调处劳动争议为工作重点，以合法权益受到侵害的困难职工、工会工作者为主要服务对象，通过法律咨询、非诉讼代理调解、仲裁代理和诉讼代理等方式，为广大职工提供法律援助服务，维护职工合法权益。需要注意的是，根据《法律援助法》的规定，法律援助的对象限定为自然人，不包括法人和非法人组织。因此，工会只能为职工提供法律援助。

2. 为所属工会和职工提供其他法律服务。1992 年工会法规定，县级以上各级总工会可以为所属工会和职工提供法律咨询服务。2001 年工会法修改，将法律咨询服务扩大为一般意义的法律服务，为工会法律服务工作开拓出更大的空间。除了为职工提供法律援助外，县级以上各级总工会还应当为所属基层工会组织和职工提供其他法律服务。例如，开展法律法规宣传，提升职工群众法律素质；加强干部职工法律培训，提高法律服务意识和能力。法律服务的形式也可以多种多样，既可以成立法律咨询室、法律顾问室，也可以通过聘请律师、购买服务等方式为工会组织和职工群众提供法律服务。除了代理职工进行诉讼外，还可以从事服务于工会和职工的法律咨询、代写或审查法律事务文书，为工会、职工签订经济合同、集体合同、劳动合同把好法律关，帮助职工解决劳动争议问题，以及为工会、职工提供其他法律帮助。2021年，《中国工运事业和工会工作“十四五”发展规划》明确提出，做强做实工会法律服务，加快法律服务站点建设，推进服务触角进一步向基层延伸。切实加强与司法行政部门沟通协作，进一步加大职工法律援助工作力度。评选表彰“全国维护职工权益杰出律师”，吸引和组织更多的社会律师等法律专业人才参与工会法律服务工作。县级以上各级总工会要切实履行法律职责，落实有关文件精神，加强法律服务制度建设，不断拓展法律服务形式和内容，切实维护职工群众合法权益。

◆ **相关规定**

《中华人民共和国法律援助法》第八条、第六十八条

第三十一条 工会协助用人单位办好职工集体福利事业，做好工资、劳动安全卫生和社会保险工作。

◆ **条文主旨**

本条是关于工会协助做好涉及职工切身利益工作的规定。

◆ **条文解读**

一、工会的协助义务

办好职工集体福利事业，做好工资、劳动安全卫生和社会保险工作，是用人单位的法定义务。我国劳动法对此作了明确规定。同时，工会应当协助用人单位履行法定义务。切实履行维护职工合法权益、竭诚服务职工群众的基本职责。《中华人民共和国劳动法》第三十三条、《中华人民共和国工会法》第二十一条对工会代表职工与企业就劳动报酬、工作时间、休息休假、劳动安全卫生、保险福利等事项签订集体合同作了规定。《中国工会章程》第二十八条明确规定工会基层委员会的基本任务包括，协助和督促行政方面做好工资、安全生产、职业病防治和社会保险等方面的工作，推动落实职工福利待遇；办好职工集体福利事业，改善职工生活，对困难职工开展帮扶；依法参与生产安全事故和职业病危害事故的调查处理。2021 年，《中国工运事业和工会工作"十四五"发展规划》明确提出，加大对职工就业、收入分配、社会保障、劳动安全卫生等权益的维护力度。

需要说明的是，修改前的《中华人民共和国工会法》第三十条规定，工会协助企业、事业单位、机关办好职工集体福利事业，做好工资、劳动安全卫生和社会保险工作。本次工会法修改，将本条中的"企业、事业单位、机关"修改为"用人单位"，实际上将社会组织也纳入工会组织及工会工作的覆盖面。

二、职工集体福利事业

集体福利是指用人单位为满足和提高大多数劳动者的物质和文化生活所建立的各项福利事业的总称。集体福利的主要内容包括为解决职工的文化娱乐生活而建立的各种福利设施，如俱乐部、电影院等；为满足职工的基本生活需要、减轻职工的家务劳动而举办的各种福利设施，如职工食堂、疗养院、养老院、托儿所等；为解决职工生活困难而建立的、由个人享用的生活困难补助制度。办好这些职工集体福利事业，有利于满足职工在物质和文化生活等方面的需求，进而不断增强职工的获得感、幸福感、安全感，有利于进一步调动职工群众的生产积极性，增加对用人单位的认同感和归属感，进而更好地投入工作。工会协助用人单位办好职工集体福利事业，是工会性质的必然要求。关心职工生活，帮助职工群众解决生活问题，是工会密切联系群众的有效手段。工会关心群众生活，为他们办好事、办实事，使广大职工群众感到工会确实是自己的组织，工会才能更广泛地团结群众。工会要做好职工的生活工作，首先要搞好职工的生活福利事业，协助用人单位兴办集体福利事业，改善各项集体福利设施。例如，工会要做好从事生活后勤职工工作的思想教育工作，提高他们对服务工作的认识，树立良好的服务态度和职业道德观念；组织对生活福利工作的检查，促进服务水平的不断提高；协助用人单位改善职工生活条件。

三、工资工作

工资收入是民生之源，是职工劳动经济权益的核心，也是工会维权的重点。党的十九大报告明确提出，坚持按劳分配原则，完善按要素分配的体制机制，促进收入分配更合理、更有序，坚持在经济增长的同时实现居民收入同步增长、在劳动生产率提高的同时实现劳动报酬同步提高。根据《中华人民共和国劳动法》第四十七条的规定，用人单位根据本单位的生产经营特点和经济效益，依法自主确定本单位的工资分配方式和工资水平。各级工会要积极主动地协助用人单位做好工资工作，积极推动用人单位健全科学的工资水平决定机制、正常增长机制和支付保障机制，切实维护好职工的工资收入权益。一是要积极宣传中央有关政策文件、法律法规，做好职工思想工作，使职工的收入真正体现多劳多得，少劳少得，不劳不得；二是依法推动开展工资集体协商，协助搞好劳动定额的管理工作，推动建立健全反映劳动力市场供求关系和企业经济效益的工资决定及正常增长机制，促进职工工资随劳动生产率同步提高；三是推动用人单位落实最低工资保障制度，完善最低工资增长机制；四是监督国家的工资政策、法规和各项规定的贯彻执行情况，做好工资方面的民主管理工作。

四、劳动安全卫生工作

劳动安全卫生是指通过加强劳动保护管理和采取安全技术、工业卫生等综合措施，不断改善劳动条件，防止或消除在生产中的伤亡事故和各种职业危害，保障职工的安全和健康，以达到保护生产力，不断提高劳动效率和经济效益，保证生产建设事业的健康发展。2015 年《中共中央、国务院关于构建和谐劳动关系的意见》明确要求，切实保障职工获得劳动安全卫生保护的权利，加强劳动安全卫生执法监督，督促企业健全并落实劳动安全卫生责任制，严格执行国家劳动安全卫生保护标准，加大安全生产投入，强化安全生产和职业卫生教育培训，提供符合国家规定的劳动安全卫生条件和劳动保护用品，对从事有职业危害作业的职工按照国家规定进行上岗前、在岗期间和离岗时的职业健康检查，加强女职工和未成年工特殊劳动保护，最大限度地减少生产安全事故和职业病危害。加强劳动保护，搞好安全生产，保护职工的安全和健康，关系到职工的切身利益。工会要从自己的性质、特点出发，做好劳动保护工作。要关心职工劳动条件的改善，维护职工在劳动中的安全健康，监督国家有关劳动保护、安全技术、工业卫生等法律、法规、规章的贯彻执行。例如，《中华人民共和国职业病防治法》第四十条规定，工会组织应当督促并协助用人单位开展职业卫生宣传教育和培训，有权对用人单位的职业病防治工作提出意见和建议，依法代表劳动者与用人单位签订劳动安全卫生专项集体合同，与用人单位就劳动者反映的有关职业病防治的问题进行协调并督促解决。向职工进行安全教育，督促用人单位解决影响职工安全健康的问题，参加安全检查和伤亡事故的调查处理，工会要通过开展群众性的监督检查活动，进行群众性的劳动安全卫生宣传教育，组织预防事故和职业病的群众活动等，搞好劳动保护工作。

五、社会保险工作

党的十九大报告提出，要按照兜底线、织密网、建机制的要求，全面建成覆盖全民、城乡统筹、权责清晰、保障适度、可持续的多层次社会保障体系。社会保险是社会保障体系中的一项重要制度，是社会保障制度的核心内容。社会保险制度，是国家和社会对暂时或永久丧失劳动能力的职工以及失业者给予物质帮助或物质保障的制度，包括养老、医疗、失业、工伤、生育保险。社会保险工作是工会为维护职工享有国家法律所规定的社会保障权利的一项群众性工作。实行社会保险制度，对保护职工身体健康，解决职工在生活上的后顾之忧方面起到了重要作用。工会要认真贯彻实施社会保险法，积极参与、推动我国社会保险制度的改革，落实广大职工特别是农民工和劳务派遣工的社会保险权益，协助督促用人单位为职工缴纳各项社会保险费，鼓励有条件的单位按照法律法规和有关规定为职工建立补充保险，进一步做好职工的社会保险工作。

◆ **相关规定**

《中华人民共和国劳动法》第三十三条、第五十二条、第七十六条；《中华人民共和国职业病防治法》第四十条；《中国工会章程》第二十八条

第三十二条 工会会同用人单位加强对职工的思想政治引领，教育职工以国家主人翁态度对待劳动，爱护国家和单位的财产；组织职工开展群众性的合理化建议、技术革新、劳动和技能竞赛活动，进行业余文化技术学习和职工培训，参加职业教育和文化体育活动，推进职业安全健康教育和劳动保护工作。

◆ 条文主旨

本条是关于工会教育和组织职工的规定。

◆ 条文解读

一、加强对职工的思想政治引领

“加强对职工的思想政治引领”是本次工会法修改新增加的内容。习近平总书记深刻指出：“要坚持党对工会工作的领导，团结动员亿万职工积极建功新时代，加强对职工的思想政治引领，加大对职工群众的维权服务力度，深入推进工会改革创新，勇于担当、锐意进取，积极作为、真抓实干，开创新时代我国工运事业和工会工作新局面。”“群团组织必须始终站在党和人民的立场上，坚持为党分忧、为民谋利，把思想政治工作贯穿所开展的各种活动。”坚持党的领导是具体的，是重大的实践问题。作为党领导下的工人阶级群众组织，工会要承担起引导职工群众听党话、跟党走的政治责任，教育引导职工群众自觉坚持党的领导和我国的社会主义制度，为夯实党执政的阶级基础和群众基础作出贡献。实践中，工会应当协助用人单位积极宣传贯彻党的路线方针政策，更加注重加强思想政治引领，团结引导职工坚定不移听党话、跟党走。以习近平新时代中国特色社会主义思想武装职工，推动党的创新理论进企业、进车间、进学校、进教材、进头脑，增强“四个意识”、坚定“四个自信”、做到“两个维护”，牢记“国之大者”，引导广大职工深刻理解中国共产党为什么能、马克思主义为什么行、中国特色社会主义为什么好，打牢团结奋斗的共同思想基础。以理想信念教育职工，围绕爱党爱国爱社会主义主题，继承发扬伟大建党精神，深入开展党史、新中国史、改革开放史、社会主义发展史宣传教育，组织开展多种形式的主题宣传教育活动，弘扬光荣传统、赓续红色血脉，在广大职工中唱响共产党好、社会主义好、改革开放好、伟大祖国好、各族人民好的时代主旋律。以社会主义核心价值观引领职工，深入开展以劳动创造幸福为主题的宣传教育，深化“四德”建设，展示新时代职工文明形象。

二、教育职工以国家主人翁态度对待劳动，爱护国家和单位的财产

我国是人民当家作主的社会主义国家，党和国家始终坚持全心全意依靠工人阶级方针，始终高度重视工人阶级和广大劳动群众在党和国家事业发展中的重要地位。习近平总书记深刻指出：“我国工人阶级和广大劳动群众是国家的主人”，“新形势下，我国工人阶级和广大劳动群众要继续学先进赶先进，自觉践行社会主义核心价值观，用劳动模范和先进工作者的崇高精神和高尚品格鞭策自己，焕发劳动热情，厚植工匠文化，恪守职业道德，将辛勤劳动、诚实劳动、创造性劳动作为自觉行为。”劳动是财富的源泉，也是社会发展的重要动力。要实现中华民族伟大复兴的中国梦，必须依靠工人阶级充分发挥主力军作用，依靠各行各业职工群众的辛勤劳动。工会是直接做职工群众工作的，教育职工是工会的社会职能之一。工会应当继续教育引导广大职工牢固树立国家主人翁意识，自觉践行社会主义核心价值观，在各自岗位上勤奋工作、踏实劳动，爱护国家和单位的财产，为实现中华民族伟大复兴的中国梦贡献自己的力量。

三、组织职工开展群众性的合理化建议、技术革新、劳动和技能竞赛活动

1. 开展合理化建议和技术革新。鼓励职工积极提合理化建议，推动技术进步，对于改善用人单位经营管理，增强内部活力，促进国民经济发展，具有重大意义。合理化建议，是指有关改进和完善企业、事业单位生产技术和经营管理方面的办法和措施；技术革新，是指对机器设备、工具、工艺技术等方面所作的改进和革新。合理化建议和技术改进的内容包括：工业产品质量和工程质量的提高，产品结构的改进，生物品种的改良和发展，新产品的开发；更有效地利用和节约能源、原材料以及利用自然条件；生产工艺和试验、检验方法，劳动保护、环境保护、安全技术、医疗、卫生技术、物资运输、储藏、养护技术以及设计、统计、计算技术等方面的改进；工具、设备、仪器、装置的改进；科技成果的推广，企业现代化管理方法、手段的创新和应用，引进技术、进口设备的消化吸收和革新。此外，凡在企业、事业管理的组织、制度、方法和手段等方面提出带有改进、创新因素的办法和措施，经实施后对提高企业素质，管理效能、经济效益或对社会效益有明显的作用和成效者，均可作为合理化建议，其内容包括：在管理理论、管理技术上有创见，对提高生产经营管理，科研、教学、设计水平，提高经济效益或社会效益有指导作用；在管理组织、制度、机构等方面提出改革办法或改进方案，对提高工作效率和企业、事业的应变能力或服务能力有显著效果；应用国内外现代化管理技术和手段，取得经济效益或社会效益。工会应当组织职工开展群众性的合理化建议、技术革新活动。这项工作是工会多年来积极从事的一项工作，积累了丰富的工作经验，工会应当加强这方面的工作，组织职工积极参加技术革新、技术协作、发明创造、合理化建议、网上练兵和“小发明、小创造、小革新、小设计、小建议”等群众性创新活动，促进企业的发展。

2. 开展劳动和技能竞赛。这是本次修改新增加的内容。开展劳动和技能竞赛是贯彻党的十九大精神、实现宏伟目标的重要举措，是践行为实现中华民族伟大复兴的中国梦而奋斗这一工运时代主题的重要载体。习近平总书记指出，劳动和技能竞赛是工会的传统优势、工作品牌，新时代要注入新内涵。要围绕树立新发展理念、推动高质量发展、建设现代化经济体系，深入开展各类竞赛活动。中国工会十七大报告强调，要围绕高质量发展深化劳动和技能竞赛。组织劳动和技能竞赛，是工会围绕中心、服务大局的重要体现，凸显价值、发挥作用的重要载体，有力地推动经济社会发展、企业经营管理、职工素质提升，在工会整体工作中具有重要地位。工会应当制定并落实“十四五”劳动和技能竞赛规划，推动建立健全职工劳动和技能竞赛体系。围绕国家重大战略、重大工程、重大项目、重点产业，广泛深入持久开展劳动和技能竞赛。以技术创新为导向，创新竞赛方式和载体，发挥网络平台作用，增强活动的便利性和群众性；加强非公企业劳动和技能竞赛工作，探索新产业新业态开展竞赛的新形式。

四、进行业余文化技术学习和职工培训

提高职工素质是巩固工人阶级领导地位的一项战略任务，工人阶级作为国家的领导阶级和改革的最基本的动力，肩负着历史的重任，这就要求广大职工必须具有较高的素质。习近平总书记指出，劳动者素质对一个国家、一个民族发展至关重要。2015 年《中共中央关于加强和改进党的群团工作的意见》明确要求，群团组织要紧紧结合自身职责，积极开展对所联系群众的知识技能培训，促进能力素质提高。业余文化、技术学习和培训，属于职工文化技术教育工作，也是我国成人教育的重要组成部分，在整个国民教育体系中占有重要地位。职工教育是工会工作的重要内容，工会要积极主动地参与当地政府部门和用人单位组织的职工教育工作，进一步办好工会系统的各级各类职工学校，深入开展读书自学活动，鼓励和支持职工走岗位成才之路，发挥工会优势，大力推动岗位培训。工会在组织职工开展文化技术教育时，要依照“全员培训”“正规化”的原则来进行。所谓“全员培训”，就是要对各行各业所有职工，无例外地进行结合本职工作的科学文化技术知识的教育和技能技巧的训练。“正规化”，是指职工教育应该努力做到任务明确，要求具体，制度严格，进度合理，成绩显著。搞好职工教育是全心全意依靠工人阶级，充分发挥工人阶级主力军作用，建设一支有理想、有道德、有文化、有纪律的职工队伍的重要措施。工会作为职工群众自己的组织，必须要为提高本组织成员的素质尽职尽责。职工通过培训，提高了技术业务水平和能力，在生产、工作中作出较大成绩，就会相应获得较高的收入，既为国家创造了财富，也符合自己的切身利益。

五、参加职业教育和文化体育活动

1. 开展职业教育。随着我国进入新的发展阶段，产业升级和经济结构调整不断加快，各行各业对技术技能人才的需求越来越紧迫，职业教育重要地位和作用越来越凸显。2019 年《国家职业教育改革实施方案》也明确要求，鼓励和支持社会各界特别是企业积极支持职业教育，着力培养高素质劳动者和技术技能人才。各级工会应当积极配合用人单位推进职业教育工作，发挥工会“大学校”作用，加强职工职业技能培训，提高职工队伍整体素质。贯彻落实《关于提高技术工人待遇的意见》《关于推行终身职业技能培训制度的意见》《国家职业教育改革实施方案》等，加快建立健全劳动技能培训服务体系，创新各层次各类型职业教育模式，加强与国家职业教育体系的对接、协同，根据职工需求健全完善在岗培训计划和培训制度，推动用人单位加大职业教育培训投入，为职工提升职业素质创造良好条件和环境。

2. 参加文化体育活动。2015 年《中共中央、国务院关于构建和谐劳动关系的意见》明确要求，加强企业文体娱乐设施建设，积极组织职工开展喜闻乐见、丰富多彩的文化体育活动，丰富职工文化生活。工会通过组织职工开展各种有益的文体活动，使职工在活动中受到熏陶、教育和锻炼，不仅能提高职工的文化素质，而且可以提高职工的社会主义思想、道德水准和健康水平，使职工得到积极的休息，以更充沛的精力投身于生产中去，提高劳动效率。工会要充分运用工人文化宫、俱乐部等文化设施，广泛组织职工开展文化体育活动。使职工群众在完成生产、工作任务之后，得到有益于身心健康的文化娱乐和休息，以消除疲劳，恢复体力，陶冶性情，焕发精神，并得到美的享受。还要通过举办多种类型的报告会、演讲会、学习班、座谈会、讲座和展览，努力提高职工的科学知识、文化技能和体育、美育水平。为此，工会要积极创造条件，使职工群众在业余时间有可能参加各种文化娱乐活动。

六、推进职业安全健康教育和劳动保护工作

近年来，各级工会高度重视职工劳动保护工作，为维护职工安全健康合法权益做了大量工作。但同时一些行业和企业，特别是高危行业和中小企业的职业健康法治意识淡薄，职业病防护措施落实不到位；劳动用工制度不健全，流动性强且大多没有签订用工合同、没有参加劳动保险；劳动者自我防护意识、职业病防治知识缺失等，职工劳动保护问题依然突出，职业病危害仍是我国重大公共卫生和社会问题。2015 年《中共中央、国务院关于构建和谐劳动关系的意见》明确要求，切实保障职工获得劳动安全

卫生保护的权利。加强劳动安全卫生执法监督，督促企业健全并落实劳动安全卫生责任制，严格执行国家劳动安全卫生保护标准，加大安全生产投入，强化安全生产和职业卫生教育培训，提供符合国家规定的劳动安全卫生条件和劳动保护用品，对从事有职业危害作业的职工按照国家规定进行上岗前、在岗期间和离岗时的职业健康检查，加强女职工和未成年工特殊劳动保护，最大限度地减少生产安全事故和职业病危害。

贯彻落实中央有关文件精神，坚持问题导向，根据相关意见，本次工会法修改新增加了这一内容。职工在生产过程中的安全健康是职工合法权益的重要内容。工会参与安全生产工作，本质是代表和组织职工加强安全生产群众监督，是我国安全生产工作格局的重要组成部分。各级工会要积极推进安全生产和职业健康活动，进一步完善工会劳动保护监督机制；推行安全生产和职业健康专项集体合同，切实加强安全生产群众监督，增强职工自我防护意识和防控能力；组织职工群防群治、防治结合，配合政府和用人单位开展安全隐患排查治理；深入开展职业病防治工作，督促用人单位健全安全生产责任制，改善劳动生产条件。

◆ **相关规定**

《中华人民共和国劳动法》第五十二条、第五十三条、五十四条、五十六条；《中国工会章程》第二十八条

第三十三条　根据政府委托，工会与有关部门共同做好劳动模范和先进生产（工作）者的评选、表彰、培养和管理工作。

◆ **条文主旨**

本条是关于工会在劳动模范工作方面的规定。

◆ **条文解读**

习近平总书记深刻指出："劳动模范是民族的精英、人民的楷模，是共和国的功臣。我国是人民当家作主的社会主义国家，党和国家始终坚持全心全意依靠工人阶级方针，始终高度重视工人阶级和广大劳动群众在党和国家事业发展中的重要地位，始终高度重视发挥劳动模范和先进工作者的重要作用。"《中华人民共和国宪法》第四十二条第三款明确规定，国家提倡社会主义劳动竞赛，奖励劳动模范和先进工作者。《中华人民共和国劳动法》第六条规定，国家提倡劳动者参加社会义务劳动，开展劳动竞赛和合理化建议活动，鼓励和保护劳动者进行科学研究、技术革新和发明创造，表彰和奖励劳动模范和先进工作者。

在2001年的工会法修改中，根据工会同志的意见，增加了本条规定。根据本条的规定，对工会长期从事的有关评选、表彰、培养和管理劳动模范和先进生产（工作）者的工作给予了一定的法律地位。这里要明确一点，就劳动模范和先进生产（工作）者的评选、表彰、培养和管理，从理论上讲是政府的职能，所以这一条首先规定了要"根据政府委托"，工会才从事有关的工作。

工会要学习贯彻习近平总书记在全国劳动模范和先进工作者表彰大会上重要讲话精神，加大对劳动模范和先进工作者的宣传力度，讲好劳模故事、讲好劳动故事、讲好工匠故事，营造劳动光荣的社会风尚和精益求精的敬业风气。进一步做好劳模培养选树和管理服务工作，完善全国工会劳模工作管理平台，推动完善劳模政策，提升劳模地位，落实劳模待遇，形成尊重劳动、尊重知识、尊重人才、尊重创造良好氛围。做好劳模和五一劳动奖、工人先锋号等评选表彰工作，持续开展“最美职工”“大国工匠”等主题宣传，加快培育、选树一批在全国有影响力、在行业有号召力的领军型劳模，打造新时代劳动者的标杆旗帜。加大劳模教育培养力度，鼓励各级工会开展劳模教育培训，叫响做实由劳模学员、劳模辅导员、劳模学院、劳模宣讲团等构成的“劳模+”品牌。用好全国劳模专项补助资金，深入开展劳模定期走访慰问、及时帮扶救助、开展健康体检和疗休养等工作。深化劳模和工匠人才创新工作室创建工作，加强分级分类管理，形成以全国示范性创新工作室为引领、以省市级创新工作室为主体、基层创新工作室蓬勃发展的工作体系。加强劳模和工匠人才创新工作室信息化管理，进一步完善创新工作室网络工作平台。

◆ **相关规定**

《中华人民共和国劳动法》第六条；《中国工会章程》第二十八条

第三十四条　国家机关在组织起草或者修改直接涉及职工切身利益的法律、法规、规章时，应当听取工会意见。

县级以上各级人民政府制定国民经济和社会发展计划，对涉及职工利益的重大问题，应当听取同级工会的意见。

县级以上各级人民政府及其有关部门研究制定劳动就业、工资、劳动安全卫生、社会保险等涉及职工切身利益的政策、措施时，应当吸收同级工会参加研究，听取工会意见。

◆ **条文主旨**

本条是关于工会参与有关决策的规定。

◆ **条文解读**

习近平总书记深刻指出，要坚持以人民为中心的发展思想，维护好工人阶级和广大劳动群众合法权益，解决好就业、教育、社保、医疗、住房、养老、食品安全、生产安全、生态环境、社会治安等问题，不断提升工人阶级和广大劳动群众的获得感、幸福感、安全感。多次强调工会要代表职工群众主动参与立法和政策制定，从制度上源头上保障职工群众利益、发展职工群众利益。

工会是中国共产党联系职工的桥梁和纽带，代表广大职工群众的利益。《中华人民共和国工会法》第五条明确规定了工会在国家政治、经济和社会生活中参与和协助职能，包括参与管理国家事务，管理经济和文化事业、管理社会事务，协助人民政府开展工作等。2015 年《中共中央关于加强和改进党的群团工作的意见》进一步明确要求，各级党委、人大、政府及有关部门研究制定涉及群众切身利益的政策措施、法律法规、发展规划、重大决策，应该请相关群团组织参与调研和论证，充分听取意见、吸收合理建议，充分考虑相关群体利益。

一、国家机关听取工会意见

这里的“国家机关”主要指行使立法权的机关，包括国家权力机关和行政机关。其中国家权力机关包括：全国人大及其常委会；省、自治区、直辖市人大及其常委会；省会所在市和国务院批准的较大的市的人大及其常委会。行政机关包括：国务院及其所属的部、委员会和直属机构以及省、自治区、直辖市人民政府；省会所在市和国务院批准的较大的市的人民政府。国家权力机关、行政机关在制定直接涉及职工切身利益的法律、法规、规章时，要听取工会的意见。应当指出，这里的利益是指“直接涉及的切身利益”，例如，制定、修改有关劳动就业、社会保障等方面的法律、法规、规章时，应当听取工会的意见。工会也应当积极参与立法工作，从制度上源头上保障职工群众的利益。

二、县级以上各级人民政府听取同级工会的意见

根据2005年《国务院关于加强国民经济和社会发展规划编制工作的若干意见》的规定，国民经济和社会发展规划按行政层级分为国家级规划、省（区、市）级规划、市县级规划。为充分体现职工的意愿和要求，反映广大职工群众的意见和要求，各级人民政府要充分发挥工会作为党和政府联系职工群众的桥梁和纽带作用，在制定国民经济和社会发展计划时，对涉及职工利益的问题，应听取同级工会的意见。

三、县级以上各级人民政府及其有关部门听取工会意见

工资、物价等直接关系到职工的生活水平，社会保险关系到职工丧失劳动能力或就业机会时所获得的物质帮助，劳动安全卫生直接关系到职工在劳动生产过程中的生命安全和身心健康。这些政策和措施的研究制定，都涉及职工的切身利益。工会要代表和维护职工利益，就必须就这些方面的问题开展调查研究，广泛听取职工意见。关心群众生活，及时向同级政府提出建议。另一方面，为使这些政策和措施体现广大职工群众的意愿和要求，使这些政策和措施符合实际，便于其贯彻执行，县级以上各级人民政府及其所属各部门在研究制定这方面的重大政策、措施时，应当吸收同级工会参加研究，认真听取工会意见。

第三十五条　县级以上地方各级人民政府可以召开会议或者采取适当方式，向同级工会通报政府的重要的工作部署和与工会工作有关的行政措施，研究解决工会反映的职工群众的意见和要求。

各级人民政府劳动行政部门应当会同同级工会和企业方面代表，建立劳动关系三方协商机制，共同研究解决劳动关系方面的重大问题。

◆ 条文主旨

本条是关于政府与工会间工作机制的规定。

◆ 条文解读

一、政府与工会间工作机制

根据本条第一款的规定，县级以上地方各级人民政府可以召开会议或者采取适当方式，向同级工会通报政府的重要的工作部署和与工会工作有关的行政措施，研究解决工会反映的职工群众的意见和要求。1992 年工会法为贯彻落实上述中央精神，明确规定：县级以上地方各级人民政府可以采取适当方式，向同级工会通报政府的重要的工作部署和与工会工作有关的行政措施，研究解决工会反映的职工群众的意见和要求。2001 年修改工会法，对上述规定进行了修改完善，明确规定县级以上地方各级人民政府可以召开会议或者采取适当方式，向同级工会通报政府的重要的工作部署和与工会工作有关的行政措施，研究解决工会反映的职工群众的意见和要求。

在贯彻落实上述国家有关规定的基础上，中央和地方分别建立了行之有效的联席会议工作机制。早在 1988 年陕西省首创政府与同级工会联席会议制度。此后，安徽、河南等 14 个省（区）相继召开联席会议。2001 年工会法修改后，联席会议制度建设步入法治化轨道。全国 31 个省（区、市）人大相继出台工会法实施办法，对政府与同级工会建立联席会议制度作出相应规定；各省（区、市）政府先后下发了关于联席会议制度建设的专门文件，内容涵盖联席会议制度的性质、基本任务、工作原则、主要内容、会议议题、决议落实等。这些法律法规和制度设计，都对推动建立联席会议制度，促进工作有序开展，提供了重要依据。据全国总工会统计，目前全国 31 个省（区、市）均建立了政府和同级工会联席会议制度。30 多年来，政府与工会的联席会议制度已逐渐向市、县，乃至乡镇延伸。联席会议制度在实践中逐步形成了政府牵头协调、工会组织运作、各相关行政部门积极参与、共同协商解决问题的有效机制；同时联席会议制度不断健全完善，逐步形成"按制度办事、按规范运作"的常态化工作模式有效解决了一大批涉及职工切身利益的热点难点问题。联席会议已经成为各地政府决策的重要程序，通过联席会议，政府及时听取职工意见呼声、了解回应职工关切，让职工有了实实在在的获得感、幸福感和安全感。

2014 年，中华全国总工会出台《关于进一步推动完善政府和工会联席会议制度的意见》，以贯彻落实党的十八大、十八届三中全会关于"要完善协商民主制度和工作机制，推进协商民主广泛、多层、制度化发展"的精神。要求各级地方工会采取有效措施，推动健全完善联席会议制度，充分发挥联席会议制度的积极作用；明确了联席会议的主要内容，要求从党和政府工作的大局出发，围绕解决涉及职工群众合法权益和影响劳动关系和谐的突出问题，以及工会在推进经济社会发展中需要政府帮助解决的实际问题，提出会议议题。

本条第一款中的县级以上地方各级人民政府，也包括县级以上地方人民政府所属各职能部门，如 2001 年 6 月 14 日，原劳动和社会保障部与中华全国总工会，就进一步加强劳动法律监督工作举行联席会议，并发布了相关会议纪要。工会，包括相应的同级产业工会，如中国教科文卫体工会、中国海员建设工会、中国能源化学地质工会、中国机械冶金建材工会、中国国防邮电工会、中国财贸轻纺烟草工会、中国农林水利气象工会，也与相关部委、行业协会联合会等建立了联席会议制度。本条的采取适当方式，是指因地、因事制宜地采用相应的形式，形式可以多种多样，例如座谈会、现场会、联席会议等。

本条规定确定政府与工作的工作机制，是在新形势下推进民主政治、建设社会主义政治文明的重要举措；是加强政府与职工群众联系，完善政府决策机制，增强决策民主性、科学性的有效形式；是工会参政议政，充分发挥民主参与、民主监督和社会调节作用，从源头上维护职工合法权益的重要渠道。为贯彻落实党的全心全意依靠工人阶级的根本指导方针，充分发挥工会组织桥梁纽带的重要作用。

二、建立劳动关系三方协商机制

根据本条第二款的规定，各级人民政府劳动行政部门应当会同同级工会和企业方面代表，建立劳动关系三方协商机制，共同研究解决劳动关系方面的重大问题。

我国的劳动关系三方协调机制，是专门为协调劳动关系而建立的管理体制和组织体系，指由政府劳动行政部门、企业方面代表组织（如企业联合会）和工会三方，按照三方共同制定的协商规则和协商程序，共同处理劳动关系。建立中国特色的劳动关系三方协商机制是我国社会主义发展的必然要求。特别是现代社会，在推行多层次协商民主的大背景下，崇尚平等协商与对话，在涉及企业、职工根本利益的重大问题上，更需要通过吸收不同利益主体的意见，达到相互协调与平衡，从而调动各方的积极性。三方机制的宗旨是通过政府、企业组织和工会组织的合作，通过制定正确的政策和制度，促进全社会劳动关系的稳定，保障企业和职工的合法权益，达到发展经济社会的目的。

2001 年工会法修改，对建立劳动关系三方协调机制作了规定，是我国推行劳动关系三方协商制度的主要法律依据。2001 年 8 月，劳动和社会保障部、全国总工会、中国企业联合会联合宣布，国家将全面启动劳动关系三方（国家、企业、职工）协商机制，以协商的形式解决劳动关系中存在的各种问题。2004 年国务院办公厅印发《关于深入贯彻工会法支持工会工作的通知》，明确要求建立健全劳动关系三方协调机制。《中华人民共和国劳动合同法》第五条明确规定，县级以上人民政府劳动行政部门会同工会和企业方面代表，建立健全协调劳动关系三方机制，共同研究解决有关劳动关系的重大问题。目前全国省级和市一级的劳动关系三方机制已经基本建立。三方机制正逐步向县（市、区）和产业一级延伸，全国将建立多层次的社会层面的三方协调机制，三方机制与劳动合同制度、集体合同制度一起构成了稳定、协调和规范劳动关系的机制。2015 年《中共中央、国务院关于构建和谐劳动关系的意见》进一步强调健全协调劳动关系三方机制。

根据劳动合同法和本法的规定，三方机制共同研究解决劳动关系方面的重大问题。三方机制处理的事务都是当前劳动关系方面的重大问题或者重大事务，如有关劳动法律法规和政策的制定与实施、劳动就业、劳动报酬、社会保险、职业培训、劳动安全与职业健康、工作时间与休息休假、劳动合同与集体合同以及有关劳动争议的处理等。

◆ **相关规定**

《中华人民共和国劳动合同法》第五条；《中共中央、国务院关于构建和谐劳动关系的意见》；《中华全国总工会关于进一步推动完善政府和工会联席会议制度的意见》；《国务院办公厅关于深入贯彻工会法支持工会工作的通知》

第四章　基层工会组织

第三十六条　国有企业职工代表大会是企业实行民主管理的基本形式，是职工行使民主管理权力的机构，依照法律规定行使职权。

国有企业的工会委员会是职工代表大会的工作机构，负责职工代表大会的日常工作，检查、督促职工代表大会决议的执行。

◆ **条文主旨**

本条是关于国有企业职工代表大会、工会委员会的规定。

◆ **条文解读**

一、国有企业的职工代表大会

健全以职工代表大会为基本形式的企事业单位民主管理制度，是坚持和完善人民当家作主制度体系、发展社会主义民主政治的一项重要内容。我国宪法规定，国有企业依照法律规定，通过职工代表大会和其他形式，实行民主管理。所以，工会法明确规定国有企业职工代表大会是企业实行民主管理的基本形式，是职工行使民主管理权力的机构。

根据现行法律法规及近年来我国在深化国有企业改革、完善现代企业制度过程中就企业民主管理问题所作出的若干政策性规定，国有企业职工代表大会主要拥有以下职权：(1) 听取企业主要负责人关于企业发展规划、年度生产经营管理情况，企业改革和制定重要规章制度情况，企业用工、劳动合同和集体合同签订履行情况，企业安全生产情况，企业缴纳社会保险费和住房公积金情况，企业投资和重大技术改造、财务预决算、企业业务招待费使用等报告，专业技术职称的评聘、企业公积金的使用、企业的改制等方案，提出意见和建议；审议企业制定、修改或者决定的有关劳动报酬、工作时间、休息休假、劳动安全卫生、保险福利、职工培训、劳动纪律以及劳动定额管理等直接涉及劳动者切身利益的规章制度或者重大事项方案，提出意见和建议；(2) 审议通过集体合同草案，按照国家有关规定提取的职工福利基金使用方案、住房公积金和社会保险费缴纳比例和时间的调整方案，劳动模范的推荐人选等重大事项；审议通过企业合并、分立、改制、解散、破产实施方案中职工的裁减、分流和安置方案；(3) 选举或者罢免职工董事、职工监事，选举依法进入破产程序企业的债权人会议和债权人委员会中的职工代表，根据授权推荐或者选举企业经营管理人员；(4) 审查监督企业执行劳动法律法规和劳动规章制度情况，民主评议企业领导人员，并提出奖惩建议；(5) 依照法律、行政法规、行政规章规定的其他职权。

二、国有企业的工会委员会

国有企业职工代表大会是职工行使民主管理权力的机构。工会是实行民主管理的积极参加者和具体组织者，在长期的工作实践中积累了丰富的经验。维护职工合法权益是工会组织的基本职责之一，通过职工代表大会，工会可以更有效地履行自己的职能，完成自己的任务。因此，工会法规定“国有企业的工会委员会是职工代表大会的工作机构”。

根据现行法律法规和政策性规定，工会委员会作为职工代表大会的工作机构主要履行下列职责：(1) 提出职工代表大会代表选举方案，组织职工选举职工代表和代表团（组）长；(2) 征集职工代表提案，提出职工代表大会议题的建议；(3) 负责职工代表大会会议的筹备和组织工作，提出职工代表大会的议程建议；(4) 提出职工代表大会主席团组成方案和组成人员建议名单；提出专门委员会（小组）的设立方案和组成人员建议名单；(5) 向职工代表大会报告职工代表大会决议的执行情况和职工代表大会提案的办理情况、厂务公开的实行情况等；(6) 在职工代表大会闭会期间，负责组织专门委员会（小组）和职工代表就企业职工代表大会决议的执行情况和职工代表大会提案的办理情况、厂务公开的实行情况等，开展巡视、检查、质询等监督活动；(7) 受理职工代表的申诉和建议，维护职工代表的合法权益；(8) 向职工进行民主管理的宣传教育，组织职工代表开展学习和培训，提高职工代表素质；(9) 建立和管理职工代表大会工作档案。

◆ **相关规定**

《中华人民共和国宪法》第十六条；《中华人民共和国公司法》第十八条、第四十五条、第五十二条、第一百零九条、第一百一十八条

第三十七条　集体企业的工会委员会，应当支持和组织职工参加民主管理和民主监督，维护职工选举和罢免管理人员、决定经营管理的重大问题的权力。

◆ **条文主旨**

本条是关于集体企业工会职权的规定。

◆ **条文解读**

集体企业是财产属于劳动群众集体所有、实行共同劳动、在分配方式上以按劳分配为主体的社会主义经济组织。职工（代表）大会是集体企业的权力机构，根据《中华人民共和国城镇集体所有制企业条例》第二十八条规定，主要职权是：（1）制定、修改集体企业章程；（2）按照国家规定选举、罢免、聘用、解聘厂长（经理）、副厂长（副经理）；（3）审议厂长（经理）提交的各项议案，决定企业经营管理的重大问题；（4）审议并决定企业职工工资形式、工资调整方案、奖金和分红方案、职工住宅分配方案和其他有关职工生活福利的重大事项；（5）审议并决定企业的职工奖惩办法和其他重要规章制度；（6）法律、法规和企业章程规定的其他职权。

集体企业工会作为职工的群众组织和职工利益的代表者，应大力支持职工行使自己的民主权利。

一、应当支持和组织职工参加民主管理和民主监督

集体企业工会应支持和组织职工进行民主管理和民主监督。《中华人民共和国工会法》第六条第三款规定："工会依照法律规定通过职工代表大会或者其他形式，组织职工参与本单位的民主选举、民主协商、民主决策、民主管理和民主监督。"我国是社会主义国家，职工民主管理作为一种重要的民主形式，是社会主义民主的组成部分。职工民主管理，是职工依照宪法和法律、法规的有关规定，通过一定的组织形式，参加企业、事业管理，行使民主权利的活动。以职工（代表）大会为基本形式的企事业单位民主管理制度是职工依法参与企事业单位决策、管理和监督的基本制度，它与农村村民自治、城市居民自治等共同组成了我国社会主义基层民主。

《中华人民共和国城镇集体所有制企业条例》第十一条规定："集体企业的工会维护职工的合法权益，依法独立自主地开展工作，组织职工参加民主管理和民主监督。"参与集体企业民主管理也是工会行使自身权利的一个十分重要的方面。工会组织职工参与集体企业民主管理和民主监督，监督企业各项活动和管理人员的工作，有助于全面促进集体企业发展建设，提升集体企业经济效益，发挥职工群众主人翁的积极性、创造性，维护职工的合法权益。工会组织职工依法行使民主权利的重点，主要是参与企业事业单位生产经营的重大决策，参与企业事业单位工资、奖金的分配，参与企业事业单位劳动安全卫生、社会保险、生活福利问题的决定，参与企业事业单位各项制度的改革等。

二、维护职工选举和罢免管理人员、决定经营管理的重大问题的权力

选举和罢免厂长（经理）和其他企业管理人员，决定经营管理重大问题等，是集体企业通过职工（代表）大会行使民主管理企业的权力。为充分保障集体企业职工上述权利的实现，确保职工的主人翁地位，发挥职工群众的主人翁作用，集体企业工会对职工的上述权利应依法加以支持和维护，这是集体企业工会的一项重要任务。《中华人民共和国城镇集体所有制企业条例》第九条第一款规定："集体企业依照法律规定实行民主管理。职工（代表）大会是集体企业的权力机构，由其选举和罢免企业管理人员，决定经营管理的重大问题。"职工依照法律、法规的规定，在集体企业内享有企业各级管理职务的选举权和被选举权。集体企业的职工（代表）大会按照国家规定选举、罢免、聘用、解聘厂长（经理）、副厂长（副经理）。

◆ **相关规定**

《中华人民共和国宪法》第十七条；《中华人民共和国城镇集体所有制企业条例》第五条、第九条、第十一条、第二十八条

第三十八条 本法第三十六条、第三十七条规定以外的其他企业、事业单位的工会委员会，依照法律规定组织职工采取与企业、事业单位相适应的形式，参与企业、事业单位民主管理。

◆ **条文主旨**

本条是关于其他企业、事业单位的工会参与民主管理的规定。

◆ **条文解读**

《中华人民共和国工会法》第六条第三款规定了工会依法组织职工参与本单位民主管理。我国是社会主义国家，职工民主管理作为一种民主形式，是社会主义民主的组成部分。职工民主管理，是职工依照宪法和法律的有关规定，通过一定的组织形式，参加企业、事业单位管理，行使民主权利的活动。

一、民主管理的基本形式

我国职工实现民主管理的形式包括职工代表大会和职工代表大会以外的其他形式。《中华人民共和国劳动法》第八条规定："劳动者依照法律规定，通过职工大会、职工代表大会或者其他形式，参与民主管理或者就保护劳动者合法权益与用人单位进行平等协商。"

2012 年 2 月，中华全国总工会、中华全国工商业联合会等六部委印发《企业民主管理规定》（总工发〔2012〕12 号），以完

善职工代表大会为基本形式的企业民主管理制度，推进厂务公开，支持职工参与企业管理，维护职工合法权益，构建和谐劳动关系，促进企业持续健康发展，加强基层民主政治建设。该规定对职工代表大会制度、厂务公开制度、职工董事和职工监事制度等民主管理的形式作了具体规范，是各企业单位实施民主管理制度的重要依据。实践中不同所有制企业特别是非公有制企业以及学校、科研院所等事业单位职工代表大会、厂务公开制度和公司制企业职工董事、职工监事制度工作逐步发展，创造了大量鲜活的成功经验。推进非公有制企业民主管理工作是保障职工主体地位、推动企业改革发展、构建和谐劳动关系的重要举措。

党的十八大以来，企事业单位民主管理制度发挥了越来越重要的作用，据全总调查的数据显示，截至 2016 年年末，全国已建立工会的企事业单位，有 515. 4 万家单独建立职工代表大会制度，比 2012 年增长 27. 3%；有 504. 7 万家建立厂务公开制度，比 2012 年增长 27. 6%；有 17 万家企业建立职工董事制度；有 16. 5 万家企业建立职工监事制度。

二、民主管理的基本内容

《中华人民共和国公司法》第十八条规定：“公司职工依照《中华人民共和国工会法》组织工会，开展工会活动，维护职工合法权益。公司应当为本公司工会提供必要的活动条件。公司工会代表职工就职工的劳动报酬、工作时间、福利、保险和劳动安全卫生等事项依法与公司签订集体合同。公司依照宪法和有关法律的规定，通过职工代表大会或者其他形式，实行民主管理。公司研究决定改制以及经营方面的重大问题、制定重要的规章制度时，应当听取公司工会的意见，并通过职工代表大会或者其他形式听取职工的意见和建议。”

一直以来，推进我国社会主义民主政治建设的一个重要方面和措施，就是要不断扩大基层民主，坚持和完善以职工代表大会为基本形式的企事业民主管理制度，组织职工参与改革和管理，维护职工合法权益。参与企业事业管理也是工会行使自身权利的一个十分重要的方面。企业事业管理的每一项工作，都离不开听取广大职工的意见和建议，因而都需要工会代表、组织职工参加。工会组织职工参与企业事业管理，有助于全面促进企业事业单位的发展建设，提升企业单位经济效益和事业单位事业发展，发挥职工群众主人翁的积极性、创造性，维护职工的合法权益。工会组织职工依法行使民主权利，参与企业事业管理的重点，主要是参与企业事业单位生产经营的重大决策，参与企业事业单位工资、奖金的分配，参与企业事业单位劳动安全卫生、社会保险、生活福利问题的决定，参与企业事业单位各项制度的改革等。职工在非公有制企业、事业单位中如何参与民主管理，需要结合单位实际，按照法律法规政策以及地方相关立法的规定进行。

◆ **相关规定**

《中华人民共和国劳动法》第八条；《中华人民共和国劳动合同法》第四条；《中华人民共和国公司法》第十八条；《企业民主管理规定》

第三十九条 企业、事业单位、社会组织研究经营管理和发展的重大问题应当听取工会的意见；召开会议讨论有关工资、福利、劳动安全卫生、工作时间、休息休假、女职工保护和社会保险等涉及职工切身利益的问题，必须有工会代表参加。

企业、事业单位、社会组织应当支持工会依法开展工作，工会应当支持企业、事业单位、社会组织依法行使经营管理权。

◆ **条文主旨**

本条是关于企业、事业单位、社会组织工会参与管理的规定。

◆ **条文解读**

一、研究重大问题应当听取工会的意见

在研究经营管理和发展的重大问题时，听取工会的意见，能使企业、事业单位、社会组织在决策前充分听取各方面的意见，有利于决策的科学化、民主化，有利于维护职工的合法权益。工会参加企业、事业单位、社会组织重大问题的讨论，也可以使广大职工更好地了解企业、事业单位、社会组织制定发展计划的依据、原因以及发展方向，同时也可以取得广大职工的支持，更进一步调动职工群众的生产积极性，搞好企业、事业单位、社会组织的发展。

二、工会有权参加涉及职工切身利益的会议

工会是代表职工利益、为职工说话办事的群众组织。当企业、事业单位、社会组织召开讨论有关工资、福利、劳动安全卫生、工作时间、休息休假、女职工保护和社会保险等涉及职工切身利益的会议时，要有工会代表参加，使工会在讨论这些涉及职工切身利益的问题的会议上，能够反映职工的意见和要求，在工资、福利、劳动安全卫生等方面维护职工的合法权益，促进企业、事业单位、社会组织内部的安定团结和生产持续稳定的发展。

此外，按照劳动合同法的规定，企业、事业单位、社会组织等用人单位在制定、修改或者决定有关劳动报酬、工作时间、休息休假、劳动安全卫生、保险福利、职工培训、劳动纪律以及劳动定额管理等直接涉及劳动者切身利益的规章制度或者重大事项时，应当经职工代表大会或者全体职工讨论，提出方案和意见，与工会或者职工代表平等协商确定。在规章制度和重大事项决定实施过程中，工会或者职工认为不适当的，有权向企业、事业单位提出，通过协商予以修改完善。

本次工会法修改在涉及职工切身利益的事项中，增加了工作时间、休息休假、女职工劳动保护，这是针对现实中职工合法权益受到侵害的突出问题作出的补充规定，相关方面应当予以高度重视，严格落实。

三、支持工会依法开展工作

企业、事业单位、社会组织应当支持工会依法开展工作，工会应当支持企业、事业单位、社会组织依法行使经营管理权。企业、事业单位、社会组织要尊重工会组织和代表职工行使民主权利的法定权利，工会要尊重企业、事业单位、社会组织的行政管理和生产指挥权利。这种相互尊重、相互支持的关系，是由我国社会性质和我国工会性质决定的。

◆ **相关规定**

《中华人民共和国劳动合同法》第四条

第四十条 公司的董事会、监事会中职工代表的产生，依照公司法有关规定执行。

◆ **条文主旨**

本条是关于公司的董事会、监事会中职工代表产生的规定。

◆ **条文解读**

在修改工会法的过程中，对职工代表参加董事会和监事会问题，考虑到公司法和中华全国总工会出台的《关于加强公司制企业职工董事、职工监事制度建设的意见》（以下简称《意见》）已对此作了规定，因此，保持上述原则规定不变。公司法规定，国有独资公司和两个以上的国有企业或者两个以上的其他国有投资主体投资设立的有限责任公司的董事会应当有职工代表参加，由公司职工选举产生，其他有限责任公司和股份有限公司的董事会可以有职工代表参加。关于职工代表进入监事会的问题，公司法已经解决，即无论是有限责任公司，还是股份有限公司，其监事会成员中，都应有职工代表。《意见》进一步依法规范了职工董事、职工监事、履职规则等。

1. 职工董事、职工监事候选人条件和人数比例

（1）职工董事、职工监事候选人应符合以下基本条件：与公司存在劳动关系；能够代表和反映职工合理诉求，维护职工和公司合法权益，为职工群众信赖和拥护；熟悉公司经营管理或具有相关的工作经验，熟知劳动法律法规，有较强的协调沟通能力；遵纪守法，品行端正，秉公办事，廉洁自律；符合法律法规和公司章程规定的其他条件。遵循职工董事、职工监事任职回避原则，坚持公司高级管理人员和监事不得兼任职工董事，公司高级管理人员和董事不得兼任职工监事。公司高管的近亲属，不宜担（兼）任职工董事、职工监事。

（2）职工董事、职工监事的人数和具体比例应依法在公司章程中作出明确规定。国有及国有控股公司，其董事会成员中应当有公司职工代表；引导和支持国有及国有控股公司以外的其他公司董事会成员中配备适当比例的职工董事，力促董事会成员中至

少有一名职工董事。所有公司监事会中职工监事的比例不低于三分之一。督促公司在设立（或改制）的初始阶段，依照相关法律规定在董事会、监事会中预留职工董事、职工监事的席位，并在公司章程中予以明确规定。

（3）职工持股会选派到董事会、监事会的董事、监事，一般不占职工董事、职工监事的名额。

2. 职工董事、职工监事的产生程序

（1）职工董事、职工监事的候选人，可以由公司工会根据自荐、推荐情况，在充分听取职工意见的基础上提名，也可以由三分之一以上的职工代表或者十分之一以上的职工联名推举，还可以由职代会联席会议提名。公司工会主席、副主席一般应作为职工董事、职工监事候选人人选。

（2）职工董事、职工监事应由公司职代会以无记名投票方式差额选举，并经职代会全体代表的过半数同意方可当选。尚未建立职代会的，应在企业党组织的领导和上级工会的指导下，先行建立职代会。

（3）职工董事、职工监事由职代会选举产生后，应进行任前公示，与其他董事、监事一样履行相关手续，并报上级工会和有关部门（机构）备案。公司工会应做好向上级工会报备的相关工作。

3. 职工董事、职工监事的任期、罢免和补选

（1）职工董事、职工监事的任期与其他董事、监事的任期相同，每届任期不超过三年，任期届满后可以连选连任。职工董事、职工监事因辞职、患病、工作调动等原因离职的，或因劳动关系变更、终止、解除等原因不能履行职责时，经职代会通过终止其任职资格。

（2）职工董事、职工监事有下列行为之一的，由公司职代会依法罢免：公司职代会对其述职进行无记名民主评议，结果为不

称职的；不能如实反映公司职代会的决议、决定，在参与公司决策、履行监督职责时不代表职工利益行使权利，损害职工合法权益的；拒绝向公司职代会报告工作的；有其他不依法履行职工董事、职工监事职责行为的。罢免职工董事、职工监事，须由三分之一以上职工代表或者十分之一以上职工联名提出罢免议案，并经职代会讨论通过。职代会讨论罢免职工董事、职工监事有关事项时，职工董事、职工监事有权在会上提出申辩理由或书面申辩意见。罢免议案须采用无记名投票方式，经职代会全体代表的过半数同意方获通过。罢免案通过后，公司工会应当将罢免结果报上级工会和有关部门备案。

（3）职工董事、职工监事出现空缺的，应当由公司工会尽快组织补选，补选程序与产生程序相同。在新补选职工董事、职工监事就任前，原职工董事、职工监事仍应当依照法律法规和公司章程的规定，履行其职责职工董事、职工监事的任期与其他董事和监事的任期相同，任期届满，可连选连任。职工董事、职工监事在任期内，其劳动合同期限自动延长至任期届满；任职期间以及任期届满后，公司不得因其履行职责的原因与其解除劳动合同，或采取其他形式进行打击报复。职工董事、职工监事离职的，其任职资格自行终止。职工董事、职工监事出现空缺应及时进行补选，空缺时间一般不得超过三个月。职工代表大会有权罢免职工董事、职工监事。罢免职工董事、职工监事，须由三分之一以上的职工代表联名提出罢免议案。

◆ **相关规定**

《中华人民共和国公司法》第十八条、第四十五条、第五十二条、第一百零九条、第一百一十八条；《关于加强公司制企业职工董事、职工监事制度建设的意见》

第四十一条 基层工会委员会召开会议或者组织职工活动，应当在生产或者工作时间以外进行，需要占用生产或者工作时间的，应当事先征得企业、事业单位、社会组织的同意。

基层工会的非专职委员占用生产或者工作时间参加会议或者从事工会工作，每月不超过三个工作日，其工资照发，其他待遇不受影响。

◆ **条文主旨**

本条是关于基层工会委员会开展活动时间的规定。

◆ **条文解读**

一、原则上在生产或工作时间以外的时间开展活动

工会召开会议或组织职工活动一般应当在业余时间进行，这是工会开展活动的一项基本原则，即基层工会开展活动，要安排在业余时间，不宜安排在生产或者工作时间。因为生产或者工作时间就是用来生产或者工作的，如果工会活动经常占用生产或者工作时间，就会影响正常的生产和工作，这与工会活动的目的也是不符合的。工会活动的目的是通过各种形式的活动，使职工从思想上受到教育，身体上得到积极的休息，提高生产效率，更好地进行生产和工作。但是，有的基层工会的任务比较繁重，在这种情况下，工会应当事先征得企业、事业单位、社会组织的同意，在不影响生产和工作的情况下召开会议或开展活动。

二、基层工会非专职委员从事工会工作的时间

作为非专职的工会委员，不像专职的工会工作者，可以将全部工作时间用于工会活动，而是要把主要精力放在生产上，其从事工会活动主要是利用业余时间。但是，在某些场合下，非专职的工会委员从事工会活动必须占用生产时间时，企业、事业单位和社会组织应依法为之提供必要的时间，以利于工会活动的完成。基层工会非专职委员的劳动报酬包括工资、奖金、补贴等，都是根据生产（工作）时间或完成的生产（工作）任务来支付的。如果基层工会非专职委员在某些特殊情况下组织或参加工会活动，如文体比赛及参加会议等，不可能完全利用业余时间，这就会影响他们从事生产（工作），相应就要影响他们获得的劳动报酬。为了调动基层工会非专职委员从事工会工作的积极性，使他们不至因为从事工会工作而使自己的劳动报酬受损失，法律对此应有相应的特殊规定。

本条第二款规定了基层工会非专职委员占用生产或者工作时间参加会议或者从事工会工作具体时间的限制。如果基层工会非专职委员占用生产或者工作时间参加会议或者从事工会工作每月超过了三个工作日，其工资福利待遇将受到影响，如果没有超过三个工作日，则企业、事业单位和社会组织就应按规定，工资照发，其他待遇不受影响。

◆ **相关规定**

《企业工会工作条例》第二十一条

第四十二条　用人单位工会委员会的专职工作人员的工资、奖励、补贴，由所在单位支付。社会保险和其他福利待遇等，享受本单位职工同等待遇。

◆ **条文主旨**

本条是关于工会专职工作人员的工资和保险福利待遇的规定。

◆ **条文解读**

一、工资、奖励、补贴由所在单位支付

这次修改工会法，将适用范围扩大到社会组织，本条也将原来“企业、事业单位、机关”的表述统一调整为“用人单位”，明确了包括企业、事业单位、社会组织、机关在内的基层工会专职工作人员工资、奖励、补贴的开支渠道，即由所在单位支付。按照国务院1989年批准的《关于工资总额组成的规定》等相关规定，工资总额是指各单位在一定时期内直接支付给本单位全部职工的劳动报酬总额。工资总额的计算以直接支付给职工的全部劳动报酬为根据。工资总额由计时工资、计件、奖金、津贴、补贴、加班加点工资、特殊情况下支付的工资等六个部分组成。奖励通常是指奖励性的奖金，即支付给职工的超额劳动报酬和增收节支的劳动报酬，包括生产奖、节约奖、劳动竞赛奖、机关或者事业单位的奖励工资，以及其他奖金。补贴是为了保证职工工资水平不受物价影响支付给职工的各种补贴，包括车补、话费补贴、餐费补贴、住房补贴等。补贴主要是用来降低物价变动对劳动报酬实际购买力的影响，补贴的发放具有一定的福利性质，属于用人单位自主经营权的范畴。除基本工资外，奖金、补贴等也都计入工资总额内。

新中国成立之初，基层工会专职工作人员的工资从工会会员交纳的会费中开支，但由于工会经费较为紧张，且主要应用于职工教育和工会活动，无法承担基层工会专职工作人员工资的开支。因此，1978年工会恢复工作以来，基层工会专职工作人员的工资绝大部分是由企业、事业单位行政开支的。根据上述情况，1992年工会法作出规定：“全民所有制和集体所有制企业事业单位以及机关工会委员会的脱产专职工作人员的工资、奖励、补贴，由所在单位行政支付。”此后，一直延续这一做法，并进一步予以明确和完善。

二、社会保险和其他福利待遇享受本单位职工同等待遇

对基层工会专职工作人员的社会保险和其他福利待遇等，工会法也明确了相应的开支渠道和支付标准。即，基层工会专职工作人员的社会保险和其他福利待遇等，与本单位职工同等对待。也就是说，基层工会专职工作人员所在的用人单位中，其他职工社会保险费用的缴纳和支取、福利待遇的发放和标准是怎样的，工会专职工作人员也和他们执行相同的渠道和相同的标准。社会保险包括基本养老保险、基本医疗保险、工伤保险、失业保险、生育保险等。其他福利待遇主要是指用人单位依据国家有关规定或者自主经营权允许提供的除工资、奖金、津补贴之外的福利待遇。这些福利待遇可以是货币化的，也可以是非货币化的实物或者服务形式，比如节庆日给职工发放慰问品，为职工提供班车、食堂、浴室、托儿所、疗养院等。依据本条规定，可以避免基层工会专职工作人员的社会保险和福利待遇等与所在企业职工不一致的情况，有利于基层工会专职工作人员踏实工作，激励他们认真履职，真正为职工群众说话、办事。

◆ 相关规定

《关于工资总额组成的规定》；《中华人民共和国社会保险法》

第五章 工会的经费和财产

第四十三条 工会经费的来源：

（一）工会会员缴纳的会费；

（二）建立工会组织的用人单位按每月全部职工工资总额的百分之二向工会拨缴的经费；

（三）工会所属的企业、事业单位上缴的收入；

（四）人民政府的补助；

（五）其他收入。

前款第二项规定的企业、事业单位、社会组织拨缴的经费在税前列支。

工会经费主要用于为职工服务和工会活动。经费使用的具体办法由中华全国总工会制定。

◆ 条文主旨

本条是对工会经费的来源、标准与使用范围的规定。

◆ 条文解读

一、工会经费的来源及标准

第一，工会会员缴纳会费。工会会员缴纳会费是工会经费的重要来源之一，是职工作为会员应尽的义务，也是会员在工会组织内享受权利的物质基础，既体现了会员的组织观念，也有利于会员之间团结友爱、互助互济。目前，工会会员会费缴纳标准为本人工资的0.5%，工资尾数不足10元的不计为缴费基数；无固定收入的会员，可按本人上月所得工资计算应缴会费；会员所得各种奖金、津贴、稿费收入以及补助费、救济费、退休金、退职金等，均不计入缴费基数。工会会员缴纳会费全部留用于基层，不予上缴。

第二，建立工会组织的用人单位向工会拨缴的经费。这是工会经费的主要来源，是国家以立法形式支持工会组织履职尽责的充分体现，是用人单位组织生产经营所必须支付的用工成本，属于初次分配范畴。用人单位按照全部职工工资总额的2%，按月计提并向工会组织拨付工会经费是用人单位的法定义务。全部职工工资总额的计算方法，应按国家统计局关于工资总额及其构成的规定执行。具体来说，全体职工工资总额是指用人单位在一定时期内直接支付给本单位全体职工的劳动报酬总额，包括计时工资、计件工资、奖金、津贴和补贴、加班加点工资、特殊情况下支付的工资等。用人单位支付给职工的劳动报酬以及根据其他有关规定支付的工资，无论是计入成本还是不计入成本，无论是以货币形式支付还是以实物形式支付，均应列入工资总额计算范围。用人单位离退休人员待遇、劳动保护、稿费和讲课费等支出，均不作为工资总额计算项目。

第三，工会所属企业、事业单位上缴的收入。工会所属企业、事业单位上缴的收入，是工会经费的必要来源之一。所谓上缴的收入，是指工会所属企事业单位以自身的业务收入抵补各项支出后的净收益，其中的一部分按照规定上缴主管工会，作为主管工会的经费来源之一，用于弥补工会活动经费不足和发展工会事业。

第四，人民政府的补助。人民政府补助是指各级人民政府按照工会法和国家有关规定给予县级以上工会的补助款项，是工会经费收入的重要补充。人民政府以多种形式实施工会补助项目，包括财政拨付的离退休人员离退休费和生活补贴、帮扶资金、送温暖经费、疗养事业补助、劳模补助、基建、维修及大型活动补助等。

第五，其他收入。工会经费的其他收入项目，主要包括上级补助收入、行政补助收入、投资收益、固定资产处置收入、接受捐赠收入、银行存款利息收入等。

二、工会经费税前列支

本条第二款规定了建立工会组织的企业、事业单位以及社会组织，按全部职工工资总额2%向工会拨缴的经费，应在税前列支。工会经费在本质上属于劳动力再生产费用，按照现行规定，企业、事业单位、社会组织等用人单位拨缴的工会经费，应当列入成本和费用，实行税前列支，这是国家财政以减少税收的形式对工会工作给予的支持。税前列支也意味着，工会经费不属于用人单位利润的组成部分。

该项规定在具体实施中应当注意，凡依法建立工会组织的企业、事业单位、社会组织等，在每月按工资总额2%比例拨缴工会经费后，应凭工会组织开具的《工会经费收入专用收据》或税务部门认定的合法缴费凭证进行税前扣除；不能出具《工会经费收入专用收据》或者不能提供合法缴费凭证的，其提取的工会经费不得在企业所得税前扣除。

三、工会经费的使用范围

本条第三款规定了工会经费的使用范围，即工会经费主要用于为职工群众服务和组织开展工会活动，这就为工会经费正确合理使用提供了法律依据。根据业务内容和支出项目，可将工会经费使用范围分为职工活动支出、维权支出、业务支出、资本性支出、事业支出等类型。其中，职工活动支出，是指基层工会组织开展职工教育、文体、宣传等活动所发生的支出和工会组织的职工集体福利支出；维权支出，是指基层工会用于维护职工权益的支出，包括劳动关系协调费、劳动保护费、法律援助费、困难职工帮扶费、送温暖费和其他维权支出等；业务支出，是指基层工会培训工会干部、加强自身建设以及开展业务工作发生的各项支出；资本性支出，是指基层工会从事工会建设工程、设备工具购置、大型修缮和信息网络购建发生的支出；事业支出，是指基层工会对独立核算的附属事业单位的补助和非独立核算的附属事业单位的各项支出。

工会法对工会经费的使用仅作了原则性规定，同时授权中华全国总工会制定经费使用具体办法，体现了对工会经费独立原则和工会依法独立开展活动的支持。目前，工会经费使用管理制度体系已经建立并不断完善。例如，根据工会经费分成比例相关规定，全国工会经费全年收入95%留在地方工会、产业工会和基层工会，其中基层工会分成比例不低于60%，有效保证了对基层工会工作的经费支持。再如，根据基层工会经费收支管理相关规定，基层工会经费收支管理应当遵循遵纪守法原则、经费独立原则、预算管理原则、服务职工原则、勤俭节约原则、民主管理原则。因此，地方工会、产业工会和基层工会在使用工会经费过程中，要严格按照全国总工会现行文件规定执行，确保经费使用合法合规、科学有效，切实提升工会组织开展工作和服务职工的水平。

◆ **相关规定**

《中国工会章程》第三十六条、第三十七条；《中华全国总工会、财政部关于新〈工会法〉中有关工会经费问题的具体规定》

第四十四条 企业、事业单位、社会组织无正当理由拖延或者拒不拨缴工会经费，基层工会或者上级工会可以向当地人民法院申请支付令；拒不执行支付令的，工会可以依法申请人民法院强制执行。

◆ **条文主旨**

本条是保证工会经费收缴的规定。

◆ **条文解读**

一、用人单位应当及时拨缴工会经费

用人单位拨缴工会经费，是用人单位应当履行的法定义务，用人单位应当严格执行法律规定，按时足额拨缴工会经费。一段时期以来，工会经费收缴机制改革深入推进，多项经费拨缴制度和措施先后出台，有效维护了工会经费拨缴工作的严肃性、规范性和实效性。在当前实务操作中，工会经费拨缴方式主要分为三种：自主拨缴、税务代收、财政划拨。自主拨缴，是指基层工会所在用人单位的行政方面按月向本级工会拨缴经费。税务代收，是指县级以上总工会委托税务部门，向建立工会的一般性企事业单位或社会组织收缴工会经费。财政划拨，是指将财政预算保障的行政事业单位应缴工会经费，纳入到本级财政预算，并由财政部门统一划拨到县级以上工会组织。

二、申请支付令

近年来，随着工会经费收缴体制的建立完善，工会经费收入水平稳步提升，工会工作财力保障持续加强。但同时应当看到，在基层实践中，用人单位无故漏缴、欠缴、拒缴工会经费问题时有发生，且个别单位经依法催缴后仍不补缴。因此，对于无正当理由拖延或者拒不拨缴工会经费的用人单位，工会法专门规定了相应制约措施，保证拨缴工会经费制度的执行效果。具体来说，凡用人单位存在此类情形的，基层工会及其上级工会等组织可以对其发出催缴通知，如用人单位在催缴期限内仍未补缴的，工会可以向当地人民法院申请支付令。根据《最高人民法院关于在民事审判工作中适用〈中华人民共和国工会法〉若干问题的解释》规定，上级工会向人民法院申请支付令或者提起诉讼，要求企业、事业单位拨缴工会经费的，人民法院应当受理。基层工会要求参加诉讼的，人民法院可以准许其作为共同申请人或者共同原告参加诉讼。

支付令，是指由人民法院发布的限令债务人履行支付义务或者提出书面异议的法律文书。支付令是督促程序中重要的法律文书。人民法院对申请人提出的支付令申请，经审查符合法定条件的，应当依法发出支付令。依据民事诉讼法有关规定，债权人请求债务人给付金钱、有价证券，符合下列条件的，可以向有管辖权的基层人民法院申请支付令：（一）债权人与债务人没有其他债务纠纷的；（二）支付令能够送达债务人的。申请书应当写明请求给付金钱或者有价证券的数量和所根据的事实、证据。债权人提出申请后，人民法院应当在五日内通知债权人是否受理。人民法院受理申请后，经审查债权人提供的事实、证据，对债权债务关系明确、合法的，应当在受理之日起十五日内向债务人发出支付令；申请不成立的，裁定予以驳回。债务人应当自收到支付令之日起十五日内清偿债务，或者向人民法院提出书面异议。支付令具有督促债务人在法定期限内向债权人清偿债务的效力。对于无正当理由拖延或者拒不拨缴工会经费的用人单位，法院发出的支付令具有督促其拨缴工会经费的效力。

三、申请强制执行

基层工会或者上级工会可以向人民法院申请支付令。如债务人对此提出书面异议，经人民法院审查，异议成立的，应当裁定终结督促程序，支付令自行失效，转入诉讼程序。如债务人既不提出书面异议，也不执行的，工会可以申请人民法院强制执行，人民法院依照民事诉讼法有关强制执行的规定办理。此时，支付令就具有同生效判决相同的法律效力，即具有拘束力、确定力和执行力。支付令的拘束力，是指人民法院非经法定程序不得变更或者撤销支付令，同时对社会也产生普遍的拘束力。支付令的确定力，是指支付令生效以后就确认了民事权利义务，债务人必须依据支付令向债权人清偿债务。支付令的执行力，是指支付令生效后就具有同生效判决一样的强制执行力，债权人自支付令生效之日起有权请求人民法院予以强制执行。《中华人民共和国民事诉讼法》第二百四十六条第一款规定，申请执行的期间为二年。申请执行时效的中止、中断，适用法律有关诉讼时效中止、中断的规定。

应当指出的是，对于企业因生产经营困难、无法按时拨缴工会经费的情况，工会在提请采取强制拨缴措施时，应综合多方面因素予以酌情考虑。工会法规定，工会申请人民法院采取支付令或强制执行等措施的，仅限于有关用人单位无法提出正当理由的情形。实践中，对于确有困难或处于特殊情形下的相关单位，可视情况给予工会经费延期缴纳或返还等政策。

◆ **相关规定**

《中华人民共和国民事诉讼法》第二百二十一条至第二百二十四条；《最高人民法院关于在民事审判工作中适用〈中华人民共和国工会法〉若干问题的解释》第五条；《中国工会章程》第三十八条

第四十五条 工会应当根据经费独立原则，建立预算、决算和经费审查监督制度。

各级工会建立经费审查委员会。

各级工会经费收支情况应当由同级工会经费审查委员会审查，并且定期向会员大会或者会员代表大会报告，接受监督。工会会员大会或者会员代表大会有权对经费使用情况提出意见。

工会经费的使用应当依法接受国家的监督。

◆ **条文主旨**

本条是对工会经费独立管理和民主管理的规定。

◆ **条文解读**

一、工会经费管理的原则和制度

本条第一款是关于工会经费管理原则和制度的规定。工会独立管理经费是历史形成的，是由工会组织性质及其工作特点所决定的。在革命战争时期，工会筹集经费并进行独立管理，是组织工人阶级开展斗争的客观需要，也是工会组织自身赖以生存的基本需要。中华人民共和国成立以后，工人阶级和工会地位都发生了根本变化，工会独立管理经费，是工会独立自主开展工作的重要前提，是使用工会经费为职工办好事、解难题的基本保证。工会经费独立原则，主要表现为工会经费使用与管理的具体办法，由中华全国总工会制定，以此建立适用于工会组织的独立预算、决算和经费审查监督制度。

工会经费预算，是指工会组织为了履行自身职能，有计划地筹集和分配工会资金的管理手段。为了保证工作正常运行，工会组织必须编制经费预算，明确工会经费年度收支计划。工会系统实行一级工会一级预算，预算管理实行下管一级的原则。工会预算一般分为五级，即：全国总工会、省级工会、市级工会、县级工会和基层工会。全国工会预算由全国总工会总预算和省级工会总预算组成。全国总工会总预算由全国总工会本级预算和与全国总工会建立经费拨缴关系的企业工会汇总预算组成。省级工会总预算由省（自治区、直辖市）总工会、中央和国家机关工会联合会、中华全国铁路总工会、中国民航工会全国委员会、中国金融工会全国委员会本级预算和汇总的下一级工会总预算组成。下一级工会只有本级预算的，下一级工会总预算即指下一级工会的本级预算。本级预算是指各级工会本级次范围内所有收支预算，包括本级所属单位的单位预算和本级工会的转移支付预算。单位预算是指本级工会机关、所属事业单位的预算。转移支付预算是指本级工会对下级工会的补助预算。

工会经费决算，是工会预算执行情况的总结，综合反映了各级工会年度预算收支结果和工会活动财务状况。工会决算组成与工会预算组成应当保持一致。通过编制工会决算，可以从财务上总结一年来工会组织各项活动的主要情况、经验和问题，为工会决策提供可靠的资料和数据信息。因此，在年度结束时编制工会决算，是整个工会工作不可缺少的重要环节。工会决算工作政策性强、涉及面广、复杂程度高，包括一系列工作步骤，如决算编制、决算审核、决算汇总报送、决算分析利用等。

工会经费审查监督，是指对工会各项经费收支和资产管理及相关经济活动进行监督。它是工会独立管理经费的客观需要，是对工会经费和资产管理实行民主监督和审计监督的有效方式。工会经费审查监督主要内容包括审查和审计两方面：对工会经费预算、预算调整、决算草案进行审查，对政策落实情况、预算管理、绩效管理、财务管理、资产管理、企事业单位经济活动进行审计监督。

二、工会经费审查监督组织体系

本条第二款是关于工会经费审查监督组织体系的规定。工会经费审查监督组织，是指各级工会经费审查委员会及其办公室。基层工会经费审查委员会由会员大会或会员代表大会选举产生的，是代表会员对工会各项经费收支和资产管理进行审查审计监督的组织，具有广泛代表性、相对独立性和监督权威性。工会经费审查委员会的任期与同级工会委员会任期相同。

工会经费审查委员会享有下列权利：第一，有权列席同级工会有关会议，听取并了解工会各项经费收支情况、资产管理情况以及工会企事业单位经营管理情况。第二，有权要求工会组织及所属企事业单位报送有关计划、预算、决算、会计报表和文件资料并听取汇报。第三，有权检查凭证、账表、决算、资金和财产并查阅有关文件资料。第四，有权对审查中发现的问题，向被审查单位和有关人员调查取证。第五，有权对正在进行的严重违反财经法纪、严重损失浪费的行为，提请同级工会委员会或上级工会及时制止，并对已造成损失作出处理决定。第六，遇有阻挠、破坏审查工作情形时，有权采取封存账册、印鉴和资产等临时措施，并提出追究有关人员的责任的意见。

工会经费审查委员会履行下列义务：第一，对同级工会送交的年度经费预决算等事项，应及时认真进行审查。第二，对审查项目出具书面审查结果和处理意见，征求意见后报送同级工会委员会。第三，对本级工会会员大会或会员代表大会负责，在会员大会或会员代表大会闭会期间对同级工会委员会负责并报告工作。第四，加强与工会财务部门、资产管理部门等相关单位沟通联系，促进业务协作配合。

三、工会经费的内部监督

本条第三款是关于工会经费内部监督的规定。工会法所列举的工会内部监督形式包括经审监督和民主监督两类。

经审监督，是指各级工会经费审查委员会依法履行职责，对工会经费及资产管理情况实行审查审计监督。

民主监督，是指各级工会经费收支情况应当定期向会员大会或者会员代表大会报告并接受监督，会员大会或者会员代表大会有权对经费使用情况提出意见。工会是会员和职工利益的代表，这就决定了工会经费收支管理应接受职工监督，依靠职工管好用好工会经费。按照现行规定，各级工会年度经费收支情况应定期向会员大会或会员代表大会报告，会员大会或会员代表大会有权对基层工会委员会经费收支预算决算情况报告提出意见，予以审议和批准。各级工会还应建立经费收支信息公开制度，定期向会员公布经费收支情况，主动接受会员监督。

四、工会经费的外部监督

本条第四款原则性地规定了工会经费使用应当依法接受国家监督。国家监督可采用多种形式，包括国家审计监督、财政监督、纪检监察监督等。

◆ 相关规定

《中国工会章程》第三十七条、第三十九条、第四十条；《基层工会经费审查委员会工作条例》

第四十六条 各级人民政府和用人单位应当为工会办公和开展活动，提供必要的设施和活动场所等物质条件。

◆ **条文主旨**

本条是为工会提供必要物质条件的规定。

◆ **条文解读**

工会一旦建立起来，建立工会的用人单位就应当按照法律规定，为工会提供必要物质条件，以保证工会活动顺利开展。首先，各级人民政府应当按照法律规定，为各级总工会提供办公和开展活动所必要的设施和场所。其次，建立基层工会的企业、事业单位、机关、社会组织等也应依法为工会提供办公和开展活动的必要物质保障。除本条作出规定外，有关地方性法规也进一步作出具体规定。例如，《四川省〈中华人民共和国工会法〉实施办法》第四十七条规定，各级人民政府应当为同级工会组织无偿提供用于办公、生活和开展活动的房屋、场地和设施。企业、事业单位和机关，应当为基层工会无偿提供办公用房、设施和活动场所。人民政府、企业、事业单位、机关应当给予同级工会适当补助，以弥补其经费的不足。《浙江省实施〈中华人民共和国工会法〉办法》第三十七条规定，各级人民政府和企业、事业单位、机关应当为工会办公和开展活动，提供必要的设施、活动场所等物质条件。工人文化馆、职工学校等职工活动设施建设，应当列入当地城镇建设总体规划。所需经费由各级人民政府或者有关部门逐步解决。地方总工会所属的工人文化馆，享受国家投资兴办的公共文化活动场所的同等待遇。

中华人民共和国成立以来，为解决工会工作所需物质资源问题，党和政府以及部分机关企事业单位逐步向工会组织无偿划拨了大量土地、房产以及其他固定资产，作为工会开展工作、服务职工的场所和设施。这些物质资源是工会资产形成的主要来源，为工会事业发展提供了坚实物质保障，对于巩固党的阶级基础和执政基础具有重要意义。特别是地方工会机关最初的办公场所以及各地工人文化宫、工人疗养院、工会院校等工会事业发展阵地，基本上是党和政府提供给工会使用管理的，充分体现了党和政府对工人阶级和工会工作的高度重视和大力支持。近年来，随着工会组织不断拓展业务职能，在巩固工会传统阵地基础上，各地逐渐发展出职工服务中心、困难职工帮扶中心、职工互助保障组织等工会企事业资产，为工会组织发展壮大提供了有效支撑，进一步延伸了工会联系服务职工的阵地和渠道。

◆ **相关规定**

《四川省〈中华人民共和国工会法〉实施办法》第四十七条；《浙江省实施〈中华人民共和国工会法〉办法》第三十七条

第四十七条 工会的财产、经费和国家拨给工会使用的不动产，任何组织和个人不得侵占、挪用和任意调拨。

◆ **条文主旨**

本条是关于工会资产保护的规定。

◆ **条文解读**

一、工会的财产、经费和国家拨给工会使用的不动产

工会的财产、经费和国家拨给工会使用的不动产组成了工会的资产，这些资产是工会开展活动和举办服务职工事业的物质基础。根据民法典第二百七十条的规定，社会团体法人依法所有的不动产和动产，受法律保护。保护工会资产不受侵害，是工会顺利开展工作的前提，也是法律的明确要求。

工会财产是指各级工会及其所属事业单位依法占有、使用的固定资产、材料和低值易耗品，属于工会社团集体所有的财产。按照全国总工会制定的《工会财产管理暂行办法》的规定，各级工会及其所属事业单位的财产，凡一般设备单价在200元以上，专用设备单价在500元以上，且使用年限在一年以上的为固定资产。对单价虽不足200元，但使用年限在一年以上的大批同类财产，应按固定资产管理。对于购置、自制、接受捐赠和调拨的财产，凡符合上述条件的均列为固定资产。材料是指使用以后就消耗掉或逐渐消耗掉，而不能保持原有形态的物质资料。如燃料、试剂等。低值易耗品包括低值品和易耗品。单价在固定资产起点以下，耐用时间在一年以上的为低值品；单价在固定资产起点以上，耐用时间在一年以下的为易耗品。

工会固定资产一般可按以下类别进行分类、编号、登记和管理：（1）土地房屋及建筑物，如办公用房屋、事业用房屋、宿舍及附属设施、其他建筑物等；（2）通用设备，如空调机、木工刨床、空压机、冷藏柜、水泵、电梯、锅炉、电焊机、供暖管道线等；（3）专用设备，如空气交换器、消毒柜、复印机、照像机、装订机、放映机、胶印机、医疗器械等；（4）交通运输设备，如各类汽车、摩托车、三轮车等；（5）电器设备，如电风扇、吸尘器、电暖器、洗衣机、电机等；（6）电子产品及通讯设备，如电子计算机、打印机、投影机、电视机、扩音器等；（7）仪器仪表，如各种钟表、磅秤、显微镜等；（8）文化体育设备，如健身器、钢琴、手风琴、台球桌等；（9）图书文物及陈列品；（10）家具用具及其他，凡不属于以上九类财产均属之。

依据本法第四十三条以及全国总工会制定的《基层工会经费收支管理办法》的规定，工会经费的来源主要包括：（1）工会会员缴纳的会费，即工会会员依照全国总工会规定按本人工资收入的5‰向所在基层工会缴纳的会费；（2）建立工会组织的用人单位按每月全部职工工资总额的2%向工会拨缴的经费；（3）工会所属的企业、事业单位上缴的收入；（4）人民政府的补助；（5）其他收入，如基层工会收到的上级工会拨付的各类补助款项、基层工会依据相关规定对外投资取得的收益，以及基层工会取得的资产盘盈、固定资产处置净收入、接受捐赠收入和利息收入等。

国家拨给工会使用的不动产，通常是指由国家、行政部门拨给工会及其事业单位使用的不动产，例如办公用房屋、事业用房屋、宿舍及附属设施、其他建筑物等。这些不动产的占有、使用和收益权归工会，但所有权仍然属于国家。

二、任何组织和个人不得侵占、挪用和任意调拨

工会的财产、经费和国家拨给工会使用的不动产，是开展职工活动、发展工运事业、保障工会建设和兴办工会事业的重要物质基础，必须保证其完整、完全和合理使用，充分发挥其效能。加强工会资产的管理、保护和监督，是工会的一项重要工作。工会在资产使用方面，应当严格遵守有关管理原则，依据工会资产管理制度规定的程序和权限，严格履行审批、审核和备案等程序，任何组织和个人未经批准，不得擅自使用或者处置。本条也明确规定，任何组织和个人不得侵占、挪用和任意调拨。这里的组织和个人，不仅包括工会组织和工会工作人员，也包括各级人民政府及其部门、用人单位以及社会上的各类人员。

所谓侵占，就是非法占有，通常包括两种情形：一是从一开始就没有法律依据，一开始就是非法占有；二是占有之初有法律依据，但后来没有了，比如开始是租赁，期满后仍然不返还。所谓挪用，就是违反管理制度和审批程序，将工会财产、经费或者不动产挪作他用。工会财产、经费或者不动产，都有其专门用途。例如，基层工会经费主要用于为职工服务和开展工会活动，支出范围包括职工活动支出、维权支出、业务支出、资本性支出、事业支出和其他支出等。如果超出经费支出范围，改变工会经费用途，就属于挪用的行为。所谓任意调拨，就是违法相关管理制度和审批程序，在工会内部或者向外部调拨工会财产、经费和不动产。工会财产、经费以及不动产的使用，均有严格管理规定。例如，工会财产在本级工会内部调拨，由主管工会财产管理部门填制《调拨单》，经主管领导签发。工会财产在上下级工会或同级工会之间调拨，由上级工会财产管理部门填《调拨单》，经主管领导签发后进行。调出单位的财务部门，根据《调拨单》，注销财产帐面原值，所得价款作其他收入或事业发展基金入帐。工会经费收支遵循预算管理原则，基层工会应按照《工会预算管理办法》的要求，将单位各项收支全部纳入预算管理。严禁无预算、超预算使用工会经费。违反这些管理规定，都可能构成任意调拨的违法行为。

法律不仅禁止任何组织和个人侵占、挪用和任意调拨工会财产、经费、国家拨给工会使用的不动产，当工会的这些资产遭受侵害、造成流失，无法行使占有、使用、收益、处分权能时，工会组织有权请求国家予以保护，依法要求侵权人承担相应的民事责任、行政责任，甚至追究其的刑事责任。

◆ **相关规定**

《中华人民共和国民法典》第二百七十条；《中国工会章程》第三十九条、第四十一条；《基层工会经费收支管理办法》；《工会财产管理暂行办法》

第四十八条　工会所属的为职工服务的企业、事业单位，其隶属关系不得随意改变。

◆ **条文主旨**

本条是对工会所属的企业、事业单位的保护性规定。

◆ **条文解读**

工会所属企业、事业单位，是指全国总工会、地方总工会、产业工会、基层工会所属登记注册的企业、事业单位以及社团组织等单位，是工会使用自有经费或自筹资金兴办的，以及国家拨给工会使用、为职工服务的实体机构，主要包括：工人文化宫、俱乐部、工人体育场（馆）、职工学校、工会院校、文艺团体；报社、出版社、杂志社；工人疗休养院、职工旅行社、宾馆；职工互助保障组织、基金会等单位。

工会所属企事业单位坚持公益性、服务性，以服务职工群众为宗旨，是工会依法履行职责和加强自身建设的物质基础，是工会维护职工合法权益、构建联系服务职工长效机制的重要载体，是增强工会组织凝聚力与影响力、促进工会事业长远发展的战略支点。为此，工会法在本条中明确规定，工会所属的为职工服务的企事业单位，其隶属关系不得随意改变，这就为加强工会所属企事业单位产权管理、防止工会资产流失提供了法律依据。根据现行规定，工会所属企事业单位改变隶属关系和产权关系，需履行严格的审批程序。

从民法相关规定来看，工会作为社会团体的其中一类，其所属企事业单位在法律性质上属于社会团体所有的资产，这一所有权关系受到国家法律保护。如发生随意变更工会所属企事业单位隶属关系情况的，在实质上构成对工会资产所有权的侵害，工会及其所属的企事业单位有权提请党政干预或通过法律途径维权，及时采取措施制止侵权行为。如该行为造成工会资产损害的，工会及其所属企事业单位可依法请求损害赔偿，也可依法请求承担其他民事责任。

第四十九条　县级以上各级工会的离休、退休人员的待遇，与国家机关工作人员同等对待。

◆ 条文主旨

本条是对县级以上各级总工会离休、退休人员的待遇规定。

◆ 条文解读

县级以上工会离休、退休人员待遇与国家机关工作人员同等对待，是指工会离退休人员的离退休费或养老金计发标准及办法，与国家机关同等条件的离退休人员的离退休待遇保持一致。

根据原中共中央组织部、人事部印发的《工会、共青团、妇联等人民团体和群众团体机关参照公务员管理的意见》，工会作为人民团体的重要组成部分，其县级以上各级机关工作人员纳入到国家干部队伍中，按照公务员制度的原则精神和基本规定进行管理，因此，工会机关工作人员退休后，享受与国家机关退休公务员同等待遇。当前，各级国家机关全面实行机关事业单位工作人员基本养老保险制度，即国家机关工作人员退休后，享受国家规定的养老金和其他待遇，国家为其生活和健康提供必要服务和帮助，鼓励发挥个人专长，参与社会发展。按照相关法律政策规定，县级以上各级工会机关同样实施机关事业单位工作人员基本养老保险制度，工会机关工作人员退休后，其退休待遇由过去的以同级财政支付为主，转变为以基本养老保险基金支付为主，其具体计发办法为，根据在岗工资水平、缴费年限等因素计算养老金待遇，以基础养老金、个人账户养老金等形式按月计发，同时执行基本养老金调整办法，从而实现退休待遇支付标准与国家机关同等条件工作人员基本一致。此外，县级以上各级工会机关离休人员，不参加机关事业单位养老保险制度改革，仍由所在工会按照国家统一规定发放离休费，并按规定调整相关待遇，所需资金由原渠道列支，以同级财政支付为主。

需要强调的是，2014 年 12 月，机关事业单位养老保险制度改革方案经国务院常务会议和中央政治局常委会审议通过，机关事业单位工作人员养老保险制度与企业职工养老保险制度“并轨”之前，县级以上各级工会离退休人员的离退休费、医疗福利费用等主要由同级财政负担；“并轨”之后，离休人员待遇和退休人员待遇分别对应不同支付渠道，其中退休人员待遇形式上改由社保发放，事实上取代了原由财政直接发放的相应经费，离休人员因不纳入统筹范围，其待遇仍由原渠道支付。

◆ **相关规定**

《工会、共青团、妇联等人民团体和群众团体机关参照公务员管理的意见》

第六章　法律责任

第五十条　工会对违反本法规定侵犯其合法权益的，有权提请人民政府或者有关部门予以处理，或者向人民法院提起诉讼。

◆ **条文主旨**

本条是关于对工会合法权益受到侵犯的法律救济渠道的规定。

◆ **条文解读**

一、工会的合法权益

工会的合法权益，具体体现在三个方面：一是工会开展活动的权利。工会的合法权益很多，但最主要的是开展活动的权利。工会组织起来的目的之一，就是开展各种工会活动，并通过这种活动，逐步扩大工会组织的影响，吸引广大职工群众，把职工群众团结在自己的周围，达到成立工会的初衷。因此，只要工会的各项活动是依法开展的，国家就应为之提供必要的保护，保护工会活动的权利不受侵犯。工会法明确规定了工会所享有的权利，主要有民主选举、民主协商、民主决策、民主管理、民主监督的权利，与人民政府或者有关部门采取适当方式互相通报情况、研究解决问题的权利，代表职工与企业、实行企业化管理的事业单位、社会组织进行平等协商、依法签订集体合同的权利，参加劳动争议调解和仲裁的权利，以及其他维护职工合法权益的权利等。二是工会的合法财产不受侵犯。工会的财产、经费和国家拨给工会使用的不动产，任何组织和个人不得侵占、挪用和任意调拨。工会所属的为职工服务的企业、事业单位，其隶属关系不得随意改变。三是工会工作者的合法权益不受侵犯。工会工作者是工会工作得以开展的基本力量，离开了工会工作者，工会的活动无从谈起，自然更谈不上发挥工会的作用了，所以国家依法维护工会工作者的合法权益。工会工作者的合法权益一旦受到侵犯，工会可以通过法律途径来寻求救济。

二、提请人民政府或者有关部门予以处理

维护工会的合法权益不受侵犯是人民政府的责任，因为工会在“维护全国人民总体利益的同时，代表和维护职工的合法权益”。对于侵犯工会合法权益的行为，工会可以提请当地的人民政府或者政府的有关部门予以处理。人民政府或者有关部门（这里的有关部门主要是指劳动行政部门、市场监管部门、应急管理部门等直接行使监督管理权的部门）应当依法予以处理，决不能推卸责任。人民政府可以通过批评教育，找用人单位负责人谈话，甚至予以有关责任人纪律处分，对有关用人单位进行通报批评等方式，责令侵犯工会权益的有关当事人立即停止侵权行为，纠正错误的决定，消除其违法行为造成的影响，对已撤并的工会组织予以恢复，把被调离的工会干部请回来，让被非法解除劳动合同的职工重新回到原有的工作岗位上去，归还被侵占、挪用的工会经费、财产，同时尊重工会的权利，支持工会依法开展活动。

这里应当指出的是，人民政府或者有关部门在处理侵犯工会合法权益的案件过程中，必须依法进行处理，既不能姑息放任，也不能随意处罚。对于用人单位违反工会法规定的行为，经人民政府或者有关部门的严肃处理，责令改正，一般来讲都会改正违法行为的；对极少数较为顽固、拒不改正的，可以通过组织纪律处分、通报批评、监督检查等方式进行严肃处理，维护工会法的严肃性。《中华人民共和国劳动法》第八十五条规定：“县级以上各级人民政府劳动行政部门依法对用人单位遵守劳动法律、法规的情况进行监督检查，对违反劳动法律、法规的行为有权制止，并责令改正。”第八十七条规定：“县级以上各级人民政府有关部门在各自职责范围内，对用人单位遵守劳动法律、法规的情况进行监督。”第八十八条第一款规定：“各级工会依法维护劳动者的合法权益，对用人单位遵守劳动法律、法规的情况进行监督。”这些规定，为人民政府及劳动行政部门等相关部门依法处理用人单位违反工会法的行为，提供了法律依据。

三、向人民法院提起诉讼

工会的合法权益受到侵犯时，除了提请人民政府或者有关部门来处理外，还可以通过向人民法院提起诉讼来寻求法律救济。向法院提起诉讼，主要是针对侵占、挪用工会经费、财产的行为，以及企业、事业单位、社会组织无正当理由拖延或者拒不拨缴工会经费的违法行为提起民事诉讼，请求法律保护。其中，对企业、事业单位、社会组织拖欠或者拒不拨缴工会经费的，根据《中华人民共和国工会法》第四十四条规定，基层工会或者上级工会可以向当地人民法院申请支付令；拒不执行支付令的，工会可以依法申请人民法院强制执行。根据《中华人民共和国民事诉讼法》第二百二十三条的规定：“人民法院受理申请后，经审查债权人提供的事实、证据，对债权债务关系明确、合法的，应当在受理之日起十五日内向债务人发出支付令；申请不成立的，裁定予以驳回。债务人应当自收到支付令之日起十五日内清偿债务，或者向人民法院提出书面异议。债务人在前款规定的期间不提出异议又不履行支付令的，债权人可以向人民法院申请执行。”第二百二十四条规定：“人民法院收到债务人提出的书面异议后，经审查，异议成立的，应当裁定终结督促程序，支付令自行失效。支付令失效的，转入诉讼程序，但申请支付令的一方当事人不同意提起诉讼的除外。”

此外，对符合行政诉讼法规定的受案范围，如人民政府或者有关部门不履行其保护工会合法权益的职责，工会请求其依法处理某些违法行为，而不予处理时，工会也可以向人民法院提起行政诉讼。《中华人民共和国行政诉讼法》第四十七条第一款规定：“公民、法人或者其他组织申请行政机关履行保护其人身权、财产权等合法权益的法定职责，行政机关在接到申请之日起两个月内不履行的，公民、法人或者其他组织可以向人民法院提起诉讼。法律、法规对行政机关履行职责的期限另有规定的，从其规定。”工会组织可以根据这一规定，对人民政府及有关部门不作为的违法行为，向人民法院提起行政诉讼，寻求法律救济。

◆ **相关规定**

《中华人民共和国劳动法》第八十五条、第八十七条、第八十八条；《中华人民共和国行政诉讼法》第四十七条；《中华人民共和国民事诉讼法》第二百二十三条、第二百二十四条

第五十一条 违反本法第三条、第十二条规定，阻挠职工依法参加和组织工会或者阻挠上级工会帮助、指导职工筹建工会的，由劳动行政部门责令其改正；拒不改正的，由劳动行政部门提请县级以上人民政府处理；以暴力、威胁等手段阻挠造成严重后果，构成犯罪的，依法追究刑事责任。

◆ **条文主旨**

本条是关于对阻挠职工依法参加和组织工会或者筹建工会应承担的法律责任的规定。

◆ **条文解读**

一、违法行为

1. 阻挠职工依法参加和组织工会

《中华人民共和国工会法》第三条明确规定："在中国境内的企业、事业单位、机关、社会组织（以下统称用人单位）中以工资收入为主要生活来源的劳动者，不分民族、种族、性别、职业、宗教信仰、教育程度，都有依法参加和组织工会的权利。任何组织和个人不得阻挠和限制。""工会适应企业组织形式、职工队伍结构、劳动关系、就业形态等方面的发展变化，依法维护劳动者参加和组织工会的权利。"参加和组织工会是每一名职工的合法权益，是受国家法律保护的，任何组织和个人都不得侵犯。

阻挠职工依法参加和组织工会的行为方式，主要有：一是公开阻挠。比如宣称谁参加工会就开除谁，不准职工参加、组建工会，有的单位甚至使用暴力、威胁的手段。二是变相阻挠。比如采用对参加工会的职工进行打击报复、"穿小鞋"的方式变相阻挠职工参加工会。有的职工因为参加工会被从原来较好的工作岗位调到较差的岗位，工资相应降低；有的职工因为参加工会，造成原来担任的职务被撤销或降低。用人单位无论以直接的方式，还是以间接的方式阻挠职工参加工会，都是违反工会法规定的违法行为，都要依法承担法律责任。

2. 阻挠上级工会帮助、指导职工筹建工会

企业阻挠上级工会帮助、指导职工筹建工会，主要是指企业拒绝上级工会派员来帮助、指导职工组建工会工作，或者设置重

重障碍，甚至使用暴力、威胁的手段。

最大限度地把职工组织到工会中来，保障工会更好地代表和维护职工的合法权益，做好组建工会工作，是工会的一项基础性任务。为了保证组建工会的顺利进行，针对一些外商投资企业、私营企业组建工会存在阻力、进展缓慢、覆盖率偏低的状况，《中华人民共和国工会法》第十二条第二款明确规定：“上级工会可以派员帮助和指导企业职工组建工会，任何单位和个人不得阻挠。”通过上级工会的指导和帮助，以加强企业基层工会的建设是非常重要的。

二、法律责任

一是由劳动行政部门责令改正，拒不改正的，由劳动行政部门提请县级以上人民政府依法处理。《中华人民共和国行政处罚法》第九条规定：“行政处罚的种类：（一）警告、通报批评；（二）罚款、没收违法所得、没收非法财物；（三）暂扣许可证件、降低资质等级、吊销许可证件；（四）限制开展生产经营活动、责令停产停业、责令关闭、限制从业；（五）行政拘留；（六）法律、行政法规规定的其他行政处罚。”责令改正不是一种处罚，而是实施行政处罚的一个前置条件，即实施行政处罚之前，首先责令当事人改正违法行为，消除违法行为后果，然后才是实施行政处罚，因为实施行政处罚的目的决不是为罚而罚，而是维护公共利益和社会秩序，保护公民、法人或者其他组织的合法权益，纠正违法行为，教育公民、法人自觉守法。为此，《中华人民共和国行政处罚法》第二十八条第一款明确规定：“行政机关实施行政处罚时，应当责令当事人改正或者限期改正违法行为。”

对于采取种种手段阻挠职工参加工会或者阻挠上级工会帮助、指导企业职工组建工会的，劳动行政部门可以通过批评教育的方法，责令有关当事人改正违法行为。对于一些企业经劳动行政部门责令改正后，仍拒不改正的，劳动行政部门可以提请县级以上人民政府依法处理。各级人民政府应当充分认识到加快新建企业工会组建工作的重要性，重视和支持这项工作，要统筹安排、制定规划、齐心协力，督促企业遵守工会法的规定，支持、配合工会组织，指导职工建立工会。对于干扰和阻挠组建工会的违法行为，必须依法予以纠正，维护法律的严肃性。

二是以暴力、威胁手段阻挠参加工会或者阻挠上级工会帮助、指导职工筹建工会，造成严重后果，构成犯罪的，依法追究刑事责任。刑事责任，又称刑罚，是依据国家刑事法律规定，对实施犯罪行为的行为人所给予的处罚。行政处罚和刑罚的本质区别在于行政处罚是对实施尚未构成犯罪的轻微违法行为的当事人所给予的处罚；而刑罚是对实施犯罪行为的当事人所给予的处罚。所谓犯罪，是指一切危害国家主权、领土完整和安全，分裂国家、颠覆人民民主专政的政权和推翻社会主义制度，破坏社会秩序和经济秩序，侵犯国有财产或者劳动群众集体所有的财产，侵犯公民私人所有的财产，侵犯公民的人身权利、民主权利和其他权利，以及其他危害社会的行为，但是情节显著轻微危害不大的，不认为是犯罪。依照我国刑法的规定，刑罚包括主刑和附加刑两种。主刑有：管制、拘役、有期徒刑、无期徒刑和死刑；附加刑有：罚金、剥夺政治权利和没收财产。此外，对于犯罪的外国人，可以独立适用或者附加适用驱逐出境。

刑法对以暴力、威胁的手段侵犯公民人身权利、民主权利的犯罪明确规定了法律责任，《中华人民共和国刑法》第二百三十四条规定："故意伤害他人身体的，处三年以下有期徒刑、拘役或者管制。""犯前款罪，致人重伤的，处三年以上十年以下有期徒刑；致人死亡或者以特别残忍手段致人重伤造成严重残疾的，处十年以上有期徒刑、无期徒刑或者死刑。本法另有规定的，依照规定。"依照《中华人民共和国刑法》第九十五条的规定，致人重伤是指“有下列情形之一的伤害：（一）使人肢体残废或者毁人容貌的；（二）使人丧失听觉、视觉或者其他器官机能的；（三）其他对于人身健康有重大伤害的”。“其他对于人身健康有重大伤害的”主要是指能够引起威胁生命的并发症，以及其他严重影响人体健康的损伤，主要包括颅脑损伤、颈部损伤、胸部损伤、腹部损伤、骨盆部损伤以及烧伤、烫伤、冻伤、电击伤、物理、化学或者生物等致伤因素引起的损伤。《中华人民共和国刑法》第二百三十八条第一款规定：“非法拘禁他人或者以其他方法非法剥夺他人人身自由的，处三年以下有期徒刑、拘役、管制或者剥夺政治权利。具有殴打、侮辱情节的，从重处罚。”《中华人民共和国刑法》第二百四十六条第一款规定：“以暴力或者其他方法公然侮辱他人或者捏造事实诽谤他人，情节严重的，处三年以下有期徒刑、拘役、管制或者剥夺政治权利。”

◆ **相关规定**

《中华人民共和国行政处罚法》第九条、第二十八条；《中华人民共和国刑法》第十三条、第三十二条至第三十五条、第九十五条、第二百三十四条、第二百三十八条、第二百四十六条

第五十二条 违反本法规定，对依法履行职责的工会工作人员无正当理由调动工作岗位，进行打击报复的，由劳动行政部门责令改正、恢复原工作；造成损失的，给予赔偿。

对依法履行职责的工会工作人员进行侮辱、诽谤或者进行人身伤害，构成犯罪的，依法追究刑事责任；尚未构成犯罪的，由公安机关依照治安管理处罚法的规定处罚。

◆ **条文主旨**

本条是关于打击报复依法履行职责的工会工作人员所应承担的法律责任的规定。

◆ **条文解读**

一、无理调动工作岗位，进行打击报复的法律责任

随着社会经济的发展，企业组织形式、劳动关系、就业形态发生变化，劳动争议日渐增多。基层工会在协调劳动关系、维护职工合法权益的过程中应该发挥积极的作用。然而基层工会干部维护职工合法权益，往往与用人单位行政方面发生矛盾，有些干部还会受到打击报复。如以各种理由将为职工维权的基层工会干部调离原工作岗位，或者降低其工资待遇，又如在工会干部劳动合同到期后以种种借口不续签合同。这些事件虽然不多，但影响极大，直接关系到工会干部的积极性和队伍的稳定。《中华人民共和国工会法》第十八条明确规定："工会主席、副主席任期未满时，不得随意调动其工作。因工作需要调动时，应当征得本级工会委员会和上一级工会的同意。""罢免工会主席、副主席必须召开会员大会或者会员代表大会讨论，非经会员大会全体会员或者会员代表大会全体代表过半数通过，不得罢免。"对于违反该规定的，由劳动行政部门责令改正，恢复工会工作人员的原工作；对于该违法行为给有关工会工作人员造成损失的，给予赔偿。这里规定了侵权赔偿的民事责任。

如果用人单位对依法履行职责的工会工作人员无正当理由调动工作岗位，进行打击报复的，则构成了一种民事侵权行为，要依法承担侵权赔偿的民事责任。赔偿的范围包括受害的工会工作人员的物质损失和精神损失。物质损失主要包括工资或其他劳动收入的损失以及为保护自己合法权益，寻求救济而支付的必要的交通费用、误工费用等。此外，工会工作人员因此而受到的精神损失也应在赔偿之列。

二、侮辱、诽谤或者进行人身伤害的法律责任

所谓侮辱，是指以暴力或者其他方法，公然诋毁他人人格，破坏他人名誉的行为。侮辱的方法可以是暴力，也可以是暴力以外的其他方法。所谓暴力，是指以强制方法来损害他人人格和名誉。“其他方法”是指以语言、文字等方法侮辱他人，如当众嘲笑、辱骂、贴传单或者利用漫画告示来污辱他人。这里应当指出的是，侮辱他人的行为，首先必须是公然进行的，即能够使众人听到或看到的方式，对他人进行污辱；其次，这种污辱行为必须是针对特定的人实施，如果不是针对特定的人实施，只是一般的谩骂，不构成污辱罪。所谓诽谤，是指故意捏造事实，并且进行散布，损害他人人格和名誉的行为。捏造事实，是指无中生有，凭空捏造虚假的事实。进行散布，包括利用口头、书面的方式进行散布。人身伤害，是指故意非法损害他人身体健康的行为。

对于这三种行为，如果情节特别严重，构成犯罪的，就要依据刑法的规定追究刑事责任；如果情节不是特别严重，尚未构成犯罪的，应当依照治安管理处罚法的规定，由公安机关给予行政处罚。本条第二款规定了两种法律责任：行政责任和刑事责任。

1. 行政责任

行政责任包括行政处罚和行政处分。行政处罚是国家法律制度的重要组成部分，是行政机关依法进行行政管理，保障法律贯彻实施的重要手段，是行政责任中的一种形式。行政处罚法从行政处罚的种类、设定、实施机关、处罚程序等方面对行政处罚进行了规范，从而完善了我国的法律责任制度，对于保障和监督行政机关有效实施行政管理，维护公共利益和社会秩序，保护公民、法人或者其他组织的合法权益具有十分重要的意义。《中华人民共和国行政处罚法》第四条规定："公民、法人或者其他组织违反行政管理秩序的行为，应当给予行政处罚的，依照本法由法律、法规、规章规定，并由行政机关依照本法规定的程序实施。"第九条规定："行政处罚的种类：（一）警告、通报批评；（二）罚款、没收违法所得、没收非法财物；（三）暂扣许可证件、降低资质等级、吊销许可证件；（四）限制开展生产经营活动、责令停产停业、责令关闭、限制从业；（五）行政拘留；（六）法律、行政法规规定的其他行政处罚。"

《中华人民共和国治安管理处罚法》第四十二条对下列侵犯他人人身权利，尚不构成刑事处罚的行为规定了处五日以下拘留或者五百元以下罚款；情节较重的，处五日以上十日以下拘留，可以并处五百元以下罚款：（1）写恐吓信或者以其他方法威胁他人人身安全的；（2）公然侮辱他人或者捏造事实诽谤他人的；（3）捏造事实诬告陷害他人，企图使他人受到刑事追究或者受到治安管理处罚的；（4）对证人及其近亲属进行威胁、侮辱、殴打或者打击报复的；（5）多次发送淫秽、侮辱、恐吓或者其他信息，干扰他人正常生活的；（6）偷窥、偷拍、窃听、散布他人隐私的。第四十三条规定："殴打他人的，或者故意伤害他人身体的，处五日以上十日以下拘留，并处二百元以上五百元以下罚款；情节较轻的，处五日以下拘留或者五百元以下罚款。""有下列情形之一的，处十日以上十五日以下拘留，并处五百元以上一千元以下罚款：（一）结伙殴打、伤害他人的；（二）殴打、伤害残疾人、孕妇、不满十四周岁的人或者六十周岁以上的人的；（三）多次殴打、伤害他人或者一次殴打、伤害多人的。"

适用的行政处罚种类主要有行政拘留、警告和罚款。行政处分适用于国家行政机关内部，是上级对有隶属关系的下级违反纪律的行为或者是尚未构成犯罪的轻微违法行为给予的纪律制裁。

2. 刑事责任

（1）侮辱、诽谤罪。《中华人民共和国刑法》第二百四十六条规定："以暴力或者其他方法公然侮辱他人或者捏造事实诽谤他人，情节严重的，处三年以下有期徒刑、拘役、管制或者剥夺政治权利。""前款罪，告诉的才处理，但是严重危害社会秩序和国家利益的除外。""通过信息网络实施第一款规定的行为，被害人向人民法院告诉，但提供证据确有困难的，人民法院可以要求公安机关提供协助。"对依法履行职责的工会工作人员进行侮辱、诽谤，如果情节严重，构成犯罪的，即依此条的规定追究刑事责任。所谓情节严重，是指侮辱、诽谤他人手段恶劣、后果严重或者影响很坏等情况，一般是指以暴力的方式对他人进行污辱、诽谤，但这里的暴力，其目的不是损害他人的身体健康。应当指出的是，对于侮辱罪、诽谤罪，只有被污辱人、被诽谤人亲自向人民法院控告的，人民法院才能受理，对于被侮辱人、被诽谤人不控告的，司法机关不能主动受理，追究侮辱、诽谤行为人的刑事责任。但也有例外，一是根据《中华人民共和国刑法》第九十八条的规定，如果被害人因受强制或者威吓而无法告诉的，人民检察院和被害人的近亲属也可以告诉；二是依照《中华人民共和国刑法》第二百四十六条第二款的规定，严重危害社会秩序和国家利益的除外。

（2）故意伤害罪。《中华人民共和国刑法》第二百三十四条规定："故意伤害他人身体的，处三年以下有期徒刑、拘役或者管制。""犯前款罪，致人重伤的，处三年以上十年以下有期徒刑；致人死亡或者以特别残忍手段致人重伤造成严重残疾的，处十年以上有期徒刑、无期徒刑或者死刑。本法另有规定的，依照规定。"对依法履行职责的工会工作人员进行人身伤害，情节严重，构成犯罪的，依照此条的规定追究刑事责任。依照《中华人民共和国刑法》第九十五条的规定，致人重伤是指“有下列情形之一的伤害：（一）使人肢体残废或者毁人容貌的；（二）使人丧失听觉、视觉或者其他器官机能的；（三）其他对于人身健康有重大伤害的”。

◆ **相关规定**

《中华人民共和国民法典》第一百七十九条；《中华人民共和国行政处罚法》第四条、第九条；《中华人民共和国治安管理处罚法》第四十二条、第四十三条；《中华人民共和国刑法》第九十五条、第九十八条、第二百三十四条、第二百四十六条

第五十三条 违反本法规定，有下列情形之一的，由劳动行政部门责令恢复其工作，并补发被解除劳动合同期间应得的报酬，或者责令给予本人年收入二倍的赔偿：

（一）职工因参加工会活动而被解除劳动合同的；

（二）工会工作人员因履行本法规定的职责而被解除劳动合同的。

◆ **条文主旨**

本条是关于职工、工会工作人员因工会活动被非法解除劳动合同的法律责任的规定。

◆ **条文解读**

一、违法行为

1. 职工因参加工会活动而被解除劳动合同

《中华人民共和国劳动法》第十六条规定：“劳动合同是劳动

者与用人单位确立劳动关系、明确双方权利和义务的协议。”“建立劳动关系应当订立劳动合同。”劳动合同依法订立即具有法律约束力，当事人必须履行劳动合同规定的义务。实行劳动合同制，是我国用工制度的一大改革，也是深化企业内部改革的一项重要措施，对于增强企业活力，调动广大职工群众的积极性具有重要意义。

参加工会活动是每一名职工应当享有的权利，受国家法律保护，任何用人单位不能违反劳动法、工会法的规定，因职工参加工会活动而解除其劳动合同。对于用人单位单方面解除劳动者合同的条件，《中华人民共和国劳动法》第二十五条规定：“劳动者有下列情形之一的，用人单位可以解除劳动合同：（一）在试用期间被证明不符合录用条件的；（二）严重违反劳动纪律或者用人单位规章制度的；（三）严重失职，营私舞弊，对用人单位利益造成重大损害的；（四）被依法追究刑事责任的。”第二十六条规定：“有下列情形之一的，用人单位可以解除劳动合同，但是应当提前三十日以书面形式通知劳动者本人：（一）劳动者患病或者非因工负伤，医疗期满后，不能从事原工作也不能从事由用人单位另行安排的工作的；（二）劳动者不能胜任工作，经过培训或者调整工作岗位，仍不能胜任工作的；（三）劳动合同订立时所依据的客观情况发生重大变化，致使原劳动合同无法履行，经当事人协商不能就变更劳动合同达成协议的。”除了上述规定的情形外，用人单位不能以种种借口，特别是因参加工会活动而单方面解除职工的劳动合同。

2. 工会工作人员因履行职责而被解除劳动合同

工会的一切工作离不开工会干部。工会干部，特别是基层工会干部在履行职责中，为完成工会的任务，为维护职工的合法权益，必须要与用人单位行政方面就各种争议或者矛盾进行交涉、协商，特别是对用人单位克扣职工工资、不提供劳动安全卫生条件、随意延长劳动时间等严重侵犯职工劳动权益的，工会干部有责任代表职工与用人单位交涉，要求用人单位采取措施予以改正。实践中，有的工会干部因履行职责而被调离、撤职，有的被扣发工资，有的被解除劳动合同。维护职工合法权益是工会的基本职责。为此，《中华人民共和国工会法》第十九条明确规定：“基层工会专职主席、副主席或者委员自任职之日起，其劳动合同期限自动延长，延长期限相当于其任职期间；非专职主席、副主席或者委员自任职之日起，其尚未履行的劳动合同期限短于任期的，劳动合同期限自动延长至任期期满。但是，任职期间个人严重过失或者达到法定退休年龄的除外。”对违反此条规定，擅自解除工会工作人员劳动合同的，要依法承担相应的法律责任。

二、法律责任

对于以上两种违法行为，本条规定的法律责任是：

1. 由劳动行政部门责令恢复其工作，并补发被解除劳动合同期间应得的报酬

劳动行政部门是劳动工作的行政主管机关，享有劳动行政管理权，综合管理劳动工作的国家机关。国务院劳动行政部门主管全国劳动工作，县级以上地方人民政府劳动行政部门主管本行政区域内的劳动工作。国务院设有人力资源和社会保障部，地方设有人力资源和社会保障局，综合管理劳动行政工作。因此，监督劳动法律、法规的实施，是各级劳动行政部门的权限和职责。《中华人民共和国劳动法》第八十五条规定：“县级以上各级人民政府劳动行政部门依法对用人单位遵守劳动法律、法规的情况进行监督检查，对违反劳动法律、法规的行为有权制止，并责令改正。”

劳动行政部门监督检查劳动法律、法规遵守和执行情况的具体内容有很多，其中，用人单位劳动合同的订立和履行情况是一

项很重要的内容，因为劳动合同是保障劳动者实现劳动权的法律形式。劳动者与用人单位签订劳动合同，就意味着劳动权的实现，劳动者在合同期限内获得了有保障的工作，用人单位不能无故辞退劳动者，这就切实保证劳动者享有劳动的权利。对于用人单位违反劳动法、工会法等法律法规的规定，因职工参加工会活动而解除劳动合同的，劳动行政部门应当责令恢复其工作，并补发被解除劳动合同期间应得的报酬，包括工资、奖金等各种应得的报酬。

2. 责令给予本人年收入二倍的赔偿

如果职工在被解除劳动合同期间又找到了其他工作，或者本人不愿意再回到原来的用人单位工作，在征得职工本人同意的情况下，劳动行政部门也可以通过责令用人单位给予职工本人在本企业所得年收入二倍的赔偿的方式，来补偿职工由于被解除劳动合同所受到的损失，维护其合法权益。

劳动行政部门在处理有关企业、事业等用人单位违反本条规定的案件时，应注意几点：一是本条所规定的两种法律责任是一种“或者”的选择关系，而非“和”的并列关系。就是说，“责令恢复其工作，并补发被解除劳动合同期间应得的报酬”与“责令给予本人年收入二倍的赔偿”二者之间只能选择其一对用人单位适用，不能既让用人单位恢复职工的原工作并补发被解除劳动合同期间应得的报酬，又让其给予职工年收入二倍的赔偿。这样规定比较公平，实践中也行得通，有利于法律的执行。二是劳动行政部门对用人单位是适用“责令恢复其工作，并补发被解除劳动合同期间应得的报酬”，还是“责令给予本人年收入二倍的赔偿”的法律责任，应征求被解除劳动合同的当事职工的意见。如果职工本人还愿意回原企业工作，劳动行政部门应责令用人单位恢复其原工作，并补发被解除劳动合同期间应得的报酬；如果职工本人不愿意再回原企业工作，劳动行政部门应责令用人单位给予职工本人年收入二倍的赔偿。三是“责令给予本人年收入二倍的赔偿”中的“年收入”是指职工本人在被解除劳动合同的原单位的年收入，包括工资、奖金等用人单位发的各种报酬，不包括职工本人在单位外部所获得的其他收入，如股票、存款利息、房产出租等收入。四是被解除劳动合同的职工或工会干部，除了可以提请劳动行政部门依法处理外，还可以依据劳动法、工会法等规定，向劳动仲裁机构申请劳动争议仲裁，对仲裁机构不予受理或对仲裁裁决不服的，可以向人民法院提起诉讼。

◆ **相关规定**

《中华人民共和国劳动法》第十六条、第二十五条、第二十六条、第八十五条

第五十四条　违反本法规定，有下列情形之一的，由县级以上人民政府责令改正，依法处理：

（一）妨碍工会组织职工通过职工代表大会和其他形式依法行使民主权利的；

（二）非法撤销、合并工会组织的；

（三）妨碍工会参加职工因工伤亡事故以及其他侵犯职工合法权益问题的调查处理的；

（四）无正当理由拒绝进行平等协商的。

◆ **条文主旨**

本条是关于对妨碍工会依法行使职权的违法行为所应承担法律责任的规定。

◆ **条文解读**

本条对以下四种违法行为规定了法律责任：

一、妨碍工会组织职工依法行使民主权利

在我国的社会主义民主政治建设中，加强基层民主制度的建设具有十分重要的意义。本法第六条第三款规定：“工会依照法律规定通过职工代表大会或者其他形式，组织职工参与本单位的民主选举、民主协商、民主决策、民主管理和民主监督。”工会组织职工行使民主权利的形式，可以包括职工代表大会、职工大会等多种形式，对此，工会法也作了比较灵活的规定。第三十六条第一款规定：“国有企业职工代表大会是企业实行民主管理的基本形式，是职工行使民主管理权力的机构，依照法律规定行使职权。”第三十七条规定：“集体企业的工会委员会，应当支持和组织职工参加民主管理和民主监督，维护职工选举和罢免管理人员、决定经营管理的重大问题的权力。”第三十八条规定：“本法第三十六条、第三十七条规定以外的其他企业、事业单位的工会委员会，依照法律规定组织职工采取与企业、事业单位相适应的形式，参与企业、事业单位民主管理。”作为用人单位的行政方面，要依法支持工会开展工作，保障广大职工享有充分的民主权利，只有这样才能调动广大职工的积极性，促进用人单位健康发展。工会组织职工行使民主权利，能够加强用人单位管理层与职工的相互沟通和联系，促使职工充分了解用人单位的生产经营状况，对于用人单位的发展将起到十分重要的作用。如果用人单位违反工会法的规定，妨碍工会组织职工通过职工代表大会或其他形式行使民主权利的，要承担相应的法律责任。

二、非法撤销、合并工会组织

《中华人民共和国工会法》第十三条第一款明确规定：“任何组织和个人不得随意撤销、合并工会组织。”工会组织是依法成立的，除了按《中华人民共和国工会法》第十三条第二款规定的“基层工会所在的用人单位终止或者被撤销，该工会组织相应撤销，并报告上一级工会”的外，任何组织和个人不得随意加以撤销，或者把工会组织合并到其他的部门中。目前，一些用人单位以精简机构为名，随意撤并工会，甚至一些国有企业也出现了非法撤销、解散、合并工会的情况。出现这一情况，主要是一些用人单位对工会的性质、地位、作用缺乏正确认识，对市场经济条件下劳动关系新的调整机制中工会的重要性不了解，把工会看作多余的组织或者当作行政的附属而随意加以撤销、合并。这种违法撤销、合并工会组织的行为，要依法承担相应的法律责任。

三、妨碍工会参加调查处理

工会参加职工因工伤亡事故和其他严重危害职工健康的问题的调查，是工会对用人单位有关劳动安全卫生工作进行监督的重要手段。《中华人民共和国工会法》第二十七条规定：“职工因工伤亡事故和其他严重危害职工健康问题的调查处理，必须有工会参加。工会应当向有关部门提出处理意见，并有权要求追究直接负责的主管人员和有关责任人员的责任。对工会提出的意见，应当及时研究，给予答复。”违反这一规定，妨碍工会参加职工因工伤亡事故以及其他侵犯职工合法权益问题的调查处理的，要依法承担相应的法律责任。

四、无正当理由拒绝进行平等协商

劳动法对集体合同作出了明确规定，《中华人民共和国劳动法》第三十三条规定：“企业职工一方与企业可以就劳动报酬、工作时间、休息休假、劳动安全卫生、保险福利等事项，签订集体合同。集体合同草案应当提交职工代表大会或者全体职工讨论通过。”“集体合同由工会代表职工与企业签订；没有建立工会的企业，由职工推举的代表与企业签订。”劳动法实施后，工会依照劳动法的规定大力推动集体合同的工作，通过工会与企业签订集体合同，更好地维护劳动者的合法权益，并取得了显著的效果。

从近年来的实践看，在企业中，尤其是在非公有制企业中，由工会代表职工与企业通过平等协商签订集体合同，有利于工会发挥维权职能，建立和维护和谐的劳动关系。进行平等协商应主要围绕维护职工劳动权益，如工资待遇、福利、工作与休息时间、劳动安全卫生等事项进行，并签订集体合同。为此，《中华人民共和国工会法》第六条第二款明确规定："工会通过平等协商和集体合同制度等，推动健全劳动关系协调机制，维护职工劳动权益，构建和谐劳动关系。"第二十一条第二款规定："工会代表职工与企业、实行企业化管理的事业单位、社会组织进行平等协商，依法签订集体合同。集体合同草案应当提交职工代表大会或者全体职工讨论通过。"代表职工与企业、实行企业化管理的事业单位、社会组织进行平等协商，依法签订集体合同是工会的权利，如果工会提出进行平等协商，签订集体合同，而企业、实行企业化管理的事业单位、社会组织行政方面无正当理由拒绝与工会进行平等协商，有关行政负责人要依法承担法律责任。应当指出的是，签订集体合同是一项双方的权利，既是工会的权利，也是企业、实行企业化管理的事业单位、社会组织的权利。如果企业、实行企业化管理的事业单位、社会组织方面提出与工会进行平等协商，工会不能拒绝，否则也要承担相应的法律责任。

发生上述四种违法行为，县级以上人民政府应当责令有关责任人立即停止妨碍工会组织职工通过职工代表大会和其他形式依法行使民主权利的违法行为，支持工会的工作；对于被非法撤销、合并的工会组织予以重新恢复；支持工会参加职工因工伤亡事故以及其他侵犯职工合法权益问题的调查处理，对工会提出的处理意见，应当及时研究，给予答复；对工会提出平等协商的，不能拒绝。对拒不改正违法行为的，县级以上人民政府应当依法严肃处理，对有关责任人进行批评教育，直至依法给予行政处分，对有关用人单位可以给予通报批评，责成其进行必要的整顿。应当指出的是，县级以上人民政府在进行依法处理时，不能超越法律的规定，滥用职权。

◆ **相关规定**

《中华人民共和国劳动法》第三十三条

第五十五条 违反本法第四十七条规定，侵占工会经费和财产拒不返还的，工会可以向人民法院提起诉讼，要求返还，并赔偿损失。

◆ **条文主旨**

本条是关于侵占工会经费和财产的法律责任的规定。

◆ **条文解读**

一、工会经费和财产不得侵占

工会经费和财产是工会履行法定职责、服务广大职工群众的物资基础。党和国家在高度重视工会作用的同时，也为工会有效开展工作提供了必要保障。工会法第五章专门对工会的经费和财产作出规定，其中第四十七条明确规定，工会的财产、经费和国家拨给工会使用的不动产，任何组织和个人不得侵占、挪用和任意调拨。

工会应当根据经费独立原则，建立预算、决算和经费审查监督制度，不能将工会经费混同为建立工会的用人单位的财产。工会经费实行独立原则，是由工会的性质决定的，工会只有独立管理经费，才能真正做到独立负责地开展工作，依法维护职工合法权益，不受制于企业、事业单位、社会组织的行政干预，才能更多为职工办好事、办实事。工会经费独立，主要表现为工会有独立的预算、决算和经费审查制度。工会经费的预算，是指工会经过一定程序制定的工会经费年度财务收支计划。工会建立经费预算制度，贯彻落实工会财务工作方针和任务，保证工会工作全面顺利开展。工会经费的决算是工会经费预算执行的总结，它反映了年度工会预算收支的最终结果，也是工会活动在财务上的集中体现。通过编制工会决算，可以从财务上总结一年来的工会组织各项活动的主要经验和问题，为工会决策提供可靠的资料和数据信息。工会经费审查监督制度，是指对工会组织内部各项经费收支和财务管理进行审查监督工作的规范和准则。建立工会经费审查监督制度的目的，在于保证合理使用经费，促进增收节支，保证实现财务收支计划，进而保障工会各项工作计划的完成。

工会的财产是指工会组织依法取得，享有所有权或者使用权的动产和不动产。动产主要是指工会开展活动的各种办公设备和设施，不动产是指工会的房屋、场地等。从财产权上划分，工会财产又可分为两类：一是工会依法享有所有权的财产；二是工会依法占有、使用的财产，包括各级人民政府以及企业、事业单位、社会组织和机关为支持工会工作，依法提供给工会使用的财产。工会对于这部分财产享有占有、使用、收益的权利，没有处分的权利，但也不得随意侵占、挪用和任意调拨这部分工会财产。

二、侵占工会经费和财产的违法行为

从实践中看，侵占工会经费和财产的违法行为主要包括：一是一些单位和个人非法使用或者处分工会经费和其他财产，任意调拨、挪用工会经费和财产，甚至改变所有权关系等。二是一些部门和单位将工会举办的为职工服务的企业、事业单位占为己有，改变用途或者隶属关系。工会运用自有资金和自筹资金，在法律规定的范围内，独立或联合举办为职工服务的企业、事业单位，一方面可以增加工会组织本身的财产，另一方面也可以为职工服务，对于调动职工群众的积极性，增强工会的活力和对职工的吸引力、凝聚力，更好地维护职工的合法权益，促进改革与经济发展具有重要意义。从所有权关系而言，它们是各级工会组织所有的财产，受法律保护，不得随意改变其隶属关系，将工会的企业、事业单位划为他人名下，变工会所有为其他部门和单位所有。三是一些地方法院在审理经济纠纷案件中，将工会财产当作用人单位的资产进行查封、扣押和冻结。其根本原因是没有认识到工会财产的独立性，错误地将基层工会当作企业的职能部门。

三、法律责任

对于违反法律规定侵占工会经费和财产的行为，工会作为权利人，首先可以要求侵权人返回。返还原物是物权请求权的一种。物权人的物被他人侵占，物权人的对物支配权受到侵害时，物权人有权请求返还原物，使物复归于物权人事实上的支配。这是各国民法的通行规定。《中华人民共和国民法典》第二百三十五条规定，无权占有不动产或者动产的，权利人可以请求返还原物。拒不返还的，本条规定了财产损害赔偿的民事法律责任。

侵占工会经费和财产拒不返还的，工会可以向人民法院提起诉讼，要求返还，并赔偿损失。经费和财产作为物权，当受到侵害时，法律给予权利人多种救济途径，其中就包括向人民法院提起诉讼。《中华人民共和国民法典》第二百三十三条规定，物权受到侵害的，权利人可以通过和解、调解、仲裁、诉讼等途径解决。相对而言，诉讼途径最具权威性、严肃性，因此对诉讼途径进一步予以明确。需要注意的是，工会可以提起诉讼，也可以采取其他途径维护自身权益。提起诉讼首先可以要求返还被侵占的经费和财产，能返还原物的，要返还原物。如果侵占行为造成财产损失，可以依法请求损害赔偿。

◆ **相关规定**

《中华人民共和国民法典》第一百七十九条、第二百三十二条、第二百三十五条、第二百三十八条

第五十六条 工会工作人员违反本法规定，损害职工或者工会权益的，由同级工会或者上级工会责令改正，或者予以处分；情节严重的，依照《中国工会章程》予以罢免；造成损失的，应当承担赔偿责任；构成犯罪的，依法追究刑事责任。

◆ **条文主旨**

本条是关于工会工作人员违反本法的法律责任的规定。

◆ **条文解读**

一、工会工作人员违反本法规定应承担相应责任

工会法修正案（草案）在提交第九届全国人大常委会第二十三次会议初审时，在法律责任一章中只规定了企业、事业等用人单位侵犯工会和工会干部合法权益，以及侵犯职工合法权益的法律责任，没有对工会干部违法行为的法律责任作出规定。在常委会审议过程中，一些常委委员提出，少数工会干部对工作不负责任，不履行法律规定的职责，对职工的合法权益不关心，不维护；有的工会干部贪污、挪用工会经费，在职工中造成很坏的影响，因此应当规定一条对工会干部的法律责任。根据这些意见，修正案增加了关于工会干部违法的法律责任的规定。

群团事业是党的事业的重要组成部分，党的群团工作是党治国理政的一项经常性、基础性工作，是党组织动员广大人民群众

为完成党的中心任务而奋斗的重要法宝。工会工作人员作为群团干部，是党的干部队伍的重要组成部分。2015年《中共中央关于加强和改进党的群团工作的意见》明确提出，加强群团组织领导班子和干部队伍建设，并提出“坚持严字当头，加强党风廉政建设”、“带头树立经常联系群众、直接服务群众、真情同群众交友的好作风，竭诚为群众服务”等要求。《中国工会章程》第三十二条规定：“工会干部要努力做到：（一）认真学习马克思列宁主义、毛泽东思想、邓小平理论、‘三个代表’重要思想、科学发展观、习近平新时代中国特色社会主义思想，学习政治、经济、历史、文化、科技、法律和工会业务等知识，提高政治能力，增强群众工作本领。（二）执行党的基本路线和各项方针政策，遵守国家法律、法规，在改革开放和社会主义现代化建设中勇于开拓创新。（三）信念坚定，忠于职守，勤奋工作，敢于担当，廉洁奉公，顾全大局，维护团结。（四）坚持实事求是，认真调查研究，如实反映职工的意见、愿望和要求。（五）坚持原则，不谋私利，热心为职工说话办事，依法维护职工的合法权益。（六）作风民主，联系群众，增强群众意识和群众感情，自觉接受职工群众的批评和监督。”由此可见，无论是中央文件、国家法律或者工会章程，都对工会工作人员自觉遵守法律法规，依法履行职责都提出了明确要求。

实践中，个别工会干部违反法律规定，不认真履行法定职责，损害职工或者工会权益的违法行为。工会工作人员，无论是专职的，还是非专职的，都应当恪尽职守，履行好工会干部应尽的职责，决不能马虎草率，对工作不负责任；或是放弃职守，对自己应当负责的工作撒手不管，更不能与企业行政方面非法勾连、串通一气，非但不代表和维护职工的合法权益，反而侵害他们的合法权益。此外，还有个别工会工作人员利用职务便利，侵吞、挪用工会经费和财产，收受贿赂，为他人谋取不正当利益等，无论是哪种违法行为，都要承担相应的法律责任。

二、法律责任的具体类型

根据工会工作人员违法行为性质和程度的不同，本条规定了行政、民事和刑事三种法律责任：

1. 行政责任。工会工作人员违反本法规定，侵害职工或者工会权益的，由同级工会或者上级工会责令改正，或者予以处分。工会干部通常是参照公务员法管理的人员，属于公务员法、监察法、公职人员政务处分法的适用范围。对工会工作人员违法情节严重的，除了由同级工会或者上级工会责令改正，或者予以处分外，还可以依照《中国工会章程》予以罢免。根据《中国工会章程》的规定，工会会员有权对工会工作进行监督，提出意见和建议，要求撤换或者罢免不称职的工会工作人员。工会会员大会或者会员代表大会的职权包括撤换或者罢免其所选举的代表或者工会委员会组成人员。另外，根据《中华人民共和国工会法》第十八条第二款的规定，罢免工会主席、副主席必须召开会员大会或者会员代表大会讨论，非经会员大会全体会员或者会员代表大会全体代表过半数通过，不得罢免。如果工会会员认为工会主席、副主席不称职，不能代表和维护职工的合法权益的，可以通过召开会员大会或者会员代表大会，来行使罢免工会主席、副主席的权利。

2. 民事责任。工会工作人员违反本法规定，侵害职工或者工会权益，造成损失的，应当承担赔偿责任。这里规定的是侵权的民事责任。侵权民事责任主要是一种财产责任，它以财产赔偿的方式补偿受害人所受到的损失。侵权民事责任的构成要件有：第一，有侵权行为，即侵害了职工或者工会的权益，包括人身权益和财产权益。第二，有损害结果，即造成损害事实，给人身或财产造成的不良后果和不良状态，如财物灭失、健康受损、名誉玷污等。第三，侵权行为与损害结果之间有因果关系。正是由于行为人的侵权行为造成受害人的损失。第四，行为人主观上有过错。过错是构成违法行为承担民事责任的基本条件。所谓主观过错，就是故意和过失。行为人能够预见自己行为的后果，并希望这样的结果发生或放任这种结果的发生，称之为故意；行为人对行为的结果应当预见而没有预见到，或者虽然预见到，但又轻信能够避免，称之为过失。故意是行为人的恶意，危害性也大；过失违法行为的危害性相对较小。

3. 刑事责任。工会工作人员违反本法规定，同时构成违反刑法规定行为的，则应当依照刑法承担相应的刑事处罚。例如，工会工作人员贪污、挪用工会经费，以及收受贿赂等违法行为，不仅违法本法规定、侵害职工或者工会权益，也构成贪污罪、挪用公款罪、受贿罪等犯罪，要依法追究其刑事责任。

◆ **相关规定**

《中共中央关于加强和改进党的群团工作的意见》；《中国工会章程》第三条、第二十六条、第三十二条

第七章 附 则

第五十七条 中华全国总工会会同有关国家机关制定机关工会实施本法的具体办法。

◆ **条文主旨**

本条是关于制定机关工会实施本法具体办法的规定。

◆ **条文解读**

根据本法第三条的规定，工会法的适用范围包括企业、事业单位、社会组织和机关。由于历史原因，工会法侧重对企业作出规定，对机关工会针对性的规定不是很多。企业、事业单位、社会组织和机关具有不同特点，各自工会工作具有共性的同时，也具有个性，有必要在本法适用过程中对机关工会作出更为具体的规定。因此，本条规定授权中华全国总工会与有关国家机关共同制定实施本法的具体办法。

2015 年，为加强机关工会工作制度化、规范化建设，充分发挥机关工会作用，根据工会法和《中国工会章程》，中华全国总工会制定《机关工会工作暂行条例》。该暂行条例明确规定：机关工会是指党的机关、人大机关、行政机关、政协机关、审判机关、检察机关，各民主党派和工商联的机关，以及使用国家行政编制的人民团体和群众团体机关等依法建立的工会组织。机关工会必须坚持党的领导，在同级机关党组织领导下，依照法律和《中国工会章程》独立自主地开展工作，依法行使权利和履行义务。机关单位应当依法建立工会组织。机关内设部门及机构，可以建立机关工会分会或者工会小组。机关工会组织按照民主集中制原则建立。工会委员会由会员大会或者会员代表大会民主选举产生，选举结果报上一级工会批准。机关工会接受同级机关党组织和上级工会双重领导，以同级机关党组织领导为主。机关工会委员会具备条件的，应当依法申请取得工会法人资格，工会主席或者主持工作的副主席为法定代表人。地方机关工会联合会或者地方机关工会工作委员会以同级地方直属机关党的工作委员会领导为主，同时接受地方工会的领导。中央直属机关工会联合会、中央国家机关工会联合会的建立，由中华全国总工会批准。中央直属机关工会联合会、中央国家机关工会联合会以中央直属机关工作委员会、中央国家机关工作委员会领导为主，同时接受中华全国总工会的领导。中央和国家机关各部委、各人民团体机关，经中央直属机关工会联合会或者中央国家机关工会联合会批准，成立机关工会委员会。

机关工会的职责包括：（一）加强对职工进行中国特色社会主义理论体系教育，深入开展党的基本理论、基本路线、基本纲领、基本经验、基本要求教育，培育和践行社会主义核心价值观，不断提高机关职工政治理论、思想道德、科学文化和业务素质水平。（二）动员组织职工围绕机关中心工作，开展创先争优活动，做好先进工作者的评选、表彰、培养、管理和服务工作。（三）加强和改进职工思想政治工作，注重人文关怀和心理疏导，开展群众性精神文明创建、文化体育活动，丰富职工精神文化生活，推动机关文化建设。（四）配合党政机关贯彻落实《中华人民共和国公务员法》等法律法规，维护机关职工合法权益，协助党政机关解决涉及职工切身利益的问题。做好困难职工帮扶工作，组织职工参加疗养、休养及健康体检，努力为职工办实事、做好事、解难事，促进和谐机关建设。（五）加强调查研究，反映机关职工意见和建议，参与机关内部事务民主管理、民主监督，促进机关内部事务公开，保障职工的知情权、参与权、表达权、监督权，推进机关廉政建设。（六）加强工会组织建设，健全工会民主制度，做好会员的发展、接收、教育和会籍管理工作，加强对专（兼）职工会干部和工会积极分子的培养，深入开展建设职工之家活动。（七）依法收好、管好、用好工会经费，管理好工会资产。

此外，《机关工会工作暂行条例》还对机关工会的组织制度、干部队伍、工会经费和资产、工会经费审查审计、女职工工作等作出规定。在新的历史时期，加强机关工会工作是深入学习贯彻习近平总书记系列重要讲话精神特别是关于工人阶级和工会工作重要论述的政治要求，是围绕党和国家工作大局、服务机关中心工作的内在要求，是深入推进工会系统改革的重要任务，应当深刻认识加强机关工会工作的重要意义，始终把握机关工会工作的正确政治方向，切实围绕中心、服务大局谋划开展工作，认真研究探索机关工会工作的特点和规律，切实加强对机关工会工作的组织领导。各级机关工会应当认真贯彻落实 2021 年工会法修改精神，积极探索实践《机关工会工作暂行条例》，深入推进机关工会工作创新发展，更好履行忠诚党的事业、竭诚服务职工的使命和担当，努力把机关工会建设成为机关职工信赖的“职工之家”。在《机关工会工作暂行条例》实践基础上，中华全国总工会应当根据新时代对机关工会工作的新任务新要求，结合工会法修改，及时会同有关国家机关制定机关工会实施本法的具体办法。

◆ **相关规定**

《机关工会工作暂行条例》

第五十八条 本法自公布之日起施行。1950 年 6 月 29 日中央人民政府颁布的《中华人民共和国工会法》同时废止。

◆ 条文主旨

本条是关于生效日期及文中废止的规定。

◆ 条文解读

一、生效日期

法律的效力，包括时间效力、空间效力和对人的效力。其中时间效力，是指法律何时生效、何时终止，以及法律对其生效以前的事件和行为有无溯及力。法律的施行日期，是指法律开始施行并发生法律效力的日期。《中华人民共和国立法法》第五十七条规定，法律应当明确规定施行日期。第五十八条第一款规定，签署公布法律的主席令载明该法律的制定机关、通过和施行日期。对施行日期应当作出明确规定是依法立法的要求。法律的施行时间主要有三种：一是自法律公布之日起生效施行；二是法律自身规定具体施行的时间；三是规定法律公布后，符合一定条件时生效。法律的施行和法律的公布是不同的概念。法律的施行日期，是法律正式生效的日期，因此法律的施行日期是每部法律的必要组成部分，一般都规定在法律的最后一条。法律公布是立法的最后程序，是由国家主席签署主席令将全国人民代表大会及其常务委员会全体会议表决通过的法律向全社会予以公布。

需要注意的是，法律从何时开始生效施行，一般需要根据法律的性质和立法的形式来综合判断。现行工会法是于 1992 年公布施行的，2001 年、2009 年进行了两次修改，2021 年修改是第三次修改。在理解和把握法律的生效时间时，需要妥善处理本条规定与修改决定有关生效时间规定相互之间的关系。例如，2021 年 12 月 24 日，第十三届全国人民代表大会常务委员会第三十二次会议通过修改工会法的决定，其中明确规定本决定自 2022 年 1 月 1 日起施行。这里“2022 年 1 月 1 日起施行”是针对修改决定涉及的规定，修改决定没有涉及的规定的效力并没有受到影响，仍然自其公布之日起生效施行，效力没有发生改变或者中断。

二、文中废止

本条还规定，1950 年 6 月 29 日中央人民政府颁布的《中华人民共和国工会法》同时废止。工会法 1992 年公布施行时就已经对此作出规定，其后未作修改。1950 年 6 月 29 日，中央人民政府颁布《中华人民共和国工会法》，这是最早制定的法律之一。1950 年制定的工会法，对于建立工会组织，巩固人民民主专政的政权，组织和教育广大职工在社会主义革命和社会主义建设中发挥主动性、积极性和创造性，维护广大职工的合法权益，起了重要作用。党的十一届三中全会以来，我们国家处于重大的历史性转变的新时期，国家的政治、经济、社会情况都有了巨大的、深刻的变化，职工队伍也有了很大的发展，党中央对新的历史时期必须全心全意依靠工人阶级，进一步做好工会工作，充分发挥工人阶级作为国家主人翁地位的作用，做了一系列重要决定，各级工会也积累了许多经验。根据新时期对工会工作的要求，总结 40 多年来，特别是改革开放以来工会工作的经验，在 1950 年制定的工会法基础上，全国人大常委会于 1992 年通过了现行工会法。1950 年制定的工会法完成其历史使命，1992 年工会法规定生效时间的同时，对 1950 年制定的工会法予以文中废止。

附录一

中华人民共和国主席令

第一〇七号

《全国人民代表大会常务委员会关于修改〈中华人民共和国工会法〉的决定》已由中华人民共和国第十三届全国人民代表大会常务委员会第三十二次会议于 2021 年 12 月 24 日通过，现予公布，自 2022 年 1 月 1 日起施行。

中华人民共和国主席　习近平

2021 年 12 月 24 日

全国人民代表大会常务委员会关于修改《中华人民共和国工会法》的决定

（2021 年 12 月 24 日第十三届全国人民代表大会常务委员会第三十二次会议通过）

第十三届全国人民代表大会常务委员会第三十二次会议决定对《中华人民共和国工会法》作如下修改：

一、将第二条第一款修改为："工会是中国共产党领导的职工自愿结合的工人阶级群众组织，是中国共产党联系职工群众的桥梁和纽带。"

二、将第三条修改为："在中国境内的企业、事业单位、机关、社会组织（以下统称用人单位）中以工资收入为主要生活来源的劳动者，不分民族、种族、性别、职业、宗教信仰、教育程度，都有依法参加和组织工会的权利。任何组织和个人不得阻挠和限制。

"工会适应企业组织形式、职工队伍结构、劳动关系、就业形态等方面的发展变化，依法维护劳动者参加和组织工会的权利。"

三、将第四条第一款修改为："工会必须遵守和维护宪法，以宪法为根本的活动准则，以经济建设为中心，坚持社会主义道路，坚持人民民主专政，坚持中国共产党的领导，坚持马克思列宁主义、毛泽东思想、邓小平理论、'三个代表'重要思想、科学发展观、习近平新时代中国特色社会主义思想，坚持改革开放，保持和增强政治性、先进性、群众性，依照工会章程独立自主地开展工作。"

四、将第六条修改为："维护职工合法权益、竭诚服务职工群众是工会的基本职责。工会在维护全国人民总体利益的同时，代表和维护职工的合法权益。

“工会通过平等协商和集体合同制度等，推动健全劳动关系协调机制，维护职工劳动权益，构建和谐劳动关系。

“工会依照法律规定通过职工代表大会或者其他形式，组织职工参与本单位的民主选举、民主协商、民主决策、民主管理和民主监督。

“工会建立联系广泛、服务职工的工会工作体系，密切联系职工，听取和反映职工的意见和要求，关心职工的生活，帮助职工解决困难，全心全意为职工服务。”

五、增加一条，作为第八条：“工会推动产业工人队伍建设改革，提高产业工人队伍整体素质，发挥产业工人骨干作用，维护产业工人合法权益，保障产业工人主人翁地位，造就一支有理想守信念、懂技术会创新、敢担当讲奉献的宏大产业工人队伍。”

六、将第二十条改为第二十一条，修改为：“工会帮助、指导职工与企业、实行企业化管理的事业单位、社会组织签订劳动合同。

“工会代表职工与企业、实行企业化管理的事业单位、社会组织进行平等协商，依法签订集体合同。集体合同草案应当提交职工代表大会或者全体职工讨论通过。

“工会签订集体合同，上级工会应当给予支持和帮助。

“企业、事业单位、社会组织违反集体合同，侵犯职工劳动权益的，工会可以依法要求企业、事业单位、社会组织予以改正并承担责任；因履行集体合同发生争议，经协商解决不成的，工会可以向劳动争议仲裁机构提请仲裁，仲裁机构不予受理或者对仲裁裁决不服的，可以向人民法院提起诉讼。”

七、将第二十二条改为第二十三条，修改为：“企业、事业单位、社会组织违反劳动法律法规规定，有下列侵犯职工劳动权益情形，工会应当代表职工与企业、事业单位、社会组织交涉，要求企业、事业单位、社会组织采取措施予以改正；企业、事业单位、社会组织应当予以研究处理，并向工会作出答复；企业、事业单位、社会组织拒不改正的，工会可以提请当地人民政府依法作出处理：

“（一）克扣、拖欠职工工资的；

“（二）不提供劳动安全卫生条件的；

“（三）随意延长劳动时间的；

“（四）侵犯女职工和未成年工特殊权益的；

“（五）其他严重侵犯职工劳动权益的。”

八、将第二十九条改为第三十条，修改为：“县级以上各级总工会依法为所属工会和职工提供法律援助等法律服务。”

九、将第三十一条改为第三十二条，修改为：“工会会同用人单位加强对职工的思想政治引领，教育职工以国家主人翁态度对待劳动，爱护国家和单位的财产；组织职工开展群众性的合理化建议、技术革新、劳动和技能竞赛活动，进行业余文化技术学习和职工培训，参加职业教育和文化体育活动，推进职业安全健康教育和劳动保护工作。”

十、将第三十八条改为第三十九条，修改为：“企业、事业单位、社会组织研究经营管理和发展的重大问题应当听取工会的意见；召开会议讨论有关工资、福利、劳动安全卫生、工作时间、休息休假、女职工保护和社会保险等涉及职工切身利益的问题，必须有工会代表参加。

“企业、事业单位、社会组织应当支持工会依法开展工作，工会应当支持企业、事业单位、社会组织依法行使经营管理权。”

十一、对部分条文作以下修改：

（一）将第十条、第三十条、第四十一条、第四十二条第一款、第四十五条中的“企业、事业单位、机关”修改为“用人单位”，将

第二十一条第二款、第三款中的“企业”修改为“用人单位”。

（二）将第十二条中的“企业终止或者所在的事业单位、机关被撤销”修改为“用人单位终止或者被撤销”。

（三）将第十三条、第十九条、第二十一条第一款、第二十五条、第二十七条、第四十条、第四十二条第二款、第四十三条中的“企业、事业单位”修改为“企业、事业单位、社会组织”。

（四）将第十四条中的“民法通则”修改为“民法典”。

本决定自2022年1月1日起施行。

《中华人民共和国工会法》根据本决定作相应修改并对条文顺序作相应调整，重新公布。

中华人民共和国工会法

（1992年4月3日第七届全国人民代表大会第五次会议通过　根据2001年10月27日第九届全国人民代表大会常务委员会第二十四次会议《关于修改〈中华人民共和国工会法〉的决定》第一次修正　根据2009年8月27日第十一届全国人民代表大会常务委员会第十次会议《关于修改部分法律的决定》第二次修正　根据2021年12月24日第十三届全国人民代表大会常务委员会第三十二次会议《关于修改〈中华人民共和国工会法〉的决定》第三次修正）

目　　录

第一章 总　　则

第一条 为保障工会在国家政治、经济和社会生活中的地位，确定工会的权利与义务，发挥工会在社会主义现代化建设事业中的作用，根据宪法，制定本法。

第二条 工会是中国共产党领导的职工自愿结合的工人阶级群众组织，是中国共产党联系职工群众的桥梁和纽带。

中华全国总工会及其各工会组织代表职工的利益，依法维护职工的合法权益。

第三条 在中国境内的企业、事业单位、机关、社会组织（以下统称用人单位）中以工资收入为主要生活来源的劳动者，不分民族、种族、性别、职业、宗教信仰、教育程度，都有依法参加和组织工会的权利。任何组织和个人不得阻挠和限制。

工会适应企业组织形式、职工队伍结构、劳动关系、就业形态等方面的发展变化，依法维护劳动者参加和组织工会的权利。

第四条 工会必须遵守和维护宪法，以宪法为根本的活动准则，以经济建设为中心，坚持社会主义道路，坚持人民民主专政，坚持中国共产党的领导，坚持马克思列宁主义、毛泽东思想、邓小平理论、“三个代表”重要思想、科学发展观、习近平新时代中国特色社会主义思想，坚持改革开放，保持和增强政治性、先进性、群众性，依照工会章程独立自主地开展工作。

工会会员全国代表大会制定或者修改《中国工会章程》，章程不得与宪法和法律相抵触。

国家保护工会的合法权益不受侵犯。

第五条　工会组织和教育职工依照宪法和法律的规定行使民主权利，发挥国家主人翁的作用，通过各种途径和形式，参与管理国家事务、管理经济和文化事业、管理社会事务；协助人民政府开展工作，维护工人阶级领导的、以工农联盟为基础的人民民主专政的社会主义国家政权。

第六条　维护职工合法权益、竭诚服务职工群众是工会的基本职责。工会在维护全国人民总体利益的同时，代表和维护职工的合法权益。

工会通过平等协商和集体合同制度等，推动健全劳动关系协调机制，维护职工劳动权益，构建和谐劳动关系。

工会依照法律规定通过职工代表大会或者其他形式，组织职工参与本单位的民主选举、民主协商、民主决策、民主管理和民主监督。

工会建立联系广泛、服务职工的工会工作体系，密切联系职工，听取和反映职工的意见和要求，关心职工的生活，帮助职工解决困难，全心全意为职工服务。

第七条　工会动员和组织职工积极参加经济建设，努力完成生产任务和工作任务。教育职工不断提高思想道德、技术业务和科学文化素质，建设有理想、有道德、有文化、有纪律的职工队伍。

第八条　工会推动产业工人队伍建设改革，提高产业工人队伍整体素质，发挥产业工人骨干作用，维护产业工人合法权益，保障产业工人主人翁地位，造就一支有理想守信念、懂技术会创新、敢担当讲奉献的宏大产业工人队伍。

第九条　中华全国总工会根据独立、平等、互相尊重、互不干涉内部事务的原则，加强同各国工会组织的友好合作关系。

第二章　工 会 组 织

第十条　工会各级组织按照民主集中制原则建立。

各级工会委员会由会员大会或者会员代表大会民主选举产生。企业主要负责人的近亲属不得作为本企业基层工会委员会成员的人选。

各级工会委员会向同级会员大会或者会员代表大会负责并报告工作，接受其监督。

工会会员大会或者会员代表大会有权撤换或者罢免其所选举的代表或者工会委员会组成人员。

上级工会组织领导下级工会组织。

第十一条 用人单位有会员二十五人以上的，应当建立基层工会委员会；不足二十五人的，可以单独建立基层工会委员会，也可以由两个以上单位的会员联合建立基层工会委员会，也可以选举组织员一人，组织会员开展活动。女职工人数较多的，可以建立工会女职工委员会，在同级工会领导下开展工作；女职工人数较少的，可以在工会委员会中设女职工委员。

企业职工较多的乡镇、城市街道，可以建立基层工会的联合会。

县级以上地方建立地方各级总工会。

同一行业或者性质相近的几个行业，可以根据需要建立全国的或者地方的产业工会。

全国建立统一的中华全国总工会。

第十二条 基层工会、地方各级总工会、全国或者地方产业工会组织的建立，必须报上一级工会批准。

上级工会可以派员帮助和指导企业职工组建工会，任何单位和个人不得阻挠。

第十三条 任何组织和个人不得随意撤销、合并工会组织。

基层工会所在的用人单位终止或者被撤销，该工会组织相应撤销，并报告上一级工会。

依前款规定被撤销的工会，其会员的会籍可以继续保留，具体管理办法由中华全国总工会制定。

第十四条 职工二百人以上的企业、事业单位、社会组织的工会，可以设专职工会主席。工会专职工作人员的人数由工会与企业、事业单位、社会组织协商确定。

第十五条 中华全国总工会、地方总工会、产业工会具有社会团体法人资格。

基层工会组织具备民法典规定的法人条件的，依法取得社会团体法人资格。

第十六条 基层工会委员会每届任期三年或者五年。各级地方总工会委员会和产业工会委员会每届任期五年。

第十七条 基层工会委员会定期召开会员大会或者会员代表大会，讨论决定工会工作的重大问题。经基层工会委员会或者三分之一以上的工会会员提议，可以临时召开会员大会或者会员代表大会。

第十八条 工会主席、副主席任期未满时，不得随意调动其工作。因工作需要调动时，应当征得本级工会委员会和上一级工会的同意。

罢免工会主席、副主席必须召开会员大会或者会员代表大会讨论，非经会员大会全体会员或者会员代表大会全体代表过半数通过，不得罢免。

第十九条 基层工会专职主席、副主席或者委员自任职之日起，其劳动合同期限自动延长，延长期限相当于其任职期间；非专职主席、副主席或者委员自任职之日起，其尚未履行的劳动合同期限短于任期的，劳动合同期限自动延长至任期期满。但是，任职期间个人严重过失或者达到法定退休年龄的除外。

第三章 工会的权利和义务

第二十条 企业、事业单位、社会组织违反职工代表大会制度和其他民主管理制度，工会有权要求纠正，保障职工依法行使民主管理的权利。

法律、法规规定应当提交职工大会或者职工代表大会审议、通过、决定的事项，企业、事业单位、社会组织应当依法办理。

第二十一条 工会帮助、指导职工与企业、实行企业化管理的事业单位、社会组织签订劳动合同。

工会代表职工与企业、实行企业化管理的事业单位、社会组织进行平等协商，依法签订集体合同。集体合同草案应当提交职工代表大会或者全体职工讨论通过。

工会签订集体合同，上级工会应当给予支持和帮助。

企业、事业单位、社会组织违反集体合同，侵犯职工劳动权益的，工会可以依法要求企业、事业单位、社会组织予以改正并承担责任；因履行集体合同发生争议，经协商解决不成的，工会可以向劳动争议仲裁机构提请仲裁，仲裁机构不予受理或者对仲裁裁决不服的，可以向人民法院提起诉讼。

第二十二条 企业、事业单位、社会组织处分职工，工会认为不适当的，有权提出意见。

用人单位单方面解除职工劳动合同时，应当事先将理由通知工会，工会认为用人单位违反法律、法规和有关合同，要求重新研究处理时，用人单位应当研究工会的意见，并将处理结果书面通知工会。

职工认为用人单位侵犯其劳动权益而申请劳动争议仲裁或者向人民法院提起诉讼的，工会应当给予支持和帮助。

第二十三条 企业、事业单位、社会组织违反劳动法律法规规定，有下列侵犯职工劳动权益情形，工会应当代表职工与企业、事业单位、社会组织交涉，要求企业、事业单位、社会组织采取措施予以改正；企业、事业单位、社会组织应当予以研究处理，并向工会作出答复；企业、事业单位、社会组织拒不改正的，工会可以提请当地人民政府依法作出处理：

（一）克扣、拖欠职工工资的；

（二）不提供劳动安全卫生条件的；

（三）随意延长劳动时间的；

（四）侵犯女职工和未成年工特殊权益的；

（五）其他严重侵犯职工劳动权益的。

第二十四条 工会依照国家规定对新建、扩建企业和技术改造工程中的劳动条件和安全卫生设施与主体工程同时设计、同时施工、同时投产使用进行监督。对工会提出的意见，企业或者主管部门应当认真处理，并将处理结果书面通知工会。

第二十五条 工会发现企业违章指挥、强令工人冒险作业，或者生产过程中发现明显重大事故隐患和职业危害，有权提出解决的建议，企业应当及时研究答复；发现危及职工生命安全的情况时，工会有权向企业建议组织职工撤离危险现场，企业必须及时作出处理决定。

第二十六条 工会有权对企业、事业单位、社会组织侵犯职工合法权益的问题进行调查，有关单位应当予以协助。

第二十七条 职工因工伤亡事故和其他严重危害职工健康问题的调查处理，必须有工会参加。工会应当向有关部门提出处理意见，并有权要求追究直接负责的主管人员和有关责任人员的责任。对工会提出的意见，应当及时研究，给予答复。

第二十八条 企业、事业单位、社会组织发生停工、怠工事件，工会应当代表职工同企业、事业单位、社会组织或者有关方面协商，反映职工的意见和要求并提出解决意见。对于职工的合理要求，企业、事业单位、社会组织应当予以解决。工会协助企业、事业单位、社会组织做好工作，尽快恢复生产、工作秩序。

第二十九条 工会参加企业的劳动争议调解工作。

地方劳动争议仲裁组织应当有同级工会代表参加。

第三十条 县级以上各级总工会依法为所属工会和职工提供法律

援助等法律服务。

第三十一条 工会协助用人单位办好职工集体福利事业，做好工资、劳动安全卫生和社会保险工作。

第三十二条 工会会同用人单位加强对职工的思想政治引领，教育职工以国家主人翁态度对待劳动，爱护国家和单位的财产；组织职工开展群众性的合理化建议、技术革新、劳动和技能竞赛活动，进行业余文化技术学习和职工培训，参加职业教育和文化体育活动，推进职业安全健康教育和劳动保护工作。

第三十三条 根据政府委托，工会与有关部门共同做好劳动模范和先进生产（工作）者的评选、表彰、培养和管理工作。

第三十四条 国家机关在组织起草或者修改直接涉及职工切身利益的法律、法规、规章时，应当听取工会意见。

县级以上各级人民政府制定国民经济和社会发展计划，对涉及职工利益的重大问题，应当听取同级工会的意见。

县级以上各级人民政府及其有关部门研究制定劳动就业、工资、劳动安全卫生、社会保险等涉及职工切身利益的政策、措施时，应当吸收同级工会参加研究，听取工会意见。

第三十五条 县级以上地方各级人民政府可以召开会议或者采取适当方式，向同级工会通报政府的重要的工作部署和与工会工作有关的行政措施，研究解决工会反映的职工群众的意见和要求。

各级人民政府劳动行政部门应当会同同级工会和企业方面代表，建立劳动关系三方协商机制，共同研究解决劳动关系方面的重大问题。

第四章 基层工会组织

第三十六条 国有企业职工代表大会是企业实行民主管理的基本形式，是职工行使民主管理权力的机构，依照法律规定行使职权。

国有企业的工会委员会是职工代表大会的工作机构，负责职工代表大会的日常工作，检查、督促职工代表大会决议的执行。

第三十七条 集体企业的工会委员会，应当支持和组织职工参加民主管理和民主监督，维护职工选举和罢免管理人员、决定经营管理的重大问题的权力。

第三十八条 本法第三十六条、第三十七条规定以外的其他企业、事业单位的工会委员会，依照法律规定组织职工采取与企业、事业单位相适应的形式，参与企业、事业单位民主管理。

第三十九条 企业、事业单位、社会组织研究经营管理和发展的重大问题应当听取工会的意见；召开会议讨论有关工资、福利、劳动安全卫生、工作时间、休息休假、女职工保护和社会保险等涉及职工切身利益的问题，必须有工会代表参加。

企业、事业单位、社会组织应当支持工会依法开展工作，工会应当支持企业、事业单位、社会组织依法行使经营管理权。

第四十条 公司的董事会、监事会中职工代表的产生，依照公司法有关规定执行。

第四十一条 基层工会委员会召开会议或者组织职工活动，应当在生产或者工作时间以外进行，需要占用生产或者工作时间的，应当事先征得企业、事业单位、社会组织的同意。

基层工会的非专职委员占用生产或者工作时间参加会议或者从事工会工作，每月不超过三个工作日，其工资照发，其他待遇不受影响。

第四十二条 用人单位工会委员会的专职工作人员的工资、奖励、补贴，由所在单位支付。社会保险和其他福利待遇等，享受本单位职工同等待遇。

第五章 工会的经费和财产

第四十三条 工会经费的来源：

（一）工会会员缴纳的会费；

（二）建立工会组织的用人单位按每月全部职工工资总额的百分之二向工会拨缴的经费；

（三）工会所属的企业、事业单位上缴的收入；

（四）人民政府的补助；

（五）其他收入。

前款第二项规定的企业、事业单位、社会组织拨缴的经费在税前列支。

工会经费主要用于为职工服务和工会活动。经费使用的具体办法由中华全国总工会制定。

第四十四条 企业、事业单位、社会组织无正当理由拖延或者拒不拨缴工会经费，基层工会或者上级工会可以向当地人民法院申请支付令；拒不执行支付令的，工会可以依法申请人民法院强制执行。

第四十五条 工会应当根据经费独立原则，建立预算、决算和经费审查监督制度。

各级工会建立经费审查委员会。

各级工会经费收支情况应当由同级工会经费审查委员会审查，并且定期向会员大会或者会员代表大会报告，接受监督。工会会员大会或者会员代表大会有权对经费使用情况提出意见。

工会经费的使用应当依法接受国家的监督。

第四十六条 各级人民政府和用人单位应当为工会办公和开展活动，提供必要的设施和活动场所等物质条件。

第四十七条 工会的财产、经费和国家拨给工会使用的不动产，任何组织和个人不得侵占、挪用和任意调拨。

第四十八条 工会所属的为职工服务的企业、事业单位，其隶属关系不得随意改变。

第四十九条 县级以上各级工会的离休、退休人员的待遇，与国家机关工作人员同等对待。

第六章　法律责任

第五十条　工会对违反本法规定侵犯其合法权益的，有权提请人民政府或者有关部门予以处理，或者向人民法院提起诉讼。

第五十一条　违反本法第三条、第十二条规定，阻挠职工依法参加和组织工会或者阻挠上级工会帮助、指导职工筹建工会的，由劳动行政部门责令其改正；拒不改正的，由劳动行政部门提请县级以上人民政府处理；以暴力、威胁等手段阻挠造成严重后果，构成犯罪的，依法追究刑事责任。

第五十二条　违反本法规定，对依法履行职责的工会工作人员无正当理由调动工作岗位，进行打击报复的，由劳动行政部门责令改正、恢复原工作；造成损失的，给予赔偿。

对依法履行职责的工会工作人员进行侮辱、诽谤或者进行人身伤害，构成犯罪的，依法追究刑事责任；尚未构成犯罪的，由公安机关依照治安管理处罚法的规定处罚。

第五十三条　违反本法规定，有下列情形之一的，由劳动行政部门责令恢复其工作，并补发被解除劳动合同期间应得的报酬，或者责令给予本人年收入二倍的赔偿：

（一）职工因参加工会活动而被解除劳动合同的；

（二）工会工作人员因履行本法规定的职责而被解除劳动合同的。

第五十四条　违反本法规定，有下列情形之一的，由县级以上人民政府责令改正，依法处理：

（一）妨碍工会组织职工通过职工代表大会和其他形式依法行使民主权利的；

（二）非法撤销、合并工会组织的；

（三）妨碍工会参加职工因工伤亡事故以及其他侵犯职工合法权益问题的调查处理的；

（四）无正当理由拒绝进行平等协商的。

第五十五条 违反本法第四十七条规定，侵占工会经费和财产拒不返还的，工会可以向人民法院提起诉讼，要求返还，并赔偿损失。

第五十六条 工会工作人员违反本法规定，损害职工或者工会权益的，由同级工会或者上级工会责令改正，或者予以处分；情节严重的，依照《中国工会章程》予以罢免；造成损失的，应当承担赔偿责任；构成犯罪的，依法追究刑事责任。

第七章 附 则

第五十七条 中华全国总工会会同有关国家机关制定机关工会实施本法的具体办法。

第五十八条 本法自公布之日起施行。1950 年 6 月 29 日中央人民政府颁布的《中华人民共和国工会法》同时废止。

关于《中华人民共和国工会法（修正草案）》的说明

——2021 年 12 月 20 日在第十三届全国人民代表大会常务委员会第三十二次会议上

全国人大常委会法制工作委员会副主任 张 勇

全国人民代表大会常务委员会：

我受委员长会议委托，作关于《中华人民共和国工会法（修正草案）》的说明。

一、修改的背景和过程

《中华人民共和国工会法》（以下简称工会法）是明确工会法律

地位和工作职责的重要法律，是工会组织依法开展工作的重要制度保障。现行工会法于1992年公布施行，2001年、2009年进行了两次修改。工会法实施以来，为各级工会履行团结引导职工群众听党话跟党走的政治责任提供了有力法治保障，在发挥工会职能作用、维护职工合法权益、构建和谐劳动关系等方面起到了有力的推动作用，总体上适应经济社会发展需要。

党的十八大以来，党和国家事业取得历史性成就、发生历史性变革，对工会工作提出了新要求。习近平新时代中国特色社会主义思想已经写入党章、宪法，成为党和国家长期坚持的指导思想，也是工会组织和工会工作必须长期坚持的指导思想。习近平总书记对坚持党对工会工作的领导提出明确要求，指出工会要认真履行维护职工合法权益、竭诚服务职工群众的基本职责，构建联系广泛、服务职工的工会工作体系，切实保持和增强政治性、先进性、群众性。各级工会在推进产业工人队伍建设改革和工会改革中也积累了宝贵经验。有必要通过修改工会法，贯彻落实党中央决策部署和习近平总书记重要指示精神，及时将行之有效的经验做法上升为法律规定。

2019年以来，全国人大常委会法工委和全国总工会密切沟通，围绕工会法修改作了比较充分的准备工作。2019年上半年，全国总工会在全国范围内开展了工会法实施情况专题调研，广泛听取各级工会组织、广大职工群众和社会各方面的意见建议，在此基础上形成修正草案建议稿。全国总工会专门就工会法修改及修改内容向党中央请示，党中央同意全国总工会的建议。2021年4月，工会法修改列入全国人大常委会2021年度立法工作计划。其后，法工委进一步征求中央和国家有关部门、部分省（自治区、直辖市）人大、基层立法联系点的意见，与全国总工会共同开展调研。在此基础上，提出了修正草案。

二、修改的总体思路

工会法修改在总体思路上，主要把握以下五点：**一是**坚持以习近平新时代中国特色社会主义思想为指导和根本遵循，充分体现党中央关于工人阶级和工会工作的重要指示精神。**二是**突出坚持党的领导，保持和增强工会组织的政治性、先进性、群众性，不断增强工会组织的吸引力、凝聚力、战斗力。**三是**坚持从国情出发，着力完善相关制度和工作机制，为工会维护职工合法权益、竭诚服务职工群众提供有力的法治保障。**四是**适应我国法治建设需要，维护国家法制统一，妥善处理相关法律之间的关系，确保工会法与相关法律法规衔接一致。**五是**坚持必要性原则，根据党中央精神和现实需要，确有必要的才作修改，可改可不改的不作修改，保持现有法律框架和主要内容基本稳定。

三、修改的主要内容

（一）*突出坚持党的领导*。明确工会是中国共产党领导的职工自愿结合的工人阶级的群众组织，是中国共产党联系职工群众的桥梁和纽带，应当保持和增强政治性、先进性、群众性，建立联系广泛、服务职工的工会工作体系。

（二）*落实党中央对工会改革的新要求*。明确新就业形态劳动者参加和组织工会的权利，增加规定：工会适应企业组织形式、职工队伍结构、劳动关系等方面的发展变化，维护劳动者参加和组织工会的权利。

（三）*完善工会法和工会工作指导思想*。明确将习近平新时代中国特色社会主义思想同马克思列宁主义、毛泽东思想、邓小平理论、“三个代表”重要思想、科学发展观一道，确立为工会法和工会工作的指导思想。

（四）*完善工会基本职责*。将工会的基本职责由“维护职工合法权益”扩展为“维护职工合法权益、竭诚服务职工群众”。同时，增加工会组织职工参与本单位的民主选举、民主协商，加强对职工的思想政治引领，以及开展劳动和技能竞赛活动的规定。

（五）体现中央对产业工人队伍建设改革的新要求。增加规定：工会推动产业工人队伍建设改革，提高产业工人队伍整体素质，发挥产业工人骨干作用，维护产业工人合法权益，保障产业工人主人翁地位，造就一支有理想守信念、懂技术会创新、敢担当讲奉献的宏大产业工人队伍。

（六）做好与相关法律的衔接。法律援助法规定，工会等群团组织开展法律援助工作，参照适用其相关规定。据此明确县级以上各级总工会可以为所属工会和职工提供法律援助等法律服务。

（七）扩大基层工会组织覆盖面。明确社会组织中的劳动者有依法参加和组织工会的权利，将工会组织以及工会工作的覆盖面由“企业、事业单位、机关”扩展为“企业、事业单位、机关、社会组织”。

此外，对部分条文作了文字修改。

工会法修正草案和以上说明是否妥当，请审议。

全国人民代表大会宪法和法律委员会关于《中华人民共和国工会法（修正草案）》审议结果的报告

全国人民代表大会常务委员会：

本次常委会会议于12月22日上午对工会法修正草案进行了分组审议。普遍认为，修正草案突出坚持党的领导，落实党中央对工会改革的新要求，完善工会工作的指导思想和基本职责，已经较为成熟，赞成提请本次常委会会议表决通过。同时，有些常委会组成人员和列席人员还提出了一些修改意见和建议。宪法和法律委员会于12月22日下午召开会议，逐条研究了常委会组成人员和列席人员的审议意见，对修正草案进行了审议。全国总工会有关负责同志列席了会议。宪法和法律委员会认为，修正草案总体是可行的，同时，提出以下修改意见：

一、有的常委会组成人员提出，随着经济社会发展，就业形态、用工形式等方面出现新变化，应当体现这些变化特点。宪法和法律委员会经研究，建议将现行工会法第三条修改为："在中国境内的企业、事业单位、机关、社会组织（以下统称用人单位）中以工资收入为主要生活来源的劳动者，不分民族、种族、性别、职业、宗教信仰、教育程度，都有依法参加和组织工会的权利。任何组织和个人不得阻挠和限制。""工会适应企业组织形式、职工队伍结构、劳动关系、就业形态等方面的发展变化，依法维护劳动者参加和组织工会的权利。"

二、有的常委会组成人员提出，为切实维护职工合法权益，应当进一步完善工会职责，加强职业安全和劳动保护等方面的责任。宪法和法律委员会经研究，建议将现行工会法第三十一条修改为："工会会同用人单位加强对职工的思想政治引领，教育职工以国家主人翁态度对待劳动，爱护国家和单位的财产；组织职工开展群众性的合理化建议、技术革新、劳动和技能竞赛活动，进行业余文化技术学习和职工培训，参加职业教育和文化体育活动，推进职业安全健康教育和劳动保护工作。"

三、有的常委会组成人员提出，在涉及职工切身利益的问题上，应当提高工会代表的参与度，更好反映职工诉求。宪法和法律委员会经研究，建议将现行工会法第三十八条修改为："企业、事业单位、社会组织研究经营管理和发展的重大问题应当听取工会的意见；召开会议讨论有关工资、福利、劳动安全卫生、工作时间、休息休假、女职工保护和社会保险等涉及职工切身利益的问题，必须有工会代表参加。""企业、事业单位、社会组织应当支持工会依法开展工作，工会应当支持企业、事业单位、社会组织依法行使经营管理权。”

经与全国总工会研究，建议将修改决定的施行时间确定为 2022 年 1 月 1 日。

此外，根据常委会组成人员的审议意见，还对修正草案作了一些文字修改。

宪法和法律委员会已按上述意见提出了全国人民代表大会常务委员会关于修改《中华人民共和国工会法》的决定（草案），建议本次常委会会议审议通过。

修改决定草案和以上报告是否妥当，请审议。

全国人民代表大会宪法和法律委员会

2021 年 12 月 24 日

附录二

中华人民共和国劳动争议调解仲裁法

（2007年12月29日第十届全国人民代表大会常务委员会第三十一次会议通过 2007年12月29日中华人民共和国主席令第80号公布 自2008年5月1日起施行）

第一章 总 则

第一条 为了公正及时解决劳动争议，保护当事人合法权益，促进劳动关系和谐稳定，制定本法。

第二条 中华人民共和国境内的用人单位与劳动者发生的下列劳动争议，适用本法：

（一）因确认劳动关系发生的争议；

（二）因订立、履行、变更、解除和终止劳动合同发生的争议；

（三）因除名、辞退和辞职、离职发生的争议；

（四）因工作时间、休息休假、社会保险、福利、培训以及劳动保护发生的争议；

（五）因劳动报酬、工伤医疗费、经济补偿或者赔偿金等发生的争议；

（六）法律、法规规定的其他劳动争议。

第三条 解决劳动争议，应当根据事实，遵循合法、公正、及时、着重调解的原则，依法保护当事人的合法权益。

第四条 发生劳动争议，劳动者可以与用人单位协商，也可以请工会或者第三方共同与用人单位协商，达成和解协议。

第五条 发生劳动争议，当事人不愿协商、协商不成或者达成和解协议后不履行的，可以向调解组织申请调解；不愿调解、调解不成或者达成调解协议后不履行的，可以向劳动争议仲裁委员会申请仲裁；对仲裁裁决不服的，除本法另有规定的外，可以向人民法院提起诉讼。

第六条 发生劳动争议，当事人对自己提出的主张，有责任提供证据。与争议事项有关的证据属于用人单位掌握管理的，用人单位应当提供；用人单位不提供的，应当承担不利后果。

第七条 发生劳动争议的劳动者一方在十人以上，并有共同请求的，可以推举代表参加调解、仲裁或者诉讼活动。

第八条 县级以上人民政府劳动行政部门会同工会和企业方面代表建立协调劳动关系三方机制，共同研究解决劳动争议的重大问题。

第九条 用人单位违反国家规定，拖欠或者未足额支付劳动报酬，或者拖欠工伤医疗费、经济补偿或者赔偿金的，劳动者可以向劳动行政部门投诉，劳动行政部门应当依法处理。

第二章 调 解

第十条 发生劳动争议，当事人可以到下列调解组织申请调解：

（一）企业劳动争议调解委员会；

（二）依法设立的基层人民调解组织；

（三）在乡镇、街道设立的具有劳动争议调解职能的组织。

企业劳动争议调解委员会由职工代表和企业代表组成。职工代表由工会成员担任或者由全体职工推举产生，企业代表由企业负责人指定。企业劳动争议调解委员会主任由工会成员或者双方推举的人员担任。

第十一条 劳动争议调解组织的调解员应当由公道正派、联系群众、热心调解工作，并具有一定法律知识、政策水平和文化水平的成年公民担任。

第十二条 当事人申请劳动争议调解可以书面申请，也可以口头申请。口头申请的，调解组织应当当场记录申请人基本情况、申请调解的争议事项、理由和时间。

第十三条 调解劳动争议，应当充分听取双方当事人对事实和理由的陈述，耐心疏导，帮助其达成协议。

第十四条 经调解达成协议的，应当制作调解协议书。

调解协议书由双方当事人签名或者盖章，经调解员签名并加盖调解组织印章后生效，对双方当事人具有约束力，当事人应当履行。

自劳动争议调解组织收到调解申请之日起十五日内未达成调解协议的，当事人可以依法申请仲裁。

第十五条 达成调解协议后，一方当事人在协议约定期限内不履行调解协议的，另一方当事人可以依法申请仲裁。

第十六条 因支付拖欠劳动报酬、工伤医疗费、经济补偿或者赔偿金事项达成调解协议，用人单位在协议约定期限内不履行的，劳动者可以持调解协议书依法向人民法院申请支付令。人民法院应当依法发出支付令。

第三章 仲 裁

第一节 一般规定

第十七条 劳动争议仲裁委员会按照统筹规划、合理布局和适应实际需要的原则设立。省、自治区人民政府可以决定在市、县设立；直辖市人民政府可以决定在区、县设立。直辖市、设区的市也可以设立一个或者若干个劳动争议仲裁委员会。劳动争议仲裁委员会不按行政区划层层设立。

第十八条 国务院劳动行政部门依照本法有关规定制定仲裁规则。省、自治区、直辖市人民政府劳动行政部门对本行政区域的劳动争议仲裁工作进行指导。

第十九条 劳动争议仲裁委员会由劳动行政部门代表、工会代表和企业方面代表组成。劳动争议仲裁委员会组成人员应当是单数。

劳动争议仲裁委员会依法履行下列职责：

（一）聘任、解聘专职或者兼职仲裁员；

（二）受理劳动争议案件；

（三）讨论重大或者疑难的劳动争议案件；

（四）对仲裁活动进行监督。

劳动争议仲裁委员会下设办事机构，负责办理劳动争议仲裁委员会的日常工作。

第二十条 劳动争议仲裁委员会应当设仲裁员名册。

仲裁员应当公道正派并符合下列条件之一：

（一）曾任审判员的；

（二）从事法律研究、教学工作并具有中级以上职称的；

（三）具有法律知识、从事人力资源管理或者工会等专业工作满五年的；

（四）律师执业满三年的。

第二十一条 劳动争议仲裁委员会负责管辖本区域内发生的劳动争议。

劳动争议由劳动合同履行地或者用人单位所在地的劳动争议仲裁委员会管辖。双方当事人分别向劳动合同履行地和用人单位所在地的劳动争议仲裁委员会申请仲裁的，由劳动合同履行地的劳动争议仲裁委员会管辖。

第二十二条 发生劳动争议的劳动者和用人单位为劳动争议仲裁案件的双方当事人。

劳务派遣单位或者用工单位与劳动者发生劳动争议的，劳务派遣单位和用工单位为共同当事人。

第二十三条 与劳动争议案件的处理结果有利害关系的第三人，

可以申请参加仲裁活动或者由劳动争议仲裁委员会通知其参加仲裁活动。

第二十四条 当事人可以委托代理人参加仲裁活动。委托他人参加仲裁活动，应当向劳动争议仲裁委员会提交有委托人签名或者盖章的委托书，委托书应当载明委托事项和权限。

第二十五条 丧失或者部分丧失民事行为能力的劳动者，由其法定代理人代为参加仲裁活动；无法定代理人的，由劳动争议仲裁委员会为其指定代理人。劳动者死亡的，由其近亲属或者代理人参加仲裁活动。

第二十六条 劳动争议仲裁公开进行，但当事人协议不公开进行或者涉及国家秘密、商业秘密和个人隐私的除外。

第二节　申请和受理

第二十七条 劳动争议申请仲裁的时效期间为一年。仲裁时效期间从当事人知道或者应当知道其权利被侵害之日起计算。

前款规定的仲裁时效，因当事人一方向对方当事人主张权利，或者向有关部门请求权利救济，或者对方当事人同意履行义务而中断。从中断时起，仲裁时效期间重新计算。

因不可抗力或者有其他正当理由，当事人不能在本条第一款规定的仲裁时效期间申请仲裁的，仲裁时效中止。从中止时效的原因消除之日起，仲裁时效期间继续计算。

劳动关系存续期间因拖欠劳动报酬发生争议的，劳动者申请仲裁不受本条第一款规定的仲裁时效期间的限制；但是，劳动关系终止的，应当自劳动关系终止之日起一年内提出。

第二十八条 申请人申请仲裁应当提交书面仲裁申请，并按照被申请人人数提交副本。

仲裁申请书应当载明下列事项：

（一）劳动者的姓名、性别、年龄、职业、工作单位和住所，用人单位的名称、住所和法定代表人或者主要负责人的姓名、职务；

（二）仲裁请求和所根据的事实、理由；

（三）证据和证据来源、证人姓名和住所。

书写仲裁申请确有困难的，可以口头申请，由劳动争议仲裁委员会记入笔录，并告知对方当事人。

第二十九条 劳动争议仲裁委员会收到仲裁申请之日起五日内，认为符合受理条件的，应当受理，并通知申请人；认为不符合受理条件的，应当书面通知申请人不予受理，并说明理由。对劳动争议仲裁委员会不予受理或者逾期未作出决定的，申请人可以就该劳动争议事项向人民法院提起诉讼。

第三十条 劳动争议仲裁委员会受理仲裁申请后，应当在五日内将仲裁申请书副本送达被申请人。

被申请人收到仲裁申请书副本后，应当在十日内向劳动争议仲裁委员会提交答辩书。劳动争议仲裁委员会收到答辩书后，应当在五日内将答辩书副本送达申请人。被申请人未提交答辩书的，不影响仲裁程序的进行。

第三节 开庭和裁决

第三十一条 劳动争议仲裁委员会裁决劳动争议案件实行仲裁庭制。仲裁庭由三名仲裁员组成，设首席仲裁员。简单劳动争议案件可以由一名仲裁员独任仲裁。

第三十二条 劳动争议仲裁委员会应当在受理仲裁申请之日起五日内将仲裁庭的组成情况书面通知当事人。

第三十三条 仲裁员有下列情形之一，应当回避，当事人也有权以口头或者书面方式提出回避申请：

（一）是本案当事人或者当事人、代理人的近亲属的；

（二）与本案有利害关系的；

（三）与本案当事人、代理人有其他关系，可能影响公正裁决的；

（四）私自会见当事人、代理人，或者接受当事人、代理人的请客送礼的。

劳动争议仲裁委员会对回避申请应当及时作出决定，并以口头或者书面方式通知当事人。

第三十四条 仲裁员有本法第三十三条第四项规定情形，或者有索贿受贿、徇私舞弊、枉法裁决行为的，应当依法承担法律责任。劳动争议仲裁委员会应当将其解聘。

第三十五条 仲裁庭应当在开庭五日前，将开庭日期、地点书面通知双方当事人。当事人有正当理由的，可以在开庭三日前请求延期开庭。是否延期，由劳动争议仲裁委员会决定。

第三十六条 申请人收到书面通知，无正当理由拒不到庭或者未经仲裁庭同意中途退庭的，可以视为撤回仲裁申请。

被申请人收到书面通知，无正当理由拒不到庭或者未经仲裁庭同意中途退庭的，可以缺席裁决。

第三十七条 仲裁庭对专门性问题认为需要鉴定的，可以交由当事人约定的鉴定机构鉴定；当事人没有约定或者无法达成约定的，由仲裁庭指定的鉴定机构鉴定。

根据当事人的请求或者仲裁庭的要求，鉴定机构应当派鉴定人参加开庭。当事人经仲裁庭许可，可以向鉴定人提问。

第三十八条 当事人在仲裁过程中有权进行质证和辩论。质证和辩论终结时，首席仲裁员或者独任仲裁员应当征询当事人的最后意见。

第三十九条 当事人提供的证据经查证属实的，仲裁庭应当将其作为认定事实的根据。

劳动者无法提供由用人单位掌握管理的与仲裁请求有关的证据，仲裁庭可以要求用人单位在指定期限内提供。用人单位在指定期限内不提供的，应当承担不利后果。

第四十条 仲裁庭应当将开庭情况记入笔录。当事人和其他仲裁参加人认为对自己陈述的记录有遗漏或者差错的，有权申请补正。如果不予补正，应当记录该申请。

笔录由仲裁员、记录人员、当事人和其他仲裁参加人签名或者盖章。

第四十一条 当事人申请劳动争议仲裁后，可以自行和解。达成和解协议的，可以撤回仲裁申请。

第四十二条 仲裁庭在作出裁决前，应当先行调解。

调解达成协议的，仲裁庭应当制作调解书。

调解书应当写明仲裁请求和当事人协议的结果。调解书由仲裁员签名，加盖劳动争议仲裁委员会印章，送达双方当事人。调解书经双方当事人签收后，发生法律效力。

调解不成或者调解书送达前，一方当事人反悔的，仲裁庭应当及时作出裁决。

第四十三条 仲裁庭裁决劳动争议案件，应当自劳动争议仲裁委员会受理仲裁申请之日起四十五日内结束。案情复杂需要延期的，经劳动争议仲裁委员会主任批准，可以延期并书面通知当事人，但是延长期限不得超过十五日。逾期未作出仲裁裁决的，当事人可以就该劳动争议事项向人民法院提起诉讼。

仲裁庭裁决劳动争议案件时，其中一部分事实已经清楚，可以就该部分先行裁决。

第四十四条 仲裁庭对追索劳动报酬、工伤医疗费、经济补偿或者赔偿金的案件，根据当事人的申请，可以裁决先予执行，移送人民法院执行。

仲裁庭裁决先予执行的，应当符合下列条件：

（一）当事人之间权利义务关系明确；

（二）不先予执行将严重影响申请人的生活。

劳动者申请先予执行的，可以不提供担保。

第四十五条 裁决应当按照多数仲裁员的意见作出，少数仲裁员的不同意见应当记入笔录。仲裁庭不能形成多数意见时，裁决应当按照首席仲裁员的意见作出。

第四十六条 裁决书应当载明仲裁请求、争议事实、裁决理由、裁决结果和裁决日期。裁决书由仲裁员签名，加盖劳动争议仲裁委员会印章。对裁决持不同意见的仲裁员，可以签名，也可以不签名。

第四十七条 下列劳动争议，除本法另有规定的外，仲裁裁决为终局裁决，裁决书自作出之日起发生法律效力：

（一）追索劳动报酬、工伤医疗费、经济补偿或者赔偿金，不超过当地月最低工资标准十二个月金额的争议；

（二）因执行国家的劳动标准在工作时间、休息休假、社会保险等方面发生的争议。

第四十八条 劳动者对本法第四十七条规定的仲裁裁决不服的，可以自收到仲裁裁决书之日起十五日内向人民法院提起诉讼。

第四十九条 用人单位有证据证明本法第四十七条规定的仲裁裁决有下列情形之一，可以自收到仲裁裁决书之日起三十日内向劳动争议仲裁委员会所在地的中级人民法院申请撤销裁决：

（一）适用法律、法规确有错误的；

（二）劳动争议仲裁委员会无管辖权的；

（三）违反法定程序的；

（四）裁决所根据的证据是伪造的；

（五）对方当事人隐瞒了足以影响公正裁决的证据的；

（六）仲裁员在仲裁该案时有索贿受贿、徇私舞弊、枉法裁决行为的。

人民法院经组成合议庭审查核实裁决有前款规定情形之一的，应当裁定撤销。

仲裁裁决被人民法院裁定撤销的，当事人可以自收到裁定书之日起十五日内就该劳动争议事项向人民法院提起诉讼。

第五十条 当事人对本法第四十七条规定以外的其他劳动争议案件的仲裁裁决不服的，可以自收到仲裁裁决书之日起十五日内向人民法院提起诉讼；期满不起诉的，裁决书发生法律效力。

第五十一条 当事人对发生法律效力的调解书、裁决书，应当依照规定的期限履行。一方当事人逾期不履行的，另一方当事人可以依照民事诉讼法的有关规定向人民法院申请执行。受理申请的人民法院应当依法执行。

第四章 附 则

第五十二条 事业单位实行聘用制的工作人员与本单位发生劳动争议的，依照本法执行；法律、行政法规或者国务院另有规定的，依照其规定。

第五十三条 劳动争议仲裁不收费。劳动争议仲裁委员会的经费由财政予以保障。

第五十四条 本法自 2008 年 5 月 1 日起施行。

中华人民共和国劳动合同法

（2007 年 6 月 29 日第十届全国人民代表大会常务委员会第二十八次会议通过 根据 2012 年 12 月 28 日第十一届全国人民代表大会常务委员会第三十次会议《关于修改〈中华人民共和国劳动合同法〉的决定》修正）

第一章 总 则

第一条 为了完善劳动合同制度，明确劳动合同双方当事人的权利和义务，保护劳动者的合法权益，构建和发展和谐稳定的劳动关系，制定本法。

第二条 中华人民共和国境内的企业、个体经济组织、民办非企业单位等组织（以下称用人单位）与劳动者建立劳动关系，订立、履行、变更、解除或者终止劳动合同，适用本法。

国家机关、事业单位、社会团体和与其建立劳动关系的劳动者，订立、履行、变更、解除或者终止劳动合同，依照本法执行。

第三条 订立劳动合同，应当遵循合法、公平、平等自愿、协商一致、诚实信用的原则。

依法订立的劳动合同具有约束力，用人单位与劳动者应当履行劳动合同约定的义务。

第四条 用人单位应当依法建立和完善劳动规章制度，保障劳动者享有劳动权利、履行劳动义务。

用人单位在制定、修改或者决定有关劳动报酬、工作时间、休息休假、劳动安全卫生、保险福利、职工培训、劳动纪律以及劳动定额管理等直接涉及劳动者切身利益的规章制度或者重大事项时，应当经职工代表大会或者全体职工讨论，提出方案和意见，与工会或者职工代表平等协商确定。

在规章制度和重大事项决定实施过程中，工会或者职工认为不适当的，有权向用人单位提出，通过协商予以修改完善。

用人单位应当将直接涉及劳动者切身利益的规章制度和重大事项决定公示，或者告知劳动者。

第五条 县级以上人民政府劳动行政部门会同工会和企业方面代表，建立健全协调劳动关系三方机制，共同研究解决有关劳动关系的重大问题。

第六条 工会应当帮助、指导劳动者与用人单位依法订立和履行劳动合同，并与用人单位建立集体协商机制，维护劳动者的合法权益。

第二章 劳动合同的订立

第七条 用人单位自用工之日起即与劳动者建立劳动关系。用人单位应当建立职工名册备查。

第八条 用人单位招用劳动者时，应当如实告知劳动者工作内容、工作条件、工作地点、职业危害、安全生产状况、劳动报酬，以及劳动者要求了解的其他情况；用人单位有权了解劳动者与劳动合同直接相关的基本情况，劳动者应当如实说明。

第九条 用人单位招用劳动者，不得扣押劳动者的居民身份证和其他证件，不得要求劳动者提供担保或者以其他名义向劳动者收取财物。

第十条 建立劳动关系，应当订立书面劳动合同。

已建立劳动关系，未同时订立书面劳动合同的，应当自用工之日起一个月内订立书面劳动合同。

用人单位与劳动者在用工前订立劳动合同的，劳动关系自用工之日起建立。

第十一条 用人单位未在用工的同时订立书面劳动合同，与劳动者约定的劳动报酬不明确的，新招用的劳动者的劳动报酬按照集体合同规定的标准执行；没有集体合同或者集体合同未规定的，实行同工同酬。

第十二条 劳动合同分为固定期限劳动合同、无固定期限劳动合同和以完成一定工作任务为期限的劳动合同。

第十三条 固定期限劳动合同，是指用人单位与劳动者约定合同终止时间的劳动合同。

用人单位与劳动者协商一致，可以订立固定期限劳动合同。

第十四条 无固定期限劳动合同，是指用人单位与劳动者约定无确定终止时间的劳动合同。

用人单位与劳动者协商一致，可以订立无固定期限劳动合同。有下列情形之一，劳动者提出或者同意续订、订立劳动合同的，除劳动者提出订立固定期限劳动合同外，应当订立无固定期限劳动合同：

（一）劳动者在该用人单位连续工作满十年的；

（二）用人单位初次实行劳动合同制度或者国有企业改制重新订立劳动合同时，劳动者在该用人单位连续工作满十年且距法定退休年龄不足十年的；

（三）连续订立二次固定期限劳动合同，且劳动者没有本法第三十九条和第四十条第一项、第二项规定的情形，续订劳动合同的。

用人单位自用工之日起满一年不与劳动者订立书面劳动合同的，视为用人单位与劳动者已订立无固定期限劳动合同。

第十五条 以完成一定工作任务为期限的劳动合同，是指用人单位与劳动者约定以某项工作的完成为合同期限的劳动合同。

用人单位与劳动者协商一致，可以订立以完成一定工作任务为期限的劳动合同。

第十六条 劳动合同由用人单位与劳动者协商一致，并经用人单位与劳动者在劳动合同文本上签字或者盖章生效。

劳动合同文本由用人单位和劳动者各执一份。

第十七条 劳动合同应当具备以下条款：

（一）用人单位的名称、住所和法定代表人或者主要负责人；

（二）劳动者的姓名、住址和居民身份证或者其他有效身份证件号码；

（三）劳动合同期限；

（四）工作内容和工作地点；

（五）工作时间和休息休假；

（六）劳动报酬；

（七）社会保险；

（八）劳动保护、劳动条件和职业危害防护；

（九）法律、法规规定应当纳入劳动合同的其他事项。

劳动合同除前款规定的必备条款外，用人单位与劳动者可以约定试用期、培训、保守秘密、补充保险和福利待遇等其他事项。

第十八条 劳动合同对劳动报酬和劳动条件等标准约定不明确，引发争议的，用人单位与劳动者可以重新协商；协商不成的，适用集体合同规定；没有集体合同或者集体合同未规定劳动报酬的，实行同工同酬；没有集体合同或者集体合同未规定劳动条件等标准的，适用国家有关规定。

第十九条 劳动合同期限三个月以上不满一年的，试用期不得超过一个月；劳动合同期限一年以上不满三年的，试用期不得超过二个月；三年以上固定期限和无固定期限的劳动合同，试用期不得超过六个月。

同一用人单位与同一劳动者只能约定一次试用期。

以完成一定工作任务为期限的劳动合同或者劳动合同期限不满三个月的，不得约定试用期。

试用期包含在劳动合同期限内。劳动合同仅约定试用期的，试用期不成立，该期限为劳动合同期限。

第二十条 劳动者在试用期的工资不得低于本单位相同岗位最低档工资或者劳动合同约定工资的百分之八十，并不得低于用人单位所在地的最低工资标准。

第二十一条 在试用期中，除劳动者有本法第三十九条和第四十条第一项、第二项规定的情形外，用人单位不得解除劳动合同。用人单位在试用期解除劳动合同的，应当向劳动者说明理由。

第二十二条 用人单位为劳动者提供专项培训费用，对其进行专业技术培训的，可以与该劳动者订立协议，约定服务期。

劳动者违反服务期约定的，应当按照约定向用人单位支付违约金。

违约金的数额不得超过用人单位提供的培训费用。用人单位要求劳动者支付的违约金不得超过服务期尚未履行部分所应分摊的培训费用。

用人单位与劳动者约定服务期的，不影响按照正常的工资调整机制提高劳动者在服务期期间的劳动报酬。

第二十三条 用人单位与劳动者可以在劳动合同中约定保守用人单位的商业秘密和与知识产权相关的保密事项。

对负有保密义务的劳动者，用人单位可以在劳动合同或者保密协议中与劳动者约定竞业限制条款，并约定在解除或者终止劳动合同后，在竞业限制期限内按月给予劳动者经济补偿。劳动者违反竞业限制约定的，应当按照约定向用人单位支付违约金。

第二十四条 竞业限制的人员限于用人单位的高级管理人员、高级技术人员和其他负有保密义务的人员。竞业限制的范围、地域、期限由用人单位与劳动者约定，竞业限制的约定不得违反法律、法规的规定。

在解除或者终止劳动合同后，前款规定的人员到与本单位生产或者经营同类产品、从事同类业务的有竞争关系的其他用人单位，或者自己开业生产或者经营同类产品、从事同类业务的竞业限制期限，不得超过二年。

第二十五条 除本法第二十二条和第二十三条规定的情形外，用人单位不得与劳动者约定由劳动者承担违约金。

第二十六条 下列劳动合同无效或者部分无效：

（一）以欺诈、胁迫的手段或者乘人之危，使对方在违背真实意思的情况下订立或者变更劳动合同的；

（二）用人单位免除自己的法定责任、排除劳动者权利的；

（三）违反法律、行政法规强制性规定的。

对劳动合同的无效或者部分无效有争议的，由劳动争议仲裁机构或者人民法院确认。

第二十七条 劳动合同部分无效，不影响其他部分效力的，其他部分仍然有效。

第二十八条 劳动合同被确认无效，劳动者已付出劳动的，用人单位应当向劳动者支付劳动报酬。劳动报酬的数额，参照本单位相同或者相近岗位劳动者的劳动报酬确定。

第三章 劳动合同的履行和变更

第二十九条 用人单位与劳动者应当按照劳动合同的约定，全面履行各自的义务。

第三十条 用人单位应当按照劳动合同约定和国家规定，向劳动者及时足额支付劳动报酬。

用人单位拖欠或者未足额支付劳动报酬的，劳动者可以依法向当地人民法院申请支付令，人民法院应当依法发出支付令。

第三十一条 用人单位应当严格执行劳动定额标准，不得强迫或者变相强迫劳动者加班。用人单位安排加班的，应当按照国家有关规定向劳动者支付加班费。

第三十二条 劳动者拒绝用人单位管理人员违章指挥、强令冒险作业的，不视为违反劳动合同。

劳动者对危害生命安全和身体健康的劳动条件，有权对用人单位提出批评、检举和控告。

第三十三条 用人单位变更名称、法定代表人、主要负责人或者投资人等事项，不影响劳动合同的履行。

第三十四条 用人单位发生合并或者分立等情况，原劳动合同继续有效，劳动合同由承继其权利和义务的用人单位继续履行。

第三十五条 用人单位与劳动者协商一致，可以变更劳动合同约定的内容。变更劳动合同，应当采用书面形式。

变更后的劳动合同文本由用人单位和劳动者各执一份。

第四章　劳动合同的解除和终止

第三十六条　用人单位与劳动者协商一致，可以解除劳动合同。

第三十七条　劳动者提前三十日以书面形式通知用人单位，可以解除劳动合同。劳动者在试用期内提前三日通知用人单位，可以解除劳动合同。

第三十八条　用人单位有下列情形之一的，劳动者可以解除劳动合同：

（一）未按照劳动合同约定提供劳动保护或者劳动条件的；

（二）未及时足额支付劳动报酬的；

（三）未依法为劳动者缴纳社会保险费的；

（四）用人单位的规章制度违反法律、法规的规定，损害劳动者权益的；

（五）因本法第二十六条第一款规定的情形致使劳动合同无效的；

（六）法律、行政法规规定劳动者可以解除劳动合同的其他情形。

用人单位以暴力、威胁或者非法限制人身自由的手段强迫劳动者劳动的，或者用人单位违章指挥、强令冒险作业危及劳动者人身安全的，劳动者可以立即解除劳动合同，不需事先告知用人单位。

第三十九条　劳动者有下列情形之一的，用人单位可以解除劳动合同：

（一）在试用期间被证明不符合录用条件的；

（二）严重违反用人单位的规章制度的；

（三）严重失职，营私舞弊，给用人单位造成重大损害的；

（四）劳动者同时与其他用人单位建立劳动关系，对完成本单位的工作任务造成严重影响，或者经用人单位提出，拒不改正的；

（五）因本法第二十六条第一款第一项规定的情形致使劳动合同无效的；

（六）被依法追究刑事责任的。

第四十条 有下列情形之一的，用人单位提前三十日以书面形式通知劳动者本人或者额外支付劳动者一个月工资后，可以解除劳动合同：

（一）劳动者患病或者非因工负伤，在规定的医疗期满后不能从事原工作，也不能从事由用人单位另行安排的工作的；

（二）劳动者不能胜任工作，经过培训或者调整工作岗位，仍不能胜任工作的；

（三）劳动合同订立时所依据的客观情况发生重大变化，致使劳动合同无法履行，经用人单位与劳动者协商，未能就变更劳动合同内容达成协议的。

第四十一条 有下列情形之一，需要裁减人员二十人以上或者裁减不足二十人但占企业职工总数百分之十以上的，用人单位提前三十日向工会或者全体职工说明情况，听取工会或者职工的意见后，裁减人员方案经向劳动行政部门报告，可以裁减人员：

（一）依照企业破产法规定进行重整的；

（二）生产经营发生严重困难的；

（三）企业转产、重大技术革新或者经营方式调整，经变更劳动合同后，仍需裁减人员的；

（四）其他因劳动合同订立时所依据的客观经济情况发生重大变化，致使劳动合同无法履行的。

裁减人员时，应当优先留用下列人员：

（一）与本单位订立较长期限的固定期限劳动合同的；

（二）与本单位订立无固定期限劳动合同的；

（三）家庭无其他就业人员，有需要扶养的老人或者未成年人的。

用人单位依照本条第一款规定裁减人员，在六个月内重新招用人员的，应当通知被裁减的人员，并在同等条件下优先招用被裁减的人员。

第四十二条 劳动者有下列情形之一的，用人单位不得依照本法第四十条、第四十一条的规定解除劳动合同：

（一）从事接触职业病危害作业的劳动者未进行离岗前职业健康检查，或者疑似职业病病人在诊断或者医学观察期间的；

（二）在本单位患职业病或者因工负伤并被确认丧失或者部分丧失劳动能力的；

（三）患病或者非因工负伤，在规定的医疗期内的；

（四）女职工在孕期、产期、哺乳期的；

（五）在本单位连续工作满十五年，且距法定退休年龄不足五年的；

（六）法律、行政法规规定的其他情形。

第四十三条 用人单位单方解除劳动合同，应当事先将理由通知工会。用人单位违反法律、行政法规规定或者劳动合同约定的，工会有权要求用人单位纠正。用人单位应当研究工会的意见，并将处理结果书面通知工会。

第四十四条 有下列情形之一的，劳动合同终止：

（一）劳动合同期满的；

（二）劳动者开始依法享受基本养老保险待遇的；

（三）劳动者死亡，或者被人民法院宣告死亡或者宣告失踪的；

（四）用人单位被依法宣告破产的；

（五）用人单位被吊销营业执照、责令关闭、撤销或者用人单位决定提前解散的；

（六）法律、行政法规规定的其他情形。

第四十五条 劳动合同期满，有本法第四十二条规定情形之一的，劳动合同应当续延至相应的情形消失时终止。但是，本法第四十二条第二项规定丧失或者部分丧失劳动能力劳动者的劳动合同的终止，按照国家有关工伤保险的规定执行。

第四十六条　有下列情形之一的，用人单位应当向劳动者支付经济补偿：

（一）劳动者依照本法第三十八条规定解除劳动合同的；

（二）用人单位依照本法第三十六条规定向劳动者提出解除劳动合同并与劳动者协商一致解除劳动合同的；

（三）用人单位依照本法第四十条规定解除劳动合同的；

（四）用人单位依照本法第四十一条第一款规定解除劳动合同的；

（五）除用人单位维持或者提高劳动合同约定条件续订劳动合同，劳动者不同意续订的情形外，依照本法第四十四条第一项规定终止固定期限劳动合同的；

（六）依照本法第四十四条第四项、第五项规定终止劳动合同的；

（七）法律、行政法规规定的其他情形。

第四十七条　经济补偿按劳动者在本单位工作的年限，每满一年支付一个月工资的标准向劳动者支付。六个月以上不满一年的，按一年计算；不满六个月的，向劳动者支付半个月工资的经济补偿。

劳动者月工资高于用人单位所在直辖市、设区的市级人民政府公布的本地区上年度职工月平均工资三倍的，向其支付经济补偿的标准按职工月平均工资三倍的数额支付，向其支付经济补偿的年限最高不超过十二年。

本条所称月工资是指劳动者在劳动合同解除或者终止前十二个月的平均工资。

第四十八条　用人单位违反本法规定解除或者终止劳动合同，劳动者要求继续履行劳动合同的，用人单位应当继续履行；劳动者不要求继续履行劳动合同或者劳动合同已经不能继续履行的，用人单位应当依照本法第八十七条规定支付赔偿金。

第四十九条　国家采取措施，建立健全劳动者社会保险关系跨地区转移接续制度。

第五十条 用人单位应当在解除或者终止劳动合同时出具解除或者终止劳动合同的证明，并在十五日内为劳动者办理档案和社会保险关系转移手续。

劳动者应当按照双方约定，办理工作交接。用人单位依照本法有关规定应当向劳动者支付经济补偿的，在办结工作交接时支付。

用人单位对已经解除或者终止的劳动合同的文本，至少保存二年备查。

第五章 特别规定

第一节 集体合同

第五十一条 企业职工一方与用人单位通过平等协商，可以就劳动报酬、工作时间、休息休假、劳动安全卫生、保险福利等事项订立集体合同。集体合同草案应当提交职工代表大会或者全体职工讨论通过。

集体合同由工会代表企业职工一方与用人单位订立；尚未建立工会的用人单位，由上级工会指导劳动者推举的代表与用人单位订立。

第五十二条 企业职工一方与用人单位可以订立劳动安全卫生、女职工权益保护、工资调整机制等专项集体合同。

第五十三条 在县级以下区域内，建筑业、采矿业、餐饮服务业等行业可以由工会与企业方面代表订立行业性集体合同，或者订立区域性集体合同。

第五十四条 集体合同订立后，应当报送劳动行政部门；劳动行政部门自收到集体合同文本之日起十五日内未提出异议的，集体合同即行生效。

依法订立的集体合同对用人单位和劳动者具有约束力。行业性、区域性集体合同对当地本行业、本区域的用人单位和劳动者具有约束力。

第五十五条 集体合同中劳动报酬和劳动条件等标准不得低于当地人民政府规定的最低标准；用人单位与劳动者订立的劳动合同中劳动报酬和劳动条件等标准不得低于集体合同规定的标准。

第五十六条 用人单位违反集体合同，侵犯职工劳动权益的，工会可以依法要求用人单位承担责任；因履行集体合同发生争议，经协商解决不成的，工会可以依法申请仲裁、提起诉讼。

第二节 劳务派遣

第五十七条 经营劳务派遣业务应当具备下列条件：

（一）注册资本不得少于人民币二百万元；

（二）有与开展业务相适应的固定的经营场所和设施；

（三）有符合法律、行政法规规定的劳务派遣管理制度；

（四）法律、行政法规规定的其他条件。

经营劳务派遣业务，应当向劳动行政部门依法申请行政许可；经许可的，依法办理相应的公司登记。未经许可，任何单位和个人不得经营劳务派遣业务。

第五十八条 劳务派遣单位是本法所称用人单位，应当履行用人单位对劳动者的义务。劳务派遣单位与被派遣劳动者订立的劳动合同，除应当载明本法第十七条规定的事项外，还应当载明被派遣劳动者的用工单位以及派遣期限、工作岗位等情况。

劳务派遣单位应当与被派遣劳动者订立二年以上的固定期限劳动合同，按月支付劳动报酬；被派遣劳动者在无工作期间，劳务派遣单位应当按照所在地人民政府规定的最低工资标准，向其按月支付报酬。

第五十九条 劳务派遣单位派遣劳动者应当与接受以劳务派遣形

式用工的单位（以下称用工单位）订立劳务派遣协议。劳务派遣协议应当约定派遣岗位和人员数量、派遣期限、劳动报酬和社会保险费的数额与支付方式以及违反协议的责任。

用工单位应当根据工作岗位的实际需要与劳务派遣单位确定派遣期限，不得将连续用工期限分割订立数个短期劳务派遣协议。

第六十条 劳务派遣单位应当将劳务派遣协议的内容告知被派遣劳动者。

劳务派遣单位不得克扣用工单位按照劳务派遣协议支付给被派遣劳动者的劳动报酬。

劳务派遣单位和用工单位不得向被派遣劳动者收取费用。

第六十一条 劳务派遣单位跨地区派遣劳动者的，被派遣劳动者享有的劳动报酬和劳动条件，按照用工单位所在地的标准执行。

第六十二条 用工单位应当履行下列义务：

（一）执行国家劳动标准，提供相应的劳动条件和劳动保护；

（二）告知被派遣劳动者的工作要求和劳动报酬；

（三）支付加班费、绩效奖金，提供与工作岗位相关的福利待遇；

（四）对在岗被派遣劳动者进行工作岗位所必需的培训；

（五）连续用工的，实行正常的工资调整机制。

用工单位不得将被派遣劳动者再派遣到其他用人单位。

第六十三条 被派遣劳动者享有与用工单位的劳动者同工同酬的权利。用工单位应当按照同工同酬原则，对被派遣劳动者与本单位同类岗位的劳动者实行相同的劳动报酬分配办法。用工单位无同类岗位劳动者的，参照用工单位所在地相同或者相近岗位劳动者的劳动报酬确定。

劳务派遣单位与被派遣劳动者订立的劳动合同和与用工单位订立的劳务派遣协议，载明或者约定的向被派遣劳动者支付的劳动报酬应当符合前款规定。

第六十四条 被派遣劳动者有权在劳务派遣单位或者用工单位依法参加或者组织工会，维护自身的合法权益。

第六十五条 被派遣劳动者可以依照本法第三十六条、第三十八条的规定与劳务派遣单位解除劳动合同。

被派遣劳动者有本法第三十九条和第四十条第一项、第二项规定情形的，用工单位可以将劳动者退回劳务派遣单位，劳务派遣单位依照本法有关规定，可以与劳动者解除劳动合同。

第六十六条 劳动合同用工是我国的企业基本用工形式。劳务派遣用工是补充形式，只能在临时性、辅助性或者替代性的工作岗位上实施。

前款规定的临时性工作岗位是指存续时间不超过六个月的岗位；辅助性工作岗位是指为主营业务岗位提供服务的非主营业务岗位；替代性工作岗位是指用工单位的劳动者因脱产学习、休假等原因无法工作的一定期间内，可以由其他劳动者替代工作的岗位。

用工单位应当严格控制劳务派遣用工数量，不得超过其用工总量的一定比例，具体比例由国务院劳动行政部门规定。

第六十七条 用人单位不得设立劳务派遣单位向本单位或者所属单位派遣劳动者。

第三节 非全日制用工

第六十八条 非全日制用工，是指以小时计酬为主，劳动者在同一用人单位一般平均每日工作时间不超过四小时，每周工作时间累计不超过二十四小时的用工形式。

第六十九条 非全日制用工双方当事人可以订立口头协议。

从事非全日制用工的劳动者可以与一个或者一个以上用人单位订立劳动合同；但是，后订立的劳动合同不得影响先订立的劳动合同的履行。

第七十条 非全日制用工双方当事人不得约定试用期。

第七十一条 非全日制用工双方当事人任何一方都可以随时通知对方终止用工。终止用工，用人单位不向劳动者支付经济补偿。

第七十二条 非全日制用工小时计酬标准不得低于用人单位所在地人民政府规定的最低小时工资标准。

非全日制用工劳动报酬结算支付周期最长不得超过十五日。

第六章 监督检查

第七十三条 国务院劳动行政部门负责全国劳动合同制度实施的监督管理。

县级以上地方人民政府劳动行政部门负责本行政区域内劳动合同制度实施的监督管理。

县级以上各级人民政府劳动行政部门在劳动合同制度实施的监督管理工作中，应当听取工会、企业方面代表以及有关行业主管部门的意见。

第七十四条 县级以上地方人民政府劳动行政部门依法对下列实施劳动合同制度的情况进行监督检查：

（一）用人单位制定直接涉及劳动者切身利益的规章制度及其执行的情况；

（二）用人单位与劳动者订立和解除劳动合同的情况；

（三）劳务派遣单位和用工单位遵守劳务派遣有关规定的情况；

（四）用人单位遵守国家关于劳动者工作时间和休息休假规定的情况；

（五）用人单位支付劳动合同约定的劳动报酬和执行最低工资标准的情况；

（六）用人单位参加各项社会保险和缴纳社会保险费的情况；

（七）法律、法规规定的其他劳动监察事项。

第七十五条 县级以上地方人民政府劳动行政部门实施监督检查时，有权查阅与劳动合同、集体合同有关的材料，有权对劳动场所进行实地检查，用人单位和劳动者都应当如实提供有关情况和材料。

劳动行政部门的工作人员进行监督检查，应当出示证件，依法行使职权，文明执法。

第七十六条 县级以上人民政府建设、卫生、安全生产监督管理等有关主管部门在各自职责范围内，对用人单位执行劳动合同制度的情况进行监督管理。

第七十七条 劳动者合法权益受到侵害的，有权要求有关部门依法处理，或者依法申请仲裁、提起诉讼。

第七十八条 工会依法维护劳动者的合法权益，对用人单位履行劳动合同、集体合同的情况进行监督。用人单位违反劳动法律、法规和劳动合同、集体合同的，工会有权提出意见或者要求纠正；劳动者申请仲裁、提起诉讼的，工会依法给予支持和帮助。

第七十九条 任何组织或者个人对违反本法的行为都有权举报，县级以上人民政府劳动行政部门应当及时核实、处理，并对举报有功人员给予奖励。

第七章 法律责任

第八十条 用人单位直接涉及劳动者切身利益的规章制度违反法律、法规规定的，由劳动行政部门责令改正，给予警告；给劳动者造成损害的，应当承担赔偿责任。

第八十一条 用人单位提供的劳动合同文本未载明本法规定的劳动合同必备条款或者用人单位未将劳动合同文本交付劳动者的，由劳动行政部门责令改正；给劳动者造成损害的，应当承担赔偿责任。

第八十二条 用人单位自用工之日起超过一个月不满一年未与劳动者订立书面劳动合同的，应当向劳动者每月支付二倍的工资。

用人单位违反本法规定不与劳动者订立无固定期限劳动合同的，自应当订立无固定期限劳动合同之日起向劳动者每月支付二倍的工资。

第八十三条 用人单位违反本法规定与劳动者约定试用期的，由劳动行政部门责令改正；违法约定的试用期已经履行的，由用人单位以劳动者试用期满月工资为标准，按已经履行的超过法定试用期的期间向劳动者支付赔偿金。

第八十四条 用人单位违反本法规定，扣押劳动者居民身份证等证件的，由劳动行政部门责令限期退还劳动者本人，并依照有关法律规定给予处罚。

用人单位违反本法规定，以担保或者其他名义向劳动者收取财物的，由劳动行政部门责令限期退还劳动者本人，并以每人五百元以上二千元以下的标准处以罚款；给劳动者造成损害的，应当承担赔偿责任。

劳动者依法解除或者终止劳动合同，用人单位扣押劳动者档案或者其他物品的，依照前款规定处罚。

第八十五条 用人单位有下列情形之一的，由劳动行政部门责令限期支付劳动报酬、加班费或者经济补偿；劳动报酬低于当地最低工资标准的，应当支付其差额部分；逾期不支付的，责令用人单位按应付金额百分之五十以上百分之一百以下的标准向劳动者加付赔偿金：

（一）未按照劳动合同的约定或者国家规定及时足额支付劳动者劳动报酬的；

（二）低于当地最低工资标准支付劳动者工资的；

（三）安排加班不支付加班费的；

（四）解除或者终止劳动合同，未依照本法规定向劳动者支付经济补偿的。

第八十六条 劳动合同依照本法第二十六条规定被确认无效，给对方造成损害的，有过错的一方应当承担赔偿责任。

第八十七条 用人单位违反本法规定解除或者终止劳动合同的，应当依照本法第四十七条规定的经济补偿标准的二倍向劳动者支付赔偿金。

第八十八条 用人单位有下列情形之一的，依法给予行政处罚；构成犯罪的，依法追究刑事责任；给劳动者造成损害的，应当承担赔偿责任：

（一）以暴力、威胁或者非法限制人身自由的手段强迫劳动的；

（二）违章指挥或者强令冒险作业危及劳动者人身安全的；

（三）侮辱、体罚、殴打、非法搜查或者拘禁劳动者的；

（四）劳动条件恶劣、环境污染严重，给劳动者身心健康造成严重损害的。

第八十九条 用人单位违反本法规定未向劳动者出具解除或者终止劳动合同的书面证明，由劳动行政部门责令改正；给劳动者造成损害的，应当承担赔偿责任。

第九十条 劳动者违反本法规定解除劳动合同，或者违反劳动合同中约定的保密义务或者竞业限制，给用人单位造成损失的，应当承担赔偿责任。

第九十一条 用人单位招用与其他用人单位尚未解除或者终止劳动合同的劳动者，给其他用人单位造成损失的，应当承担连带赔偿责任。

第九十二条 违反本法规定，未经许可，擅自经营劳务派遣业务的，由劳动行政部门责令停止违法行为，没收违法所得，并处违法所得一倍以上五倍以下的罚款；没有违法所得的，可以处五万元以下的罚款。

劳务派遣单位、用工单位违反本法有关劳务派遣规定的，由劳动行政部门责令限期改正；逾期不改正的，以每人五千元以上一万元以下的标准处以罚款，对劳务派遣单位，吊销其劳务派遣业务经营许可证。用工单位给被派遣劳动者造成损害的，劳务派遣单位与用工单位承担连带赔偿责任。

第九十三条 对不具备合法经营资格的用人单位的违法犯罪行为，依法追究法律责任；劳动者已经付出劳动的，该单位或者其出资人应当依照本法有关规定向劳动者支付劳动报酬、经济补偿、赔偿金；给劳动者造成损害的，应当承担赔偿责任。

第九十四条 个人承包经营违反本法规定招用劳动者，给劳动者造成损害的，发包的组织与个人承包经营者承担连带赔偿责任。

第九十五条 劳动行政部门和其他有关主管部门及其工作人员玩忽职守、不履行法定职责，或者违法行使职权，给劳动者或者用人单位造成损害的，应当承担赔偿责任；对直接负责的主管人员和其他直接责任人员，依法给予行政处分；构成犯罪的，依法追究刑事责任。

第八章 附 则

第九十六条 事业单位与实行聘用制的工作人员订立、履行、变更、解除或者终止劳动合同，法律、行政法规或者国务院另有规定的，依照其规定；未作规定的，依照本法有关规定执行。

第九十七条 本法施行前已依法订立且在本法施行之日存续的劳动合同，继续履行；本法第十四条第二款第三项规定连续订立固定期限劳动合同的次数，自本法施行后续订固定期限劳动合同时开始计算。

本法施行前已建立劳动关系，尚未订立书面劳动合同的，应当自本法施行之日起一个月内订立。

本法施行之日存续的劳动合同在本法施行后解除或者终止，依照本法第四十六条规定应当支付经济补偿的，经济补偿年限自本法施行之日起计算；本法施行前按照当时有关规定，用人单位应当向劳动者支付经济补偿的，按照当时有关规定执行。

第九十八条 本法自2008年1月1日起施行。

中华人民共和国劳动法

（1994年7月5日第八届全国人民代表大会常务委员会第八次会议通过 根据2009年8月27日第十一届全国人民代表大会常务委员会第十次会议《关于修改部分法律的决定》第一次修正 根据2018年12月29日第十三届全国人民代表大会常务委员会第七次会议《关于修改〈中华人民共和国劳动法〉等七部法律的决定》第二次修正）

第一章 总 则

第一条 为了保护劳动者的合法权益，调整劳动关系，建立和维护适应社会主义市场经济的劳动制度，促进经济发展和社会进步，根据宪法，制定本法。

第二条 在中华人民共和国境内的企业、个体经济组织（以下统称用人单位）和与之形成劳动关系的劳动者，适用本法。

国家机关、事业组织、社会团体和与之建立劳动合同关系的劳动者，依照本法执行。

第三条 劳动者享有平等就业和选择职业的权利、取得劳动报酬的权利、休息休假的权利、获得劳动安全卫生保护的权利、接受职业技能培训的权利、享受社会保险和福利的权利、提请劳动争议处理的权利以及法律规定的其他劳动权利。

劳动者应当完成劳动任务，提高职业技能，执行劳动安全卫生规程，遵守劳动纪律和职业道德。

第四条 用人单位应当依法建立和完善规章制度，保障劳动者享有劳动权利和履行劳动义务。

第五条 国家采取各种措施，促进劳动就业，发展职业教育，制定劳动标准，调节社会收入，完善社会保险，协调劳动关系，逐步提高劳动者的生活水平。

第六条 国家提倡劳动者参加社会义务劳动，开展劳动竞赛和合理化建议活动，鼓励和保护劳动者进行科学研究、技术革新和发明创造，表彰和奖励劳动模范和先进工作者。

第七条 劳动者有权依法参加和组织工会。

工会代表和维护劳动者的合法权益，依法独立自主地开展活动。

第八条 劳动者依照法律规定，通过职工大会、职工代表大会或者其他形式，参与民主管理或者就保护劳动者合法权益与用人单位进行平等协商。

第九条 国务院劳动行政部门主管全国劳动工作。

县级以上地方人民政府劳动行政部门主管本行政区域内的劳动工作。

第二章 促进就业

第十条 国家通过促进经济和社会发展，创造就业条件，扩大就业机会。

国家鼓励企业、事业组织、社会团体在法律、行政法规规定的范围内兴办产业或者拓展经营，增加就业。

国家支持劳动者自愿组织起来就业和从事个体经营实现就业。

第十一条 地方各级人民政府应当采取措施，发展多种类型的职业介绍机构，提供就业服务。

第十二条 劳动者就业，不因民族、种族、性别、宗教信仰不同而受歧视。

第十三条 妇女享有与男子平等的就业权利。在录用职工时，除国家规定的不适合妇女的工种或者岗位外，不得以性别为由拒绝录用妇女或者提高对妇女的录用标准。

第十四条 残疾人、少数民族人员、退出现役的军人的就业，法律、法规有特别规定的，从其规定。

第十五条 禁止用人单位招用未满十六周岁的未成年人。

文艺、体育和特种工艺单位招用未满十六周岁的未成年人，必须遵守国家有关规定，并保障其接受义务教育的权利。

第三章 劳动合同和集体合同

第十六条 劳动合同是劳动者与用人单位确立劳动关系、明确双方权利和义务的协议。

建立劳动关系应当订立劳动合同。

第十七条 订立和变更劳动合同，应当遵循平等自愿、协商一致的原则，不得违反法律、行政法规的规定。

劳动合同依法订立即具有法律约束力，当事人必须履行劳动合同规定的义务。

第十八条 下列劳动合同无效：

（一）违反法律、行政法规的劳动合同；

（二）采取欺诈、威胁等手段订立的劳动合同。

无效的劳动合同，从订立的时候起，就没有法律约束力。确认劳动合同部分无效的，如果不影响其余部分的效力，其余部分仍然有效。

劳动合同的无效，由劳动争议仲裁委员会或者人民法院确认。

第十九条 劳动合同应当以书面形式订立，并具备以下条款：

（一）劳动合同期限；

（二）工作内容；

（三）劳动保护和劳动条件；

（四）劳动报酬；

（五）劳动纪律；

（六）劳动合同终止的条件；

（七）违反劳动合同的责任。

劳动合同除前款规定的必备条款外，当事人可以协商约定其他内容。

第二十条 劳动合同的期限分为有固定期限、无固定期限和以完成一定的工作为期限。

劳动者在同一用人单位连续工作满十年以上，当事人双方同意续延劳动合同的，如果劳动者提出订立无固定期限的劳动合同，应当订立无固定期限的劳动合同。

第二十一条 劳动合同可以约定试用期。试用期最长不得超过六个月。

第二十二条 劳动合同当事人可以在劳动合同中约定保守用人单位商业秘密的有关事项。

第二十三条 劳动合同期满或者当事人约定的劳动合同终止条件出现，劳动合同即行终止。

第二十四条 经劳动合同当事人协商一致，劳动合同可以解除。

第二十五条 劳动者有下列情形之一的，用人单位可以解除劳动合同：

（一）在试用期间被证明不符合录用条件的；

（二）严重违反劳动纪律或者用人单位规章制度的；

（三）严重失职，营私舞弊，对用人单位利益造成重大损害的；

（四）被依法追究刑事责任的。

第二十六条 有下列情形之一的，用人单位可以解除劳动合同，但是应当提前三十日以书面形式通知劳动者本人：

（一）劳动者患病或者非因工负伤，医疗期满后，不能从事原工作也不能从事由用人单位另行安排的工作的；

（二）劳动者不能胜任工作，经过培训或者调整工作岗位，仍不能胜任工作的；

（三）劳动合同订立时所依据的客观情况发生重大变化，致使原劳动合同无法履行，经当事人协商不能就变更劳动合同达成协议的。

第二十七条 用人单位濒临破产进行法定整顿期间或者生产经营状况发生严重困难，确需裁减人员的，应当提前三十日向工会或者全体职工说明情况，听取工会或者职工的意见，经向劳动行政部门报告后，可以裁减人员。

用人单位依据本条规定裁减人员，在六个月内录用人员的，应当优先录用被裁减的人员。

第二十八条 用人单位依据本法第二十四条、第二十六条、第二十七条的规定解除劳动合同的，应当依照国家有关规定给予经济补偿。

第二十九条 劳动者有下列情形之一的，用人单位不得依据本法第二十六条、第二十七条的规定解除劳动合同：

（一）患职业病或者因工负伤并被确认丧失或者部分丧失劳动能力的；

（二）患病或者负伤，在规定的医疗期内的；

（三）女职工在孕期、产期、哺乳期内的；

（四）法律、行政法规规定的其他情形。

第三十条 用人单位解除劳动合同，工会认为不适当的，有权提出意见。如果用人单位违反法律、法规或者劳动合同，工会有权要求重新处理；劳动者申请仲裁或者提起诉讼的，工会应当依法给予支持和帮助。

第三十一条 劳动者解除劳动合同，应当提前三十日以书面形式通知用人单位。

第三十二条 有下列情形之一的，劳动者可以随时通知用人单位解除劳动合同：

（一）在试用期内的；

（二）用人单位以暴力、威胁或者非法限制人身自由的手段强迫劳动的；

（三）用人单位未按照劳动合同约定支付劳动报酬或者提供劳动条件的。

第三十三条 企业职工一方与企业可以就劳动报酬、工作时间、休息休假、劳动安全卫生、保险福利等事项，签订集体合同。集体合同草案应当提交职工代表大会或者全体职工讨论通过。

集体合同由工会代表职工与企业签订；没有建立工会的企业，由职工推举的代表与企业签订。

第三十四条 集体合同签订后应当报送劳动行政部门；劳动行政部门自收到集体合同文本之日起十五日内未提出异议的，集体合同即行生效。

第三十五条 依法签订的集体合同对企业和企业全体职工具有约束力。职工个人与企业订立的劳动合同中劳动条件和劳动报酬等标准不得低于集体合同的规定。

第四章 工作时间和休息休假

第三十六条 国家实行劳动者每日工作时间不超过八小时、平均每周工作时间不超过四十四小时的工时制度。

第三十七条 对实行计件工作的劳动者，用人单位应当根据本法第三十六条规定的工时制度合理确定其劳动定额和计件报酬标准。

第三十八条 用人单位应当保证劳动者每周至少休息一日。

第三十九条 企业因生产特点不能实行本法第三十六条、第三十八条规定的，经劳动行政部门批准，可以实行其他工作和休息办法。

第四十条 用人单位在下列节日期间应当依法安排劳动者休假：

（一）元旦；

（二）春节；

（三）国际劳动节；

（四）国庆节；

（五）法律、法规规定的其他休假节日。

第四十一条 用人单位由于生产经营需要，经与工会和劳动者协商后可以延长工作时间，一般每日不得超过一小时；因特殊原因需要延长工作时间的，在保障劳动者身体健康的条件下延长工作时间每日不得超过三小时，但是每月不得超过三十六小时。

第四十二条 有下列情形之一的，延长工作时间不受本法第四十一条规定的限制：

（一）发生自然灾害、事故或者因其他原因，威胁劳动者生命健康和财产安全，需要紧急处理的；

（二）生产设备、交通运输线路、公共设施发生故障，影响生产和公众利益，必须及时抢修的；

（三）法律、行政法规规定的其他情形。

第四十三条 用人单位不得违反本法规定延长劳动者的工作时间。

第四十四条 有下列情形之一的，用人单位应当按照下列标准支付高于劳动者正常工作时间工资的工资报酬：

（一）安排劳动者延长工作时间的，支付不低于工资的百分之一百五十的工资报酬；

（二）休息日安排劳动者工作又不能安排补休的，支付不低于工资的百分之二百的工资报酬；

（三）法定休假日安排劳动者工作的，支付不低于工资的百分之三百的工资报酬。

第四十五条 国家实行带薪年休假制度。

劳动者连续工作一年以上的，享受带薪年休假。具体办法由国务院规定。

第五章　工　　资

第四十六条　工资分配应当遵循按劳分配原则，实行同工同酬。

工资水平在经济发展的基础上逐步提高。国家对工资总量实行宏观调控。

第四十七条　用人单位根据本单位的生产经营特点和经济效益，依法自主确定本单位的工资分配方式和工资水平。

第四十八条　国家实行最低工资保障制度。最低工资的具体标准由省、自治区、直辖市人民政府规定，报国务院备案。

用人单位支付劳动者的工资不得低于当地最低工资标准。

第四十九条　确定和调整最低工资标准应当综合参考下列因素：

（一）劳动者本人及平均赡养人口的最低生活费用；

（二）社会平均工资水平；

（三）劳动生产率；

（四）就业状况；

（五）地区之间经济发展水平的差异。

第五十条　工资应当以货币形式按月支付给劳动者本人。不得克扣或者无故拖欠劳动者的工资。

第五十一条　劳动者在法定休假日和婚丧假期间以及依法参加社会活动期间，用人单位应当依法支付工资。

第六章　劳动安全卫生

第五十二条　用人单位必须建立、健全劳动安全卫生制度，严格执行国家劳动安全卫生规程和标准，对劳动者进行劳动安全卫生教育，防止劳动过程中的事故，减少职业危害。

第五十三条　劳动安全卫生设施必须符合国家规定的标准。

新建、改建、扩建工程的劳动安全卫生设施必须与主体工程同时设计、同时施工、同时投入生产和使用。

第五十四条 用人单位必须为劳动者提供符合国家规定的劳动安全卫生条件和必要的劳动防护用品，对从事有职业危害作业的劳动者应当定期进行健康检查。

第五十五条 从事特种作业的劳动者必须经过专门培训并取得特种作业资格。

第五十六条 劳动者在劳动过程中必须严格遵守安全操作规程。

劳动者对用人单位管理人员违章指挥、强令冒险作业，有权拒绝执行；对危害生命安全和身体健康的行为，有权提出批评、检举和控告。

第五十七条 国家建立伤亡事故和职业病统计报告和处理制度。县级以上各级人民政府劳动行政部门、有关部门和用人单位应当依法对劳动者在劳动过程中发生的伤亡事故和劳动者的职业病状况，进行统计、报告和处理。

第七章 女职工和未成年工特殊保护

第五十八条 国家对女职工和未成年工实行特殊劳动保护。

未成年工是指年满十六周岁未满十八周岁的劳动者。

第五十九条 禁止安排女职工从事矿山井下、国家规定的第四级体力劳动强度的劳动和其他禁忌从事的劳动。

第六十条 不得安排女职工在经期从事高处、低温、冷水作业和国家规定的第三级体力劳动强度的劳动。

第六十一条 不得安排女职工在怀孕期间从事国家规定的第三级体力劳动强度的劳动和孕期禁忌从事的劳动。对怀孕七个月以上的女职工，不得安排其延长工作时间和夜班劳动。

第六十二条 女职工生育享受不少于九十天的产假。

第六十三条 不得安排女职工在哺乳未满一周岁的婴儿期间从事国家规定的第三级体力劳动强度的劳动和哺乳期禁忌从事的其他劳动，不得安排其延长工作时间和夜班劳动。

第六十四条 不得安排未成年工从事矿山井下、有毒有害、国家规定的第四级体力劳动强度的劳动和其他禁忌从事的劳动。

第六十五条 用人单位应当对未成年工定期进行健康检查。

第八章 职业培训

第六十六条 国家通过各种途径，采取各种措施，发展职业培训事业，开发劳动者的职业技能，提高劳动者素质，增强劳动者的就业能力和工作能力。

第六十七条 各级人民政府应当把发展职业培训纳入社会经济发展的规划，鼓励和支持有条件的企业、事业组织、社会团体和个人进行各种形式的职业培训。

第六十八条 用人单位应当建立职业培训制度，按照国家规定提取和使用职业培训经费，根据本单位实际，有计划地对劳动者进行职业培训。

从事技术工种的劳动者，上岗前必须经过培训。

第六十九条 国家确定职业分类，对规定的职业制定职业技能标准，实行职业资格证书制度，由经备案的考核鉴定机构负责对劳动者实施职业技能考核鉴定。

第九章 社会保险和福利

第七十条 国家发展社会保险事业，建立社会保险制度，设立社会保险基金，使劳动者在年老、患病、工伤、失业、生育等情况下获得帮助和补偿。

第七十一条 社会保险水平应当与社会经济发展水平和社会承受

能力相适应。

第七十二条 社会保险基金按照保险类型确定资金来源，逐步实行社会统筹。用人单位和劳动者必须依法参加社会保险，缴纳社会保险费。

第七十三条 劳动者在下列情形下，依法享受社会保险待遇：

（一）退休；

（二）患病、负伤；

（三）因工伤残或者患职业病；

（四）失业；

（五）生育。

劳动者死亡后，其遗属依法享受遗属津贴。

劳动者享受社会保险待遇的条件和标准由法律、法规规定。

劳动者享受的社会保险金必须按时足额支付。

第七十四条 社会保险基金经办机构依照法律规定收支、管理和运营社会保险基金，并负有使社会保险基金保值增值的责任。

社会保险基金监督机构依照法律规定，对社会保险基金的收支、管理和运营实施监督。

社会保险基金经办机构和社会保险基金监督机构的设立和职能由法律规定。

任何组织和个人不得挪用社会保险基金。

第七十五条 国家鼓励用人单位根据本单位实际情况为劳动者建立补充保险。

国家提倡劳动者个人进行储蓄性保险。

第七十六条 国家发展社会福利事业，兴建公共福利设施，为劳动者休息、休养和疗养提供条件。

用人单位应当创造条件，改善集体福利，提高劳动者的福利待遇。

第十章 劳动争议

第七十七条 用人单位与劳动者发生劳动争议，当事人可以依法申请调解、仲裁、提起诉讼，也可以协商解决。

调解原则适用于仲裁和诉讼程序。

第七十八条 解决劳动争议，应当根据合法、公正、及时处理的原则，依法维护劳动争议当事人的合法权益。

第七十九条 劳动争议发生后，当事人可以向本单位劳动争议调解委员会申请调解；调解不成，当事人一方要求仲裁的，可以向劳动争议仲裁委员会申请仲裁。当事人一方也可以直接向劳动争议仲裁委员会申请仲裁。对仲裁裁决不服的，可以向人民法院提起诉讼。

第八十条 在用人单位内，可以设立劳动争议调解委员会。劳动争议调解委员会由职工代表、用人单位代表和工会代表组成。劳动争议调解委员会主任由工会代表担任。

劳动争议经调解达成协议的，当事人应当履行。

第八十一条 劳动争议仲裁委员会由劳动行政部门代表、同级工会代表、用人单位方面的代表组成。劳动争议仲裁委员会主任由劳动行政部门代表担任。

第八十二条 提出仲裁要求的一方应当自劳动争议发生之日起六十日内向劳动争议仲裁委员会提出书面申请。仲裁裁决一般应在收到仲裁申请的六十日内作出。对仲裁裁决无异议的，当事人必须履行。

第八十三条 劳动争议当事人对仲裁裁决不服的，可以自收到仲裁裁决书之日起十五日内向人民法院提起诉讼。一方当事人在法定期限内不起诉又不履行仲裁裁决的，另一方当事人可以申请人民法院强制执行。

第八十四条 因签订集体合同发生争议，当事人协商解决不成的，当地人民政府劳动行政部门可以组织有关各方协调处理。

因履行集体合同发生争议，当事人协商解决不成的，可以向劳动争议仲裁委员会申请仲裁；对仲裁裁决不服的，可以自收到仲裁裁决书之日起十五日内向人民法院提起诉讼。

第十一章 监督检查

第八十五条 县级以上各级人民政府劳动行政部门依法对用人单位遵守劳动法律、法规的情况进行监督检查，对违反劳动法律、法规的行为有权制止，并责令改正。

第八十六条 县级以上各级人民政府劳动行政部门监督检查人员执行公务，有权进入用人单位了解执行劳动法律、法规的情况，查阅必要的资料，并对劳动场所进行检查。

县级以上各级人民政府劳动行政部门监督检查人员执行公务，必须出示证件，秉公执法并遵守有关规定。

第八十七条 县级以上各级人民政府有关部门在各自职责范围内，对用人单位遵守劳动法律、法规的情况进行监督。

第八十八条 各级工会依法维护劳动者的合法权益，对用人单位遵守劳动法律、法规的情况进行监督。

任何组织和个人对于违反劳动法律、法规的行为有权检举和控告。

第十二章 法律责任

第八十九条 用人单位制定的劳动规章制度违反法律、法规规定的，由劳动行政部门给予警告，责令改正；对劳动者造成损害的，应当承担赔偿责任。

第九十条 用人单位违反本法规定，延长劳动者工作时间的，由劳动行政部门给予警告，责令改正，并可以处以罚款。

第九十一条 用人单位有下列侵害劳动者合法权益情形之一的，

由劳动行政部门责令支付劳动者的工资报酬、经济补偿，并可以责令支付赔偿金：

（一）克扣或者无故拖欠劳动者工资的；

（二）拒不支付劳动者延长工作时间工资报酬的；

（三）低于当地最低工资标准支付劳动者工资的；

（四）解除劳动合同后，未依照本法规定给予劳动者经济补偿的。

第九十二条 用人单位的劳动安全设施和劳动卫生条件不符合国家规定或者未向劳动者提供必要的劳动防护用品和劳动保护设施的，由劳动行政部门或者有关部门责令改正，可以处以罚款；情节严重的，提请县级以上人民政府决定责令停产整顿；对事故隐患不采取措施，致使发生重大事故，造成劳动者生命和财产损失的，对责任人员依照刑法有关规定追究刑事责任。

第九十三条 用人单位强令劳动者违章冒险作业，发生重大伤亡事故，造成严重后果的，对责任人员依法追究刑事责任。

第九十四条 用人单位非法招用未满十六周岁的未成年人的，由劳动行政部门责令改正，处以罚款；情节严重的，由市场监督管理部门吊销营业执照。

第九十五条 用人单位违反本法对女职工和未成年工的保护规定，侵害其合法权益的，由劳动行政部门责令改正，处以罚款；对女职工或者未成年工造成损害的，应当承担赔偿责任。

第九十六条 用人单位有下列行为之一，由公安机关对责任人员处以十五日以下拘留、罚款或者警告；构成犯罪的，对责任人员依法追究刑事责任：

（一）以暴力、威胁或者非法限制人身自由的手段强迫劳动的；

（二）侮辱、体罚、殴打、非法搜查和拘禁劳动者的。

第九十七条 由于用人单位的原因订立的无效合同，对劳动者造成损害的，应当承担赔偿责任。

第九十八条 用人单位违反本法规定的条件解除劳动合同或者故意拖延不订立劳动合同的，由劳动行政部门责令改正；对劳动者造成损害的，应当承担赔偿责任。

第九十九条 用人单位招用尚未解除劳动合同的劳动者，对原用人单位造成经济损失的，该用人单位应当依法承担连带赔偿责任。

第一百条 用人单位无故不缴纳社会保险费的，由劳动行政部门责令其限期缴纳；逾期不缴的，可以加收滞纳金。

第一百零一条 用人单位无理阻挠劳动行政部门、有关部门及其工作人员行使监督检查权，打击报复举报人员的，由劳动行政部门或者有关部门处以罚款；构成犯罪的，对责任人员依法追究刑事责任。

第一百零二条 劳动者违反本法规定的条件解除劳动合同或者违反劳动合同中约定的保密事项，对用人单位造成经济损失的，应当依法承担赔偿责任。

第一百零三条 劳动行政部门或者有关部门的工作人员滥用职权、玩忽职守、徇私舞弊，构成犯罪的，依法追究刑事责任；不构成犯罪的，给予行政处分。

第一百零四条 国家工作人员和社会保险基金经办机构的工作人员挪用社会保险基金，构成犯罪的，依法追究刑事责任。

第一百零五条 违反本法规定侵害劳动者合法权益，其他法律、行政法规已规定处罚的，依照该法律、行政法规的规定处罚。

第十三章　附　　则

第一百零六条 省、自治区、直辖市人民政府根据本法和本地区的实际情况，规定劳动合同制度的实施步骤，报国务院备案。

第一百零七条 本法自 1995 年 1 月 1 日起施行。

中华人民共和国法律援助法

（2021年8月20日第十三届全国人民代表大会常务委员会第三十次会议通过　2021年8月20日中华人民共和国主席令第93号公布　自2022年1月1日起施行）

第一章　总　　则

第一条　为了规范和促进法律援助工作，保障公民和有关当事人的合法权益，保障法律正确实施，维护社会公平正义，制定本法。

第二条　本法所称法律援助，是国家建立的为经济困难公民和符合法定条件的其他当事人无偿提供法律咨询、代理、刑事辩护等法律服务的制度，是公共法律服务体系的组成部分。

第三条　法律援助工作坚持中国共产党领导，坚持以人民为中心，尊重和保障人权，遵循公开、公平、公正的原则，实行国家保障与社会参与相结合。

第四条　县级以上人民政府应当将法律援助工作纳入国民经济和社会发展规划、基本公共服务体系，保障法律援助事业与经济社会协调发展。

县级以上人民政府应当健全法律援助保障体系，将法律援助相关经费列入本级政府预算，建立动态调整机制，保障法律援助工作需要，促进法律援助均衡发展。

第五条　国务院司法行政部门指导、监督全国的法律援助工作。县级以上地方人民政府司法行政部门指导、监督本行政区域的法律援助工作。

县级以上人民政府其他有关部门依照各自职责，为法律援助工作提供支持和保障。

第六条 人民法院、人民检察院、公安机关应当在各自职责范围内保障当事人依法获得法律援助，为法律援助人员开展工作提供便利。

第七条 律师协会应当指导和支持律师事务所、律师参与法律援助工作。

第八条 国家鼓励和支持群团组织、事业单位、社会组织在司法行政部门指导下，依法提供法律援助。

第九条 国家鼓励和支持企业事业单位、社会组织和个人等社会力量，依法通过捐赠等方式为法律援助事业提供支持；对符合条件的，给予税收优惠。

第十条 司法行政部门应当开展经常性的法律援助宣传教育，普及法律援助知识。

新闻媒体应当积极开展法律援助公益宣传，并加强舆论监督。

第十一条 国家对在法律援助工作中做出突出贡献的组织和个人，按照有关规定给予表彰、奖励。

第二章 机构和人员

第十二条 县级以上人民政府司法行政部门应当设立法律援助机构。法律援助机构负责组织实施法律援助工作，受理、审查法律援助申请，指派律师、基层法律服务工作者、法律援助志愿者等法律援助人员提供法律援助，支付法律援助补贴。

第十三条 法律援助机构根据工作需要，可以安排本机构具有律师资格或者法律职业资格的工作人员提供法律援助；可以设置法律援助工作站或者联络点，就近受理法律援助申请。

第十四条 法律援助机构可以在人民法院、人民检察院和看守所等场所派驻值班律师，依法为没有辩护人的犯罪嫌疑人、被告人提供法律援助。

第十五条 司法行政部门可以通过政府采购等方式，择优选择律师事务所等法律服务机构为受援人提供法律援助。

第十六条 律师事务所、基层法律服务所、律师、基层法律服务工作者负有依法提供法律援助的义务。

律师事务所、基层法律服务所应当支持和保障本所律师、基层法律服务工作者履行法律援助义务。

第十七条 国家鼓励和规范法律援助志愿服务；支持符合条件的个人作为法律援助志愿者，依法提供法律援助。

高等院校、科研机构可以组织从事法学教育、研究工作的人员和法学专业学生作为法律援助志愿者，在司法行政部门指导下，为当事人提供法律咨询、代拟法律文书等法律援助。

法律援助志愿者具体管理办法由国务院有关部门规定。

第十八条 国家建立健全法律服务资源依法跨区域流动机制，鼓励和支持律师事务所、律师、法律援助志愿者等在法律服务资源相对短缺地区提供法律援助。

第十九条 法律援助人员应当依法履行职责，及时为受援人提供符合标准的法律援助服务，维护受援人的合法权益。

第二十条 法律援助人员应当恪守职业道德和执业纪律，不得向受援人收取任何财物。

第二十一条 法律援助机构、法律援助人员对提供法律援助过程中知悉的国家秘密、商业秘密和个人隐私应当予以保密。

第三章　形式和范围

第二十二条 法律援助机构可以组织法律援助人员依法提供下列形式的法律援助服务：

（一）法律咨询；

（二）代拟法律文书；

（三）刑事辩护与代理；

（四）民事案件、行政案件、国家赔偿案件的诉讼代理及非诉讼代理；

（五）值班律师法律帮助；

（六）劳动争议调解与仲裁代理；

（七）法律、法规、规章规定的其他形式。

第二十三条 法律援助机构应当通过服务窗口、电话、网络等多种方式提供法律咨询服务；提示当事人享有依法申请法律援助的权利，并告知申请法律援助的条件和程序。

第二十四条 刑事案件的犯罪嫌疑人、被告人因经济困难或者其他原因没有委托辩护人的，本人及其近亲属可以向法律援助机构申请法律援助。

第二十五条 刑事案件的犯罪嫌疑人、被告人属于下列人员之一，没有委托辩护人的，人民法院、人民检察院、公安机关应当通知法律援助机构指派律师担任辩护人：

（一）未成年人；

（二）视力、听力、言语残疾人；

（三）不能完全辨认自己行为的成年人；

（四）可能被判处无期徒刑、死刑的人；

（五）申请法律援助的死刑复核案件被告人；

（六）缺席审判案件的被告人；

（七）法律法规规定的其他人员。

其他适用普通程序审理的刑事案件，被告人没有委托辩护人的，人民法院可以通知法律援助机构指派律师担任辩护人。

第二十六条 对可能被判处无期徒刑、死刑的人，以及死刑复核案件的被告人，法律援助机构收到人民法院、人民检察院、公安机关通知后，应当指派具有三年以上相关执业经历的律师担任辩护人。

第二十七条 人民法院、人民检察院、公安机关通知法律援助机构指派律师担任辩护人时，不得限制或者损害犯罪嫌疑人、被告人委托辩护人的权利。

第二十八条 强制医疗案件的被申请人或者被告人没有委托诉讼代理人的，人民法院应当通知法律援助机构指派律师为其提供法律援助。

第二十九条 刑事公诉案件的被害人及其法定代理人或者近亲属，刑事自诉案件的自诉人及其法定代理人，刑事附带民事诉讼案件的原告人及其法定代理人，因经济困难没有委托诉讼代理人的，可以向法律援助机构申请法律援助。

第三十条 值班律师应当依法为没有辩护人的犯罪嫌疑人、被告人提供法律咨询、程序选择建议、申请变更强制措施、对案件处理提出意见等法律帮助。

第三十一条 下列事项的当事人，因经济困难没有委托代理人的，可以向法律援助机构申请法律援助：

（一）依法请求国家赔偿；

（二）请求给予社会保险待遇或者社会救助；

（三）请求发给抚恤金；

（四）请求给付赡养费、抚养费、扶养费；

（五）请求确认劳动关系或者支付劳动报酬；

（六）请求认定公民无民事行为能力或者限制民事行为能力；

（七）请求工伤事故、交通事故、食品药品安全事故、医疗事故人身损害赔偿；

（八）请求环境污染、生态破坏损害赔偿；

（九）法律、法规、规章规定的其他情形。

第三十二条 有下列情形之一，当事人申请法律援助的，不受经济困难条件的限制：

（一）英雄烈士近亲属为维护英雄烈士的人格权益；

（二）因见义勇为行为主张相关民事权益；

（三）再审改判无罪请求国家赔偿；

（四）遭受虐待、遗弃或者家庭暴力的受害人主张相关权益；

（五）法律、法规、规章规定的其他情形。

第三十三条 当事人不服司法机关生效裁判或者决定提出申诉或者申请再审，人民法院决定、裁定再审或者人民检察院提出抗诉，因经济困难没有委托辩护人或者诉讼代理人的，本人及其近亲属可以向法律援助机构申请法律援助。

第三十四条 经济困难的标准，由省、自治区、直辖市人民政府根据本行政区域经济发展状况和法律援助工作需要确定，并实行动态调整。

第四章 程序和实施

第三十五条 人民法院、人民检察院、公安机关和有关部门在办理案件或者相关事务中，应当及时告知有关当事人有权依法申请法律援助。

第三十六条 人民法院、人民检察院、公安机关办理刑事案件，发现有本法第二十五条第一款、第二十八条规定情形的，应当在三日内通知法律援助机构指派律师。法律援助机构收到通知后，应当在三日内指派律师并通知人民法院、人民检察院、公安机关。

第三十七条 人民法院、人民检察院、公安机关应当保障值班律师依法提供法律帮助，告知没有辩护人的犯罪嫌疑人、被告人有权约见值班律师，并依法为值班律师了解案件有关情况、阅卷、会见等提供便利。

第三十八条 对诉讼事项的法律援助，由申请人向办案机关所在地的法律援助机构提出申请；对非诉讼事项的法律援助，由申请人向争议处理机关所在地或者事由发生地的法律援助机构提出申请。

第三十九条 被羁押的犯罪嫌疑人、被告人、服刑人员，以及强制隔离戒毒人员等提出法律援助申请的，办案机关、监管场所应当在二十四小时内将申请转交法律援助机构。

犯罪嫌疑人、被告人通过值班律师提出代理、刑事辩护等法律援助申请的，值班律师应当在二十四小时内将申请转交法律援助机构。

第四十条 无民事行为能力人或者限制民事行为能力人需要法律援助的，可以由其法定代理人代为提出申请。法定代理人侵犯无民事行为能力人、限制民事行为能力人合法权益的，其他法定代理人或者近亲属可以代为提出法律援助申请。

被羁押的犯罪嫌疑人、被告人、服刑人员，以及强制隔离戒毒人员，可以由其法定代理人或者近亲属代为提出法律援助申请。

第四十一条 因经济困难申请法律援助的，申请人应当如实说明经济困难状况。

法律援助机构核查申请人的经济困难状况，可以通过信息共享查询，或者由申请人进行个人诚信承诺。

法律援助机构开展核查工作，有关部门、单位、村民委员会、居民委员会和个人应当予以配合。

第四十二条 法律援助申请人有材料证明属于下列人员之一的，免予核查经济困难状况：

（一）无固定生活来源的未成年人、老年人、残疾人等特定群体；

（二）社会救助、司法救助或者优抚对象；

（三）申请支付劳动报酬或者请求工伤事故人身损害赔偿的进城务工人员；

（四）法律、法规、规章规定的其他人员。

第四十三条 法律援助机构应当自收到法律援助申请之日起七日内进行审查，作出是否给予法律援助的决定。决定给予法律援助的，应当自作出决定之日起三日内指派法律援助人员为受援人提供法律援助；决定不给予法律援助的，应当书面告知申请人，并说明理由。

申请人提交的申请材料不齐全的，法律援助机构应当一次性告知申请人需要补充的材料或者要求申请人作出说明。申请人未按要求补充材料或者作出说明的，视为撤回申请。

第四十四条 法律援助机构收到法律援助申请后，发现有下列情形之一的，可以决定先行提供法律援助：

（一）距法定时效或者期限届满不足七日，需要及时提起诉讼或者申请仲裁、行政复议；

（二）需要立即申请财产保全、证据保全或者先予执行；

（三）法律、法规、规章规定的其他情形。

法律援助机构先行提供法律援助的，受援人应当及时补办有关手续，补充有关材料。

第四十五条 法律援助机构为老年人、残疾人提供法律援助服务的，应当根据实际情况提供无障碍设施设备和服务。

法律法规对向特定群体提供法律援助有其他特别规定的，依照其规定。

第四十六条 法律援助人员接受指派后，无正当理由不得拒绝、拖延或者终止提供法律援助服务。

法律援助人员应当按照规定向受援人通报法律援助事项办理情况，不得损害受援人合法权益。

第四十七条 受援人应当向法律援助人员如实陈述与法律援助事项有关的情况，及时提供证据材料，协助、配合办理法律援助事项。

第四十八条 有下列情形之一的，法律援助机构应当作出终止法律援助的决定：

（一）受援人以欺骗或者其他不正当手段获得法律援助；

（二）受援人故意隐瞒与案件有关的重要事实或者提供虚假证据；

（三）受援人利用法律援助从事违法活动；

（四）受援人的经济状况发生变化，不再符合法律援助条件；

（五）案件终止审理或者已经被撤销；

（六）受援人自行委托律师或者其他代理人；

（七）受援人有正当理由要求终止法律援助；

（八）法律法规规定的其他情形。

法律援助人员发现有前款规定情形的，应当及时向法律援助机构报告。

第四十九条 申请人、受援人对法律援助机构不予法律援助、终止法律援助的决定有异议的，可以向设立该法律援助机构的司法行政部门提出。

司法行政部门应当自收到异议之日起五日内进行审查，作出维持法律援助机构决定或者责令法律援助机构改正的决定。

申请人、受援人对司法行政部门维持法律援助机构决定不服的，可以依法申请行政复议或者提起行政诉讼。

第五十条 法律援助事项办理结束后，法律援助人员应当及时向法律援助机构报告，提交有关法律文书的副本或者复印件、办理情况报告等材料。

第五章 保障和监督

第五十一条 国家加强法律援助信息化建设，促进司法行政部门与司法机关及其他有关部门实现信息共享和工作协同。

第五十二条 法律援助机构应当依照有关规定及时向法律援助人员支付法律援助补贴。

法律援助补贴的标准，由省、自治区、直辖市人民政府司法行政部门会同同级财政部门，根据当地经济发展水平和法律援助的服务类型、承办成本、基本劳务费用等确定，并实行动态调整。

法律援助补贴免征增值税和个人所得税。

第五十三条 人民法院应当根据情况对受援人缓收、减收或者免收诉讼费用；对法律援助人员复制相关材料等费用予以免收或者减收。

公证机构、司法鉴定机构应当对受援人减收或者免收公证费、鉴定费。

第五十四条 县级以上人民政府司法行政部门应当有计划地对法律援助人员进行培训，提高法律援助人员的专业素质和服务能力。

第五十五条 受援人有权向法律援助机构、法律援助人员了解法律援助事项办理情况；法律援助机构、法律援助人员未依法履行职责的，受援人可以向司法行政部门投诉，并可以请求法律援助机构更换法律援助人员。

第五十六条 司法行政部门应当建立法律援助工作投诉查处制度；接到投诉后，应当依照有关规定受理和调查处理，并及时向投诉人告知处理结果。

第五十七条 司法行政部门应当加强对法律援助服务的监督，制定法律援助服务质量标准，通过第三方评估等方式定期进行质量考核。

第五十八条 司法行政部门、法律援助机构应当建立法律援助信息公开制度，定期向社会公布法律援助资金使用、案件办理、质量考核结果等情况，接受社会监督。

第五十九条 法律援助机构应当综合运用庭审旁听、案卷检查、征询司法机关意见和回访受援人等措施，督促法律援助人员提升服务质量。

第六十条 律师协会应当将律师事务所、律师履行法律援助义务的情况纳入年度考核内容，对拒不履行或者怠于履行法律援助义务的律师事务所、律师，依照有关规定进行惩戒。

第六章 法律责任

第六十一条 法律援助机构及其工作人员有下列情形之一的，由设立该法律援助机构的司法行政部门责令限期改正；有违法所得的，责令退还或者没收违法所得；对直接负责的主管人员和其他直接责任人员，依法给予处分：

（一）拒绝为符合法律援助条件的人员提供法律援助，或者故意为不符合法律援助条件的人员提供法律援助；

（二）指派不符合本法规定的人员提供法律援助；

（三）收取受援人财物；

（四）从事有偿法律服务；

（五）侵占、私分、挪用法律援助经费；

（六）泄露法律援助过程中知悉的国家秘密、商业秘密和个人隐私；

（七）法律法规规定的其他情形。

第六十二条 律师事务所、基层法律服务所有下列情形之一的，由司法行政部门依法给予处罚：

（一）无正当理由拒绝接受法律援助机构指派；

（二）接受指派后，不及时安排本所律师、基层法律服务工作者办理法律援助事项或者拒绝为本所律师、基层法律服务工作者办理法律援助事项提供支持和保障；

（三）纵容或者放任本所律师、基层法律服务工作者怠于履行法律援助义务或者擅自终止提供法律援助；

（四）法律法规规定的其他情形。

第六十三条 律师、基层法律服务工作者有下列情形之一的，由司法行政部门依法给予处罚：

（一）无正当理由拒绝履行法律援助义务或者怠于履行法律援助

义务；

（二）擅自终止提供法律援助；

（三）收取受援人财物；

（四）泄露法律援助过程中知悉的国家秘密、商业秘密和个人隐私；

（五）法律法规规定的其他情形。

第六十四条 受援人以欺骗或者其他不正当手段获得法律援助的，由司法行政部门责令其支付已实施法律援助的费用，并处三千元以下罚款。

第六十五条 违反本法规定，冒用法律援助名义提供法律服务并谋取利益的，由司法行政部门责令改正，没收违法所得，并处违法所得一倍以上三倍以下罚款。

第六十六条 国家机关及其工作人员在法律援助工作中滥用职权、玩忽职守、徇私舞弊的，对直接负责的主管人员和其他直接责任人员，依法给予处分。

第六十七条 违反本法规定，构成犯罪的，依法追究刑事责任。

第七章 附 则

第六十八条 工会、共产主义青年团、妇女联合会、残疾人联合会等群团组织开展法律援助工作，参照适用本法的相关规定。

第六十九条 对外国人和无国籍人提供法律援助，我国法律有规定的，适用法律规定；我国法律没有规定的，可以根据我国缔结或者参加的国际条约，或者按照互惠原则，参照适用本法的相关规定。

第七十条 对军人军属提供法律援助的具体办法，由国务院和中央军事委员会有关部门制定。

第七十一条 本法自 2022 年 1 月 1 日起施行。

企业工会工作条例

（2006年12月11日中华全国总工会第十四届执行委员会第四次全体会议通过）

第一章　总　　则

第一条　为加强和改进企业工会工作，发挥企业工会团结组织职工、维护职工权益、促进企业发展的重要作用，根据《工会法》、《劳动法》和《中国工会章程》，制定本条例。

第二条　企业工会是中华全国总工会的基层组织，是工会的重要组织基础和工作基础，是企业工会会员和职工合法权益的代表者和维护者。

第三条　企业工会以邓小平理论和“三个代表”重要思想为指导，贯彻科学发展观，坚持全心全意依靠工人阶级根本指导方针，走中国特色社会主义工会发展道路，落实“组织起来、切实维权”的工作方针，团结和动员职工为实现全面建设小康社会宏伟目标作贡献。

第四条　企业工会贯彻促进企业发展、维护职工权益的工作原则，协调企业劳动关系，推动建设和谐企业。

第五条　企业工会在本企业党组织和上级工会的领导下，依照法律和工会章程独立自主地开展工作，密切联系职工群众，关心职工群众生产生活，热忱为职工群众服务，努力建设成为组织健全、维权到位、工作活跃、作用明显、职工信赖的职工之家。

第二章　企业工会组织

第六条　企业工会依法组织职工加入工会，维护职工参加工会的权利。

第七条 会员二十五人以上的企业建立工会委员会；不足二十五人的可以单独建立工会委员会，也可以由两个以上企业的会员按地域或行业联合建立基层工会委员会。同时按有关规定建立工会经费审查委员会、工会女职工委员会。

企业工会具备法人条件的，依法取得社会团体法人资格，工会主席是法定代表人。

企业工会受法律保护，任何组织和个人不得随意撤销或将工会工作机构合并、归属到其他部门。

企业改制须同时建立健全工会组织。

第八条 会员大会或会员代表大会是企业工会的权力机关，每年召开一至两次会议。经企业工会委员会或三分之一以上会员提议可临时召开会议。

会员代表大会的代表由会员民主选举产生，会员代表实行常任制，任期与企业本届工会委员会相同，可连选连任。

会员在一百人以下的企业工会应召开会员大会。

第九条 会员大会或会员代表大会的职权：

（一）审议和批准工会委员会的工作报告。

（二）审议和批准工会委员会的经费收支情况报告和经费审查委员会的工作报告。

（三）选举工会委员会和经费审查委员会。

（四）听取工会主席、副主席的述职报告，并进行民主评议。

（五）撤换或者罢免其所选举的代表或者工会委员会组成人员。

（六）讨论决定工会工作其他重大问题。

第十条 会员大会或会员代表大会与职工代表大会或职工大会须分别行使职权，不得相互替代。

第十一条 企业工会委员会由会员大会或会员代表大会差额选举产生，选举结果报上一级工会批准，每届任期三年或者五年。

大型企业工会经上级工会批准，可设立常务委员会，负责工会委员会的日常工作，其下属单位可建立工会委员会。

第十二条 企业工会委员会是会员大会或会员代表大会的常设机构，对会员大会或会员代表大会负责，接受会员监督。在会员大会或会员代表大会闭会期间，负责日常工作。

第十三条 企业工会委员会根据工作需要，设立相关工作机构或专门工作委员会、工作小组。

工会专职工作人员一般按不低于企业职工人数的千分之三配备，具体人数由上级工会、企业工会与企业行政协商确定。

根据工作需要和经费许可，工会可从社会聘用工会工作人员，建立专兼职相结合的干部队伍。

第十四条 企业工会委员会实行民主集中制，重要问题须经集体讨论作出决定。

第十五条 企业工会委员（常委）会一般每季度召开一次会议，讨论或决定以下问题：

（一）贯彻执行会员大会或会员代表大会决议和党组织、上级工会有关决定、工作部署的措施。

（二）提交会员大会或会员代表大会的工作报告和向党组织、上级工会的重要请示、报告。

（三）工会工作计划和总结。

（四）向企业提出涉及企业发展和职工权益重大问题的建议。

（五）工会经费预算执行情况及重大财务支出。

（六）由工会委员会讨论和决定的其他问题。

第十六条 企业生产车间、班组建立工会分会、工会小组，会员民主选举工会主席、工会小组长，组织开展工会活动。

第十七条 建立工会积极分子队伍，发挥工会积极分子作用。

第三章 基本任务和活动方式

第十八条 企业工会的基本任务：

（一）执行会员大会或会员代表大会的决议和上级工会的决定。

（二）组织职工依法通过职工代表大会或职工大会和其他形式，参加企业民主管理和民主监督，检查督促职工代表大会或职工大会决议的执行。

（三）帮助和指导职工与企业签订劳动合同。就劳动报酬、工作时间、劳动定额、休息休假、劳动安全卫生、保险福利等与企业平等协商、签订集体合同，并监督集体合同的履行。调解劳动争议。

（四）组织职工开展劳动竞赛、合理化建议、技术革新、技术攻关、技术协作、发明创造、岗位练兵、技术比赛等群众性经济技术创新活动。

（五）组织培养、评选、表彰劳动模范，负责做好劳动模范的日常管理工作。

（六）对职工进行思想政治教育，组织职工学习文化、科学和业务知识，提高职工素质。办好职工文化、教育、体育事业，开展健康的文化体育活动。

（七）协助和督促企业做好劳动报酬、劳动安全卫生和保险福利等方面的工作，监督有关法律法规的贯彻执行。参与劳动安全卫生事故的调查处理。协助企业办好职工集体福利事业，做好困难职工帮扶救助工作，为职工办实事、做好事、解难事。

（八）维护女职工的特殊利益。

（九）加强组织建设，健全民主生活，做好会员会籍管理工作。

（十）收好、管好、用好工会经费，管理好工会资产和工会企（事）业。

第十九条 坚持群众化、民主化，实行会务公开。凡涉及会员群众利益的重要事项，须经会员大会或会员代表大会讨论决定；工作计划、重大活动、经费收支等情况接受会员监督。

第二十条 按照会员和职工群众的意愿，依靠会员和职工群众，开展形式多样的工会活动。

第二十一条 工会召开会议或者组织职工活动，需要占用生产时间的，应当事先征得企业的同意。

工会非专职委员占用生产或工作时间参加会议或者从事工会工作，在法律规定的时间内工资照发，其他待遇不受影响。

第二十二条 开展建设职工之家活动，建立会员评议建家工作制度，增强工会凝聚力，提高工会工作水平。

推动企业关爱职工，引导职工热爱企业，创建劳动关系和谐企业。

第四章 工 会 主 席

第二十三条 职工二百人以上的企业工会依法配备专职工会主席。由同级党组织负责人担任工会主席的，应配备专职工会副主席。

第二十四条 国有、集体及其控股企业工会主席候选人，应由同级党组织和上级工会在充分听取会员意见的基础上协商提名。工会主席按企业党政同级副职级条件配备，是共产党员的应进入同级党组织领导班子。专职工会副主席按不低于企业中层正职配备。

私营企业、外商投资企业、港澳台商投资企业工会主席候选人，由会员民主推荐，报上一级工会同意提名；也可以由上级工会推荐产生。工会主席享受企业行政副职待遇。

企业行政负责人、合伙人及其近亲属不得作为本企业工会委员会成员的人选。

第二十五条 工会主席、副主席可以由会员大会或会员代表大会直接选举产生，也可以由企业工会委员会选举产生。工会主席出现空缺，须按民主程序及时进行补选。

第二十六条 工会主席应当具备下列条件：

（一）政治立场坚定，热爱工会工作。

（二）具有与履行职责相应的文化程度、法律法规和生产经营管理知识。

（三）作风民主，密切联系群众，热心为会员和职工服务。

（四）有较强的协调劳动关系和组织活动能力。

第二十七条 企业工会主席的职权：

（一）负责召集工会委员会会议，主持工会日常工作。

（二）参加企业涉及职工切身利益和有关生产经营重大问题的会议，反映职工的意愿和要求，提出工会的意见。

（三）以职工方首席代表的身份，代表和组织职工与企业进行平等协商、签订集体合同。

（四）代表和组织职工参与企业民主管理。

（五）代表和组织职工依法监督企业执行劳动安全卫生等法律法规，要求纠正侵犯职工和工会合法权益的行为。

（六）担任劳动争议调解委员会主任，主持企业劳动争议调解委员会的工作。

（七）向上级工会报告重要信息。

（八）负责管理工会资产和经费。

第二十八条 按照法律规定，企业工会主席、副主席任期未满时，不得随意调动其工作。因工作需要调动时，应征得本级工会委员会和上一级工会的同意。

罢免工会主席、副主席必须召开会员大会或会员代表大会讨论，非经会员大会全体会员或者会员代表大会全体代表无记名投票过半数通过，不得罢免。

工会专职主席、副主席或者委员自任职之日起，其劳动合同期限自动延长，延长期限相当于其任职期间，非专职主席、副主席或者委员自任职之日起，其尚未履行的劳动合同期限短于任期的，劳动合同期限自动延长至任期期满。任职期间个人严重过失或者达到法定退休年龄的除外。

第二十九条 新任企业工会主席、副主席，应在一年内参加上级工会举办的上岗资格或业务培训。

第五章 工作机制和制度

第三十条 帮助和指导职工签订劳动合同。代表职工与企业协商确定劳动合同文本的主要内容和条件，为职工签订劳动合同提供法律、技术等方面的咨询和服务。监督企业与所有职工签订劳动合同。

工会对企业违反法律法规和有关合同规定解除职工劳动合同的，应提出意见并要求企业将处理结果书面通知工会。工会应对企业经济性裁员事先提出同意或否决的意见。

监督企业和引导职工严格履行劳动合同，依法督促企业纠正违反劳动合同的行为。

第三十一条 依法与企业进行平等协商，签订集体合同和劳动报酬、劳动安全卫生、女职工特殊权益保护等专项集体合同。

工会应将劳动报酬、工作时间、劳动定额、保险福利、劳动安全卫生等问题作为协商重点内容。

工会依照民主程序选派职工协商代表，可依法委托本企业以外的专业人士作为职工协商代表，但不得超过本方协商代表总数的三分之一。

小型企业集中的地方，可由上一级工会直接代表职工与相应的企业组织或企业进行平等协商，签订区域性、行业性集体合同或专项集体合同。

劳务派遣工集中的企业，工会可与企业、劳务公司共同协商签订集体合同。

第三十二条　工会发出集体协商书面要约二十日内，企业不予回应的，工会可要求上级工会协调；企业无正当理由拒绝集体协商的，工会可提请县级以上人民政府责令改正，依法处理；企业违反集体合同规定的，工会可依法要求企业承担责任。

第三十三条　企业工会是职工代表大会或职工大会的工作机构，负责职工代表大会或职工大会的日常工作。

职工代表大会的代表经职工民主选举产生。职工代表大会中的一线职工代表一般不少于职工代表总数的百分之五十。女职工、少数民族职工代表应占相应比例。

第三十四条　国有企业、国有控股企业职工代表大会或职工大会的职权：

（一）听取审议企业生产经营、安全生产、重组改制等重大决策以及实行厂务公开、履行集体合同情况报告，提出意见和建议。

（二）审议通过集体合同草案、企业改制职工安置方案。审查同意或否决涉及职工切身利益的重要事项和企业规章制度。

（三）审议决定职工生活福利方面的重大事项。

（四）民主评议监督企业中层以上管理人员，提出奖惩任免建议。

（五）依法行使选举权。

（六）法律法规规定的其他权利。

集体（股份合作制）企业职工代表大会或职工大会的职权：

（一）制定、修改企业章程。

（二）选举、罢免企业经营管理人员。

（三）审议决定经营管理以及企业合并、分立、变更、破产等重大事项。

（四）监督企业贯彻执行国家有关劳动安全卫生等法律法规、实行厂务公开、执行职代会决议等情况。

（五）审议决定有关职工福利的重大事项。

私营企业、外商投资企业和港澳台商投资企业职工代表大会或职工大会的职权：

（一）听取企业发展规划和年度计划、生产经营等方面的报告，提出意见和建议。

（二）审议通过涉及职工切身利益重大问题的方案和企业重要规章制度、集体合同草案等。

（三）监督企业贯彻执行国家有关劳动安全卫生等法律法规、实行厂务公开、履行集体合同和执行职代会决议、缴纳职工社会保险、处分和辞退职工的情况。

（四）法律法规、政策和企业规章制度规定及企业授权和集体协商议定的其他权利。

第三十五条 职工代表大会或职工大会应有全体职工代表或全体职工三分之二以上参加方可召开。职工代表大会或职工大会进行选举和作出重要决议、决定，须采用无记名投票方式进行表决，经全体职工代表或全体职工过半数通过。

小型企业工会可联合建立区域或行业职工代表大会，解决本区域或行业涉及职工利益的共性问题。

公司制企业不得以股东（代表）大会取代职工（代表）大会。

第三十六条 督促企业建立和规范厂务公开制度。

第三十七条 凡设立董事会、监事会的公司制企业，工会应依法督促企业建立职工董事、职工监事制度。

职工董事、职工监事人选由企业工会提名，通过职工代表大会或职工大会民主选举产生，对职工代表大会或职工大会负责。企业工会主席、副主席一般应分别作为职工董事、职工监事的候选人。

第三十八条 建立劳动法律监督委员会，职工人数较少的企业应设立工会劳动法律监督员，对企业执行有关劳动报酬、劳动安全卫生、工作时间、休息休假、女职工和未成年工保护、保险福利等劳动法律法规情况进行群众监督。

第三十九条 建立劳动保护监督检查委员会，生产班组中设立工会小组劳动保护检查员。建立完善工会监督检查、重大事故隐患和职业危害建档跟踪、群众举报等制度，建立工会劳动保护工作责任制。依法参加职工因工伤亡事故和其他严重危害职工健康问题的调查处理。协助与督促企业落实法律赋予工会与职工安全生产方面的知情权、参与权、监督权和紧急避险权。开展群众性安全生产活动。

依照国家法律法规对企业新建、扩建和技术改造工程中的劳动条件和安全卫生设施与主体工程同时设计、同时施工、同时使用进行监督。

发现企业违章指挥、强令工人冒险作业，或者生产过程中发现明显重大事故隐患和职业危害，工会应提出解决的建议；发现危及职工生命安全的情况，工会有权组织职工撤离危险现场。

第四十条 依法建立企业劳动争议调解委员会，劳动争议调解委员会由职工代表、企业代表和工会代表组成，办事机构设在企业工会。职工代表和工会代表的人数不得少于调解委员会成员总数的三分之二。

建立劳动争议预警机制，发挥劳动争议调解组织的预防功能，设立建立企业劳动争议信息员制度，做好劳动争议预测、预报、预防工作。

企业发生停工、怠工事件，工会应当积极同企业或者有关方面协商，反映职工的意见和要求并提出解决意见，协助企业做好工作，尽快恢复生产、工作秩序。

第四十一条 开展困难职工生活扶助、医疗救助、子女就学和职工互助互济等工作。有条件的企业工会建立困难职工帮扶资金。

第六章 女职工工作

第四十二条 企业工会有女会员十名以上的，应建立工会女职工委员会，不足十名的应设女职工委员。

女职工委员会在企业工会委员会领导和上一级工会女职工委员会指导下开展工作。

女职工委员会主任由企业工会女主席或副主席担任。企业工会没有女主席或副主席的，由符合相应条件的工会女职工委员担任，享受同级工会副主席待遇。

女职工委员会委员任期与同级工会委员会委员相同。

第四十三条 女职工委员会依法维护女职工的合法权益，重点是女职工经期、孕期、产期、哺乳期保护，禁忌劳动、卫生保健、生育保险等特殊利益。

第四十四条 女职工委员会定期研究涉及女职工特殊权益问题，向企业工会委员会和上级女职工委员会报告工作，重要问题应提交企业职工代表大会或职工大会审议。

第四十五条 企业工会应为女职工委员会开展工作与活动提供必要的经费。

第七章 工会经费和资产

第四十六条 督促企业依法按每月全部职工工资总额的百分之二向工会拨缴经费、提供工会办公和开展活动的必要设施和场所等物质条件。

第四十七条 工会依法设立独立银行账户，自主管理和使用工会经费、会费。工会经费、会费主要用于为职工服务和工会活动。

第四十八条 督促企业按国家有关规定支付工会会同企业开展的职工教育培训、劳动保护、劳动竞赛、技术创新、职工疗休养、困难职工补助、企业文化建设等工作所需费用。

第四十九条 工会经费审查委员会代表会员群众对工会经费收支和财产管理进行审查监督。

建立经费预算、决算和经费审查监督制度，经费收支情况接受同级工会经费审查委员会审查，接受上级工会审计，并定期向会员大会或会员代表大会报告。

第五十条 企业工会经费、财产和企业拨给工会使用的不动产受法律保护，任何单位和个人不得侵占、挪用和任意调拨。

企业工会组织合并，其经费财产归合并后的工会所有；工会组织撤销或解散，其经费财产由上级工会处置。

第八章 工会与企业党组织、行政和上级工会

第五十一条 企业工会接受同级党组织和上级工会双重领导，以同级党组织领导为主。未建立党组织的企业，其工会由上一级工会领导。

第五十二条 企业工会与企业行政具有平等的法律地位，相互尊重、相互支持、平等合作，共谋企业发展。

企业工会与企业可以通过联席会、民主议事会、民主协商会、劳资恳谈会等形式，建立协商沟通制度。

第五十三条 企业工会支持企业依法行使经营管理权，动员和组织职工完成生产经营任务。

督促企业按照有关规定，按职工工资总额的百分之一点五至百分之二点五、百分之一分别提取职工教育培训费用和劳动竞赛奖励经费，并严格管理和使用。

第五十四条 企业行政应依法支持工会履行职责，为工会开展工作创造必要条件。

第五十五条 上级工会负有对企业工会指导和服务的职责，为企

业工会开展工作提供法律、政策、信息、培训和会员优惠等方面的服务，帮助企业工会协调解决工作中的困难和问题。

企业工会在履行职责遇到困难时，可请上级工会代行企业工会维权职责。

第五十六条 县以上地方工会设立保护工会干部专项经费，为维护企业工会干部合法权益提供保障。经费来源从本级工会经费中列支，也可以通过其它渠道多方筹集。

建立上级工会保护企业工会干部责任制。对因履行职责受到打击报复或不公正待遇以及有特殊困难的企业工会干部，上级工会应提供保护和帮助。

上级工会与企业工会、企业行政协商，可对企业工会兼职干部给予适当补贴。

第五十七条 上级工会应建立对企业工会干部的考核、激励机制，对依法履行职责作出突出贡献的工会干部给予表彰奖励。

工会主席、副主席不履行职责，上级工会应责令其改正；情节严重的可以提出罢免的建议，按照有关规定予以罢免。

第九章 附 则

第五十八条 本条例适用于中华人民共和国境内所有企业和实行企业化管理的事业单位工会。

第五十九条 本条例由中华全国总工会解释。

第六十条 本条例自公布之日起施行。

机关工会工作暂行条例

（2015 年 6 月 26 日　总工发〔2015〕27 号）

第一章　总　　则

第一条　为加强机关工会工作制度化、规范化建设，充分发挥机关工会作用，根据《中华人民共和国工会法》和《中国工会章程》，制定本条例。

第二条　机关工会是指党的机关、人大机关、行政机关、政协机关、审判机关、检察机关，各民主党派和工商联的机关，以及使用国家行政编制的人民团体和群众团体机关等依法建立的工会组织。

第三条　机关工会必须坚持党的领导，在同级机关党组织领导下，依照法律和《中国工会章程》独立自主地开展工作，依法行使权利和履行义务。

第四条　机关工会以马克思列宁主义、毛泽东思想、邓小平理论、“三个代表”重要思想、科学发展观为指导，深入贯彻习近平总书记系列重要讲话精神，坚持正确政治方向，在思想上、政治上、行动上同党中央保持一致，坚定不移走中国特色社会主义工会发展道路，认真履行工会各项社会职能，团结动员机关职工为完成机关各项任务作贡献，在全面建成小康社会、实现中华民族伟大复兴的中国梦的历史进程中充分发挥作用。

第五条　机关工会坚持以改革创新精神加强自身建设，坚持群众化、民主化、制度化，改进工作作风，保持同职工的密切联系，依靠职工开展工作，把机关工会组织建设成职工群众信赖的“职工之家”，把工会干部锤炼成听党话、跟党走、职工群众信赖的“娘家人”。

第二章 组织建设

第六条 机关单位应当依法建立工会组织。有会员二十五人以上的，应当建立机关工会委员会；不足二十五人的，可以单独建立机关工会委员会，也可以由两个以上单位的会员联合建立机关工会委员会，也可以选举工会主席一人，主持工会工作。

机关内设部门及机构，可以建立机关工会分会或者工会小组。

会员人数较多的工会组织，可以根据需要设立相应的专门工作委员会，承担工会委员会的有关工作。

第七条 机关工会组织按照民主集中制原则建立。工会委员会由会员大会或者会员代表大会民主选举产生，选举结果报上一级工会批准。

机关工会接受同级机关党组织和上级工会双重领导，以同级机关党组织领导为主。

第八条 机关工会委员会每届任期三至五年，具体任期由会员大会或者会员代表大会决定。

机关工会委员会应当按期换届。因故提前或者延期换届的，应当报上一级工会批准。任期届满未换届的，上级工会有权督促其限期进行换届。

第九条 机关工会委员会具备条件的，应当依法申请取得工会法人资格，工会主席或者主持工作的副主席为法定代表人。

第十条 各省、自治区、直辖市，设区的市（地）和自治州（盟），县（区、旗）、自治县、不设区的市所属机关，经同级地方工会或者其派出机关批准，成立机关工会委员会或者联合机关工会委员会。

各省、自治区、直辖市，设区的市（地）和自治州（盟），县（区、旗）、自治县、不设区的市，经同级地方工会批准，可以成立地方机关工会联合会，也可以设立地方机关工会工作委员会，领导本级各机关工会委员会或者联合机关工会委员会。

地方机关工会联合会或者地方机关工会工作委员会以同级地方直属机关党的工作委员会领导为主，同时接受地方工会的领导。

第十一条 中央直属机关工会联合会、中央国家机关工会联合会的建立，由中华全国总工会批准。中央直属机关工会联合会、中央国家机关工会联合会以中央直属机关工作委员会、中央国家机关工作委员会领导为主，同时接受中华全国总工会的领导。

中央和国家机关各部委、各人民团体机关，经中央直属机关工会联合会或者中央国家机关工会联合会批准，成立机关工会委员会。

第三章 工作职责

第十二条 机关工会的职责是：

（一）加强对职工进行中国特色社会主义理论体系教育，深入开展党的基本理论、基本路线、基本纲领、基本经验、基本要求教育，培育和践行社会主义核心价值观，不断提高机关职工政治理论、思想道德、科学文化和业务素质水平。

（二）动员组织职工围绕机关中心工作，开展创先争优活动，做好先进工作者的评选、表彰、培养、管理和服务工作。

（三）加强和改进职工思想政治工作，注重人文关怀和心理疏导，开展群众性精神文明创建、文化体育活动，丰富职工精神文化生活，推动机关文化建设。

（四）配合党政机关贯彻落实《中华人民共和国公务员法》等法律法规，维护机关职工合法权益，协助党政机关解决涉及职工切身利益的问题。做好困难职工帮扶工作，组织职工参加疗养、休养及健康体检，努力为职工办实事、做好事、解难事，促进和谐机关建设。

（五）加强调查研究，反映机关职工意见和建议，参与机关内部事务民主管理、民主监督，促进机关内部事务公开，保障职工的知情权、参与权、表达权、监督权，推进机关廉政建设。

（六）加强工会组织建设，健全工会民主制度，做好会员的发展、接收、教育和会籍管理工作，加强对专（兼）职工会干部和工会积极分子的培养，深入开展建设职工之家活动。

（七）依法收好、管好、用好工会经费，管理好工会资产。

第四章　组织制度

第十三条　机关工会每年至少召开一次会员大会或者会员代表大会。经机关工会委员会或者三分之一以上会员提议，可以临时召开会议。会员在一百人以下的应当召开会员大会。

会员大会和会员代表大会的主要任务是：传达党组织、上级工会的重要指示精神；审议和批准工会委员会工作报告；审议和批准工会委员会的经费收支情况报告和经费审查委员会的工作报告；选举工会委员会、经费审查委员会；讨论决定工会工作的重大问题；公开工会内部事务；民主评议监督工会工作和工会领导人。

会员代表大会代表实行常任制，任期与工会委员会相同。

第十四条　机关工会委员会主持会员大会或者会员代表大会的日常工作，向会员大会或者会员代表大会负责并报告工作，接受会员监督。

第十五条　机关工会委员会的主要任务是：负责贯彻党组织和上级工会工作部署、会员大会或者会员代表大会决议；向党组织和上级工会请示报告有关召开会员大会或者会员代表大会的重要事宜；研究制定工会工作计划和重大活动方案，提出工作报告；编制和执行工会经费预算，编报工会经费决算，审批重大支出项目；讨论和决定其他重要事项。

第十六条　机关工会委员会向同级机关党组织请示汇报以下事

项：贯彻上级党组织对工会工作重要指示和上级工会重要工作部署的意见；召开会员大会或者会员代表大会的方案、工会工作报告、工作安排、重要活动及主要领导成员的推荐人选；涉及职工切身利益的重大问题及思想工作和生活情况；推荐表彰先进等事项。

第五章 干部队伍

第十七条 机关工会应当根据职工人数相应配备专（兼）职工会干部。职工人数较多的，可以配备专职工会主席。

第十八条 机关工会设专职主席的，一般按同级机关党组织副职领导干部配备；设专职副主席的，一般按相应职级的干部配备。机关工会主席是党员的，应当具备提名作为同级机关党组织常委、委员候选人的条件。

第十九条 机关工会主席、副主席和委员实行任期制，可以连选连任。

工会主席、副主席因工作需要调动时，应当征得本级工会委员会和上一级工会的同意。

工会主席、副主席缺额时，应当及时补选，空缺时间不超过半年。

第六章 工会经费和资产

第二十条 工会会员按规定标准按月缴纳会费。

建立工会组织的机关，按每月全部职工工资总额的百分之二向机关工会拨缴工会经费；由财政统一划拨经费的，工会经费列入同级财政预算，按财政统一划拨方式执行。

机关工会可以按照《中华人民共和国工会法》有关规定，向机关单位申请经费补助，以弥补工会经费不足。

上级工会有权对下级工会所在机关拨缴工会经费情况进行监督检

查。对无正当理由拖延或者拒不拨缴工会经费的单位，依据《中华人民共和国工会法》相关规定处理。

第二十一条 具备社团法人资格的机关工会可以设立独立经费账户。费用支出实行工会主席签批制度。

工会经费主要用于为职工服务和工会活动。

机关工会应当按照有关规定收缴、上解工会经费，依法独立管理和使用工会经费。任何组织和个人不得截留、挪用、侵占工会经费。

第二十二条 机关工会应当根据经费独立原则建立预算、决算和经费审查制度，坚持量入为出、厉行节约、收支平衡的原则。

工会经费的收支情况应当由同级工会经费审查委员会审查，并定期向会员大会或者会员代表大会报告，采取一定方式公开，接受会员监督。工会经费的审查工作按照有关法律、规定和工会经费审查制度进行。

工会主席任期届满或者任期内离任的，应当按照规定进行经济责任审计。

第二十三条 各级人民政府和机关单位应当依法为工会办公和开展活动提供必要的设施和活动场所等物质条件。

工会经费、资产和国家拨给工会的不动产及拨付资金形成的资产，任何单位和个人不得侵占、挪用和任意调拨；未经批准，工会所属的为职工服务的企业、事业单位，其隶属关系和产权关系不得改变。

第七章 工会经费审查审计

第二十四条 会员大会或者会员代表大会在选举机关工会委员会的同时，选举产生经费审查委员会，会员人数较少的，可以选举经费审查委员一人。

经费审查委员会主任、副主任由经费审查委员会全体会议选举产生。经费审查委员会主任按同级工会副职级配备。

经费审查委员会或者经费审查委员的选举结果，与机关工会委员会的选举结果同时报上一级工会批准。

第二十五条 机关工会经费审查委员会的任期与机关工会委员会相同，向同级会员大会或者会员代表大会负责并报告工作；在会员大会或者会员代表大会闭会期间，向同级工会委员会负责并报告工作。

第二十六条 机关工会经费审查委员会审查审计同级工会组织的经费收支、资产管理等全部经济活动。

经费审查委员会对审查审计工作中的重大事项，有权向同级工会委员会和上一级经费审查委员会报告。

机关工会经费审查委员会应当接受上级工会经费审查委员会的业务指导和督促检查。

第八章 女职工工作

第二十七条 机关工会有女会员十人以上的建立女职工委员会，不足十人的设女职工委员。

女职工委员会由同级机关工会委员会提名，在充分协商的基础上组成或者选举产生，女职工委员会与工会委员会同时建立，在同级工会委员会领导下开展工作，接受上级工会女职工委员会指导，任期与同级工会委员会相同。

女职工委员会主任由机关工会女主席或者女副主席担任，也可以经民主协商，按照同级工会副主席相应条件配备女职工委员会主任。

第二十八条 机关工会女职工委员会的任务是：依法维护女职工的合法权益和特殊利益；组织开展女职工岗位建功活动；开展教育培训，全面提高女职工的思想道德、科学文化、业务技能和健康素质；关心女职工成长进步，积极发现、培养、推荐女性人才。

第二十九条 机关工会女职工委员会定期研究涉及女职工的有关

问题，向机关工会委员会和上级工会女职工委员会报告工作。

机关工会应当支持女职工委员会根据女职工的特点开展工作，并提供必要的活动场地和经费。

第三十条　机关工会女职工委员会通过县以上地方工会接受妇联的业务指导。

第九章　附　　则

第三十一条　参照《中华人民共和国公务员法》管理的事业单位，适用本条例。

机关直属企业和实行企业化管理的事业单位工会，依照《企业工会工作条例》执行。

第三十二条　各省、自治区、直辖市总工会，中央直属机关工会联合会、中央国家机关工会联合会可以依据本条例，制定具体实施办法。

第三十三条　本条例由中华全国总工会负责解释。

第三十四条　本条例自公布之日起施行。

工会基层组织选举工作条例

（2016年10月9日　总工发〔2016〕27号）

第一章　总　　则

第一条　为规范工会基层组织选举工作，加强基层工会建设，发挥基层工会作用，根据《中华人民共和国工会法》《中国工会章程》等有关规定，制定本条例。

第二条　本条例适用于企业、事业单位、机关和其他社会组织单独或联合建立的基层工会委员会。

第三条 基层工会委员会由会员大会或会员代表大会选举产生。工会委员会的主席、副主席，可以由会员大会或会员代表大会直接选举产生，也可以由工会委员会选举产生。

第四条 工会会员享有选举权、被选举权和表决权。保留会籍的人员除外。

第五条 选举工作应坚持党的领导，坚持民主集中制，遵循依法规范、公开公正的原则，尊重和保障会员的民主权利，体现选举人的意志。

第六条 选举工作在同级党组织和上一级工会领导下进行。未建立党组织的在上一级工会领导下进行。

第七条 基层工会委员会换届选举的筹备工作由上届工会委员会负责。

新建立的基层工会组织选举筹备工作由工会筹备组负责。筹备组成员由同级党组织代表和职工代表组成，根据工作需要，上级工会可以派人参加。

第二章 委员和常务委员名额

第八条 基层工会委员会委员名额，按会员人数确定：

不足25人，设委员3至5人，也可以设主席或组织员1人；

25人至200人，设委员3至7人；

201人至1000人，设委员7至15人；

1001人至5000人，设委员15至21人；

5001人至10000人，设委员21至29人；

10001人至50000人，设委员29至37人；

50001人以上，设委员37至45人。

第九条 大型企事业单位基层工会委员会，经上一级工会批准，可以设常务委员会，常务委员会由9至11人组成。

第三章　候选人的提出

第十条　基层工会委员会的委员、常务委员会委员和主席、副主席的选举均应设候选人。候选人应信念坚定、为民服务、勤政务实、敢于担当、清正廉洁，热爱工会工作，受到职工信赖。

基层工会委员会委员候选人中应有适当比例的劳模（先进工作者）、一线职工和女职工代表。

第十一条　单位行政主要负责人、法定代表人、合伙人以及他们的近亲属不得作为本单位工会委员会委员、常务委员会委员和主席、副主席候选人。

第十二条　基层工会委员会的委员候选人，应经会员充分酝酿讨论，一般以工会分会或工会小组为单位推荐。由上届工会委员会或工会筹备组根据多数工会分会或工会小组的意见，提出候选人建议名单，报经同级党组织和上一级工会审查同意后，提交会员大会或会员代表大会表决通过。

第十三条　基层工会委员会的常务委员会委员、主席、副主席候选人，可以由上届工会委员会或工会筹备组根据多数工会分会或工会小组的意见提出建议名单，报经同级党组织和上一级工会审查同意后提出；也可以由同级党组织与上一级工会协商提出建议名单，经工会分会或工会小组酝酿讨论后，由上届工会委员会或工会筹备组根据多数工会分会或工会小组的意见，报经同级党组织和上一级工会审查同意后提出。

根据工作需要，经上一级工会与基层工会和同级党组织协商同意，上一级工会可以向基层工会推荐本单位以外人员作为工会主席、副主席候选人。

第十四条　基层工会委员会的主席、副主席，在任职一年内应按规定参加岗位任职资格培训。凡无正当理由未按规定参加岗位任职资格培训的，一般不再提名为下届主席、副主席候选人。

第四章　选举的实施

第十五条　基层工会组织实施选举前应向同级党组织和上一级工会报告，制定选举工作方案和选举办法。

基层工会委员会委员候选人建议名单应进行公示，公示期不少于5个工作日。

第十六条　会员不足100人的基层工会组织，应召开会员大会进行选举；会员100人以上的基层工会组织，应召开会员大会或会员代表大会进行选举。

召开会员代表大会进行选举的，按照有关规定由会员民主选举产生会员代表。

第十七条　参加选举的人数为应到会人数的三分之二以上时，方可进行选举。

基层工会委员会委员和常务委员会委员应差额选举产生，可以直接采用候选人数多于应选人数的差额选举办法进行正式选举，也可以先采用差额选举办法进行预选产生候选人名单，然后进行正式选举。委员会委员和常务委员会委员的差额率分别不低于5%和10%。常务委员会委员应从新当选的工会委员会委员中产生。

第十八条　基层工会主席、副主席可以等额选举产生，也可以差额选举产生。主席、副主席应从新当选的工会委员会委员中产生，设立常务委员会的应从新当选的常务委员会委员中产生。

第十九条　基层工会主席、副主席由会员大会或会员代表大会直接选举产生的，一般在经营管理正常、劳动关系和谐、职工队伍稳定的中小企事业单位进行。

第二十条　召开会员大会进行选举时，由上届工会委员会或工会筹备组主持；不设委员会的基层工会组织进行选举时，由上届工会主席或组织员主持。

召开会员代表大会进行选举时，可以由大会主席团主持，也可以由上届工会委员会或工会筹备组主持。大会主席团成员由上届工会委员会或工会筹备组根据各代表团（组）的意见，提出建议名单，提交代表大会预备会议表决通过。

召开基层工会委员会第一次全体会议选举常务委员会委员、主席、副主席时，由上届工会委员会或工会筹备组或大会主席团推荐一名新当选的工会委员会委员主持。

第二十一条 选举前，上届工会委员会或工会筹备组或大会主席团应将候选人的名单、简历及有关情况向选举人介绍。

第二十二条 选举设监票人，负责对选举全过程进行监督。

召开会员大会或会员代表大会选举时，监票人由全体会员或会员代表、各代表团（组）从不是候选人的会员或会员代表中推选，经会员大会或会员代表大会表决通过。

召开工会委员会第一次全体会议选举时，监票人从不是常务委员会委员、主席、副主席候选人的委员中推选，经全体委员会议表决通过。

第二十三条 选举采用无记名投票方式。不能出席会议的选举人，不得委托他人代为投票。

选票上候选人的名单按姓氏笔画为序排列。

第二十四条 选举人可以投赞成票或不赞成票，也可以投弃权票。投不赞成票者可以另选他人。

第二十五条 会员或会员代表在选举期间，如不能离开生产、工作岗位，在监票人的监督下，可以在选举单位设立的流动票箱投票。

第二十六条 投票结束后，在监票人的监督下，当场清点选票，进行计票。

选举收回的选票，等于或少于发出选票的，选举有效；多于发出选票的，选举无效，应重新选举。

每张选票所选人数等于或少于规定应选人数的为有效票，多于规定应选人数的为无效票。

第二十七条 被选举人获得应到会人数的过半数赞成票时，始得当选。

获得过半数赞成票的被选举人人数超过应选名额时，得赞成票多的当选。如遇赞成票数相等不能确定当选人时，应就票数相等的被选举人再次投票，得赞成票多的当选。

当选人数少于应选名额时，对不足的名额可以另行选举。如果接近应选名额且符合第八条规定，也可以由大会征得多数会员或会员代表的同意减少名额，不再进行选举。

第二十八条 大会主持人应当场宣布选举结果及选举是否有效。

第二十九条 基层工会委员会、常务委员会和主席、副主席的选举结果，报上一级工会批准。上一级工会自接到报告 15 日内应予批复。违反规定程序选举的，上一级工会不得批准，应重新选举。

基层工会委员会的任期自选举之日起计算。

第五章 任期、调动、罢免和补选

第三十条 基层工会委员会每届任期三年或五年，具体任期由会员大会或会员代表大会决定。经选举产生的工会委员会委员、常务委员会委员和主席、副主席可连选连任。基层工会委员会任期届满，应按期换届选举。遇有特殊情况，经上一级工会批准，可以提前或延期换届，延期时间一般不超过半年。

上一级工会负责督促指导基层工会组织按期换届。

第三十一条 基层工会主席、副主席任期未满时，不得随意调动其工作。因工作需要调动时，应征得本级工会委员会和上一级工会的同意。

第三十二条 经会员大会或会员代表大会民主测评和上级工会与

同级党组织考察，需撤换或罢免工会委员会委员、常务委员会委员和主席、副主席时，须依法召开会员大会或会员代表大会讨论，非经会员大会全体会员或会员代表大会全体代表无记名投票过半数通过，不得撤换或罢免。

第三十三条 基层工会主席因工作调动或其他原因空缺时，应及时按照相应民主程序进行补选。

补选主席，如候选人是委员的，可以由工会委员会选举产生，也可以由会员大会或会员代表大会选举产生；如候选人不是委员的，可以经会员大会或会员代表大会补选为委员后，由工会委员会选举产生，也可以由会员大会或会员代表大会选举产生。

补选主席的任期为本届工会委员会尚未履行的期限。

补选主席前征得同级党组织和上一级工会的同意，可暂由一名副主席或委员主持工作，期限一般不超过半年。

第六章　经费审查委员会

第三十四条 凡建立一级工会财务管理的基层工会组织，应在选举基层工会委员会的同时，选举产生经费审查委员会。

第三十五条 基层工会经费审查委员会委员名额一般 3 至 11 人。经费审查委员会设主任 1 人，可根据工作需要设副主任 1 人。

基层工会的主席、分管财务和资产的副主席、财务和资产管理部门的人员，不得担任同级工会经费审查委员会委员。

第三十六条 基层工会经费审查委员会由会员大会或会员代表大会选举产生。主任、副主任可以由经费审查委员会全体会议选举产生，也可以由会员大会或会员代表大会选举产生。

第三十七条 基层工会经费审查委员会的选举结果，与基层工会委员会选举结果同时报上一级工会批准。

基层工会经费审查委员会的任期与基层工会委员会相同。

第七章 女职工委员会

第三十八条 基层工会组织有女会员 10 人以上的建立女职工委员会，不足 10 人的设女职工委员。女职工委员会与基层工会委员会同时建立。

第三十九条 基层工会女职工委员会委员由同级工会委员会提名，在充分协商的基础上产生，也可召开女职工大会或女职工代表大会选举产生。

第四十条 基层工会女职工委员会主任由同级工会女主席或女副主席担任，也可经民主协商，按照相应条件配备女职工委员会主任。女职工委员会主任应提名为同级工会委员会或常务委员会委员候选人。基层工会女职工委员会主任、副主任名单，与工会委员会选举结果同时报上一级工会批准。

第八章 附 则

第四十一条 乡镇（街道）、开发区（工业园区）、村（社区）建立的工会委员会，县级以下建立的区域（行业）工会联合会如进行选举的，参照本条例执行。

第四十二条 本条例由中华全国总工会负责解释。

第四十三条 本条例自发布之日起施行，以往有关规定与本条例不一致的，以本条例为准。1992 年 5 月 18 日全国总工会办公厅印发的《工会基层组织选举工作暂行条例》同时废止。

事业单位工会工作条例

（2018 年 9 月 4 日　总工发〔2018〕26 号）

第一章　总　　则

第一条　为深入推进新时代事业单位工会工作改革创新，充分发挥事业单位工会作用，促进事业单位改革发展，根据《中华人民共和国工会法》《中国工会章程》，制定本条例。

第二条　本条例所指事业单位工会是指国家为了社会公益目的，由国家机关举办或者其他社会组织利用国有资产举办的，从事教育、科技、文化、卫生、体育等活动的社会服务组织中依法建立的工会组织。

第三条　事业单位工会以马克思列宁主义、毛泽东思想、邓小平理论、“三个代表”重要思想、科学发展观、习近平新时代中国特色社会主义思想为指导，坚持正确政治方向，坚持围绕中心、服务大局，牢牢把握为实现中华民族伟大复兴的中国梦而奋斗的工人运动时代主题，坚定不移走中国特色社会主义工会发展道路，推进事业单位工会制度化、规范化建设，加强维权服务，积极创新实践，强化责任担当，团结动员事业单位职工群众为全面建成小康社会、夺取新时代中国特色社会主义伟大胜利、实现中华民族伟大复兴的中国梦作出积极贡献。

第四条　事业单位工会接受同级党组织和上级工会双重领导，以同级党组织领导为主。对不在事业单位所在地的直属单位工会，实行属地管理原则。

第五条　事业单位工会工作应遵循把握以下原则：坚持党的领导，贯彻落实党的全心全意依靠工人阶级的根本指导方针，始终保持正确的政治方向；坚持以职工为本，保持和增强政治性、先进性、群众性，发挥联系职工桥梁纽带作用；坚持依法依规，做到依法建会、依法管会、依法履职、依法维权；坚持改革创新，适应形势任务要求，积极探索实践，不断加强自身建设，把工会组织建设得更加充满活力、更加坚强有力，努力增强吸引力凝聚力战斗力。

第二章 组织建设

第六条 事业单位应当依法建立工会组织，组织职工加入工会。

会员二十五人以上的事业单位建立工会委员会；不足二十五人的可以单独建立工会委员会，也可以由两个以上事业单位的会员联合建立工会基层委员会，也可以选举组织员或者工会主席一人，主持工会工作。同时按有关规定建立工会经费审查委员会、工会女职工委员会。

第七条 会员人数较多的事业单位工会组织，可以根据需要设立专门工作委员会，承担工会委员会的有关工作。

事业单位内设机构，可以建立工会分会或工会小组。

第八条 事业单位工会具备法人条件的，依法取得社团法人资格，工会主席为法定代表人。

第九条 事业单位工会受法律保护，不得随意撤销、合并或归属其他部门。

事业单位被撤销，其工会组织相应撤销，并报告上一级工会，已取得社团法人资格的，办理社团法人注销手续。

事业单位改革改制，应同时建立健全工会组织和相应机构。

第十条 会员大会或会员代表大会每年至少召开一次会议。经事业单位工会委员会或三分之一以上会员提议，可临时召开会议。

第十一条 会员代表大会的代表实行常任制，任期与本单位工会委员会相同。

第十二条 会员在一百人以下的事业单位工会应召开会员大会。

第十三条 会员大会或会员代表大会的职权：

（一）审议和批准工会委员会的工作报告；

（二）审议和批准工会委员会的经费收支情况报告和经费审查委员会的工作报告；

（三）选举工会委员会和经费审查委员会；

（四）撤换或罢免其所选举的代表或工会委员会组成人员；

（五）讨论决定工会工作其他重大问题；

（六）公开工会内部事务；

（七）民主评议和监督工会工作及工会负责人。

第十四条 会员代表大会或会员大会与职工代表大会（或职工大会，下同）须分别行使职权，不得相互替代。

第十五条 大型事业单位工会委员会，根据工作需要，经上级工会批准，可设立常务委员会，负责工会委员会的日常工作，其下属单位可建立工会委员会。

事业单位工会委员会委员和常务委员会委员应差额选举产生，可以直接采用候选人数多于应选人数的差额选举办法进行正式选举，也可以先采用差额选举办法进行预选产生候选人名单，然后进行正式选举。委员会委员和常务委员会委员的差额率分别不低于5%和10%。选举结果报上一级工会批准。

第十六条 事业单位工会委员会是会员大会或会员代表大会的常设机构，对会员大会或会员代表大会负责，接受会员监督。在会员大会或会员代表大会闭会期间，负责日常工作。

第十七条 事业单位工会委员会和经费审查委员会每届任期三年至五年，具体任期由会员大会或者会员代表大会决定。任期届满，应当如期召开会员大会或者会员代表大会，进行换届选举。特殊情况下，经上一级工会批准，可以提前或者延期举行，延期时间一般不超过半年。

第十八条 工会委员会实行民主集中制，重要人事事项、大额财务支出、资产处置、评先评优等重大问题、重要事项须经集体讨论作出决定。

第十九条 工会委员会（常委会）一般每季度召开一次会议，讨论或决定下列事项：

（一）贯彻党组织、上级工会有关决定和工作部署，执行会员大会或会员代表大会决议；

（二）向党组织、上级工会提交的重要请示、报告，向会员大会或会员代表大会提交的工作报告；

（三）工会工作计划和总结；

（四）向行政提出涉及单位发展、有关维护服务职工重大问题的建议；

（五）工会经费预算执行情况及重大财务支出；

（六）由工会委员会讨论和决定的其他事项。

第三章 职责任务

第二十条 事业单位工会的职责任务：

（一）坚持用习近平新时代中国特色社会主义思想武装头脑，认真学习贯彻党的基本理论、基本路线、基本方略，教育引导职工树立共产主义远大理想和中国特色社会主义共同理想，团结引导职工群众听党话、跟党走。

（二）培育和践行社会主义核心价值观，加强和改进职工思想政治工作，开展理想信念教育，实施道德建设工程，培养职工的社会公德、职业道德、家庭美德、个人品德，深化群众性精神文明创建活动，提高职工的思想觉悟、道德水准、文明素养。

（三）弘扬劳模精神、劳动精神、工匠精神，营造劳动光荣的社会风尚和精益求精的敬业风气，深入开展劳动和技能竞赛，开展群众性技术创新、技能培训等活动，提升职工技能技术素质，建设知识型、技能型、创新型职工队伍。

（四）加强职工文化建设，注重人文关怀和心理疏导，开展主题文化体育活动，丰富职工精神文化生活。

（五）加强以职工代表大会为基本形式的民主管理工作，深入推进事业单位内部事务公开，落实职工的知情权、参与权、表达权、监督权。

（六）做好职工维权工作，开展集体协商，构建和谐劳动人事关系，协调处理劳动人事争议，推动解决劳动就业、技能培训、工资报酬、安全健康、社会保障以及职业发展、民主权益、精神文化需求等问题。

（七）做好服务职工工作，倾听职工意见，反映职工诉求，协助党政办好职工集体福利事业，开展困难职工帮扶，组织职工参加疗养、休养及健康体检，为职工办实事、做好事、解难事。

（八）加强工会组织建设，建立健全工会内部运行和开展工作的各项制度，做好会员的发展、接转、教育和会籍管理工作，加强对专（兼）职工会干部和工会积极分子的培养，深入开展“职工之家”和“职工小家”创建活动。

（九）收好、管好、用好工会经费，管理使用好工会资产，加强工会经费和工会资产审查审计监督工作。

第四章　工 作 制 度

第二十一条　职工代表大会是事业单位实行民主管理的基本形式，是职工行使民主管理权力的机构。

事业单位职工代表大会每三年至五年为一届，每年至少召开一次。召开职工代表大会正式会议，必须有全体职工代表三分之二以上出席。

事业单位工会是职工代表大会工作机构，负责职工代表大会的日常工作。

事业单位工会承担以下与职工代表大会相关的工作职责：

（一）做好职工代表大会的筹备工作和会务工作，组织选举职工代表大会代表，征集和整理提案，提出会议议题、方案和主席团建议人选；

（二）职工代表大会闭会期间，组织传达贯彻会议精神，督促检查会议决议的落实；

（三）组织职工代表的培训，接受和处理职工代表的建议和申诉；

（四）就本单位民主管理工作向单位党组织汇报；

（五）完成职工代表大会委托的其他任务。

事业单位应当为本单位工会承担职工代表大会工作机构的职责提供必要的工作条件和经费保障。

第二十二条 事业单位的党政工联席会议，研究和解决事关职工切身利益的重要问题，由本单位工会召集。

第二十三条 建立和规范事务公开制度，协助党政做好事务公开工作，明确公开内容，拓展公开形式，并做好民主监督。

第二十四条 畅通职工表达合理诉求渠道，通过协商、协调、沟通的办法，化解劳动人事矛盾，构建和谐劳动人事关系。

第二十五条 建立健全劳动人事关系调解机制，协商解决涉及职工切身利益的问题。建立和完善科学有效的利益协调机制、诉求表达机制、权益保障机制。建立劳动人事关系争议预警机制，做好劳动人事关系争议预测、预报、预防工作。事业单位工会应当积极同有关方面协商，表达职工诉求，提出解决的意见建议。

第五章 自身建设

第二十六条 事业单位依法依规设置工会工作机构，明确主要职责、机构规格、领导职数和编制数额。

第二十七条 事业单位工会主席应以专职为主，兼职为辅。职工两百人以上的事业单位，设专职工会主席。工会专职工作人员的具体人数由事业单位工会与单位行政协商确定。根据工作需要和经费许可，事业单位工会可从社会聘用工会工作人员，建立专兼职相结合的干部队伍。

事业单位工会主席、副主席和委员实行任期制，可以连选连任。

工会主席、副主席因工作需要调动时，应当征得本级工会委员会和上一级工会的同意。

工会主席、副主席空缺时，应当及时补选，空缺期限一般不超过半年。

第二十八条 突出政治标准，选优配强事业单位工会领导班子和干部队伍，牢固树立政治意识、大局意识、核心意识、看齐意识，坚定道路自信、理论自信、制度自信、文化自信，坚决维护党中央权威和集中统一领导。按照既要政治过硬、又要本领高强的要求，建设忠诚干净担当的高素质事业单位工会干部队伍，注重培养专业能力、专业精神，提高做好群众工作本领。

第六章 工会经费和资产

第二十九条 具备社团法人资格的事业单位工会应当独立设立经费账户。工会经费支出实行工会法定代表人签批制度。

事业单位工会经费主要用于为职工服务和工会活动。

第三十条 工会会员按规定标准和程序缴纳会费。

建立工会组织的事业单位，按每月全部职工工资总额的百分之二向事业单位工会拨缴工会经费；由财政统一划拨经费的，工会经费列入同级财政预算，按财政统一划拨方式执行。

事业单位工会因工作需要，可以依据《中华人民共和国工会法》等有关规定，向单位行政申请经费补助。

上级工会有权对下级工会所在事业单位拨缴工会经费情况进行监督检查。对无正当理由拖延或者拒不拨缴工会经费的单位，依据《中华人民共和国工会法》等有关规定处理。

事业单位工会应当按照有关规定收缴、上解工会经费，依法独立管理和使用工会经费。任何组织和个人不得截留、挪用、侵占工会经费。

第三十一条 事业单位工会应当根据经费独立原则建立预算、决算和经费审查审计制度，坚持遵纪守法、经费独立、预算管理、服务职工、勤俭节约、民主管理的原则。事业单位工会应当建立健全财务制度，完善经费使用流程和程序，各项收支实行工会委员会集体领导下的主席负责制，重大收支必须集体研究决定。

事业单位工会应根据国家和全国总工会的有关政策规定以及上级工会的要求，依法、科学、完整、合理地编制工会经费年度预（决）算，按程序报上一级工会批准，严禁无预算、超预算使用工会经费。

第三十二条 各级人民政府和事业单位应当依法为事业单位工会办公和开展活动提供必要的设施和活动场所等物质条件。

工会经费、资产和国家拨给工会的不动产及拨付资金形成的资产，任何单位和个人不得侵占、挪用和任意调拨。

第七章 工会经费审查审计

第三十三条 会员大会或者会员代表大会在选举事业单位工会委员会的同时，选举产生经费审查委员会，会员人数较少的，可以选举经费审查委员一人。

经费审查委员会主任、副主任由经费审查委员会全体会议选举产生。经费审查委员会主任按同级工会副职级配备。

经费审查委员会或者经费审查委员的选举结果，与事业单位工会委员会的选举结果同时报上一级工会批准。

第三十四条　事业单位工会经费审查委员会的任期与事业单位工会委员会相同，向同级会员大会或者会员代表大会负责并报告工作；在会员大会或者会员代表大会闭会期间，向同级工会委员会负责并报告工作；事业单位工会经费审查委员会应当接受上级工会经费审查委员会的业务指导和督促检查。

第三十五条　事业单位工会经费审查委员会审查审计同级工会组织的经费收支、资产管理等全部经济活动，定期向会员大会或者会员代表大会报告，并采取一定方式公开，接受会员监督。

经费审查委员会对审查审计工作中的重大事项，有权向同级工会委员会和上一级经费审查委员会报告。

工会主席任期届满或者任期内离任的，应当按照规定对其进行经济责任审计。

第八章　女职工工作

第三十六条　事业单位工会有女会员十人以上的建立工会女职工委员会，不足十人的设女职工委员。

女职工委员会与工会委员会同时建立，在同级工会委员会领导下开展工作，接受上级工会女职工委员会指导，任期与同级工会委员会相同。女职工委员会委员由同级工会委员会提名，在充分协商的基础上组成或者选举产生。

女职工委员会主任由事业单位工会女主席或者女副主席担任，也可以经民主协商，按照同级工会副主席相应条件选配女职工委员会主任。

第三十七条　女职工委员会的基本任务是：依法维护女职工的合法权益和特殊利益；组织实施女职工提升素质建功立业工程，全面提高女职工的思想道德、科学文化和业务技能素质；开展家庭文明建设工作；关注女职工身心健康，做好关爱帮困工作；加强工会女职工工作的理论政策研究；关心女职工成长进步，积极发现、培养、推荐女性人才。

第三十八条 女职工委员会定期研究涉及女职工的有关问题，向同级工会委员会和上级工会女职工委员会报告工作，重要问题应提交职工代表大会审议。

事业单位工会应为女职工委员会开展工作与活动提供必要的场地和经费。

第九章 附 则

第三十九条 民办非企业单位（社会服务机构）工会参照本条例执行。

第四十条 参照公务员法管理的事业单位工会和承担行政职能的事业单位工会，依照《机关工会工作暂行条例》执行。

从事生产经营活动的事业单位工会，依照《企业工会工作条例》执行。

第四十一条 各省、自治区、直辖市总工会可依据本条例，制定具体实施办法。

第四十二条 本条例由中华全国总工会负责解释。

第四十三条 本条例自公布之日起施行。

基层工会会员代表大会条例

（2019年1月15日 总工发〔2019〕6号）

第一章 总 则

第一条 为完善基层工会会员代表大会制度，推进基层工会民主化、规范化、法治化建设，增强基层工会政治性、先进性、群众性，激发基层工会活力，发挥基层工会作用，根据《中华人民共和国工会法》《中国工会章程》等有关规定，制定本条例。

第二条 本条例适用于企业、事业单位、机关、社会团体和其他社会组织单独或联合建立的基层工会组织。

乡镇（街道)、开发区（工业园区)、村（社区）建立的工会委员会，县级以下建立的区域（行业）工会联合会，如召开会员代表大会的，依照本条例执行。

第三条 会员不足100人的基层工会组织，应召开会员大会；会员100人以上的基层工会组织，应召开会员大会或会员代表大会。

第四条 会员代表大会是基层工会的最高领导机构，讨论决定基层工会重大事项，选举基层工会领导机构，并对其进行监督。

第五条 会员代表大会实行届期制，每届任期三年或五年，具体任期由会员代表大会决定。会员代表大会任期届满，应按期换届。遇有特殊情况，经上一级工会批准，可以提前或延期换届，延期时间一般不超过半年。

会员代表大会每年至少召开一次，经基层工会委员会、三分之一以上的会员或三分之一以上的会员代表提议，可以临时召开会员代表大会。

第六条 会员代表大会应坚持党的领导，坚持民主集中制，坚持依法规范，坚持公开公正，切实保障会员的知情权、参与权、选举权、监督权。

第七条 基层工会召开会员代表大会应向同级党组织和上一级工会报告。换届选举、补选、罢免基层工会委员会组成人员的，应向同级党组织和上一级工会书面报告。

上一级工会对下一级工会召开会员代表大会进行指导和监督。

第二章 会员代表大会的组成和职权

第八条 会员代表的组成应以一线职工为主，体现广泛性和代表性。中层正职以上管理人员和领导人员一般不得超过会员代表总数的20%。女职工、青年职工、劳动模范（先进工作者）等会员代表应占一定比例。

第九条 会员代表名额，按会员人数确定：

会员100至200人的，设代表30至40人；

会员201至1000人的，设代表40至60人；

会员1001至5000人的，设代表60至90人；

会员5001至10000人的，设代表90至130人；

会员10001至50000人的，设代表130至180人；

会员50001人以上的，设代表180至240人。

第十条 会员代表的选举和会议筹备工作由基层工会委员会负责，新成立基层工会的由工会筹备组负责。

第十一条 会员代表大会根据需要，可以设立专门工作委员会（小组），负责办理会员代表大会交办的具体事项。

第十二条 会员代表大会的职权是：

（一）审议和批准基层工会委员会的工作报告；

（二）审议和批准基层工会委员会经费收支预算决算情况报告、经费审查委员会工作报告；

（三）开展会员评家，评议基层工会开展工作、建设职工之家情况，评议基层工会主席、副主席履行职责情况；

（四）选举和补选基层工会委员会和经费审查委员会组成人员；

（五）选举和补选出席上一级工会代表大会的代表；

（六）罢免其所选举的代表、基层工会委员会组成人员；

（七）讨论决定基层工会其他重大事项。

第三章 会员代表

第十三条 会员代表应由会员民主选举产生，不得指定会员代表。劳务派遣工会员民主权利的行使，如用人单位工会与用工单位工会有约定的，依照约定执行；如没有约定或约定不明确的，在劳务派遣工会员会籍所在工会行使。

第十四条 会员代表应具备以下条件：

（一）工会会员，遵守工会章程，按期缴纳会费；

（二）拥护党的领导，有较强的政治觉悟；

（三）在生产、工作中起骨干作用，有议事能力；

（四）热爱工会工作，密切联系职工群众，热心为职工群众说话办事；

（五）在职工群众中有一定的威信，受到职工群众信赖。

第十五条 会员代表的选举，一般以下一级工会或工会小组为选举单位进行，两个以上会员人数较少的下一级工会或工会小组可作为一个选举单位。

会员代表由选举单位会员大会选举产生。规模较大、管理层级较多的单位，会员代表可由下一级会员代表大会选举产生。

第十六条 选举单位按照基层工会确定的代表候选人名额和条件，组织会员讨论提出会员代表候选人，召开有三分之二以上会员或会员代表参加的大会，采取无记名投票方式差额选举产生会员代表，差额率不低于15%。

第十七条 会员代表候选人，获得选举单位全体会员过半数赞成票时，方能当选；由下一级会员代表大会选举时，其代表候选人获得应到会代表人数过半数赞成票时，方能当选。

第十八条 会员代表选出后，应由基层工会委员会或工会筹备组，对会员代表人数及人员结构进行审核，并对会员代表进行资格审查。

符合条件的会员代表人数少于原定代表人数的，可以把剩余的名额再分配，进行补选，也可以在符合规定人数情况下减少代表名额。

第十九条 会员代表实行常任制，任期与会员代表大会届期一致，会员代表可以连选连任。

第二十条 会员代表的职责是：

（一）带头执行党的路线、方针、政策，自觉遵守国家法律法规和本单位的规章制度，努力完成生产、工作任务；

（二）在广泛听取会员意见和建议的基础上，向会员代表大会提出提案；

（三）参加会员代表大会，听取基层工会委员会和经费审查委员会的工作报告，讨论和审议代表大会的各项议题，提出审议意见和建议；

（四）对基层工会委员会及代表大会各专门委员会（小组）的工作进行评议，提出批评、建议；对基层工会主席、副主席进行民主评议和民主测评，提出奖惩和任免建议；

（五）保持与选举单位会员群众的密切联系，热心为会员说话办事，积极为做好工会各项工作献计献策；

（六）积极宣传贯彻会员代表大会的决议精神，对工会委员会落实会员代表大会决议情况进行监督检查，团结和带动会员群众完成会员代表大会提出的各项任务。

第二十一条 选举单位可单独或联合组成代表团（组），推选团（组）长。团（组）长根据会员代表大会议程，组织会员代表参加大会各项活动；在会员代表大会闭会期间，按照基层工会的安排，组织会员代表开展日常工作。

第二十二条 基层工会讨论决定重要事项，可事先召开代表团（组）长会议征求意见，也可根据需要，邀请代表团（组）长列席会议。

第二十三条 基层工会应建立会员代表调研、督查等工作制度，充分发挥会员代表作用。

第二十四条 会员代表在法定工作时间内依法参加会员代表大会及工会组织的各项活动，单位应当正常支付劳动报酬，不得降低其工资和其他福利待遇。

第二十五条 有下列情形之一的，会员代表身份自然终止：

（一）在任期内工作岗位跨选举单位变动的；

（二）与用人单位解除、终止劳动（工作）关系的；

（三）停薪留职、长期病事假、内退、外派超过一年，不能履行会员代表职责的。

第二十六条 会员代表对选举单位会员负责，接受选举单位会员的监督。

第二十七条 会员代表有下列情形之一的，可以罢免：

（一）不履行会员代表职责的；

（二）严重违反劳动纪律或单位规章制度，对单位利益造成严重损害的；

（三）被依法追究刑事责任的；

（四）其他需要罢免的情形。

第二十八条 选举单位工会或三分之一以上会员或会员代表有权提出罢免会员代表。

会员或会员代表联名提出罢免的，选举单位工会应及时召开会员代表大会进行表决。

第二十九条 罢免会员代表，应经过选举单位全体会员过半数通过；由会员代表大会选举产生的代表，应经过会员代表大会应到会代表的过半数通过。

第三十条 会员代表出现缺额，原选举单位应及时补选。缺额超过会员代表总数四分之一时，应在三个月内进行补选。补选会员代表应依照选举会员代表的程序，进行差额选举，差额率应按照第十六条规定执行。补选的会员代表应报基层工会委员会进行资格审查。

第四章 会员代表大会的召开

第三十一条 每届会员代表大会第一次会议召开前，应将会员代表大会的组织机构、会员代表的构成、会员代表大会主要议程等重要事项，向同级党组织和上一级工会书面报告。上一级工会接到报告后应于15日内批复。

第三十二条 每届会员代表大会第一次会议召开前，基层工会委员会或工会筹备组应对会员代表进行专门培训，培训内容应包括工会基本知识、会员代表大会的性质和职能、会员代表的权利和义务、大会选举办法等。

第三十三条 会员代表全部选举产生后，应在一个月内召开本届会员代表大会第一次会议。

第三十四条 会员代表大会召开前，会员代表应充分听取会员意见建议，积极提出与会员切身利益和工会工作密切相关的提案，经基层工会委员会或工会筹备组审查后，决定是否列入大会议程。

第三十五条 召开会员代表大会，应提前5个工作日将会议日期、议程和提交会议讨论的事项通知会员代表。

第三十六条 每届会员代表大会第一次会议召开前，可举行预备会议，听取会议筹备情况的报告，审议通过关于会员代表资格审查情况的报告，讨论通过选举办法，通过大会议程和其他有关事项。

第三十七条 召开会员代表大会时，未当选会员代表的经费审查委员会委员、女职工委员会委员应列席会议，也可以邀请有关方面的负责人或代表列席会议。

可以邀请获得荣誉称号的人员、曾经作出突出贡献的人员作为特邀代表参加会议。

列席人员和特邀代表仅限本次会议，可以参加分组讨论，不承担具体工作，不享有选举权、表决权。

第三十八条 基层工会委员会、经费审查委员会及女职工委员会的选举工作，依照《工会基层组织选举工作条例》规定执行。

第三十九条 会员代表大会应每年对基层工会开展工作、建设职工之家和工会主席、副主席履行职责等情况进行民主评议，在民主评议的基础上，以无记名投票方式进行测评，测评分为满意、基本满意、不满意三个等次。测评结果应及时公开，并书面报告同级党组织和上一级工会。

基层工会主席、副主席测评办法应由会员代表大会表决通过，并报上一级工会备案。

第四十条 基层工会主席、副主席，具有下列情形之一的，可以罢免：

（一）连续两年测评等次为不满意的；

（二）任职期间个人有严重过失的；

（三）被依法追究刑事责任的；

（四）其他需要罢免的情形。

基层工会委员会委员具有上述（二）（三）（四）项情形的，可以罢免。

第四十一条 本届工会委员会、三分之一以上的会员或会员代表可以提议罢免主席、副主席和委员。

罢免主席、副主席和委员的，应经同级党组织和上一级工会进行考察，未建立党组织的，由上一级工会考察。经考察，如确认其不能再担任现任职务时，应依法召开会员代表大会进行无记名投票表决，应参会人员过半数通过的，罢免有效，并报上一级工会批准。

第四十二条 规模较大、人数众多、工作地点分散、工作时间不一致，会员代表难以集中的基层工会，可以通过电视电话会议、网络视频会议等方式召开会员代表大会。不涉及无记名投票的事项，可以通过网络进行表决，如进行无记名投票的，可在分会场设立票箱，在规定时间内统一投票、统一计票。

第四十三条 会员代表大会与职工代表大会应分别召开，不得互相代替。如在同一时间段召开的，应分别设置会标、分别设定会议议程、分别行使职权、分别作出决议、分别建立档案。

第四十四条 会员代表大会通过的决议、重要事项和选举结果等应当形成书面文件，并及时向会员公开。

第五章 附 则

第四十五条 除会员代表的特别规定外，召开会员大会依照本条例相关规定执行。

第四十六条 本条例由中华全国总工会负责解释。

第四十七条 本条例自发布之日起施行，以往有关规定与本条例不一致的，以本条例为准。1992 年 4 月 14 日中华全国总工会办公厅印发的《关于基层工会会员代表大会代表实行常任制的若干暂行规定》同时废止。

保障农民工工资支付条例

（2019 年 12 月 4 日国务院第 73 次常务会议通过 2019 年 12 月 30 日中华人民共和国国务院令第 724 号公布 自 2020 年 5 月 1 日起施行）

第一章 总 则

第一条 为了规范农民工工资支付行为，保障农民工按时足额获得工资，根据《中华人民共和国劳动法》及有关法律规定，制定本条例。

第二条 保障农民工工资支付，适用本条例。

本条例所称农民工，是指为用人单位提供劳动的农村居民。

本条例所称工资，是指农民工为用人单位提供劳动后应当获得的劳动报酬。

第三条 农民工有按时足额获得工资的权利。任何单位和个人不得拖欠农民工工资。

农民工应当遵守劳动纪律和职业道德，执行劳动安全卫生规程，完成劳动任务。

第四条 县级以上地方人民政府对本行政区域内保障农民工工资支付工作负责，建立保障农民工工资支付工作协调机制，加强监管能力建设，健全保障农民工工资支付工作目标责任制，并纳入对本级人民政府有关部门和下级人民政府进行考核和监督的内容。

乡镇人民政府、街道办事处应当加强对拖欠农民工工资矛盾的排查和调处工作，防范和化解矛盾，及时调解纠纷。

第五条 保障农民工工资支付，应当坚持市场主体负责、政府依法监管、社会协同监督，按照源头治理、预防为主、防治结合、标本兼治的要求，依法根治拖欠农民工工资问题。

第六条 用人单位实行农民工劳动用工实名制管理，与招用的农民工书面约定或者通过依法制定的规章制度规定工资支付标准、支付时间、支付方式等内容。

第七条 人力资源社会保障行政部门负责保障农民工工资支付工作的组织协调、管理指导和农民工工资支付情况的监督检查，查处有关拖欠农民工工资案件。

住房城乡建设、交通运输、水利等相关行业工程建设主管部门按照职责履行行业监管责任，督办因违法发包、转包、违法分包、挂靠、拖欠工程款等导致的拖欠农民工工资案件。

发展改革等部门按照职责负责政府投资项目的审批管理，依法审查政府投资项目的资金来源和筹措方式，按规定及时安排政府投资，加强社会信用体系建设，组织对拖欠农民工工资失信联合惩戒对象依法依规予以限制和惩戒。

财政部门负责政府投资资金的预算管理，根据经批准的预算按规定及时足额拨付政府投资资金。

公安机关负责及时受理、侦办涉嫌拒不支付劳动报酬刑事案件，依法处置因农民工工资拖欠引发的社会治安案件。

司法行政、自然资源、人民银行、审计、国有资产管理、税务、市场监管、金融监管等部门，按照职责做好与保障农民工工资支付相关的工作。

第八条 工会、共产主义青年团、妇女联合会、残疾人联合会等组织按照职责依法维护农民工获得工资的权利。

第九条 新闻媒体应当开展保障农民工工资支付法律法规政策的公益宣传和先进典型的报道，依法加强对拖欠农民工工资违法行为的舆论监督，引导用人单位增强依法用工、按时足额支付工资的法律意识，引导农民工依法维权。

第十条 被拖欠工资的农民工有权依法投诉，或者申请劳动争议调解仲裁和提起诉讼。

任何单位和个人对拖欠农民工工资的行为，有权向人力资源社会保障行政部门或者其他有关部门举报。

人力资源社会保障行政部门和其他有关部门应当公开举报投诉电话、网站等渠道，依法接受对拖欠农民工工资行为的举报、投诉。对于举报、投诉的处理实行首问负责制，属于本部门受理的，应当依法及时处理；不属于本部门受理的，应当及时转送相关部门，相关部门应当依法及时处理，并将处理结果告知举报、投诉人。

第二章 工资支付形式与周期

第十一条 农民工工资应当以货币形式，通过银行转账或者现金支付给农民工本人，不得以实物或者有价证券等其他形式替代。

第十二条 用人单位应当按照与农民工书面约定或者依法制定的规章制度规定的工资支付周期和具体支付日期足额支付工资。

第十三条 实行月、周、日、小时工资制的，按照月、周、日、小时为周期支付工资；实行计件工资制的，工资支付周期由双方依法约定。

第十四条 用人单位与农民工书面约定或者依法制定的规章制度规定的具体支付日期，可以在农民工提供劳动的当期或者次期。具体支付日期遇法定节假日或者休息日的，应当在法定节假日或者休息日前支付。

用人单位因不可抗力未能在支付日期支付工资的，应当在不可抗力消除后及时支付。

第十五条 用人单位应当按照工资支付周期编制书面工资支付台账，并至少保存3年。

书面工资支付台账应当包括用人单位名称，支付周期，支付日期，支付对象姓名、身份证号码、联系方式，工作时间，应发工资项目及数额，代扣、代缴、扣除项目和数额，实发工资数额，银行代发工资凭证或者农民工签字等内容。

用人单位向农民工支付工资时，应当提供农民工本人的工资清单。

第三章 工资清偿

第十六条 用人单位拖欠农民工工资的，应当依法予以清偿。

第十七条 不具备合法经营资格的单位招用农民工，农民工已经付出劳动而未获得工资的，依照有关法律规定执行。

第十八条 用工单位使用个人、不具备合法经营资格的单位或者未依法取得劳务派遣许可证的单位派遣的农民工，拖欠农民工工资的，由用工单位清偿，并可以依法进行追偿。

第十九条 用人单位将工作任务发包给个人或者不具备合法经营资格的单位，导致拖欠所招用农民工工资的，依照有关法律规定执行。

用人单位允许个人、不具备合法经营资格或者未取得相应资质的单位以用人单位的名义对外经营，导致拖欠所招用农民工工资的，由用人单位清偿，并可以依法进行追偿。

第二十条 合伙企业、个人独资企业、个体经济组织等用人单位拖欠农民工工资的，应当依法予以清偿；不清偿的，由出资人依法清偿。

第二十一条 用人单位合并或者分立时，应当在实施合并或者分立前依法清偿拖欠的农民工工资；经与农民工书面协商一致的，可以由合并或者分立后承继其权利和义务的用人单位清偿。

第二十二条 用人单位被依法吊销营业执照或者登记证书、被责令关闭、被撤销或者依法解散的，应当在申请注销登记前依法清偿拖欠的农民工工资。

未依据前款规定清偿农民工工资的用人单位主要出资人，应当在注册新用人单位前清偿拖欠的农民工工资。

第四章 工程建设领域特别规定

第二十三条 建设单位应当有满足施工所需要的资金安排。没有满足施工所需要的资金安排的，工程建设项目不得开工建设；依法需要办理施工许可证的，相关行业工程建设主管部门不予颁发施工许可证。

政府投资项目所需资金，应当按照国家有关规定落实到位，不得由施工单位垫资建设。

第二十四条 建设单位应当向施工单位提供工程款支付担保。

建设单位与施工总承包单位依法订立书面工程施工合同，应当约定工程款计量周期、工程款进度结算办法以及人工费用拨付周期，并按照保障农民工工资按时足额支付的要求约定人工费用。人工费用拨付周期不得超过1个月。

建设单位与施工总承包单位应当将工程施工合同保存备查。

第二十五条 施工总承包单位与分包单位依法订立书面分包合同，应当约定工程款计量周期、工程款进度结算办法。

第二十六条 施工总承包单位应当按照有关规定开设农民工工资专用账户，专项用于支付该工程建设项目农民工工资。

开设、使用农民工工资专用账户有关资料应当由施工总承包单位妥善保存备查。

第二十七条 金融机构应当优化农民工工资专用账户开设服务流程，做好农民工工资专用账户的日常管理工作；发现资金未按约定拨付等情况的，及时通知施工总承包单位，由施工总承包单位报告人力资源社会保障行政部门和相关行业工程建设主管部门，并纳入欠薪预警系统。

工程完工且未拖欠农民工工资的，施工总承包单位公示30日后，可以申请注销农民工工资专用账户，账户内余额归施工总承包单位所有。

第二十八条 施工总承包单位或者分包单位应当依法与所招用的农民工订立劳动合同并进行用工实名登记，具备条件的行业应当通过相应的管理服务信息平台进行用工实名登记、管理。未与施工总承包单位或者分包单位订立劳动合同并进行用工实名登记的人员，不得进入项目现场施工。

施工总承包单位应当在工程项目部配备劳资专管员，对分包单位劳动用工实施监督管理，掌握施工现场用工、考勤、工资支付等情况，审核分包单位编制的农民工工资支付表，分包单位应当予以配合。

施工总承包单位、分包单位应当建立用工管理台账，并保存至工程完工且工资全部结清后至少3年。

第二十九条 建设单位应当按照合同约定及时拨付工程款，并将人工费用及时足额拨付至农民工工资专用账户，加强对施工总承包单位按时足额支付农民工工资的监督。

因建设单位未按照合同约定及时拨付工程款导致农民工工资拖欠的，建设单位应当以未结清的工程款为限先行垫付被拖欠的农民工工资。

建设单位应当以项目为单位建立保障农民工工资支付协调机制和工资拖欠预防机制，督促施工总承包单位加强劳动用工管理，妥善处理与农民工工资支付相关的矛盾纠纷。发生农民工集体讨薪事件的，建设单位应当会同施工总承包单位及时处理，并向项目所在地人力资源社会保障行政部门和相关行业工程建设主管部门报告有关情况。

第三十条 分包单位对所招用农民工的实名制管理和工资支付负直接责任。

施工总承包单位对分包单位劳动用工和工资发放等情况进行监督。

分包单位拖欠农民工工资的，由施工总承包单位先行清偿，再依法进行追偿。

工程建设项目转包，拖欠农民工工资的，由施工总承包单位先行清偿，再依法进行追偿。

第三十一条 工程建设领域推行分包单位农民工工资委托施工总承包单位代发制度。

分包单位应当按月考核农民工工作量并编制工资支付表，经农民工本人签字确认后，与当月工程进度等情况一并交施工总承包单位。

施工总承包单位根据分包单位编制的工资支付表，通过农民工工资专用账户直接将工资支付到农民工本人的银行账户，并向分包单位提供代发工资凭证。

用于支付农民工工资的银行账户所绑定的农民工本人社会保障卡或者银行卡，用人单位或者其他人员不得以任何理由扣押或者变相扣押。

第三十二条 施工总承包单位应当按照有关规定存储工资保证金，专项用于支付为所承包工程提供劳动的农民工被拖欠的工资。

工资保证金实行差异化存储办法，对一定时期内未发生工资拖欠的单位实行减免措施，对发生工资拖欠的单位适当提高存储比例。工资保证金可以用金融机构保函替代。

工资保证金的存储比例、存储形式、减免措施等具体办法，由国务院人力资源社会保障行政部门会同有关部门制定。

第三十三条 除法律另有规定外，农民工工资专用账户资金和工资保证金不得因支付为本项目提供劳动的农民工工资之外的原因被查封、冻结或者划拨。

第三十四条 施工总承包单位应当在施工现场醒目位置设立维权信息告示牌，明示下列事项：

（一）建设单位、施工总承包单位及所在项目部、分包单位、相关行业工程建设主管部门、劳资专管员等基本信息；

（二）当地最低工资标准、工资支付日期等基本信息；

（三）相关行业工程建设主管部门和劳动保障监察投诉举报电话、劳动争议调解仲裁申请渠道、法律援助申请渠道、公共法律服务热线等信息。

第三十五条 建设单位与施工总承包单位或者承包单位与分包单位因工程数量、质量、造价等产生争议的，建设单位不得因争议不按照本条例第二十四条的规定拨付工程款中的人工费用，施工总承包单位也不得因争议不按照规定代发工资。

第三十六条 建设单位或者施工总承包单位将建设工程发包或者分包给个人或者不具备合法经营资格的单位，导致拖欠农民工工资的，由建设单位或者施工总承包单位清偿。

施工单位允许其他单位和个人以施工单位的名义对外承揽建设工程，导致拖欠农民工工资的，由施工单位清偿。

第三十七条 工程建设项目违反国土空间规划、工程建设等法律法规，导致拖欠农民工工资的，由建设单位清偿。

第五章 监督检查

第三十八条 县级以上地方人民政府应当建立农民工工资支付监控预警平台，实现人力资源社会保障、发展改革、司法行政、财政、住房城乡建设、交通运输、水利等部门的工程项目审批、资金落实、施工许可、劳动用工、工资支付等信息及时共享。

人力资源社会保障行政部门根据水电燃气供应、物业管理、信贷、税收等反映企业生产经营相关指标的变化情况，及时监控和预警工资支付隐患并做好防范工作，市场监管、金融监管、税务等部门应当予以配合。

第三十九条 人力资源社会保障行政部门、相关行业工程建设主管部门和其他有关部门应当按照职责，加强对用人单位与农民工签订劳动合同、工资支付以及工程建设项目实行农民工实名制管理、农民工工资专用账户管理、施工总承包单位代发工资、工资保证金存储、维权信息公示等情况的监督检查，预防和减少拖欠农民工工资行为的发生。

第四十条 人力资源社会保障行政部门在查处拖欠农民工工资案件时，需要依法查询相关单位金融账户和相关当事人拥有房产、车辆等情况的，应当经设区的市级以上地方人民政府人力资源社会保障行政部门负责人批准，有关金融机构和登记部门应当予以配合。

第四十一条 人力资源社会保障行政部门在查处拖欠农民工工资案件时，发生用人单位拒不配合调查、清偿责任主体及相关当事人无法联系等情形的，可以请求公安机关和其他有关部门协助处理。

人力资源社会保障行政部门发现拖欠农民工工资的违法行为涉嫌

构成拒不支付劳动报酬罪的，应当按照有关规定及时移送公安机关审查并作出决定。

第四十二条 人力资源社会保障行政部门作出责令支付被拖欠的农民工工资的决定，相关单位不支付的，可以依法申请人民法院强制执行。

第四十三条 相关行业工程建设主管部门应当依法规范本领域建设市场秩序，对违法发包、转包、违法分包、挂靠等行为进行查处，并对导致拖欠农民工工资的违法行为及时予以制止、纠正。

第四十四条 财政部门、审计机关和相关行业工程建设主管部门按照职责，依法对政府投资项目建设单位按照工程施工合同约定向农民工工资专用账户拨付资金情况进行监督。

第四十五条 司法行政部门和法律援助机构应当将农民工列为法律援助的重点对象，并依法为请求支付工资的农民工提供便捷的法律援助。

公共法律服务相关机构应当积极参与相关诉讼、咨询、调解等活动，帮助解决拖欠农民工工资问题。

第四十六条 人力资源社会保障行政部门、相关行业工程建设主管部门和其他有关部门应当按照"谁执法谁普法"普法责任制的要求，通过以案释法等多种形式，加大对保障农民工工资支付相关法律法规的普及宣传。

第四十七条 人力资源社会保障行政部门应当建立用人单位及相关责任人劳动保障守法诚信档案，对用人单位开展守法诚信等级评价。

用人单位有严重拖欠农民工工资违法行为的，由人力资源社会保障行政部门向社会公布，必要时可以通过召开新闻发布会等形式向媒体公开曝光。

第四十八条 用人单位拖欠农民工工资，情节严重或者造成严重不良社会影响的，有关部门应当将该用人单位及其法定代表人或者主要负责人、直接负责的主管人员和其他直接责任人员列入拖欠农民工工资失信联合惩戒对象名单，在政府资金支持、政府采购、招投标、融资贷款、市场准入、税收优惠、评优评先、交通出行等方面依法依规予以限制。

拖欠农民工工资需要列入失信联合惩戒名单的具体情形，由国务院人力资源社会保障行政部门规定。

第四十九条 建设单位未依法提供工程款支付担保或者政府投资项目拖欠工程款，导致拖欠农民工工资的，县级以上地方人民政府应当限制其新建项目，并记入信用记录，纳入国家信用信息系统进行公示。

第五十条 农民工与用人单位就拖欠工资存在争议，用人单位应当提供依法由其保存的劳动合同、职工名册、工资支付台账和清单等材料；不提供的，依法承担不利后果。

第五十一条 工会依法维护农民工工资权益，对用人单位工资支付情况进行监督；发现拖欠农民工工资的，可以要求用人单位改正，拒不改正的，可以请求人力资源社会保障行政部门和其他有关部门依法处理。

第五十二条 单位或者个人编造虚假事实或者采取非法手段讨要农民工工资，或者以拖欠农民工工资为名讨要工程款的，依法予以处理。

第六章 法律责任

第五十三条 违反本条例规定拖欠农民工工资的，依照有关法律规定执行。

第五十四条 有下列情形之一的，由人力资源社会保障行政部门责令限期改正；逾期不改正的，对单位处 2 万元以上 5 万元以下的罚款，对法定代表人或者主要负责人、直接负责的主管人员和其他直接责任人员处 1 万元以上 3 万元以下的罚款：

（一）以实物、有价证券等形式代替货币支付农民工工资；

（二）未编制工资支付台账并依法保存，或者未向农民工提供工资清单；

（三）扣押或者变相扣押用于支付农民工工资的银行账户所绑定的农民工本人社会保障卡或者银行卡。

第五十五条 有下列情形之一的，由人力资源社会保障行政部门、相关行业工程建设主管部门按照职责责令限期改正；逾期不改正的，责令项目停工，并处5万元以上10万元以下的罚款；情节严重的，给予施工单位限制承接新工程、降低资质等级、吊销资质证书等处罚：

（一）施工总承包单位未按规定开设或者使用农民工工资专用账户；

（二）施工总承包单位未按规定存储工资保证金或者未提供金融机构保函；

（三）施工总承包单位、分包单位未实行劳动用工实名制管理。

第五十六条 有下列情形之一的，由人力资源社会保障行政部门、相关行业工程建设主管部门按照职责责令限期改正；逾期不改正的，处5万元以上10万元以下的罚款：

（一）分包单位未按月考核农民工工作量、编制工资支付表并经农民工本人签字确认；

（二）施工总承包单位未对分包单位劳动用工实施监督管理；

（三）分包单位未配合施工总承包单位对其劳动用工进行监督管理；

（四）施工总承包单位未实行施工现场维权信息公示制度。

第五十七条 有下列情形之一的，由人力资源社会保障行政部门、相关行业工程建设主管部门按照职责责令限期改正；逾期不改正的，责令项目停工，并处5万元以上10万元以下的罚款：

（一）建设单位未依法提供工程款支付担保；

（二）建设单位未按约定及时足额向农民工工资专用账户拨付工

程款中的人工费用；

（三）建设单位或者施工总承包单位拒不提供或者无法提供工程施工合同、农民工工资专用账户有关资料。

第五十八条 不依法配合人力资源社会保障行政部门查询相关单位金融账户的，由金融监管部门责令改正；拒不改正的，处 2 万元以上 5 万元以下的罚款。

第五十九条 政府投资项目政府投资资金不到位拖欠农民工工资的，由人力资源社会保障行政部门报本级人民政府批准，责令限期足额拨付所拖欠的资金；逾期不拨付的，由上一级人民政府人力资源社会保障行政部门约谈直接责任部门和相关监管部门负责人，必要时进行通报，约谈地方人民政府负责人。情节严重的，对地方人民政府及其有关部门负责人、直接负责的主管人员和其他直接责任人员依法依规给予处分。

第六十条 政府投资项目建设单位未经批准立项建设、擅自扩大建设规模、擅自增加投资概算、未及时拨付工程款等导致拖欠农民工工资的，除依法承担责任外，由人力资源社会保障行政部门、其他有关部门按照职责约谈建设单位负责人，并作为其业绩考核、薪酬分配、评优评先、职务晋升等的重要依据。

第六十一条 对于建设资金不到位、违法违规开工建设的社会投资工程建设项目拖欠农民工工资的，由人力资源社会保障行政部门、其他有关部门按照职责依法对建设单位进行处罚；对建设单位负责人依法依规给予处分。相关部门工作人员未依法履行职责的，由有关机关依法依规给予处分。

第六十二条 县级以上地方人民政府人力资源社会保障、发展改革、财政、公安等部门和相关行业工程建设主管部门工作人员，在履行农民工工资支付监督管理职责过程中滥用职权、玩忽职守、徇私舞弊的，依法依规给予处分；构成犯罪的，依法追究刑事责任。

第七章　附　　则

第六十三条　用人单位一时难以支付拖欠的农民工工资或者拖欠农民工工资逃匿的，县级以上地方人民政府可以动用应急周转金，先行垫付用人单位拖欠的农民工部分工资或者基本生活费。对已经垫付的应急周转金，应当依法向拖欠农民工工资的用人单位进行追偿。

第六十四条　本条例自2020年5月1日起施行。

最高人民法院关于在民事审判工作中适用《中华人民共和国工会法》若干问题的解释

（2003年1月9日最高人民法院审判委员会第1263次会议通过　根据2020年12月23日最高人民法院审判委员会第1823次会议通过的《最高人民法院关于修改〈最高人民法院关于在民事审判工作中适用《中华人民共和国工会法》若干问题的解释〉等二十七件民事类司法解释的决定》修正　2020年12月29日最高人民法院公告公布　自2021年1月1日起施行　法释〔2020〕17号）

为正确审理涉及工会经费和财产、工会工作人员权利的民事案件，维护工会和职工的合法权益，根据《中华人民共和国民法典》《中华人民共和国工会法》和《中华人民共和国民事诉讼法》等法律的规定，现就有关法律的适用问题解释如下：

第一条　人民法院审理涉及工会组织的有关案件时，应当认定依照工会法建立的工会组织的社团法人资格。具有法人资格的工会组织依法独立享有民事权利，承担民事义务。建立工会的企业、事业单位、机关与所建工会以及工会投资兴办的企业，根据法律和司法解释的规定，应当分别承担各自的民事责任。

第二条 根据工会法第十八条[①]规定，人民法院审理劳动争议案件，涉及确定基层工会专职主席、副主席或者委员延长的劳动合同期限的，应当自上述人员工会职务任职期限届满之日起计算，延长的期限等于其工会职务任职的期间。

工会法第十八条规定的“个人严重过失”，是指具有《中华人民共和国劳动法》第二十五条第（二）项、第（三）项或者第（四）项规定的情形。

第三条 基层工会或者上级工会依照工会法第四十三条规定向人民法院申请支付令的，由被申请人所在地的基层人民法院管辖。

第四条 人民法院根据工会法第四十三条的规定受理工会提出的拨缴工会经费的支付令申请后，应当先行征询被申请人的意见。被申请人仅对应拨缴经费数额有异议的，人民法院应当就无异议部分的工会经费数额发出支付令。

人民法院在审理涉及工会经费的案件中，需要按照工会法第四十二条第一款第（二）项规定的“全部职工”“工资总额”确定拨缴数额的，“全部职工”“工资总额”的计算，应当按照国家有关部门规定的标准执行。

第五条 根据工会法第四十三条和民事诉讼法的有关规定，上级工会向人民法院申请支付令或者提起诉讼，要求企业、事业单位拨缴工会经费的，人民法院应当受理。基层工会要求参加诉讼的，人民法院可以准许其作为共同申请人或者共同原告参加诉讼。

第六条 根据工会法第五十二条规定，人民法院审理涉及职工和

① 提请读者注意的是，《中华人民共和国工会法》2021 年修改后，条文序号有调整。——编者注

工会工作人员因参加工会活动或者履行工会法规定的职责而被解除劳动合同的劳动争议案件，可以根据当事人的请求裁判用人单位恢复其工作，并补发被解除劳动合同期间应得的报酬；或者根据当事人的请求裁判用人单位给予本人年收入二倍的赔偿，并根据劳动合同法第四十六条、第四十七条规定给予解除劳动合同时的经济补偿。

第七条 对于企业、事业单位无正当理由拖延或者拒不拨缴工会经费的，工会组织向人民法院请求保护其权利的诉讼时效期间，适用民法典第一百八十八条的规定。

第八条 工会组织就工会经费的拨缴向人民法院申请支付令的，应当按照《诉讼费用交纳办法》第十四条的规定交纳申请费；督促程序终结后，工会组织另行起诉的，按照《诉讼费用交纳办法》第十三条规定的财产案件受理费标准交纳诉讼费用。

最高人民法院关于产业工会、基层工会是否具备社会团体法人资格和工会经费集中户可否冻结划拨问题的批复

（1997年5月16日 根据2020年12月23日最高人民法院审判委员会第1823次会议通过的《最高人民法院关于修改〈最高人民法院关于人民法院扣押铁路运输货物若干问题的规定〉等十八件执行类司法解释的决定》修正 2020年12月29日最高人民法院公告公布 自2021年1月1日起施行 法释〔2020〕21号）

各省、自治区、直辖市高级人民法院，解放军军事法院：

山东等省高级人民法院就审判工作中如何认定产业工会、基层工

会的社会团体法人资格和对工会财产、经费查封、扣押、冻结、划拨的问题，向我院请示。经研究，批复如下：

一、根据《中华人民共和国工会法》（以下简称工会法）的规定，产业工会社会团体法人资格的取得是由工会法直接规定的，依法不需要办理法人登记。基层工会只要符合《中华人民共和国民法典》、工会法和《中国工会章程》规定的条件，报上一级工会批准成立，即具有社会团体法人资格。人民法院在审理案件中，应当严格按照法律规定的社会团体法人条件，审查基层工会社会团体法人的法律地位。产业工会、具有社会团体法人资格的基层工会与建立工会的营利法人是各自独立的法人主体。企业或企业工会对外发生的经济纠纷，各自承担民事责任。上级工会对基层工会是否具备法律规定的社会团体法人的条件审查不严或不实，应当承担与其过错相应的民事责任。

二、确定产业工会或者基层工会兴办企业的法人资格，原则上以工商登记为准；其上级工会依据有关规定进行审批是必经程序，人民法院不应以此为由冻结、划拨上级工会的经费并替欠债企业清偿债务。产业工会或基层工会投资兴办的具备法人资格的企业，如果投资不足或者抽逃资金的，应当补足投资或者在注册资金不实的范围内承担责任；如果投资全部到位，又无抽逃资金的行为，当企业负债时，应当以企业所有的或者经营管理的财产承担有限责任。

三、根据工会法的规定，工会经费包括工会会员缴纳的会费，建立工会组织的企业事业单位、机关按每月全部职工工资总额的百分之二的比例向工会拨交的经费，以及工会所属的企业、事业单位上缴的收入和人民政府的补助等。工会经费要按比例逐月向地方各级总工会和全国总工会拨交。工会的经费一经拨交，所有权随之转移。在银行独立开列的“工会经费集中户”，与企业经营资金无关，专门用于工会经费的集中与分配，不能在此账户开支费用或挪用、转移资金。因此，人民法院在审理案件中，不应将工会经费视为所在企业的财产，在企业欠债的情况下，不应冻结、划拨工会经费及“工会经费集中户”的款项。

此复

最高人民法院关于审理劳动争议案件适用法律问题的解释（一）

（2020年12月25日最高人民法院审判委员会第1825次会议通过　2020年12月29日最高人民法院公告公布　自2021年1月1日起施行　法释〔2020〕26号）

为正确审理劳动争议案件，根据《中华人民共和国民法典》《中华人民共和国劳动法》《中华人民共和国劳动合同法》《中华人民共和国劳动争议调解仲裁法》《中华人民共和国民事诉讼法》等相关法律规定，结合审判实践，制定本解释。

第一条　劳动者与用人单位之间发生的下列纠纷，属于劳动争议，当事人不服劳动争议仲裁机构作出的裁决，依法提起诉讼的，人民法院应予受理：

（一）劳动者与用人单位在履行劳动合同过程中发生的纠纷；

（二）劳动者与用人单位之间没有订立书面劳动合同，但已形成劳动关系后发生的纠纷；

（三）劳动者与用人单位因劳动关系是否已经解除或者终止，以及应否支付解除或者终止劳动关系经济补偿金发生的纠纷；

（四）劳动者与用人单位解除或者终止劳动关系后，请求用人单位返还其收取的劳动合同定金、保证金、抵押金、抵押物发生的纠纷，或者办理劳动者的人事档案、社会保险关系等移转手续发生的纠纷；

（五）劳动者以用人单位未为其办理社会保险手续，且社会保险经办机构不能补办导致其无法享受社会保险待遇为由，要求用人单位赔偿损失发生的纠纷；

（六）劳动者退休后，与尚未参加社会保险统筹的原用人单位因追索养老金、医疗费、工伤保险待遇和其他社会保险待遇而发生的纠纷；

（七）劳动者因为工伤、职业病，请求用人单位依法给予工伤保险待遇发生的纠纷；

（八）劳动者依据劳动合同法第八十五条规定，要求用人单位支付加付赔偿金发生的纠纷；

（九）因企业自主进行改制发生的纠纷。

第二条 下列纠纷不属于劳动争议：

（一）劳动者请求社会保险经办机构发放社会保险金的纠纷；

（二）劳动者与用人单位因住房制度改革产生的公有住房转让纠纷；

（三）劳动者对劳动能力鉴定委员会的伤残等级鉴定结论或者对职业病诊断鉴定委员会的职业病诊断鉴定结论的异议纠纷；

（四）家庭或者个人与家政服务人员之间的纠纷；

（五）个体工匠与帮工、学徒之间的纠纷；

（六）农村承包经营户与受雇人之间的纠纷。

第三条 劳动争议案件由用人单位所在地或者劳动合同履行地的基层人民法院管辖。

劳动合同履行地不明确的，由用人单位所在地的基层人民法院管辖。

法律另有规定的，依照其规定。

第四条　劳动者与用人单位均不服劳动争议仲裁机构的同一裁决，向同一人民法院起诉的，人民法院应当并案审理，双方当事人互为原告和被告，对双方的诉讼请求，人民法院应当一并作出裁决。在诉讼过程中，一方当事人撤诉的，人民法院应当根据另一方当事人的诉讼请求继续审理。双方当事人就同一仲裁裁决分别向有管辖权的人民法院起诉的，后受理的人民法院应当将案件移送给先受理的人民法院。

第五条　劳动争议仲裁机构以无管辖权为由对劳动争议案件不予受理，当事人提起诉讼的，人民法院按照以下情形分别处理：

（一）经审查认为该劳动争议仲裁机构对案件确无管辖权的，应当告知当事人向有管辖权的劳动争议仲裁机构申请仲裁；

（二）经审查认为该劳动争议仲裁机构有管辖权的，应当告知当事人申请仲裁，并将审查意见书面通知该劳动争议仲裁机构；劳动争议仲裁机构仍不受理，当事人就该劳动争议事项提起诉讼的，人民法院应予受理。

第六条　劳动争议仲裁机构以当事人申请仲裁的事项不属于劳动争议为由，作出不予受理的书面裁决、决定或者通知，当事人不服依法提起诉讼的，人民法院应当分别情况予以处理：

（一）属于劳动争议案件的，应当受理；

（二）虽不属于劳动争议案件，但属于人民法院主管的其他案件，应当依法受理。

第七条　劳动争议仲裁机构以申请仲裁的主体不适格为由，作出不予受理的书面裁决、决定或者通知，当事人不服依法提起诉讼，经审查确属主体不适格的，人民法院不予受理；已经受理的，裁定驳回起诉。

第八条　劳动争议仲裁机构为纠正原仲裁裁决错误重新作出裁决，当事人不服依法提起诉讼的，人民法院应当受理。

第九条 劳动争议仲裁机构仲裁的事项不属于人民法院受理的案件范围，当事人不服依法提起诉讼的，人民法院不予受理；已经受理的，裁定驳回起诉。

第十条 当事人不服劳动争议仲裁机构作出的预先支付劳动者劳动报酬、工伤医疗费、经济补偿或者赔偿金的裁决，依法提起诉讼的，人民法院不予受理。

用人单位不履行上述裁决中的给付义务，劳动者依法申请强制执行的，人民法院应予受理。

第十一条 劳动争议仲裁机构作出的调解书已经发生法律效力，一方当事人反悔提起诉讼的，人民法院不予受理；已经受理的，裁定驳回起诉。

第十二条 劳动争议仲裁机构逾期未作出受理决定或仲裁裁决，当事人直接提起诉讼的，人民法院应予受理，但申请仲裁的案件存在下列事由的除外：

（一）移送管辖的；

（二）正在送达或者送达延误的；

（三）等待另案诉讼结果、评残结论的；

（四）正在等待劳动争议仲裁机构开庭的；

（五）启动鉴定程序或者委托其他部门调查取证的；

（六）其他正当事由。

当事人以劳动争议仲裁机构逾期未作出仲裁裁决为由提起诉讼的，应当提交该仲裁机构出具的受理通知书或者其他已接受仲裁申请的凭证、证明。

第十三条 劳动者依据劳动合同法第三十条第二款和调解仲裁法第十六条规定向人民法院申请支付令，符合民事诉讼法第十七章督促程序规定的，人民法院应予受理。

依据劳动合同法第三十条第二款规定申请支付令被人民法院裁定

终结督促程序后，劳动者就劳动争议事项直接提起诉讼的，人民法院应当告知其先向劳动争议仲裁机构申请仲裁。

依据调解仲裁法第十六条规定申请支付令被人民法院裁定终结督促程序后，劳动者依据调解协议直接提起诉讼的，人民法院应予受理。

第十四条 人民法院受理劳动争议案件后，当事人增加诉讼请求的，如该诉讼请求与讼争的劳动争议具有不可分性，应当合并审理；如属独立的劳动争议，应当告知当事人向劳动争议仲裁机构申请仲裁。

第十五条 劳动者以用人单位的工资欠条为证据直接提起诉讼，诉讼请求不涉及劳动关系其他争议的，视为拖欠劳动报酬争议，人民法院按照普通民事纠纷受理。

第十六条 劳动争议仲裁机构作出仲裁裁决后，当事人对裁决中的部分事项不服，依法提起诉讼的，劳动争议仲裁裁决不发生法律效力。

第十七条 劳动争议仲裁机构对多个劳动者的劳动争议作出仲裁裁决后，部分劳动者对仲裁裁决不服，依法提起诉讼的，仲裁裁决对提起诉讼的劳动者不发生法律效力；对未提起诉讼的部分劳动者，发生法律效力，如其申请执行的，人民法院应当受理。

第十八条 仲裁裁决的类型以仲裁裁决书确定为准。仲裁裁决书未载明该裁决为终局裁决或者非终局裁决，用人单位不服该仲裁裁决向基层人民法院提起诉讼的，应当按照以下情形分别处理：

（一）经审查认为该仲裁裁决为非终局裁决的，基层人民法院应予受理；

（二）经审查认为该仲裁裁决为终局裁决的，基层人民法院不予受理，但应告知用人单位可以自收到不予受理裁定书之日起三十日内向劳动争议仲裁机构所在地的中级人民法院申请撤销该仲裁裁决；已经受理的，裁定驳回起诉。

第十九条 仲裁裁决书未载明该裁决为终局裁决或者非终局裁决，劳动者依据调解仲裁法第四十七条第一项规定，追索劳动报酬、工伤医疗费、经济补偿或者赔偿金，如果仲裁裁决涉及数项，每项确定的数额均不超过当地月最低工资标准十二个月金额的，应当按照终局裁决处理。

第二十条 劳动争议仲裁机构作出的同一仲裁裁决同时包含终局裁决事项和非终局裁决事项，当事人不服该仲裁裁决向人民法院提起诉讼的，应当按照非终局裁决处理。

第二十一条 劳动者依据调解仲裁法第四十八条规定向基层人民法院提起诉讼，用人单位依据调解仲裁法第四十九条规定向劳动争议仲裁机构所在地的中级人民法院申请撤销仲裁裁决的，中级人民法院应当不予受理；已经受理的，应当裁定驳回申请。

被人民法院驳回起诉或者劳动者撤诉的，用人单位可以自收到裁定书之日起三十日内，向劳动争议仲裁机构所在地的中级人民法院申请撤销仲裁裁决。

第二十二条 用人单位依据调解仲裁法第四十九条规定向中级人民法院申请撤销仲裁裁决，中级人民法院作出的驳回申请或者撤销仲裁裁决的裁定为终审裁定。

第二十三条 中级人民法院审理用人单位申请撤销终局裁决的案件，应当组成合议庭开庭审理。经过阅卷、调查和询问当事人，对没有新的事实、证据或者理由，合议庭认为不需要开庭审理的，可以不开庭审理。

中级人民法院可以组织双方当事人调解。达成调解协议的，可以制作调解书。一方当事人逾期不履行调解协议的，另一方可以申请人民法院强制执行。

第二十四条 当事人申请人民法院执行劳动争议仲裁机构作出的

发生法律效力的裁决书、调解书，被申请人提出证据证明劳动争议仲裁裁决书、调解书有下列情形之一，并经审查核实的，人民法院可以根据民事诉讼法第二百三十七条规定，裁定不予执行：

（一）裁决的事项不属于劳动争议仲裁范围，或者劳动争议仲裁机构无权仲裁的；

（二）适用法律、法规确有错误的；

（三）违反法定程序的；

（四）裁决所根据的证据是伪造的；

（五）对方当事人隐瞒了足以影响公正裁决的证据的；

（六）仲裁员在仲裁该案时有索贿受贿、徇私舞弊、枉法裁决行为的；

（七）人民法院认定执行该劳动争议仲裁裁决违背社会公共利益的。

人民法院在不予执行的裁定书中，应当告知当事人在收到裁定书之次日起三十日内，可以就该劳动争议事项向人民法院提起诉讼。

第二十五条 劳动争议仲裁机构作出终局裁决，劳动者向人民法院申请执行，用人单位向劳动争议仲裁机构所在地的中级人民法院申请撤销的，人民法院应当裁定中止执行。

用人单位撤回撤销终局裁决申请或者其申请被驳回的，人民法院应当裁定恢复执行。仲裁裁决被撤销的，人民法院应当裁定终结执行。

用人单位向人民法院申请撤销仲裁裁决被驳回后，又在执行程序中以相同理由提出不予执行抗辩的，人民法院不予支持。

第二十六条 用人单位与其它单位合并的，合并前发生的劳动争议，由合并后的单位为当事人；用人单位分立为若干单位的，其分立前发生的劳动争议，由分立后的实际用人单位为当事人。

用人单位分立为若干单位后，具体承受劳动权利义务的单位不明确的，分立后的单位均为当事人。

第二十七条 用人单位招用尚未解除劳动合同的劳动者，原用人单位与劳动者发生的劳动争议，可以列新的用人单位为第三人。

原用人单位以新的用人单位侵权为由提起诉讼的，可以列劳动者为第三人。

原用人单位以新的用人单位和劳动者共同侵权为由提起诉讼的，新的用人单位和劳动者列为共同被告。

第二十八条 劳动者在用人单位与其他平等主体之间的承包经营期间，与发包方和承包方双方或者一方发生劳动争议，依法提起诉讼的，应当将承包方和发包方作为当事人。

第二十九条 劳动者与未办理营业执照、营业执照被吊销或者营业期限届满仍继续经营的用人单位发生争议的，应当将用人单位或者其出资人列为当事人。

第三十条 未办理营业执照、营业执照被吊销或者营业期限届满仍继续经营的用人单位，以挂靠等方式借用他人营业执照经营的，应当将用人单位和营业执照出借方列为当事人。

第三十一条 当事人不服劳动争议仲裁机构作出的仲裁裁决，依法提起诉讼，人民法院审查认为仲裁裁决遗漏了必须共同参加仲裁的当事人的，应当依法追加遗漏的人为诉讼当事人。

被追加的当事人应当承担责任的，人民法院应当一并处理。

第三十二条 用人单位与其招用的已经依法享受养老保险待遇或者领取退休金的人员发生用工争议而提起诉讼的，人民法院应当按劳务关系处理。

企业停薪留职人员、未达到法定退休年龄的内退人员、下岗待岗人员以及企业经营性停产放长假人员，因与新的用人单位发生用工争议而提起诉讼的，人民法院应当按劳动关系处理。

第三十三条 外国人、无国籍人未依法取得就业证件即与中华人民共和国境内的用人单位签订劳动合同，当事人请求确认与用人单位存在劳动关系的，人民法院不予支持。

持有《外国专家证》并取得《外国人来华工作许可证》的外国人，与中华人民共和国境内的用人单位建立用工关系的，可以认定为劳动关系。

第三十四条 劳动合同期满后，劳动者仍在原用人单位工作，原用人单位未表示异议的，视为双方同意以原条件继续履行劳动合同。一方提出终止劳动关系的，人民法院应予支持。

根据劳动合同法第十四条规定，用人单位应当与劳动者签订无固定期限劳动合同而未签订的，人民法院可以视为双方之间存在无固定期限劳动合同关系，并以原劳动合同确定双方的权利义务关系。

第三十五条 劳动者与用人单位就解除或者终止劳动合同办理相关手续、支付工资报酬、加班费、经济补偿或者赔偿金等达成的协议，不违反法律、行政法规的强制性规定，且不存在欺诈、胁迫或者乘人之危情形的，应当认定有效。

前款协议存在重大误解或者显失公平情形，当事人请求撤销的，人民法院应予支持。

第三十六条 当事人在劳动合同或者保密协议中约定了竞业限制，但未约定解除或者终止劳动合同后给予劳动者经济补偿，劳动者履行了竞业限制义务，要求用人单位按照劳动者在劳动合同解除或者终止前十二个月平均工资的30%按月支付经济补偿的，人民法院应予支持。

前款规定的月平均工资的30%低于劳动合同履行地最低工资标准的，按照劳动合同履行地最低工资标准支付。

第三十七条 当事人在劳动合同或者保密协议中约定了竞业限制和经济补偿，当事人解除劳动合同时，除另有约定外，用人单位要求劳动者履行竞业限制义务，或者劳动者履行了竞业限制义务后要求用人单位支付经济补偿的，人民法院应予支持。

第三十八条 当事人在劳动合同或者保密协议中约定了竞业限制和经济补偿，劳动合同解除或者终止后，因用人单位的原因导致三个月未支付经济补偿，劳动者请求解除竞业限制约定的，人民法院应予支持。

第三十九条 在竞业限制期限内，用人单位请求解除竞业限制协议的，人民法院应予支持。

在解除竞业限制协议时，劳动者请求用人单位额外支付劳动者三个月的竞业限制经济补偿的，人民法院应予支持。

第四十条 劳动者违反竞业限制约定，向用人单位支付违约金后，用人单位要求劳动者按照约定继续履行竞业限制义务的，人民法院应予支持。

第四十一条 劳动合同被确认为无效，劳动者已付出劳动的，用人单位应当按照劳动合同法第二十八条、第四十六条、第四十七条的规定向劳动者支付劳动报酬和经济补偿。

由于用人单位原因订立无效劳动合同，给劳动者造成损害的，用人单位应当赔偿劳动者因合同无效所造成的经济损失。

第四十二条 劳动者主张加班费的，应当就加班事实的存在承担举证责任。但劳动者有证据证明用人单位掌握加班事实存在的证据，用人单位不提供的，由用人单位承担不利后果。

第四十三条 用人单位与劳动者协商一致变更劳动合同，虽未采用书面形式，但已经实际履行了口头变更的劳动合同超过一个月，变更后的劳动合同内容不违反法律、行政法规且不违背公序良俗，当事人以未采用书面形式为由主张劳动合同变更无效的，人民法院不予支持。

第四十四条 因用人单位作出的开除、除名、辞退、解除劳动合同、减少劳动报酬、计算劳动者工作年限等决定而发生的劳动争议，用人单位负举证责任。

第四十五条 用人单位有下列情形之一，迫使劳动者提出解除劳动合同的，用人单位应当支付劳动者的劳动报酬和经济补偿，并可支付赔偿金：

（一）以暴力、威胁或者非法限制人身自由的手段强迫劳动的；

（二）未按照劳动合同约定支付劳动报酬或者提供劳动条件的；

（三）克扣或者无故拖欠劳动者工资的；

（四）拒不支付劳动者延长工作时间工资报酬的；

（五）低于当地最低工资标准支付劳动者工资的。

第四十六条 劳动者非因本人原因从原用人单位被安排到新用人单位工作，原用人单位未支付经济补偿，劳动者依据劳动合同法第三十八条规定与新用人单位解除劳动合同，或者新用人单位向劳动者提出解除、终止劳动合同，在计算支付经济补偿或赔偿金的工作年限时，劳动者请求把在原用人单位的工作年限合并计算为新用人单位工作年限的，人民法院应予支持。

用人单位符合下列情形之一的，应当认定属于“劳动者非因本人原因从原用人单位被安排到新用人单位工作”：

（一）劳动者仍在原工作场所、工作岗位工作，劳动合同主体由原用人单位变更为新用人单位；

（二）用人单位以组织委派或任命形式对劳动者进行工作调动；

（三）因用人单位合并、分立等原因导致劳动者工作调动；

（四）用人单位及其关联企业与劳动者轮流订立劳动合同；

（五）其他合理情形。

第四十七条 建立了工会组织的用人单位解除劳动合同符合劳动合同法第三十九条、第四十条规定，但未按照劳动合同法第四十三条规定事先通知工会，劳动者以用人单位违法解除劳动合同为由请求用人单位支付赔偿金的，人民法院应予支持，但起诉前用人单位已经补正有关程序的除外。

第四十八条 劳动合同法施行后，因用人单位经营期限届满不再继续经营导致劳动合同不能继续履行，劳动者请求用人单位支付经济补偿的，人民法院应予支持。

第四十九条 在诉讼过程中，劳动者向人民法院申请采取财产保全措施，人民法院经审查认为申请人经济确有困难，或者有证据证明用人单位存在欠薪逃匿可能的，应当减轻或者免除劳动者提供担保的义务，及时采取保全措施。

人民法院作出的财产保全裁定中，应当告知当事人在劳动争议仲裁机构的裁决书或者在人民法院的裁判文书生效后三个月内申请强制执行。逾期不申请的，人民法院应当裁定解除保全措施。

第五十条 用人单位根据劳动合同法第四条规定，通过民主程序制定的规章制度，不违反国家法律、行政法规及政策规定，并已向劳动者公示的，可以作为确定双方权利义务的依据。

用人单位制定的内部规章制度与集体合同或者劳动合同约定的内容不一致，劳动者请求优先适用合同约定的，人民法院应予支持。

第五十一条 当事人在调解仲裁法第十条规定的调解组织主持下达成的具有劳动权利义务内容的调解协议，具有劳动合同的约束力，可以作为人民法院裁判的根据。

当事人在调解仲裁法第十条规定的调解组织主持下仅就劳动报酬争议达成调解协议，用人单位不履行调解协议确定的给付义务，劳动者直接提起诉讼的，人民法院可以按照普通民事纠纷受理。

第五十二条 当事人在人民调解委员会主持下仅就给付义务达成的调解协议，双方认为有必要的，可以共同向人民调解委员会所在地的基层人民法院申请司法确认。

第五十三条 用人单位对劳动者作出的开除、除名、辞退等处理，或者因其他原因解除劳动合同确有错误的，人民法院可以依法判决予以撤销。

对于追索劳动报酬、养老金、医疗费以及工伤保险待遇、经济补偿金、培训费及其他相关费用等案件，给付数额不当的，人民法院可以予以变更。

第五十四条 本解释自2021年1月1日起施行。

工会参与劳动争议处理试行办法

（1995年8月17日 总工发〔1995〕12号）

第一章 总 则

第一条 为指导工会参与处理劳动争议，维护劳动者合法权益，协调劳动关系，促进企业发展，根据《中华人民共和国工会法》、《中华人民共和国劳动法》和《中华人民共和国企业劳动争议处理条例》，制定本办法。

第二条 本办法适用于工会参与处理下列劳动争议：

（一）因用人单位开除、除名、辞退职工和职工辞职、自动离职发生的争议；

（二）因履行、变更、解除劳动合同发生的争议；

（三）因签订或履行集体合同发生的争议；

（四）因执行国家有关工作时间和休息休假、工资、劳动安全卫生、女职工和未成年工特殊保护、职业培训、社会保险和福利的规定发生的争议；

（五）法律、法规规定的其他劳动争议。

第三条 工会参与处理劳动争议应当遵循下列原则：

（一）依据事实和法律，及时公正处理；

（二）当事人在适用法律上一律平等；

（三）预防为主、基层为主、调解为主；

（四）尊重当事人申请仲裁和诉讼的权利；

（五）坚持劳动争议处理的三方原则。

第四条 工会依法参加劳动争议协商、调解、仲裁工作。

职工因劳动权益受到侵犯向人民法院起诉的，工会应当给予支持和帮助。

第五条 参加劳动争议调解、仲裁工作的工会代表应当遵纪守法、公正廉洁，不得滥用职权、徇私舞弊、收受贿赂、泄露秘密和个人隐私。

第二章 参与劳动争议协商

第六条 劳动争议协商是指劳动争议双方当事人就协调劳动关系、解决劳动争议进行商谈的行为。

第七条 发生劳动争议，工会可以接受职工及用人单位请求参与协商，促进争议解决。

第八条 工会发现劳动争议，应主动参与协商，及时化解矛盾。

第九条 劳动争议双方当事人经协商达成协议的，工会应当督促其自觉履行。

第十条 劳动争议双方当事人不愿协商或协商不成的，工会可以告知当事人依法申请调解或仲裁。

第三章 主持劳动争议调解

第十一条 工会应当督促、帮助用人单位依法建立劳动争议调解委员会。

劳动争议调解委员会由职工代表、用人单位代表和工会代表组成。职工代表和工会代表的人数不得少于调解委员会成员总数的2/3；女职工人数较多的单位，调解委员会成员中应当有女职工代表。

工会代表担任劳动争议调解委员会主任，主持劳动争议调解委员会工作。

劳动争议调解委员会的办事机构设在用人单位工会。

第十二条 调解委员会主任的职责：

（一）对劳动争议调解委员会无法决定是否受理的调解申请，决定是否受理；

（二）决定调解委员的回避；

（三）及时指派调解委员调解简单劳动争议；

（四）主持调解委员会会议，确定调解方案；

（五）召集有调解委员、劳动争议双方当事人参加的调解会议，依法主持调解。

第十三条 工会代表担任劳动争议调解委员的职责：

（一）依法调解本单位劳动争议；

（二）保证当事人实现自愿调解、申请回避和申请仲裁的权利；

（三）自争议发生之日起 30 日内结束调解，到期未结束的视为调解不成，告知当事人可以申请仲裁；

（四）督促劳动争议双方当事人履行调解协议；

（五）及时做好调解文书及案卷的整理归档工作；

（六）做好劳动争议预防工作。

第十四条 工会应当做好劳动争议调解委员、劳动争议调解员的培训工作，提高劳动争议调解委员会调解的法律水平和工作能力。

第十五条 劳动争议调解委员调离本单位或需要调整时，由原推选单位或组织在 30 日内依法推举或指定人员补齐。调解委员调离或调整超过半数以上的，应按规定程序重新组建。

第十六条 上级工会指导下级工会的劳动争议调解工作。

劳动争议调解委员会接受劳动争议仲裁委员会的业务指导。

第十七条 工会可以在城镇和乡镇企业集中的地方设立区域性劳

动争议调解指导委员会。区域性劳动争议调解指导委员会可以邀请劳动行政部门的代表和社会有关人士参加。

区域性劳动争议调解指导委员会名单报上级地方总工会和劳动争议仲裁委员会备案。

第十八条 区域性劳动争议调解指导委员会指导本区域内劳动争议调解委员会的调解工作，并调解未设调解组织的用人单位的劳动争议。

第四章 参加劳动争议仲裁

第十九条 劳动争议仲裁委员会中工会代表的职责：

（一）担任劳动争议仲裁委员会副主任和委员，参与处理本委员会管辖范围内的劳动争议案件；

（二）按时参加仲裁委员会会议，遇特殊情况不能到会的，应出具委托书，委托本组织其他人员出席会议；

（三）对仲裁裁决意见依法行使表决权；

（四）参与研究处理有重大影响的案件和仲裁庭提交的重大疑难案件，参与审查、批准案情复杂，需要延期处理的案件；

（五）对应当受理未予受理的案件，有权提请仲裁委员会依法受理；

（六）对已经发生法律效力的仲裁裁决发现确有错误、需要重新处理的，应当要求仲裁委员会主任提交仲裁委员会重新处理；

（七）对受理的集体劳动争议及本地区有影响的个人劳动争议案件，及时向本级及上级工会书面报告。

第二十条 工会工作者依法取得仲裁员资格，由劳动争议仲裁委员会聘为兼职仲裁员的，所在单位应支持其参加劳动争议仲裁活动。

第二十一条 工会工作者担任兼职仲裁员，在执行仲裁公务时与专职仲裁员享有同等权利。

第二十二条 工会工作者担任兼职仲裁员，应当认真履行《劳动争议仲裁委员会组织规则》规定的仲裁员职责。

第五章 代理职工参与诉讼

第二十三条 县和县以上各级工会组织可以建立法律咨询服务机构，为保护职工和工会组织的合法权益提供服务。

第二十四条 工会法律服务机构可以接受职工当事人的委托，代理职工参与劳动争议诉讼。

工会法律服务机构接受职工当事人的代理申请后，应当指派代理人，指派的代理人应征得委托人同意。

第二十五条 工会法律服务机构代理职工参与诉讼，应当由委托人向仲裁委员会或人民法院提交由委托人签名或盖章的授权委托书。

第六章 参与处理集体劳动争议

第二十六条 发生集体劳动争议，用人单位工会应当及时向上级工会报告，依法参与处理。

工会参与处理集体劳动争议，应积极反映职工的正当要求，维护职工合法权益。

第二十七条 因集体劳动争议导致停工、怠工的，工会应当及时与有关方面协商解决，协商不成的，按集体劳动争议处理程序解决。

第二十八条 因签订和履行集体合同发生争议，用人单位工会可以就解决争议问题与用人单位平等协商。

第二十九条 因签订集体合同发生争议，当事人双方协商解决不成的，用人单位工会应当提请上级工会协同政府劳动行政部门协调处理。

第三十条 因履行集体合同发生争议，当事人双方协商解决不成的，可以向劳动争议仲裁委员会申请仲裁；对仲裁裁决不服的，可以自收到仲裁裁决书之日起 15 日内向人民法院提起诉讼。上级工会依法律法规的规定及本办法参与处理。

企业工会主席合法权益保护暂行办法

（2007 年 8 月 20 日　总工发〔2007〕32 号）

第一章　总　　则

第一条　为坚持主动依法科学维权，保护企业工会主席合法权益，保障其依法履行职责，发挥企业工会促进企业发展、维护职工权益的作用，依据《工会法》、《劳动法》、《劳动合同法》等法律法规，制定本办法。

第二条　中华人民共和国境内各类企业工会专职、兼职主席、副主席（以下简称工会主席）的合法权益保护，适用本办法。

企业化管理的事业单位、民办非企业单位工会主席，区域性行业性工会联合会、联合基层工会主席的合法权益保护，参照本办法执行。

第三条　各级工会要依据国家法律法规和政策，严格按照中国工会章程的规定和组织程序，运用法律、经济等手段，保护企业工会主席的合法权益。

第二章　保护内容与措施

第四条　企业工会主席因依法履行职责，被企业降职降级、停职停薪降薪、扣发工资以及其他福利待遇的，或因被诬陷受到错误处理、调动工作岗位的，或遭受打击报复不能恢复原工作、享受原职级待遇的，或未安排合适工作岗位的，上级工会要会同该企业党组织督促企业撤销处理决定，恢复该工会主席原岗位工作，并补足其所受经济损失。

在企业拒不纠正的情况下，上级工会要向企业的上级党组织报告，通过组织渠道促使问题的解决；或会同企业、行业主管部门、或提请劳动行政部门责令该企业改正。

第五条 企业工会主席因依法履行职责，被企业无正当理由解除或终止劳动合同的，上级工会要督促企业依法继续履行其劳动合同，恢复原岗位工作，补发被解除劳动合同期间应得的报酬，或给予本人年收入二倍的赔偿，并给予解除或终止劳动合同时的经济补偿金。

在企业拒不改正的情况下，上级工会要提请劳动行政部门责令该企业改正，直至支持权益受到侵害的工会主席向人民法院提起诉讼。对于发生劳动争议，工会主席本人申请仲裁或者提起诉讼的，应当为其提供法律援助，支付全部仲裁、诉讼费用。

第六条 企业工会主席因依法履行职责，被故意伤害导致人身伤残、死亡的，上级工会要支持该工会主席或者其亲属、代理人依法追究伤害人的刑事责任和民事责任。

对于被故意伤害导致人身伤残的工会主席，上级工会要视其伤残程度给予一次性补助；对于被故意伤害导致死亡的工会主席，要协助其直系亲属做好善后处理事宜，并给予一次性慰问金。

第七条 企业工会主席因依法履行职责，遭受企业解除或终止劳动合同，本人不愿意继续在该企业工作、导致失业的，上级工会要为其提供就业帮助；需要就业培训的，要为其免费提供职业技能培训。在该工会主席失业期间，上级工会要按照本人原岗位工资收入给予补助，享受期限最多不超过六个月。

第八条 企业非专职工会主席因参加工会会议、学习培训、从事工会工作，被企业扣发或减少工资和其他经济收入的，上级工会要督促企业依法予以足额补发。

第三章 保护机制与责任

第九条 各级工会领导机关要建立保护企业工会主席责任制，逐级承担保护企业工会主席合法权益的职责。企业工会的上一级工会要切实负起责任，保护所属企业工会主席的合法权益。

第十条 县（区）级以上工会领导机关要设立工会干部权益保障金，省级工会50万元、地（市）级工会30万元、县（区）级工会10万元，年末结余滚存下一年度使用。当年使用不足时可以动用滚存结余，仍不足时可追加。本级工会经费有困难时，可向上级工会提出补助申请。

要切实加强工会干部权益保障金的管理，专款专用。各级工会经费审查委员会要加强审查和监督工作。

第十一条 县（区）级以上工会领导机关要建立由组织部门牵头、相关部门参加的工作协调机构，受理下级工会或企业工会主席的维权申请、核实、报批和资料存档等相关事宜。

当工会主席合法权益受到侵害后，工会主席本人或者其所在企业工会组织向上一级工会提出书面保护申请及相关证明材料；上一级工会要及时做好调查核实工作，采取相应保护措施。需要支付保障金的，要按照隶属关系向县（区）级地方工会提出申请。县（区）级以上地方工会应依据实际情况，及时向合法权益受到侵害的工会主席支付权益保障金。

第四章 附 则

第十二条 全国铁路、金融、民航工会适用本办法。

第十三条 本办法由中华全国总工会解释。

第十四条 本办法自公布之日起施行。

女职工劳动保护特别规定

（2012年4月18日国务院第200次常务会议通过 2012年4月28日中华人民共和国国务院令第619号公布 自公布之日起施行）

第一条 为了减少和解决女职工在劳动中因生理特点造成的特殊困难，保护女职工健康，制定本规定。

第二条 中华人民共和国境内的国家机关、企业、事业单位、社会团体、个体经济组织以及其他社会组织等用人单位及其女职工，适用本规定。

第三条 用人单位应当加强女职工劳动保护，采取措施改善女职工劳动安全卫生条件，对女职工进行劳动安全卫生知识培训。

第四条 用人单位应当遵守女职工禁忌从事的劳动范围的规定。用人单位应当将本单位属于女职工禁忌从事的劳动范围的岗位书面告知女职工。

女职工禁忌从事的劳动范围由本规定附录列示。国务院安全生产监督管理部门会同国务院人力资源社会保障行政部门、国务院卫生行政部门根据经济社会发展情况，对女职工禁忌从事的劳动范围进行调整。

第五条 用人单位不得因女职工怀孕、生育、哺乳降低其工资、予以辞退、与其解除劳动或者聘用合同。

第六条 女职工在孕期不能适应原劳动的，用人单位应当根据医疗机构的证明，予以减轻劳动量或者安排其他能够适应的劳动。

对怀孕7个月以上的女职工，用人单位不得延长劳动时间或者安排夜班劳动，并应当在劳动时间内安排一定的休息时间。

怀孕女职工在劳动时间内进行产前检查，所需时间计入劳动时间。

第七条 女职工生育享受98天产假，其中产前可以休假15天；难产的，增加产假15天；生育多胞胎的，每多生育1个婴儿，增加产假15天。

女职工怀孕未满4个月流产的，享受15天产假；怀孕满4个月流产的，享受42天产假。

第八条 女职工产假期间的生育津贴，对已经参加生育保险的，按照用人单位上年度职工月平均工资的标准由生育保险基金支付；对未参加生育保险的，按照女职工产假前工资的标准由用人单位支付。

女职工生育或者流产的医疗费用，按照生育保险规定的项目和标准，对已经参加生育保险的，由生育保险基金支付；对未参加生育保险的，由用人单位支付。

第九条 对哺乳未满1周岁婴儿的女职工，用人单位不得延长劳动时间或者安排夜班劳动。

用人单位应当在每天的劳动时间内为哺乳期女职工安排1小时哺乳时间；女职工生育多胞胎的，每多哺乳1个婴儿每天增加1小时哺乳时间。

第十条 女职工比较多的用人单位应当根据女职工的需要，建立女职工卫生室、孕妇休息室、哺乳室等设施，妥善解决女职工在生理卫生、哺乳方面的困难。

第十一条 在劳动场所，用人单位应当预防和制止对女职工的性骚扰。

第十二条 县级以上人民政府人力资源社会保障行政部门、安全生产监督管理部门按照各自职责负责对用人单位遵守本规定的情况进行监督检查。

工会、妇女组织依法对用人单位遵守本规定的情况进行监督。

第十三条 用人单位违反本规定第六条第二款、第七条、第九条第一款规定的，由县级以上人民政府人力资源社会保障行政部门责令限期改正，按照受侵害女职工每人1000元以上5000元以下的标准计算，处以罚款。

用人单位违反本规定附录第一条、第二条规定的，由县级以上人民政府安全生产监督管理部门责令限期改正，按照受侵害女职工每人1000元以上5000元以下的标准计算，处以罚款。用人单位违反本规定附录第三条、第四条规定的，由县级以上人民政府安全生产监督管理部门责令限期治理，处5万元以上30万元以下的罚款；情节严重的，责令停止有关作业，或者提请有关人民政府按照国务院规定的权限责令关闭。

第十四条 用人单位违反本规定，侵害女职工合法权益的，女职工可以依法投诉、举报、申诉，依法向劳动人事争议调解仲裁机构申请调解仲裁，对仲裁裁决不服的，依法向人民法院提起诉讼。

第十五条 用人单位违反本规定，侵害女职工合法权益，造成女职工损害的，依法给予赔偿；用人单位及其直接负责的主管人员和其他直接责任人员构成犯罪的，依法追究刑事责任。

第十六条 本规定自公布之日起施行。1988年7月21日国务院发布的《女职工劳动保护规定》同时废止。

附录：

女职工禁忌从事的劳动范围

一、女职工禁忌从事的劳动范围：

（一）矿山井下作业；

（二）体力劳动强度分级标准中规定的第四级体力劳动强度的

作业；

（三）每小时负重6次以上、每次负重超过20公斤的作业，或者间断负重、每次负重超过25公斤的作业。

二、女职工在经期禁忌从事的劳动范围：

（一）冷水作业分级标准中规定的第二级、第三级、第四级冷水作业；

（二）低温作业分级标准中规定的第二级、第三级、第四级低温作业；

（三）体力劳动强度分级标准中规定的第三级、第四级体力劳动强度的作业；

（四）高处作业分级标准中规定的第三级、第四级高处作业。

三、女职工在孕期禁忌从事的劳动范围：

（一）作业场所空气中铅及其化合物、汞及其化合物、苯、镉、铍、砷、氰化物、氮氧化物、一氧化碳、二硫化碳、氯、己内酰胺、氯丁二烯、氯乙烯、环氧乙烷、苯胺、甲醛等有毒物质浓度超过国家职业卫生标准的作业；

（二）从事抗癌药物、己烯雌酚生产，接触麻醉剂气体等的作业；

（三）非密封源放射性物质的操作，核事故与放射事故的应急处置；

（四）高处作业分级标准中规定的高处作业；

（五）冷水作业分级标准中规定的冷水作业；

（六）低温作业分级标准中规定的低温作业；

（七）高温作业分级标准中规定的第三级、第四级的作业；

（八）噪声作业分级标准中规定的第三级、第四级的作业；

（九）体力劳动强度分级标准中规定的第三级、第四级体力劳动强度的作业；

（十）在密闭空间、高压室作业或者潜水作业，伴有强烈振动的作业，或者需要频繁弯腰、攀高、下蹲的作业。

四、女职工在哺乳期禁忌从事的劳动范围：

（一）孕期禁忌从事的劳动范围的第一项、第三项、第九项；

（二）作业场所空气中锰、氟、溴、甲醇、有机磷化合物、有机氯化合物等有毒物质浓度超过国家职业卫生标准的作业。

工会会员会籍管理办法

（2016年12月12日）

第一章 总 则

第一条 为规范工会会员会籍管理工作，增强会员意识，保障会员权利，根据《中华人民共和国工会法》和《中国工会章程》等有关规定，制定本办法。

第二条 工会会员会籍是指工会会员资格，是职工履行入会手续后工会组织确认其为工会会员的依据。

第三条 工会会员会籍管理，随劳动（工作）关系流动而变动，会员劳动（工作）关系在哪里，会籍就在哪里，实行一次入会、动态接转。

第二章 会籍取得与管理

第四条 凡在中国境内的企业、事业单位、机关和其他社会组织中，以工资收入为主要生活来源或者与用人单位建立劳动关系的体力劳动者和脑力劳动者，不分民族、种族、性别、职业、宗教信仰、教育程度，承认《中国工会章程》，都可以加入工会为会员。

第五条 职工加入工会，由其本人通过口头或书面形式及通过互联网等渠道提出申请，填写《中华全国总工会入会申请书》和《工会会员登记表》，经基层工会审核批准，即为中华全国总工会会员，发给《中华全国总工会会员证》（以下简称“会员证”），享有会员权利，履行会员义务。工会会员卡（以下简称“会员卡”）也可以作为会员身份凭证。

第六条 尚未建立工会的用人单位职工，按照属地和行业就近原则，可以向上级工会提出入会申请，在上级工会的帮助指导下加入工会。用人单位建立工会后，应及时办理会员会籍接转手续。

第七条 非全日制等形式灵活就业的职工，可以申请加入所在单位工会，也可以申请加入所在地的乡镇（街道）、开发区（工业园区）、村（社区）工会和区域（行业）工会联合会等。会员会籍由上述工会管理。

第八条 农民工输出地工会开展入会宣传，启发农民工入会意识；输入地工会按照属地管理原则，广泛吸收农民工加入工会。农民工会员变更用人单位时，应及时办理会员会籍接转手续，不需重复入会。

第九条 劳务派遣工可以在劳务派遣单位加入工会，也可以在用工单位加入工会。劳务派遣单位没有建立工会的，劳务派遣工在用工单位加入工会。

在劳务派遣工会员接受派遣期间，劳务派遣单位工会可以与用工单位工会签订委托管理协议，明确双方对会员组织活动、权益维护等方面的责任与义务。

加入劳务派遣单位工会（含委托用工单位管理）的会员，其会籍由劳务派遣单位工会管理。加入用工单位工会的会员会籍由用工单位工会管理。

第十条 基层工会可以通过举行入会仪式、集体发放会员证或会员卡等形式，增强会员意识。

第十一条 基层工会应建立会员档案，实行会员实名制，动态管理会员信息，保障会员信息安全。

第十二条 会员劳动（工作）关系发生变化后，由调出单位工会填写会员证“工会组织关系接转”栏目中有关内容。会员的《工会会员登记表》随个人档案一并移交。会员以会员证或会员卡等证明其工会会员身份，新的用人单位工会应予以接转登记。

第十三条 已经与用人单位解除劳动（工作）关系并实现再就业的会员，其会员会籍应转入新的用人单位工会。如新的用人单位尚未建立工会，其会员会籍原则上应暂时保留在会员居住地工会组织，待所在单位建立工会后，再办理会员会籍接转手续。

第十四条 临时借调到外单位工作的会员，其会籍一般不作变动。如借调时间六个月以上，借调单位已建立工会的，可以将会员关系转到借调单位工会管理。借调期满后，会员关系转回所在单位。会员离开工作岗位进行脱产学习的，如与单位仍有劳动（工作）关系，其会员会籍不作变动。

第十五条 联合基层工会的会员会籍接转工作，由联合基层工会负责。区域（行业）工会联合会的会员会籍接转工作，由会员所在基层工会负责。

第十六条 各级工会分级负责本单位本地区的会员统计工作。农民工会员由输入地工会统计。劳务派遣工会员由劳务派遣单位工会统计，加入用工单位工会的由用工单位工会统计。保留会籍的人员不列入会员统计范围。

第三章 会籍保留与取消

第十七条 会员退休（含提前退休）后，在原单位工会办理保留会籍手续。退休后再返聘参加工作的会员，保留会籍不作变动。

第十八条 内部退养的会员，其会籍暂不作变动，待其按国家有关规定正式办理退休手续后，办理保留会籍手续。

第十九条 会员失业的，由原用人单位办理保留会籍手续。原用人单位关闭或破产的，可将其会籍转至其居住地的乡镇（街道）或村（社区）工会。重新就业后，由其本人及时与新用人单位接转会员会籍。

第二十条 已经加入工会的职工，在其服兵役期间保留会籍。服兵役期满，复员或转业到用人单位并建立劳动关系的，应及时办理会员会籍接转手续。

第二十一条 会员在保留会籍期间免交会费，不再享有选举权、被选举权和表决权。

第二十二条 会员有退会自由。对于要求退会的会员，工会组织应做好思想工作。对经过做思想工作仍要求退会的，由会员所在的基层工会讨论后，宣布其退会并收回其会员证或会员卡。会员没有正当理由连续六个月不交纳会费、不参加工会组织生活，经教育拒不改正，应视为自动退会。

第二十三条 对严重违法犯罪并受到刑事处分的会员，开除会籍。开除会员会籍，须经会员所在工会小组讨论提出意见，由工会基层委员会决定，并报上一级工会备案，同时收回其会员证或会员卡。

第四章 附 则

第二十四条 本办法由中华全国总工会负责解释。

第二十五条 本办法自印发之日起施行。2000 年 9 月 11 日印发的《中华全国总工会关于加强工会会员会籍管理有关问题的暂行规定》（总工发〔2000〕18 号）同时废止。

基层工会经费收支管理办法

（2017 年 12 月 15 日　总工办发〔2017〕32 号）

第一章　总　　则

第一条　为加强基层工会收支管理，规范基层工会经费使用，根据《中华人民共和国工会法》和《中国工会章程》《工会会计制度》《工会预算管理办法》的有关规定，结合中华全国总工会（以下简称“全国总工会”）贯彻落实中央有关规定的相关要求，制定本办法。

第二条　本办法适用于企业、事业单位、机关和其他经济社会组织单独或联合建立的基层工会委员会。

第三条　基层工会经费收支管理应遵循以下原则：

（一）遵纪守法原则。基层工会应依据《中华人民共和国工会法》的有关规定，依法组织各项收入，严格遵守国家法律法规，严格执行全国总工会有关制度规定，严肃财经纪律，严格工会经费使用，加强工会经费收支管理。

（二）经费独立原则。基层工会应依据全国总工会关于工会法人登记管理的有关规定取得工会法人资格，依法享有民事权利、承担民事义务，并根据财政部、中国人民银行的有关规定，设立工会经费银行账户，实行工会经费独立核算。

（三）预算管理原则。基层工会应按照《工会预算管理办法》的要求，将单位各项收支全部纳入预算管理。基层工会经费年度收支预算（含调整预算）需经同级工会委员会和工会经费审查委员会审查同意，并报上级主管工会批准。

（四）服务职工原则。基层工会应坚持工会经费正确的使用方向，优化工会经费支出结构，严格控制一般性支出，将更多的工会经费用于为职工服务和开展工会活动，维护职工的合法权益，增强工会组织服务职工的能力。

（五）勤俭节约原则。基层工会应按照党中央、国务院关于厉行勤俭节约反对奢侈浪费的有关规定，严格控制工会经费开支范围和开支标准，经费使用要精打细算，少花钱多办事，节约开支，提高工会经费使用效益。

（六）民主管理原则。基层工会应依靠会员管好用好工会经费。年度工会经费收支情况应定期向会员大会或会员代表大会报告，建立经费收支信息公开制度，主动接受会员监督。同时，接受上级工会监督，依法接受国家审计监督。

第二章 工会经费收入

第四条 基层工会经费收入范围包括：

（一）会费收入。会费收入是指工会会员依照全国总工会规定按本人工资收入的5‰向所在基层工会缴纳的会费。

（二）拨缴经费收入。拨缴经费收入是指建立工会组织的单位按全部职工工资总额2%依法向工会拨缴的经费中的留成部分。

（三）上级工会补助收入。上级工会补助收入是指基层工会收到的上级工会拨付的各类补助款项。

（四）行政补助收入。行政补助收入是指基层工会所在单位依法对工会组织给予的各项经费补助。

（五）事业收入。事业收入是指基层工会独立核算的所属事业单位上缴的收入和非独立核算的附属事业单位的各项事业收入。

（六）投资收益。投资收益是指基层工会依据相关规定对外投资取得的收益。

（七）其他收入。其他收入是指基层工会取得的资产盘盈、固定资产处置净收入、接受捐赠收入和利息收入等。

第五条 基层工会应加强对各项经费收入的管理。要按照会员工资收入和规定的比例，按时收取全部会员应交的会费。要严格按照国家统计局公布的职工工资总额口径和所在省级工会规定的分成比例，及时足额拨缴工会经费；实行财政划拨或委托税务代收部分工会经费的基层工会，应加强与本单位党政部门的沟通，依法足额落实基层工会按照省级工会确定的留成比例应当留成的经费。要统筹安排行政补助收入，按照预算确定的用途开支，不得将与工会无关的经费以行政补助名义纳入账户管理。

第三章 工会经费支出

第六条 基层工会经费主要用于为职工服务和开展工会活动。

第七条 基层工会经费支出范围包括：职工活动支出、维权支出、业务支出、资本性支出、事业支出和其他支出。

第八条 职工活动支出是指基层工会组织开展职工教育、文体、宣传等活动所发生的支出和工会组织的职工集体福利支出。包括：

（一）职工教育支出。用于基层工会举办政治、法律、科技、业务等专题培训和职工技能培训所需的教材资料、教学用品、场地租金等方面的支出，用于支付职工教育活动聘请授课人员的酬金，用于基层工会组织的职工素质提升补助和职工教育培训优秀学员的奖励。

对优秀学员的奖励应以精神鼓励为主、物质激励为辅。授课人员酬金标准参照国家有关规定执行。

（二）文体活动支出。用于基层工会开展或参加上级工会组织的职工业余文体活动所需器材、服装、用品等购置、租赁与维修方面的支出以及活动场地、交通工具的租金支出等，用于文体活动优胜者的奖励支出，用于文体活动中必要的伙食补助费。

文体活动奖励应以精神鼓励为主、物质激励为辅。奖励范围不得超过参与人数的三分之二；不设置奖项的，可为参加人员发放少量纪念品。

文体活动中开支的伙食补助费，不得超过当地差旅费中的伙食补助标准。

基层工会可以用会员会费组织会员观看电影、文艺演出和体育比赛等，开展春游秋游，为会员购买当地公园年票。会费不足部分可以用工会经费弥补，弥补部分不超过基层工会当年会费收入的三倍。

基层工会组织会员春游秋游应当日往返，不得到有关部门明令禁止的风景名胜区开展春游秋游活动。

（三）宣传活动支出。用于基层工会开展重点工作、重大主题和重大节日宣传活动所需的材料消耗、场地租金、购买服务等方面的支出，用于培育和践行社会主义核心价值观，弘扬劳模精神和工匠精神等经常性宣传活动方面的支出，用于基层工会开展或参加上级工会举办的知识竞赛、宣讲、演讲比赛、展览等宣传活动支出。

（四）职工集体福利支出。用于基层工会逢年过节和会员生日、婚丧嫁娶、退休离岗的慰问支出等。

基层工会逢年过节可以向全体会员发放节日慰问品。逢年过节的年节是指国家规定的法定节日（即：新年、春节、清明节、劳动节、端午节、中秋节和国庆节）和经自治区以上人民政府批准设立的少数民族节日。节日慰问品原则上为符合中国传统节日习惯的用品和职工群众必需的生活用品等，基层工会可结合实际采取便捷灵活的发放方式。

工会会员生日慰问可以发放生日蛋糕等实物慰问品，也可以发放指定蛋糕店的蛋糕券。

工会会员结婚生育时，可以给予一定金额的慰问品。工会会员生病住院、工会会员或其直系亲属去世时，可以给予一定金额的慰问金。

工会会员退休离岗，可以发放一定金额的纪念品。

（五）其他活动支出。用于工会组织开展的劳动模范和先进职工疗休养补贴等其他活动支出。

第九条　维权支出是指基层工会用于维护职工权益的支出。包括：劳动关系协调费、劳动保护费、法律援助费、困难职工帮扶费、送温暖费和其他维权支出。

（一）劳动关系协调费。用于推进创建劳动关系和谐企业活动、加强劳动争议调解和队伍建设、开展劳动合同咨询活动、集体合同示范文本印制与推广等方面的支出。

（二）劳动保护费。用于基层工会开展群众性安全生产和职业病防治活动、加强群监员队伍建设、开展职工心理健康维护等促进安全健康生产、保护职工生命安全为宗旨开展职工劳动保护发生的支出等。

（三）法律援助费。用于基层工会向职工群众开展法治宣传、提供法律咨询、法律服务等发生的支出。

（四）困难职工帮扶费。用于基层工会对困难职工提供资金和物质帮助等发生的支出。

工会会员本人及家庭因大病、意外事故、子女就学等原因致困时，基层工会可给予一定金额的慰问。

（五）送温暖费。用于基层工会开展春送岗位、夏送清凉、金秋助学和冬送温暖等活动发生的支出。

（六）其他维权支出。用于基层工会补助职工和会员参加互助互济保障活动等其他方面的维权支出。

第十条　业务支出是指基层工会培训工会干部、加强自身建设以及开展业务工作发生的各项支出。包括：

（一）培训费。用于基层工会开展工会干部和积极分子培训发生的支出。开支范围和标准以有关部门制定的培训费管理办法为准。

（二）会议费。用于基层工会会员大会或会员代表大会、委员会、常委会、经费审查委员会以及其他专业工作会议的各项支出。开支范围和标准以有关部门制定的会议费管理办法为准。

（三）专项业务费。用于基层工会开展基层工会组织建设、建家活动、劳模和工匠人才创新工作室、职工创新工作室等创建活动发生的支出，用于基层工会开办的图书馆、阅览室和职工书屋等职工文体活动阵地所发生的支出，用于基层工会开展专题调研所发生的支出，用于基层工会开展女职工工作性支出，用于基层工会开展外事活动方面的支出，用于基层工会组织开展合理化建议、技术革新、发明创造、岗位练兵、技术比武、技术培训等劳动和技能竞赛活动支出及其奖励支出。

（四）其他业务支出。用于基层工会发放兼职工会干部和专职社会化工会工作者补贴，用于经上级批准评选表彰的优秀工会干部和积极分子的奖励支出，用于基层工会必要的办公费、差旅费，用于基层工会支付代理记账、中介机构审计等购买服务方面的支出。

基层工会兼职工会干部和专职社会化工会工作者发放补贴的管理办法由省级工会制定。

第十一条 资本性支出是指基层工会从事工会建设工程、设备工具购置、大型修缮和信息网络购建而发生的支出。

第十二条 事业支出是指基层工会对独立核算的附属事业单位的补助和非独立核算的附属事业单位的各项支出。

第十三条 其他支出是指基层工会除上述支出以外的其他各项支出。包括：资产盘亏、固定资产处置净损失、捐赠、赞助等。

第十四条 根据《中华人民共和国工会法》的有关规定，基层工会专职工作人员的工资、奖励、补贴由所在单位承担，基层工会办公和开展活动必要的设施和活动场所等物质条件由所在单位提供。所在单位保障不足且基层工会经费预算足以保证的前提下，可以用工会经费适当弥补。

第四章 财务管理

第十五条 基层工会主席对基层工会会计工作和会计资料的真实

性、完整性负责。

第十六条 基层工会应根据国家和全国总工会的有关政策规定以及上级工会的要求，制定年度工会工作计划，依法、真实、完整、合理地编制工会经费年度预算，依法履行必要程序后报上级工会批准。严禁无预算、超预算使用工会经费。年度预算原则上一年调整一次，调整预算的编制审批程序与预算编制审批程序一致。

第十七条 基层工会应根据批准的年度预算，积极组织各项收入，合理安排各项支出，并严格按照《工会会计制度》的要求，科学设立和登记会计账簿，准确办理经费收支核算，定期向工会委员会和经费审查委员会报告预算执行情况。基层工会经费年度财务决算需报上级工会审批。

第十八条 基层工会应加强财务管理制度建设，健全完善财务报销、资产管理、资金使用等内部管理制度。基层工会应依法组织工会经费收入，严格控制工会经费支出，各项收支实行工会委员会集体领导下的主席负责制，重大收支须集体研究决定。

第十九条 基层工会应根据自身实际科学设置会计机构、合理配备会计人员，真实、完整、准确、及时反映工会经费收支情况和财务管理状况。具备条件的基层工会，应当设置会计机构或在有关机构中设置专职会计人员；不具备条件的，由设立工会财务结算中心的乡镇(街道)、开发区（工业园区）工会实行集中核算，分户管理，或者委托本单位财务部门或经批准设立从事会计代理记账业务的中介机构或聘请兼职会计人员代理记账。

第五章 监督检查

第二十条 全国总工会负责对全国工会系统工会经费的收入、支出和使用管理情况进行监督检查。按照“统一领导、分级管理”的管理体制，省以下各级工会应加强对本级和下一级工会经费收支与使用管理情况的监督检查，下一级工会应定期向本级工会委员会和上一级工会报告财务监督检查情况。

第二十一条 基层工会应加强对本单位工会经费使用情况的内部会计监督和工会预算执行情况的审查审计监督，依法接受并主动配合国家审计监督。内部会计监督主要对原始凭证的真实性合法性、会计账簿与财务报告的准确性及时性、财产物资的安全性完整性进行监督，以维护财经纪律的严肃性。审查审计监督主要对单位财务收支情况和预算执行情况进行审查监督。

第二十二条 基层工会应严格执行以下规定：

（一）不准使用工会经费请客送礼。

（二）不准违反工会经费使用规定，滥发奖金、津贴、补贴。

（三）不准使用工会经费从事高消费性娱乐和健身活动。

（四）不准单位行政利用工会账户，违规设立“小金库”。

（五）不准将工会账户并入单位行政账户，使工会经费开支失去控制。

（六）不准截留、挪用工会经费。

（七）不准用工会经费参与非法集资活动，或为非法集资活动提供经济担保。

（八）不准用工会经费报销与工会活动无关的费用。

第二十三条 各级工会对监督检查中发现违反基层工会经费收支管理办法的问题，要及时纠正。违规问题情节较轻的，要限期整改；涉及违纪的，由纪检监察部门依照有关规定，追究直接责任人和相关领导责任；构成犯罪的，依法移交司法机关处理。

第六章 附 则

第二十四条 各省级工会应根据本办法的规定，结合本地区、本产业和本系统工作实际，制定具体实施细则，细化支出范围，明确开支标准，确定审批权限，规范活动开展。各省级工会制定的实施细则须报全国总工会备案。基层工会制定的相关办法须报上级工会备案。

第二十五条 本办法自印发之日起执行。《中华全国总工会办公厅关于加强基层工会经费收支管理的通知》（总工办发〔2014〕23号）和《全总财务部关于〈关于加强基层工会经费收支管理的通知〉的补充通知》（工财发〔2014〕69号）同时废止。

第二十六条 基层工会预算编制审批管理办法由全国总工会另行制定。

第二十七条 本办法由全国总工会负责解释。

工会送温暖资金使用管理办法（试行）

（2018年12月21日 总工发〔2018〕39号）

第一章 总 则

第一条 为加强工会联系广泛、服务职工功能，把党和政府的关心关怀与工会组织的温暖送到广大职工心坎上，进一步开展好工会送温暖活动，提高资金使用效益，实现送温暖常态化、经常化、日常化，依据财政部和全国总工会有关制度文件，制定本办法。

第二条 送温暖资金是各级工会认真履行维护职工合法权益、竭诚服务职工群众的基本职责，筹集社会各方面资源，对职工开展帮扶困难、走访慰问的资金。

第三条 送温暖资金坚持资金使用规范、精准、高效、安全原则，支出方向既体现物质帮扶、脱贫解困，又体现人文关怀、心灵引导。

第四条 加强送温暖资金与困难职工帮扶资金在对象、标准、管理等方面有效衔接，形成层次清晰、各有侧重的梯度帮扶格局。困难职工帮扶资金重点保障深度困难职工家庭生活、帮助建档困难职工家庭解困脱困；送温暖资金突出对职工走访慰问，体现工会组织对职工的关心关爱。

第二章 资金的来源、使用对象及标准

第五条 送温暖资金的主要来源是：

1. 各级财政拨款。是指各级财政拨付工会使用的用于送温暖活动的专项资金。

2. 上级工会经费补助。是指上级工会用工会经费安排给下级工会用于送温暖活动的专项资金。

3. 本级工会经费列支。是指各级工会在本级工会经费预算中安排的用于送温暖活动的专项资金。

4. 社会捐助资金。是指各级工会向社会募集的用于送温暖活动的资金。

5. 行政拨付。是指基层工会所在单位用行政经费、福利费等通过工会开展送温暖活动的资金。

6. 其他合法来源。

第六条 送温暖资金的使用对象：

1. 因非个人意愿下岗失业、家庭收入水平明显偏低、子女教育费用负担过重等原因造成家庭生活困难的职工。

2. 本人或家庭成员因患大病、遭受各类灾害或突发意外等情况造成生活困难的职工。

3. 关停并转等困难企业中，因停发、减发工资而导致生活相对困难的职工。

4. 工伤与职业病致残的职工和因公牺牲职工的家属；因重大疾病手术、住院的职工。

5. 长期在高（低）温、高空、有毒有害等环境中和苦脏累险艰

苦行业岗位上工作的一线职工。

6. 重大灾害期间坚守抗灾一线的职工；春节期间坚守在生产一线和交通运输、电力、环卫以及直接面向群众服务的基层岗位干部职工；因组织需要长期异地工作或者服从组织需要赴外地、基层工作的派驻挂职干部职工；在重大项目和重大工程中做出突出贡献的职工；生产一线涌现出来的先进模范人物。

第七条 各级工会在对建档困难职工做好常态化帮扶、帮助其解困脱困的基础上，在职工发生困难时或重要时间节点对以上职工走访慰问。各级工会要根据实际情况确定走访慰问重点职工群体，并适当考虑关心关爱生活困难的离休、退休的会员。要结合当地居民生活水平和物价指数等因素，科学合理制定慰问标准。

第八条 走访慰问职工要坚持实名制发放，实名制表应包括慰问对象的工作单位、基本情况、联系方式、身份证号、慰问金额、经办人签字等有关信息。资金使用情况须录入工会帮扶工作管理系统送温暖管理模块备查。

第三章 资金的管理

第九条 送温暖资金按照本办法规定管理使用，其中财政专项帮扶资金使用于两节期间慰问困难职工的，应同时遵照帮扶资金管理相关规定执行。

第十条 工会权益保障部门会同财务部门提出资金的分配和使用方案，经同级工会领导集体研究通过后实施。

第十一条 送温暖资金纳入各级工会预算、决算统一管理。各级工会年度预算安排时以常态化送温暖为原则，切实保证经费投入。各级工会要拓宽资金筹集渠道，积极争取政府财政支持，探索与慈善组织合作方式，撬动更多的社会资源参与送温暖活动。

第十二条 送温暖资金按照《工会会计制度》设置会计科目、

进行会计核算，严格执行资金审批和财务支付制度。

第十三条 送温暖资金实行绩效管理，省级工会应当运用好绩效评价结果，并将其作为改进送温暖工作和安排以后年度预算的重要依据。

第四章 监督检查

第十四条 各级工会权益保障、财务、经审部门要加大对资金使用管理情况的监督检查，及时发现和纠正存在的问题。经审部门要将送温暖资金纳入年度审计范围。接受政府有关部门审计、检查，接受职工群众和社会的监督。

第十五条 任何单位或个人不得使用送温暖资金购买明令禁止的物品，不得发放津补贴、奖金、福利，不得用于与规定用途无关的其他事项。不得截留、挪用、冒领，不得优亲厚友、人情帮扶。

第十六条 各级工会对监督检查中发现违反有关规定的问题，要及时处理。违规问题情节较轻的，要限期整改；涉及违纪的，由纪检监察部门依照有关规定，追究直接责任人和相关领导责任；构成犯罪的，依法移交司法机关处理。

第五章 附则

第十七条 各省级工会应根据本办法的规定，结合本地区、本产业和本系统工作实际，制定具体实施细则，细化支出范围，明确开支标准，确定审批权限，规范活动开展。各省级工会制定的实施细则须报全国总工会备案。省以下各级工会制定的实施细则须报上一级工会备案。

第十八条 本办法自下发之日起执行，《中华全国总工会送温暖工程资金管理使用办法》（总工发〔2006〕54号）同时废止。

第十九条 本办法由全国总工会权益保障部、财务部负责解释。

职工互助保障组织监督管理办法

（2020年2月26日　总工办发〔2020〕6号）

为加强职工互助保障组织的监督管理，规范职工互助保障组织的运营行为，根据国家法律法规和《中国工会章程》《中华全国总工会关于加强职工互助保障活动规范和管理的意见》，制定本办法。

第一章　总　　则

第一条　职工互助保障组织是指依托各级工会组织，以互助互济方式为职工提供保障服务的非营利性法人组织。职工互助保障活动是指各级工会职工互助保障组织为维护职工医疗、健康等保障权益而开展的职工互助互济活动。

第二条　职工互助保障组织应当坚持服务职工的公益属性，坚持互助的组织特色，坚持发挥对社会保障的补充作用。遵循依法独立承担责任，成本、风险可控的原则，切实维护职工和会员权益。

第三条　职工互助保障组织开展职工互助保障活动，必须遵守法律、法规及本办法规定，接受本级和上级监管部门（机构）监督。职工互助保障组织不得以职工互助保障活动为由从事营利性活动。

第二章　监督管理体制

第四条　全国总工会制定全国职工互助保障组织管理制度，负责中国职工保险互助会有关审批事宜；全总资产监督管理部和全总组织部、财务部、机关党委、经费审查委员会办公室等部门按照职责分工，共同做好中国职工保险互助会管理工作。

第五条　全总资产监督管理部对全国职工互助保障组织进行资产

监督管理和业务指导，行使以下职责：

（一）监督全国职工互助保障组织管理制度实施，沟通协调相关政策。

（二）对中国职工保险互助会开展的互助保障活动项目实施备案管理。

（三）指导各级工会资产监督管理部门做好互助保障组织资产的日常监督管理工作。

（四）指导全国职工互助保障组织自律工作。

第六条　省级、市级工会负责对本区域内职工互助保障组织的管理，研究拟定本级职工互助保障组织管理制度，对本级或下级职工互助保障组织的成立、变更、撤销进行审批或报备，对本级职工互助保障活动正常开展所需的工作人员、工作经费等予以适当保障；指导和支持中国职工保险互助会所在地办事处工作。

第七条　省级、市级工会资产监督管理机构和职工互助保障组织业务指导部门，负责对本区域内职工互助保障组织资产监督管理和业务管理，监督本级职工互助保障组织管理制度实施，沟通协调相关政策。

第八条　建立健全全国职工互助保障行业自律组织，由中国职工保险互助会承担其职能，行使以下职责：

（一）促进职工互助保障组织间的沟通交流，积极开展教育培训，提升职工互助保障活动从业人员队伍专业能力。

（二）统筹推进职工互助保障活动宣传和品牌建设。

（三）为地方职工互助保障组织提供咨询、服务。地方职工互助保障组织应作为团体会员，加入中国职工保险互助会。

第三章　设立及撤销

第九条　省级、市级工会可以根据本地区经济发展水平和职工保障实际设立职工互助保障组织、开展职工互助保障活动。

第十条 设立职工互助保障组织应当经本级工会批准，在相关部门登记注册并依法取得法人资格。

第十一条 设立职工互助保障组织应当具备以下条件：

（一）合法财产和经费来源。

（二）符合法律法规及本办法规定的活动章程或规则。

（三）健全的组织机构和管理制度。

（四）固定工作场所和必要的业务设施。

（五）具备任职所需专业知识和业务工作经验的管理人员。

第十二条 职工互助保障组织设立时，主办工会应当明确本级职工互助保障组织的业务管理部门（机构），指导职工互助保障组织依法依规开展工作。

第十三条 职工互助保障组织的停办、撤销需经主办工会同意并依据相关法律法规及规定办理，确保资金、资产安全完整，切实维护入会职工权益。

第四章 运营规则

第十四条 职工互助保障活动内容是指具有共同保障需求的职工，依据章程及有关规定自愿成为职工互助保障组织会员，并缴纳会费形成互助基金，由该基金对会员发生约定的事故给付互助金，并开展普惠性会员服务。职工互助保障活动主要面向在职职工。

第十五条 职工互助保障活动项目保障期限一般控制在三年（含）以内，保障项目设计必须进行科学测算，并经本级和上级工会职工互助保障活动监管部门（机构）备案。

第十六条 职工互助保障组织应当在活动章程或规则中明确会员的权利和义务，维护会员权益、加强对会员的管理和服务。

第十七条 职工互助保障组织应当根据组织性质和业务特点，依照国家相关制度进行会计核算，建立符合职工互助保障活动特色的财务制度，不同保障活动项目单独核算。

第十八条 职工互助保障组织应当运用信息化手段建立符合职工互助保障活动的业务运营流程，建立完整的统计分析制度。

第十九条 职工互助保障组织应当建立健全偿付能力管理、稽核审计、合规管理等内部控制制度。

第二十条 职工互助保障组织应当建立适合职工互助保障组织运营特点的信息披露制度，并定期在适当范围内向全体会员进行信息披露。

第二十一条 职工互助保障组织应当自觉接受工会经审、财务和相关行政部门审计监督和检查，被审计和检查的单位要主动配合，据实提供各种凭单、账册、报表和资料。

第五章 财务管理

第二十二条 职工互助保障组织资金属于全体会员所有，任何组织、个人不得侵占和挪用。

第二十三条 职工互助保障资金应当由具有法人资格的职工互助保障组织集中统一管理。资金管理应遵循合法合规性、安全性、流动性原则，根据资金性质实行资产负债管理和全面风险管理，做好资产保值增值。

第二十四条 职工互助保障组织资金来源：

（一）会员自愿缴纳的职工互助保障活动会费。

（二）社会各界的捐赠。

（三）政府、行政和工会的资助或补助。

（四）在核准业务范围内开展活动和服务的收入。

（五）利息及其他合法收入。

第二十五条 职工互助保障组织的资金主要用于服务会员。支出范围包括：

（一）给付会员的互助金。

（二）开展与会员保障服务和促进事业发展的相关支出，包括救助慰问、健康管理、文体活 动、宣传培训、法律服务等。

（三）日常管理、工作人员工资福利和行政办公支出。

第二十六条 职工互助保障组织应当对资金实行全面预算管理，严格控制和规范管理费用支出；职工互助保障组织负责预算编制和执行；主管工会对职工互助保障组织编制的预算进行审核、备案。

第二十七条 职工互助保障组织应当建立健全资金管理制度，完善资金收付转流程管理，规范资金审批权限。

第二十八条 职工互助保障组织资金只能用于银行存款、购买国债等低风险固定收益类产品，不得用于兴建、改建办公场所，不得购买股票、基金、债券、期货、理财等金融产品，不得违规投资运营。

第二十九条 职工互助保障组织应当依法规范资金账户管理，建立健全资金账户管理制度，资金账户的开设、变更、撤销必须依法依规履行相关程序，严格执行收支两条线管理，确保资金安全。

第三十条 职工互助保障组织应当明确资金运用职责，规范资金运用决策程序，大额资金使用必须集体决策并保留记录。

第三十一条 加强财务管理基础，健全岗位责任制，分离不相容岗位，明确各业务环节、岗位的衔接方式及操作标准，定期检查和评估制度执行情况，做到权责分明、相对独立和相互制衡。

第三十二条 职工互助保障组织应当建立健全内部稽核和外部审计制度。每年至少一次对职工互助保障活动资金管理情况进行内部稽核。职工互助保障组织应当聘请专业外部审计机构对职工互助保障资金管理情况进行年度审计。内部稽核和外部审计结果应当向相关机构和本级监管部门报告。

第六章 监督管理

第三十三条 工会资产监督管理机构和职工互助保障组织业务管

理部门（机构）对职工互助保障组织的监督管理主要采取现场监督管理与非现场监督管理相结合的方式。应根据检查情况，定期对职工互助保障组织运营状况进行评估。

第三十四条 建立健全监督审计制度，将职工互助保障活动资金管理情况、偿付能力状况等列入重点监督检查范围。

第三十五条 职工互助保障组织应按规定及时报送偿付能力报告、业务统计报告、年度审计报告及其他有关报告、报表文件和资料。各级工会资产监督管理机构和职工互助保障组织业务管理部门（机构）应向上一级工会汇总上报本地区互助保障组织上述报告。

第三十六条 职工互助保障组织违反本办法，造成不良影响的，工会资产监督管理机构和职工互助保障组织业务管理部门（机构）可以采取以下措施：

（一）责令改正。

（二）监管谈话。

（三）将其违规行为记入履职记录。

职工互助保障组织违反国家法律、法规的，依据国家相关法律、法规进行处罚。

第七章 附 则

第三十七条 本办法适用于省级、市级工会主办的职工互助保障组织。中华全国铁路总工会、中国民航工会全国委员会、中国金融工会全国委员会、新疆生产建设兵团总工会、中央和国家机关工会联合会开展的职工互助保障活动参照本办法执行。

第三十八条 本办法由全总资产监督管理部负责解释。

第三十九条 本办法自印发之日起执行。

基层工会法人登记管理办法

（2020 年 12 月 8 日　总工办发〔2020〕20 号）

第一章　总　　则

第一条　为规范基层工会法人登记管理工作，依法确立基层工会民事主体地位，根据《中华人民共和国民法典》、《中华人民共和国工会法》及《中国工会章程》等有关规定，制定本办法。

第二条　我国境内的企业、事业单位、机关和其他社会组织等基层单位单独或联合建立的工会组织，区域性、行业性工会联合会，开发区（工业园区）工会，乡镇（街道）工会，村（社区）工会等工会组织（以下简称基层工会）申请取得、变更、注销法人资格，适用本办法。

第三条　基层工会按照本办法规定经审查登记，领取赋有统一社会信用代码的《工会法人资格证书》，取得法人资格，依法独立享有民事权利，承担民事义务。

第四条　各级工会应当依照规定的权限、范围、条件和程序，遵循依法依规、公开公正、便捷高效、科学管理的原则，做好基层工会法人登记管理工作。

第五条　省、自治区、直辖市总工会，设区的市和自治州总工会，县（旗）、自治县、不设区的市总工会（以下简称县以上各级地方总工会）应当为工会法人登记管理工作提供必要保障，所需费用从本级工会经费列支。具备条件的，可以专人负责工会法人登记管理工作。

开展工会法人登记管理工作，不得向基层工会收取费用。

第二章　登记管理机关

第六条　中华全国总工会和县以上各级地方总工会为基层工会法人登记管理机关。

登记管理机关相关部门之间应加强沟通，信息共享，协调配合做好工会法人登记管理工作。

第七条　基层工会法人登记按照属地原则，根据工会组织关系、经费收缴关系，实行分级管理：

（一）基层工会组织关系隶属于地方工会的，或与地方工会建立经费收缴关系的，由基层工会组织关系隶属地或经费关系隶属地相应的省级、市级或县级地方总工会负责登记管理；

（二）基层工会组织关系隶属于铁路、金融、民航等产业工会的，由其所在地省级总工会登记管理或授权市级总工会登记管理；

（三）中央和国家机关工会联合会所属各基层工会、在京的中央企业（集团）工会由中华全国总工会授权北京市总工会登记管理；京外中央企业（集团）工会由其所在地省级总工会登记管理或授权市级总工会登记管理。

登记管理机关之间因登记管理权限划分发生争议，由争议双方协商解决；协商解决不了的，由双方共同的上级工会研究确定。

第八条　登记管理机关应当制备工会法人登记专用章，专门用于基层工会法人登记工作，其规格和式样由中华全国总工会制定。

第九条　登记管理机关应当建立法人登记档案管理制度。

中华全国总工会建立统一的全国工会法人登记管理系统，登记管理机关实行网络化登记管理。

第三章　申 请 登 记

第十条　基层工会申请法人资格登记，应当具备以下条件：

（一）依照《中华人民共和国工会法》和《中国工会章程》的规定成立；

（二）有自己的名称、组织机构和住所；

（三）工会经费来源有保障。

基层工会取得法人资格，不以所在单位是否具备法人资格为前提条件。

第十一条 凡具备本办法规定条件的基层工会，应当于成立之日起六十日内，向登记管理机关申请工会法人资格登记。

第十二条 基层工会申请工会法人资格登记，应当向登记管理机关提交下列材料：

（一）工会法人资格登记申请表；

（二）上级工会的正式批复文件；

（三）其他需要提交的证明、文件。

第十三条 登记管理机关自受理登记申请之日起十五日内完成对有关申请文件的审查。审查合格的，颁发《工会法人资格证书》，赋予统一社会信用代码；申请文件不齐备的，应及时通知基层工会补充相关文件，申请时间从文件齐备时起算；审查不合格，决定不予登记的，应当书面说明不予登记的理由。

第十四条 《工会法人资格证书》应标注工会法人统一社会信用代码和证书编码。

工会法人统一社会信用代码按照统一社会信用代码编码规则编定。其中第一位为登记管理部门代码，以数字“8”标识；第二位为组织机构类别代码，以数字“1”或“9”标识，为基层工会赋码时选用“1”，为其他类别工会赋码时选用“9”。

第十五条 基层工会登记工会法人名称，应当为上一级工会批准的工会组织的全称。一般由所在单位成立时登记的名称（区域性、行业性工会联合会应冠以区域、行业名称），缀以“工会委员会”、

"联合工会委员会"、"工会联合会"等组成。

基层工会的名称具有唯一性，其他基层工会申请取得法人资格时不得重复使用。

第十六条 基层工会具备法人条件的，依法取得法人资格，工会主席为法定代表人。

第十七条 因合并、分立而新设立的基层工会，应当重新申请工会法人资格登记。

第四章 变更登记

第十八条 取得工会法人资格的基层工会变更名称、住所、法定代表人等事项的，应当自变更之日起三十日内，向登记管理机关申请变更登记，并提交工会法人变更登记申请表和相关文件。

登记管理机关自受理变更登记申请之日起十五日内，换发《工会法人资格证书》，收回原证书。

第十九条 基层工会法人跨原登记管理机关辖区变更组织关系、经费收缴关系或住所的，由原登记管理机关办理登记管理权限变更手续，并按本办法确立的原则，将该基层工会法人登记管理关系转移到变更后的登记管理机关。

第二十条 取得工会法人资格的基层工会，合并、分立后存续，但原登记事项发生变化的，应当申请变更登记。

第二十一条 未经变更登记，任何组织和个人不得擅自改变工会法人资格登记事项。

第五章 注销登记

第二十二条 取得工会法人资格的基层工会经会员大会或会员代表大会通过并报上一级工会批准撤销的，或因所在单位终止、撤销等原因相应撤销的，应当自撤销之日起三十日内，向登记管理机关申请注销登记，并提交工会法人注销登记申请表、上级工会同意撤销的文件或向上级工会备案撤销的文件，以及该基层工会经费、资产清理及债权债务完结的证明等材料。

登记管理机关自受理注销登记申请之日起十五日内完成审查登记，收回《工会法人资格证书》。

第二十三条 取得工会法人资格的基层工会，因合并、分立而解散的，应当申请注销登记。

第六章 信息公告和证书管理

第二十四条 基层工会取得、变更、注销工会法人资格的，登记管理机关应当依法及时在报刊或网络上发布有关信息。

第二十五条 《工会法人资格证书》是基层工会法人资格的唯一合法凭证。未取得《工会法人资格证书》的基层工会，不得以工会法人名义开展活动。

《工会法人资格证书》及相关登记申请表样式由中华全国总工会统一制发。

第二十六条 《工会法人资格证书》的有效期为三年至五年，具体时间与工会的届期相同。

第二十七条 基层工会依法取得《工会法人资格证书》的，应当在证书有效期满前三十日内，向登记管理机关提交《工会法人资格证书》换领申请表和工会法人存续证明材料，经登记管理机关审查合格后换发新证，有效期重新计算。

第二十八条 《工会法人资格证书》不得涂改、抵押、转让和出借。《工会法人资格证书》遗失的，基层工会应当于一个月内在报刊或网络上发布公告，并向登记管理机关提交《工会法人资格证书》补领申请表、遗失公告和说明，申请补发新证。

第七章 监督管理

第二十九条 登记管理机关应当加强对基层工会法人资格登记工作的监督管理，基层工会应当接受并配合登记管理机关的监督管理。

上级工会应当加强对下级工会开展基层工会法人登记管理工作的指导和监督检查。

第三十条 不具备条件的基层工会组织或机构在申请登记时弄虚作假、骗取登记的，由登记管理机关予以撤销登记，收回《工会法人资格证书》和统一社会信用代码。

第三十一条 登记管理机关审查不严，或者滥用职权，造成严重后果的，依法依纪追究有关责任。

第八章 附 则

第三十二条 地方总工会等机构编制由机构编制部门负责管理的工会组织，由机构编制部门制发统一社会信用代码证书。

第三十三条 各级产业工会委员会申领《工会法人资格证书》，参照本办法执行。

第三十四条 县以上各级地方总工会派出的工会工作委员会、工会办事处等工会派出代表机关，工会会员不足二十五人仅选举组织员或者工会主席一人主持工作的基层工会，可以参照本办法规定申请取得统一社会信用代码证书。

第三十五条 各省、自治区、直辖市总工会可以根据本办法的规定，制定基层工会法人登记管理的具体实施细则，并报中华全国总工会备案。

第三十六条 本办法由中华全国总工会负责解释。

第三十七条 本办法自2021年1月1日起施行。2008年6月13日中华全国总工会印发 的《基层工会法人资格登记办法》同时废止。

附件：1. 工会法人资格登记申请表（略）

2. 工会法人变更登记申请表（略）

3. 工会法人注销登记申请表（略）

4.《工会法人资格证书》补（换）领申请表（略）

5. 工会统一社会信用代码申请表（略）

工会劳动法律监督办法

（2021年3月31日　总工办发〔2021〕9号）

第一章　总　　则

第一条　为保障和规范工会劳动法律监督工作，维护职工合法权益，推动构建和谐劳动关系，根据《中华人民共和国宪法》和《中华人民共和国工会法》、《中华人民共和国劳动法》及《中国工会章程》等有关规定，制定本办法。

第二条　工会劳动法律监督，是工会依法对劳动法律法规执行情况进行的有组织的群众监督，是我国劳动法律监督体系的重要组成部分。

第三条　工会劳动法律监督工作应当遵循依法规范、客观公正、依靠职工、协调配合的原则。

第四条　全国总工会负责全国的工会劳动法律监督工作。

县级以上地方总工会负责本行政区域内的工会劳动法律监督工作。

乡镇（街道）工会、开发区（工业园区）工会、区域性、行业性工会联合会等负责本区域或本行业的工会劳动法律监督工作。

用人单位工会负责本单位的工会劳动法律监督工作。

第五条　上级工会应当加强对下级工会劳动法律监督工作的指导

和督促检查。

涉及工会劳动法律监督的重大事项，下级工会应当及时向上级工会报告，上级工会应当及时给予指导帮助。对上级工会交办的劳动法律监督事项，下级工会应当及时办理并报告。

第六条 工会应当积极配合有关部门，对政府部门贯彻实施劳动法律法规的情况进行监督。

第七条 有关劳动安全卫生、社会保险等各类专业监督检查，已有相关规定的，按规定执行。

第二章 监督职责

第八条 工会开展劳动法律监督，依法享有下列权利：

（一）监督用人单位遵守劳动法律法规的情况；

（二）参与调查处理；

（三）提出意见要求依法改正；

（四）提请政府有关主管部门依法处理；

（五）支持和帮助职工依法行使劳动法律监督权利；

（六）法律法规规定的其他劳动法律监督权利。

第九条 工会对用人单位的下列情况实施监督：

（一）执行国家有关就业规定的情况；

（二）执行国家有关订立、履行、变更、解除劳动合同规定的情况；

（三）开展集体协商，签订和履行集体合同的情况；

（四）执行国家有关工作时间、休息、休假规定的情况；

（五）执行国家有关工资报酬规定的情况；

（六）执行国家有关各项劳动安全卫生及伤亡事故和职业病处理规定的情况；

（七）执行国家有关女职工和未成年工特殊保护规定的情况；

（八）执行国家有关职业培训和职业技能考核规定的情况；

（九）执行国家有关职工保险、福利待遇规定的情况；

（十）制定内部劳动规章制度的情况；

（十一）法律法规规定的其他劳动法律监督事项。

第十条 工会重点监督用人单位恶意欠薪、违法超时加班、违法裁员、未缴纳或未足额缴纳社会保险费、侮辱体罚、强迫劳动、就业歧视、使用童工、损害职工健康等问题。对发现的有关问题线索，应当调查核实，督促整改，并及时向上级工会报告；对职工申请仲裁、提起诉讼的，工会应当依法给予支持和帮助。

第十一条 工会应当加强法治宣传，引导用人单位依法用工，教育职工依法理性表达合理诉求。

第十二条 工会建立隐患排查、风险研判和预警发布等制度机制，加强劳动关系矛盾预防预警、信息报送和多方沟通协商，把劳动关系矛盾风险隐患化解在基层、消除在萌芽状态。

第十三条 县级以上工会经同级人大、政协同意，可以参加其组织的劳动法律法规执法检查、视察。

第三章 监督组织

第十四条 县级以上总工会设立工会劳动法律监督委员会，在同级工会领导下开展工会劳动法律监督工作。工会劳动法律监督委员会的日常工作由工会有关部门负责。

基层工会或职工代表大会设立劳动法律监督委员会或监督小组。工会劳动法律监督委员会受同级工会委员会领导。职工代表大会设立的劳动法律监督委员会对职工代表大会负责。

工会劳动法律监督委员会任期与本级工会任期相同。

第十五条 县级以上工会劳动法律监督委员会委员由相关业务部门的人员组成，也可以聘请社会有关人士参加。

基层工会劳动法律监督委员会委员或监督小组成员从工会工作者

和职工群众中推选产生。

第十六条 工会劳动法律监督委员会可以聘任若干劳动法律监督员。工会劳动法律监督委员会成员同时为本级工会劳动法律监督员。

第十七条 工会劳动法律监督员应当具备以下条件：

（一）具有较高的政治觉悟，热爱工会工作；

（二）熟悉劳动法律法规，具备履职能力；

（三）公道正派，热心为职工群众说话办事；

（四）奉公守法，清正廉洁。

第十八条 工会劳动法律监督员实行先培训合格、后持证上岗制度。工会劳动法律监督员由县级以上总工会负责培训，对考核合格的，颁发《工会劳动法律监督员证书》。证书样式由中华全国总工会统一制定。

第十九条 各级工会应当建立有关制度和信息档案，对工会劳动法律监督员进行实名制管理，具体工作由工会有关部门负责。

第二十条 工会可以聘请人大代表、政协委员、专家学者、社会人士等作为本级工会劳动法律监督委员会顾问，也可以通过聘请律师、购买服务等方式为工会劳动法律监督委员会提供法律服务。

第四章 监督实施

第二十一条 基层工会对本单位遵守劳动法律法规的情况实行监督，对劳动过程中发生的违反劳动法律法规的问题，应当及时向生产管理人员提出改进意见；对于严重损害劳动者合法权益的行为，基层工会在向单位行政提出意见的同时，可以向上级工会和当地政府有关主管部门报告，提出查处建议。

第二十二条 职工代表大会设立的劳动法律监督委员会，对本单位执行劳动法律法规的情况进行监督检查，定期向职工代表大会报告工作，针对存在的问题提出意见或议案，经职工代表大会作出决议，督促行政方面执行。

第二十三条 工会建立健全劳动法律监督投诉制度，对实名投诉人个人信息应当予以保密。

第二十四条 上级工会收到对用人单位违反劳动法律法规行为投诉的，应当及时转交所在用人单位工会受理，所在用人单位工会应当开展调查，于三十个工作日内将结果反馈职工与上级工会。对不属于监督范围或者已经由行政机关、仲裁机构、人民法院受理的投诉事项，所在用人单位工会应当告知实名投诉人。

用人单位工会开展劳动法律监督工作有困难的，上级工会应当及时给予指导帮助。

第二十五条 工会在处理投诉或者日常监督工作中发现用人单位存在违反劳动法律法规、侵害职工合法权益行为的，可以进行现场调查，向有关人员了解情况，查阅、复制有关资料，核查事实。

第二十六条 工会劳动法律监督员对用人单位进行调查时，应当不少于2人，必要时上级工会可以派员参与调查。

工会劳动法律监督员执行任务时，应当将调查情况在现场如实记录，经用人单位核阅后，由调查人员和用人单位的有关人员共同签名或盖章。用人单位拒绝签名或盖章的，应当在记录上注明。

工会劳动法律监督员调查中应当尊重和保护个人信息，保守用人单位商业秘密。

第二十七条 工会主动监督中发现违反劳动法律法规、侵害职工合法权益行为的，应当及时代表职工与用人单位协商，要求整改。对于职工的投诉事项，经调查认为用人单位不存在违反劳动法律法规、侵害职工合法权益行为的，应当向职工说明；认为用人单位存在违反劳动法律法规、侵害职工合法权益行为的，应当代表职工协商解决。

第二十八条 工会对用人单位违反劳动法律法规、侵害职工合法权益的行为，经协商沟通解决不成或要求整改无效的，向上一级工会报告，由本级或者上一级工会根据实际情况向用人单位发出工会劳动法律监督书面意见。

用人单位收到工会劳动法律监督书面意见后，未在规定期限内答复，或者无正当理由拒不改正的，基层工会可以提请地方工会向同级人民政府有关主管部门发出书面建议，并移交相关材料。

第五章　监督保障

第二十九条　工会开展劳动法律监督活动所需经费纳入本级工会预算。

第三十条　地方工会可以结合实际，建立非公有制企业工会劳动法律监督员配套补助制度。

第三十一条　各级工会应当为工会劳动法律监督员履职创造必要条件。工会劳动法律监督员因依法履职受到打击报复的，有权向本级或上级工会反映，上级工会应当及时给予支持和帮助，依法维护其合法权益。

第六章　附　　则

第三十二条　本办法由中华全国总工会负责解释。

第三十三条　本办法自印发之日起施行。1995 年 8 月 17 日中华全国总工会印发的《工会劳动法律监督试行办法》同时废止。

工会会计制度

（2021 年 4 月 14 日　财会〔2021〕7 号）

第一章　总　　则

第一条　为了规范工会会计行为，保证会计信息质量，根据

《中华人民共和国会计法》（以下简称会计法）、《中华人民共和国工会法》（以下简称工会法）等法律法规，制定本制度。

第二条 本制度适用于各级工会，包括基层工会及县级以上（含县级，下同）工会。工会所属事业单位、工会所属企业及挂靠工会管理的社会团体，不适用本制度。

第三条 工会会计是核算、反映、监督工会预算执行和经济活动的专业会计。工会依法建立独立的会计核算管理体系，与工会预算管理体制相适应。

第四条 工会应当对其自身发生的经济业务或者事项进行会计处理和报告。

第五条 工会会计处理应当以工会的持续运行为前提。

第六条 工会会计处理应当划分会计期间，分期结算账目和编制会计报表。

会计期间至少分为年度和月度。会计年度、月度等会计期间的起讫日期采用公历日期。

第七条 工会会计处理应当以货币计量，以人民币作为记账本位币。

第八条 工会会计处理一般采用收付实现制，部分经济业务或者事项应当按照本制度的规定采用权责发生制。

第九条 工会会计要素包括：资产、负债、净资产、收入和支出。其平衡公式为：资产=负债+净资产。

第十条 工会会计处理应当采用借贷记账法记账。

第十一条 工会会计记录的文字应当使用中文。在民族自治地方，会计记录可以同时使用当地通用的一种民族文字。

第十二条 县级以上工会应当设置会计机构，配备专职会计人员。基层工会应当根据会计业务的需要设置会计机构或者在有关机构中设置会计人员并指定会计主管人员；不具备设置条件的，应当委托经批准设立从事代理记账业务的中介机构代理记账。

第十三条 各级工会的法定代表人应当对本级工会的会计工作以及会计资料的真实性、完整性负责。

第十四条 各级工会应当建立健全内部控制制度，并确保内部控制有效施行。县级以上工会应当组织指导和检查下级工会会计工作，负责制定有关实施细则；组织工会会计人员培训，不断提高政策、业务水平。

第十五条 工会应当重视并不断推进会计信息化的应用。工会开展会计信息化工作，应当符合财政部制定的相关会计信息化工作规范和标准，确保利用现代信息技术手段进行会计处理及生成的会计信息符合会计法和本制度的规定。

第二章 一般原则

第十六条 工会提供的会计信息应当符合工会管理工作的要求，满足会计信息使用者的需要，满足本级工会加强财务管理的需要。

第十七条 工会应当以实际发生的经济业务或者事项为依据进行会计处理，如实反映工会财务状况和收支情况等信息，保证会计信息真实可靠、内容完整。

第十八条 工会提供的会计信息应当清晰明了，便于理解和使用。

第十九条 工会会计处理应当采用规定的会计政策，前后各期一致，不得随意变更，以确保会计信息口径一致，相互可比。

第二十条 工会会计处理应当遵循重要性原则。对于重要的经济业务或者事项，应当单独反映。

第二十一条 工会应当对已经发生的经济业务或者事项及时进行会计处理和报告，不得提前或者延后。

第二十二条 工会应当对指定用途的资金按规定的用途专款专

用，并单独反映。

第二十三条 工会在发生会计政策变更、会计估计变更和会计差错更正时，除本制度另有规定外，一般采用未来适用法进行会计处理。

会计政策，是指工会在会计核算时所遵循的特定原则、基础以及所采用的具体会计处理方法。会计估计，是指工会对结果不确定的经济业务或者事项以最近可利用的信息为基础所作的判断，如固定资产、无形资产的预计使用年限等。会计差错，是指工会在会计核算时，在确认、计量、记录、报告等方面出现的错误，通常包括计算或记录错误、应用会计政策错误、疏忽或曲解事实产生的错误、财务舞弊等。未来适用法，是指将变更后的会计政策应用于变更当期及以后各期发生的经济业务或者事项，或者在会计估计变更当期和未来期间确认会计估计变更的影响的方法。

第三章　资　　产

第二十四条 资产是工会过去的经济业务或者事项形成的，由工会控制的，预期能够产生服务潜力或者带来经济利益流入的经济资源。

服务潜力是指工会利用资产提供公共产品和服务以履行工会职能的潜在能力。

经济利益流入表现为现金及现金等价物的流入，或者现金及现金等价物流出的减少。

工会的资产包括流动资产、在建工程、固定资产、无形资产、投资和长期待摊费用等。

第二十五条 工会对符合本制度第二十四条规定的资产定义的经济资源，在同时满足以下条件时，应当确认为资产：

（一）与该经济资源相关的服务潜力很可能实现或者经济利益很

可能流入工会；

（二）该经济资源的成本或者价值能够可靠地计量。

符合资产定义并确认的资产项目，应当列入资产负债表。

第二十六条　工会的资产按照国家有关规定依法确认为国有资产的，应当作为国有资产登记入账；依法确认为工会资产的，应当作为工会资产登记入账。

第二十七条　工会的资产在取得时应当按照实际成本计量。除国家另有规定外，工会不得自行调整其账面价值。

对于工会接受捐赠的现金资产，应当按照实际收到的金额入账。对于工会接受捐赠、无偿调入的非现金资产，其成本按照有关凭据注明的金额加上相关税费、运输费等确定；没有相关凭据、但按照规定经过资产评估的，其成本按照评估价值加上相关税费、运输费等确定；没有相关凭据、也未经过评估的，其成本比照同类或类似资产的价格加上相关税费、运输费等确定。如无法采用上述方法确定资产成本的，按照名义金额（人民币1元）入账，相关税费、运输费等计入当期支出。

工会盘盈的资产，其成本比照本条第二款确定。

第一节　流动资产

第二十八条　流动资产是指预计在一年内（含一年）变现或者耗用的资产。主要包括货币资金、应收款项和库存物品等。

第二十九条　货币资金包括库存现金、银行存款等。

货币资金应当按照实际发生额入账。工会应当设置库存现金和银行存款日记账，按照业务发生顺序逐日逐笔登记。库存现金应当做到日清月结，其账面余额应当与库存数相符；银行存款的账面余额应当与银行对账单定期核对，如有不符，应当编制银行存款余额调节表调节相符。

工会发生外币业务的，应当按照业务发生当日的即期汇率，将外币金额折算为人民币金额记账，并登记外币金额和汇率。期末，各种外币账户的期末余额，应当按照期末的即期汇率折算为人民币，作为外币账户期末人民币余额。调整后的各种外币账户人民币余额与原账面余额的差额，作为汇兑损益计入当期支出。

第三十条 应收款项包括应收上级经费、应收下级经费和其他应收款等。

应收上级经费是本级工会应收未收的上级工会应拨付（或转拨）的工会拨缴经费和补助。

应收下级经费是县级以上工会应收未收的下级工会应上缴的工会拨缴经费。

其他应收款是工会除应收上下级经费以外的其他应收及暂付款项。

应收款项应当按照实际发生额入账。年末，工会应当分析各项应收款项的可收回性，对于确实不能收回的应收款项应报经批准认定后及时予以核销。

第三十一条 库存物品指工会取得的将在日常活动中耗用的材料、物品及达不到固定资产标准的工具、器具等。

库存物品在取得时应当按照其实际成本入账。工会购入、有偿调入的库存物品以实际支付的价款记账。工会接受捐赠、无偿调入的库存物品按照本制度第二十七条规定所确定的成本入账。

库存物品在发出（领用或出售等）时，工会应当根据实际情况在先进先出法、加权平均法、个别计价法中选择一种方法确定发出库存物品的实际成本。库存物品发出方法一经选定，不得随意变更。

工会应当定期对库存物品进行清查盘点，每年至少全面盘点一次。对于盘盈、盘亏或报废、毁损的库存物品，应当及时查明原因，报经批准认定后及时进行会计处理。

工会盘盈的库存物品应当按照确定的成本入账，报经批准后相应增加资产基金；盘亏的库存物品，应当冲减其账面余额，报经批准后相应减少资产基金。对于报废、毁损的库存物品，工会应当冲减其账面余额，报经批准后相应减少资产基金，清理中取得的变价收入扣除清理费用后的净收入（或损失）计入当期收入（或支出），按规定应当上缴财政的计入其他应付款。

第二节 固定资产

第三十二条 固定资产是指工会使用年限超过1年（不含1年），单位价值在规定标准以上，并在使用过程中基本保持原有物质形态的资产，一般包括：房屋及构筑物；专用设备；通用设备；文物和陈列品；图书、档案；家具、用具、装具及动植物。

通用设备单位价值在1000元以上，专用设备单位价值在1500元以上的，应当确认为固定资产。单位价值虽未达到规定标准，但是使用时间超过1年（不含1年）的大批同类物资，应当按照固定资产进行核算和管理。

第三十三条 固定资产在取得时应当按照其实际成本入账。

工会购入、有偿调入的固定资产，其成本包括实际支付的买价、运输费、保险费、安装费、装卸费及相关税费等。

工会自行建造的固定资产，其成本包括该项资产至交付使用前所发生的全部必要支出。

工会接受捐赠、无偿调入的固定资产，按照本制度第二十七条规定所确定的成本入账。

工会在原有固定资产基础上进行改建、扩建、大型修缮后的固定资产，其成本按照原固定资产账面价值加上改建、扩建、大型修缮发生的支出，再扣除固定资产被替换部分的账面价值后的金额确定。

已交付使用但尚未办理竣工决算手续的固定资产，工会应当按照估计价值入账，待办理竣工决算后再按照实际成本调整原来的暂估价值。

第三十四条 在建工程是工会已经发生必要支出，但尚未交付使用的建设项目工程。工会作为建设单位的基本建设项目应当按照本制度规定统一进行会计核算。

工会对在建工程应当按照实际发生的支出确定其工程成本，并单独核算。在建工程的工程成本应当根据以下具体情况分别确定：

（一）对于自营工程，按照直接材料、直接人工、直接机械施工费等确定其成本；

（二）对于出包工程，按照应支付的工程价款等确定其成本；

（三）对于设备安装工程，按照所安装设备的价值、工程安装费用、工程试运转等所发生的支出等确定其成本。

建设项目完工交付使用时，工会应当将在建工程成本转入固定资产等进行核算。

第三十五条 工会应当对固定资产计提折旧，但文物和陈列品，动植物，图书、档案，单独计价入账的土地和以名义金额计量的固定资产除外。

工会应当根据相关规定以及固定资产的性质和使用情况，合理确定固定资产的使用年限。固定资产的使用年限一经确定，不得随意变更。

工会一般应当采用年限平均法或者工作量法计提固定资产折旧，计提折旧时不考虑预计净残值。在确定固定资产折旧方法时，应当考虑与固定资产相关的服务潜力或经济利益的预期实现方式。固定资产的折旧方法一经确定，不得随意变更。

工会应当按月对固定资产计提折旧。当月增加的固定资产，当月计提折旧；当月减少的固定资产，当月不再计提折旧。固定资产提足折旧后，无论是否继续使用，均不再计提折旧；提前报废的固定资产，也不再补提折旧。

固定资产因改建、扩建或大型修缮等原因而延长其使用年限的，工会应当按照重新确定的固定资产成本以及重新确定的折旧年限计算折旧额。

工会应当对暂估入账的固定资产计提折旧，实际成本确定后不需调整原已计提的折旧额。

第三十六条 工会处置（出售）固定资产时，应当冲减其账面价值并相应减少资产基金，处置中取得的变价收入扣除处置费用后的净收入（或损失）计入当期收入（或支出），按规定应当上缴财政的计入其他应付款。

第三十七条 工会应当定期对固定资产进行清查盘点，每年至少全面盘点一次。对于盘盈、盘亏或报废、毁损的固定资产，工会应当及时查明原因，报经批准认定后及时进行会计处理。

工会盘盈的固定资产，应当按照确定的成本入账，报经批准后相应增加资产基金；盘亏的固定资产，应当冲减其账面余额，报经批准后相应减少资产基金。对于报废、毁损的固定资产，工会应当冲减其账面余额，报经批准后相应减少资产基金，清理中取得的变价收入扣除清理费用后的净收入（或损失）计入当期收入（或支出），按规定应当上缴财政的计入其他应付款。

第三节 无形资产

第三十八条 无形资产是指工会控制的没有实物形态的可辨认非货币性资产，包括专利权、商标权、著作权、土地使用权、非专利技术等。工会购入的不构成相关硬件不可缺少组成部分的应用软件，应当确认为无形资产。

第三十九条 无形资产在取得时应当按照其实际成本入账。

工会外购的无形资产，其成本包括购买价款、相关税费以及可归属于该项资产达到预定用途前所发生的其他支出。工会委托软件公司开发的软件，视同外购无形资产确定其成本。

工会接受捐赠、无偿调入的无形资产，按照本制度第二十七条规定所确定的成本入账。

对于非大批量购入、单价小于1000元的无形资产，工会可以于购买的当期将其成本直接计入支出。

第四十条 工会应当按月对无形资产进行摊销，使用年限不确定的、以名义金额计量的无形资产除外。

工会应当按照以下原则确定无形资产的摊销年限：法律规定了有效年限的，按照法律规定的有效年限作为摊销年限；法律没有规定有效年限的，按照相关合同中的受益年限作为摊销年限；上述两种方法无法确定有效年限的，应当根据无形资产为工会带来服务潜力或者经济利益的实际情况，预计其使用年限。

工会应当采用年限平均法或工作量法对无形资产进行摊销，应摊销金额为其成本，不考虑预计净残值。

工会应当按月进行摊销。当月增加的无形资产，当月进行摊销；当月减少的无形资产，当月不再进行摊销。无形资产提足摊销后，无论是否继续使用，均不再进行摊销；核销的无形资产，也不再补提摊销。

因发生后续支出而增加无形资产成本的，对于使用年限有限的无形资产，工会应当按照重新确定的无形资产成本以及重新确定的摊销年限计算摊销额。

第四十一条 工会处置（出售）无形资产时，应当冲减其账面价值并相应减少资产基金，处置中取得的变价收入扣除处置费用后的净收入（或损失）计入当期收入（或支出），按规定应当上缴财政的计入其他应付款。

第四十二条 工会应当定期对无形资产进行清查盘点，每年至少全面盘点一次。工会在资产清查盘点过程中发现的无形资产盘盈、盘亏等，参照本制度固定资产相关规定进行处理。

第四节　其他资产

第四十三条　投资是指工会按照国家有关法律、行政法规和工会的相关规定，以货币资金、实物资产等方式向其他单位的投资。投资按其流动性分为短期投资和长期投资；按其性质分为股权投资和债权投资。

投资在取得时应当按照其实际成本入账。工会以货币资金方式对外投资的，以实际支付的款项（包括购买价款以及税金、手续费等相关税费）作为投资成本记账。工会以实物资产和无形资产方式对外投资的，以评估确认或合同、协议确定的价值记账。

对于投资期内取得的利息、利润、红利等各项投资收益，工会应当计入当期投资收益。

工会处置（出售）投资时，实际取得价款与投资账面余额的差额，应当计入当期投资收益。

对于因被投资单位破产、被撤销、注销、吊销营业执照或者被政府责令关闭等情况造成难以收回的未处置不良投资，工会应当在报经批准后及时核销。

第四十四条　长期待摊费用是工会已经支出，但应由本期和以后各期负担的分摊期限在1年以上（不含1年）的各项支出，如对以经营租赁方式租入的固定资产发生的改良支出等。

长期待摊费用应当在对应资产的受益年限内平均摊销。如果某项长期待摊费用已经不能使工会受益，应当将其摊余金额一次性转销。

第四章　负　债

第四十五条　负债是指工会过去的经济业务或者事项形成的，预期会导致经济资源流出的现时义务。

现时义务是指工会在现行条件下已承担的义务。未来发生的经济业务或者事项形成的义务不属于现时义务，不应当确认为负债。

工会的负债包括应付职工薪酬、应付款项等。

第四十六条 工会对于符合本制度第四十五条规定的现时义务，在同时满足以下条件时，应当确认为负债：

（一）履行该义务很可能导致含有服务潜力或者经济利益的经济资源流出工会；

（二）该义务的金额能够可靠计量。

符合负债定义并确认的负债项目，应当列入资产负债表。

第四十七条 应付职工薪酬是工会按照国家有关规定应付给本单位职工及为职工支付的各种薪酬，包括基本工资、国家统一规定的津贴补贴、规范津贴补贴（绩效工资）、改革性补贴、社会保险费（如职工基本养老保险费、职业年金、基本医疗保险费等）和住房公积金等。

第四十八条 应付款项包括应付上级经费、应付下级经费和其他应付款。

应付上级经费指本级工会按规定应上缴上级工会的工会拨缴经费。

应付下级经费指本级工会应付下级工会的各项补助以及应转拨下级工会的工会拨缴经费。

其他应付款指除应付上下级经费之外的其他应付及暂存款项，包括工会按规定收取的下级工会筹建单位交来的建会筹备金等。

第四十九条 工会的各项负债应当按照实际发生额入账。

第五章 净资产

第五十条 净资产是指工会的资产减去负债后的余额，包括资产基金、专用基金、工会资金结转、工会资金结余、财政拨款结转、财政拨款结余和预算稳定调节基金。

第五十一条 资产基金指工会库存物品、固定资产、在建工程、无形资产、投资和长期待摊费用等非货币性资产在净资产中占用的金额。

资产基金应当在取得库存物品、固定资产、在建工程、无形资产、投资及发生长期待摊费用时确认。资产基金应当按照实际发生额入账。

第五十二条 专用基金指县级以上工会按规定依法提取和使用的有专门用途的基金。

工会提取专用基金时，应当按照实际提取金额计入当期支出；使用专用基金时，应当按照实际支出金额冲减专用基金余额；专用基金未使用的余额，可以滚存下一年度使用。

第五十三条 工会资金结转是指工会预算安排项目的支出年终尚未执行完毕或者因故未执行，且下年需要按原用途继续使用的工会资金。

工会资金结余是指工会年度预算执行终了，预算收入实际完成数扣除预算支出和工会结转资金后剩余的工会资金。

第五十四条 财政拨款结转是指县级以上工会预算安排项目的支出年终尚未执行完毕或者因故未执行，且下年需要按原用途继续使用的财政拨款资金。

财政拨款结余是指县级以上工会年度预算执行终了，预算收入实际完成数扣除预算支出和财政拨款结转资金后剩余的财政拨款资金。

第五十五条 预算稳定调节基金是县级以上工会为平衡年度预算按规定设置的储备性资金。

第六章 收　入

第五十六条 收入是指工会根据工会法以及有关政策规定开展业

务活动所取得的非偿还性资金。收入按照来源分为会费收入、拨缴经费收入、上级补助收入、政府补助收入、行政补助收入、附属单位上缴收入、投资收益和其他收入。

会费收入指工会会员依照规定向基层工会缴纳的会费。

拨缴经费收入指基层单位行政拨缴、下级工会按规定上缴及上级工会按规定转拨的工会拨缴经费中归属于本级工会的经费。

上级补助收入指本级工会收到的上级工会补助的款项，包括一般性转移支付补助和专项转移支付补助。

政府补助收入指各级人民政府按照工会法和国家有关规定给予县级以上工会的补助款项。

行政补助收入指基层工会取得的所在单位行政方面按照工会法和国家有关规定给予工会的补助款项。

附属单位上缴收入指工会所属的企事业单位按规定上缴的收入。

投资收益指工会对外投资发生的损益。

其他收入指工会除会费收入、拨缴经费收入、上级补助收入、政府补助收入、行政补助收入、附属单位上缴收入和投资收益之外的各项收入。

第五十七条 工会各项收入应当按照实际发生额入账。

第七章 支 出

第五十八条 支出是指工会为开展各项工作和活动所发生的各项资金耗费和损失。支出按照功能分为职工活动支出、职工活动组织支出、职工服务支出、维权支出、业务支出、行政支出、资本性支出、补助下级支出、对附属单位的支出和其他支出。

职工活动支出指基层工会开展职工教育活动、文体活动、宣传活动、劳模疗休养活动、会员活动等发生的支出。

职工活动组织支出指县级以上工会组织开展职工教育活动、文体活动、宣传活动和劳模疗休养活动等发生的支出。

职工服务支出指工会开展职工劳动和技能竞赛活动、职工创新活动、建家活动、职工书屋、职工互助保障、心理咨询等工作发生的支出。

维权支出指工会用于维护职工权益的支出，包括劳动关系协调、劳动保护、法律援助、困难职工帮扶、送温暖和其他维权支出。

业务支出指工会培训工会干部、加强自身建设及开展业务工作发生的各项支出。

行政支出指县级以上工会为行政管理、后勤保障等发生的各项日常支出。

资本性支出指工会从事建设工程、设备工具购置、大型修缮和信息网络购建等而发生的实际支出。

补助下级支出指县级以上工会为解决下级工会经费不足或根据有关规定给予下级工会的各类补助款项。

对附属单位的支出指工会按规定对所属企事业单位的补助。

其他支出指工会除职工活动支出、职工活动组织支出、职工服务支出、维权支出、业务支出、行政支出、资本性支出、补助下级支出和对附属单位的支出以外的各项支出。

第五十九条 工会各项支出应当按照实际发生额入账。

第八章 财务报表

第六十条 工会财务报表是反映各级工会财务状况、业务活动和预算执行结果的书面文件。工会财务报表是各级工会领导、上级工会及其他财务报表使用者了解情况、掌握政策、指导工作的重要资料。

第六十一条 工会财务报表包括会计报表和附注。会计报表分为主表和附表，主表包括资产负债表和收入支出表，附表包括财政拨款收入支出表、国有资产情况表和成本费用表。

资产负债表，是反映工会某一会计期末全部资产、负债和净资产情况的报表。

收入支出表，是反映工会某一会计期间全部收入、支出及结转结余情况的报表。

财政拨款收入支出表，是反映县级以上工会某一会计期间从同级政府财政部门取得的财政拨款收入、支出及结转结余情况的报表。

国有资产情况表，是反映县级以上工会某一会计期间持有的国有资产情况的报表。

成本费用表，是反映县级以上工会某一会计期间成本费用情况的报表。

附注是对在资产负债表、收入支出表等报表中列示项目所作的进一步说明，以及未能在这些报表中列示项目的说明。

第六十二条 工会财务报表分为年度财务报表和中期财务报表。以短于一个完整的会计年度的期间（如半年度、季度和月度）编制的财务报表称为中期财务报表。年度财务报表是以整个会计年度为基础编制的财务报表。

第六十三条 工会要负责对所属单位财务报表和下级工会报送的年度财务报表进行审核、核批和汇总工作，定期向本级工会领导和上级工会报告本级工会预算执行情况。

第六十四条 工会财务报表要根据登记完整、核对无误的账簿记录和其他有关资料编制，做到数字准确、内容完整、报送及时。工会财务报表应当由各级工会的法定代表人和主管会计工作的负责人、会计机构负责人（会计主管人员）签名并盖章。

第九章 附 则

第六十五条 工会填制会计凭证、登记会计账簿、管理会计档案等，应当按照《会计基础工作规范》、《会计档案管理办法》等规定执行。

第六十六条　本制度从2022年1月1日起实施。2009年5月31日财政部印发的《工会会计制度》（财会〔2009〕7号）同时废止。

附录1：工会会计科目和财务报表（略）

附录2：工会固定资产折旧年限表（略）

中华全国总工会关于
组织劳务派遣工加入工会的规定

（2009年5月18日　总工发〔2009〕21号）

一个时期以来，由于一些派遣单位与用工单位职责不清，相互推诿，相当数量的劳务派遣工还没有组织到工会中来。为最大限度地把包括劳务派遣工在内的广大职工组织到工会中来，切实维护其合法权益，根据《工会法》《中国工会章程》的相关规定，现对组织劳务派遣工加入工会作出以下规定：

1. 劳务派遣单位和用工单位都应当依法建立工会组织，吸收劳务派遣工加入工会，任何组织和个人不得阻挠和限制。劳务派遣工应首先选择参加劳务派遣单位工会，劳务派遣单位工会委员会中应有相应比例的劳务派遣工会员作为委员会成员。劳务派遣单位没有建立工会组织的，劳务派遣工直接参加用工单位工会。

2. 在劳务派遣工会员接受派遣期间，劳务派遣单位工会可以委托用工单位工会代管。劳务派遣单位工会与用工单位工会签订委托管理协议，明确双方对会员组织活动、权益维护等的责任与义务。

3. 劳务派遣工的工会经费应由用工单位按劳务派遣工工资总额的百分之二提取并拨付劳务派遣单位工会，属于应上缴上级工会的经费，由劳务派遣单位工会按规定比例上缴。用工单位工会接受委托管理劳务派遣工会员的，工会经费留用部分由用工单位工会使用或由劳务派遣单位工会和用工单位工会协商确定。

4. 劳务派遣工会员人数由会籍所在单位统计。加入劳务派遣单位工会的，包括委托用工单位管理的劳务派遣工会员，由劳务派遣单位工会统计，直接加入用工单位工会的由用工单位工会统计。

5. 劳务派遣单位工会牵头、由使用其劳务派遣工的跨区域的用工单位工会建立的基层工会联合会，不符合建立区域性、行业性基层工会联合会的规定，应予纠正。

6. 上级工会应加强督促检查，切实指导和帮助劳务派遣单位和用工单位工会做好劳务派遣工加入工会和维护权益工作。

中华全国总工会关于
企业集团建立工会组织的办法

（2018 年 9 月 3 日　总工办发〔2018〕23 号）

第一章　总　　则

第一条　为进一步规范企业集团工会组织建立，充分发挥企业集团工会作用，根据《中华人民共和国工会法》《中国工会章程》《企业民主管理规定》《企业工会工作条例》等有关规定，制定本办法。

第二条　本办法所称企业集团，是指以资本为主要联结纽带的母子公司为主体，以集团章程为共同行为规范的母公司、子公司、参股公司及其他成员企业或机构共同组成的具有一定规模的企业法人联合体。

凡符合前款规范要求、行政管理机构健全并依法设立登记的企业集团，经上级工会批准，可在企业集团范围内建立集团工会组织。

第三条 建立集团工会组织，在同级党组织和上级工会的领导下进行。企业集团未建立党组织的，在上级工会领导下进行。

第四条 企业集团建立工会组织，必须坚持党的领导，贯彻落实党的全心全意依靠工人阶级的根本指导方针，始终把握正确政治方向；坚持民主集中制，注重广泛性、代表性；坚持职工为本，充分反映职工群众的意愿和要求；坚持依法规范，符合法律和工会章程规定。

第五条 企业集团根据法人治理结构、经营模式、企业规模、职工队伍状况等实际，适应贯彻新发展理念、建设现代化经济体系、加快完善社会主义市场经济体制的需要，统筹考虑振兴实体经济、深化国有企业改革、发展混合所有制经济、民营企业发展等形势任务，立足实际建立健全工会组织。

第二章 集团工会的建立

第六条 集团工会是工会的基层组织。组建集团工会，依照《工会基层组织选举工作条例》产生。集团工会的组织形式，根据集团实际确定。

第七条 在京中央企业集团组建集团工会，按规定报相关全国产业工会，由相关全国产业工会按程序报中华全国总工会批准。京外中央企业集团和其他企业集团组建工会，按规定报企业集团所在地同级地方工会批准。

第八条 集团工会选举主席1人、副主席若干人、常务委员若干人，组成常务委员会。成员单位和职工人数较少的，可不设常务委员会。

集团工会每届任期三年至五年。任期届满，应按期进行换届选举。

第九条 集团工会在选举产生集团工会委员会的同时，选举产生同级工会经费审查委员会。集团工会成立后，按照有关规定及时建立集团工会女职工委员会，并选配女职工委员会主任。

第十条 集团工会的名称，为“企业集团工商登记名称+工会（联合会）委员会”。集团所属子公司的工会组织名称，为“子公司工商登记名称+工会委员会”。对于工会名称不规范的，应结合工会换届工作进行规范。

第十一条 集团工会依法依规设置工会工作机构，并按照有关规定配备专职工作人员，专职工作人员人数，根据有关规定确定，或由集团工会与集团协商确定。根据工作需要，可配备兼职工作人员，坚持以专职为主，兼职为辅，专兼职相结合。

集团工会根据工作需要，设立相关工作机构或专门工作委员会、工作小组。

第十二条 在企业集团改组改制中，要科学设置、合理规范工会组织，不得随意把工会组织机构撤销、合并或者归属其他工作部门。

第十三条 集团工会具备法人条件的，依法取得社会团体法人资格，工会主席为法定代表人。

第十四条 各级工会要加强对企业集团建立工会组织工作的领导，确保集团工会组织建立符合法律和工会章程、组织机构健全、职工群众拥护、作用发挥明显。

第三章 集团工会的组织领导关系

第十五条 集团工会的领导关系，根据产业和地方相结合的组织领导原则确定。

集团工会以同级党组织领导为主，同时接受所在地方工会的领导和上级有关产业工会的指导。

在京的中央企业集团工会，以同级党组织领导为主。同时在中华全国总工会领导下，按照行业分类原则，由相关全国产业工会实施具体指导。

第十六条 集团工会对集团母公司所在地的子（分）公司工会实行直接领导。不在母公司所在地的子（分）公司工会，在同级党组织领导下，以所在地工会领导为主，其工会组织关系、经费关系等明确在所在地工会，在所在地工会的领导下建立健全工会组织并按期换届，参加所在地工会组织开展的工作；同时接受集团工会的领导，参加集团工会统一组织开展的具有集团特点的工作和活动等。铁路、民航、金融等行政管理体制实行垂直管理的产业所属企业集团子（分）公司除外。

第十七条 以地方政府部门改组的资产经营公司为母公司组建的企业集团，可按照本办法建立集团工会委员会。原工会组织承担地方产业工会领导职能的，改建为集团工会后，如所在地方工会认为需要，可继续依托集团工会组建产业工会，也可建立新的产业工会。

第十八条 集团工会是集团职工代表大会的工作机构，负责集团职工代表大会的日常工作。

第四章 集团工会的经费

第十九条 集团工会经费，通过经费留成、上级工会补助、集团行政补助支持等方式解决。

第二十条 集团工会经费收缴，实行属地管理原则。铁路、民航、金融等行政管理体制实行垂直管理的产业所属企业集团子（分）公司除外。

企业集团所在地的子（分）公司工会，其工会经费按规定的比例上缴给集团工会，由集团工会按比例上缴上级工会。集团工会与所在地子（分）公司工会经费分成比例由集团工会确定。

企业集团所在地以外的子（分）公司，工会经费上缴所在地工会。集团工会可与其子（分）公司所在地工会协商，从子（分）公司上缴所在地工会经费中明确一定比例上缴集团工会。

第五章　附　　则

第二十一条　本办法由中华全国总工会负责解释。

第二十二条　本办法自印发之日起施行。1997 年 3 月 17 日全国总工会办公厅印发的《全国总工会关于企业集团建立工会组织的试行办法》（总工办发〔1997〕19 号）同时废止。

中国工会章程

（2018 年 10 月 26 日　中国工会第十七次全国代表大会通过）

总　　则

中国工会是中国共产党领导的职工自愿结合的工人阶级群众组织，是党联系职工群众的桥梁和纽带，是国家政权的重要社会支柱，是会员和职工利益的代表。

中国工会以宪法为根本活动准则，按照《中华人民共和国工会法》和本章程独立自主地开展工作，依法行使权利和履行义务。

工人阶级是我国的领导阶级，是先进生产力和生产关系的代表，是中国共产党最坚实最可靠的阶级基础，是改革开放和社会主义现代化建设的主力军，是维护社会安定的强大而集中的社会力量。中国工会高举中国特色社会主义伟大旗帜，以马克思列宁主义、毛泽东思想、邓小平理论、“三个代表”重要思想、科学发展观、习近平新时代中国特色社会主义思想为指导，贯彻执行党的以经济建设为中心，坚持四项基本原则，坚持改革开放的基本路线，保持和增强政治性、先进性、群众性，坚定不移地走中国特色社会主义工会发展道路，推动党的全心全意依靠工人阶级的根本指导方针的贯彻落实，全面履行工会的社会职能，在维护全国人民总体利益的同时，更好地表达和维护职工的具体利益，团结和动员全国职工自力更生、艰苦创业，坚持和发展中国特色社会主义，为全面建成小康社会、把我国建设成为富强民主文明和谐美丽的社会主义现代化强国、实现中华民族伟大复兴的中国梦而奋斗。

中国工会坚持自觉接受中国共产党的领导，承担团结引导职工群众听党话、跟党走的政治责任，巩固和扩大党执政的阶级基础和群众基础。

中国工会的基本职责是维护职工合法权益、竭诚服务职工群众。

中国工会按照中国特色社会主义事业“五位一体”总体布局和“四个全面”战略布局，贯彻创新、协调、绿色、开放、共享的发展理念，把握为实现中华民族伟大复兴的中国梦而奋斗的工人运动时代主题，弘扬劳模精神、劳动精神、工匠精神，动员和组织职工积极参加建设和改革，努力促进经济、政治、文化、社会和生态文明建设；代表和组织职工参与国家和社会事务管理，参与企业、事业单位和机关的民主管理；教育职工践行社会主义核心价值观，不断提高思想道德素质、科学文化素质和技术技能素质，推进产业工人队伍建设改革，建设有理想、有道德、有文化、有纪律的职工队伍，不断发展工人阶级先进性。

中国工会以忠诚党的事业、竭诚服务职工为己任，坚持组织起来、切实维权的工作方针，坚持以职工为本、主动依法科学维权的维权观，促进完善社会主义劳动法律，维护职工的经济、政治、文化和社会权利，参与协调劳动关系和社会利益关系，推动构建和谐劳动关系，促进经济高质量发展和社会的长期稳定，维护工人阶级和工会组织的团结统一，为构建社会主义和谐社会作贡献。

中国工会维护工人阶级领导的、以工农联盟为基础的人民民主专政的社会主义国家政权，协助人民政府开展工作，依法发挥民主参与和社会监督作用。

中国工会在企业、事业单位中，按照促进企事业发展、维护职工权益的原则，支持行政依法行使管理权力，组织职工参加民主管理和民主监督，与行政方面建立协商制度，保障职工的合法权益，调动职工的积极性，促进企业、事业的发展。

中国工会实行产业和地方相结合的组织领导原则，坚持民主集中制。

中国工会坚持以改革创新精神加强自身建设，构建联系广泛、服务职工的工作体系，增强团结教育、维护权益、服务职工的功能，坚持群众化、民主化，保持同会员群众的密切联系，依靠会员群众开展工会工作。各级工会领导机关坚持把工作重点放到基层，着力扩大覆盖面、增强代表性，着力强化服务意识、提高维权能力，着力加强队伍建设、提升保障水平，坚持服务职工群众的工作生命线，全心全意为基层、为职工服务，构建智慧工会，增强基层工会的吸引力凝聚力战斗力，把工会组织建设得更加充满活力、更加坚强有力，成为深受职工群众信赖的学习型、服务型、创新型“职工之家”。

工会兴办的企业、事业，坚持公益性、服务性，坚持为改革开放和发展社会生产力服务，为职工群众服务，为推进工运事业服务。

中国工会努力巩固和发展工农联盟，坚持最广泛的爱国统一战线，加强包括香港特别行政区同胞、澳门特别行政区同胞、台湾同胞和海外侨胞在内的全国各族人民的大团结，促进祖国的统一、繁荣和富强。

中国工会在国际事务中坚持独立自主、互相尊重、求同存异、加强合作、增进友谊的方针，在独立、平等、互相尊重、互不干涉内部事务的原则基础上，广泛建立和发展同国际和各国工会组织的友好关系，积极参与“一带一路”建设，增进我国工人阶级同各国工人阶级的友谊，同全世界工人和工会一起，在推动构建人类命运共同体中发挥作用，为世界的和平、发展、合作、工人权益和社会进步而共同努力。

中国工会落实新时代党的建设总要求，以党的政治建设为统领，全面加强党的建设，增强政治意识、大局意识、核心意识、看齐意识，坚定道路自信、理论自信、制度自信、文化自信，坚决维护习近平总书记党中央的核心、全党的核心地位，坚决维护党中央权威和集中统一领导，在思想上政治上行动上同以习近平同志为核心的党中央保持高度一致。

第一章　会　　员

第一条　凡在中国境内的企业、事业单位、机关和其他社会组织中，以工资收入为主要生活来源或者与用人单位建立劳动关系的体力劳动者和脑力劳动者，不分民族、种族、性别、职业、宗教信仰、教育程度，承认工会章程，都可以加入工会为会员。

第二条　职工加入工会，由本人自愿申请，经工会基层委员会批准并发给会员证。

第三条　会员享有以下权利：

（一）选举权、被选举权和表决权。

（二）对工会工作进行监督，提出意见和建议，要求撤换或者罢免不称职的工会工作人员。

（三）对国家和社会生活问题及本单位工作提出批评与建议，要求工会组织向有关方面如实反映。

（四）在合法权益受到侵犯时，要求工会给予保护。

（五）工会提供的文化、教育、体育、旅游、疗休养、互助保障、生活救助、法律服务、就业服务等优惠待遇；工会给予的各种奖励。

（六）在工会会议和工会媒体上，参加关于工会工作和职工关心问题的讨论。

第四条 会员履行下列义务：

（一）认真学习贯彻习近平新时代中国特色社会主义思想，学习政治、经济、文化、法律、科学、技术和工会基本知识等。

（二）积极参加民主管理，努力完成生产和工作任务，立足本职岗位建功立业。

（三）遵守宪法和法律，践行社会主义核心价值观，弘扬中华民族传统美德，恪守社会公德、职业道德、家庭美德、个人品德，遵守劳动纪律。

（四）正确处理国家、集体、个人三者利益关系，向危害国家、社会利益的行为作斗争。

（五）维护中国工人阶级和工会组织的团结统一，发扬阶级友爱，搞好互助互济。

（六）遵守工会章程，执行工会决议，参加工会活动，按月交纳会费。

第五条 会员组织关系随劳动（工作）关系变动，凭会员证明接转。

第六条 会员有退会自由。会员退会由本人向工会小组提出，由工会基层委员会宣布其退会并收回会员证。

会员没有正当理由连续六个月不交纳会费、不参加工会组织生活，经教育拒不改正，应当视为自动退会。

第七条 对不执行工会决议、违反工会章程的会员，给予批评教育。对严重违法犯罪并受到刑事处分的会员，开除会籍。开除会员会籍，须经工会小组讨论，提出意见，由工会基层委员会决定，报上一级工会备案。

第八条 会员离休、退休和失业，可保留会籍。保留会籍期间免交会费。

工会组织要关心离休、退休和失业会员的生活，积极向有关方面反映他们的愿望和要求。

第二章 组织制度

第九条 中国工会实行民主集中制，主要内容是：

（一）个人服从组织，少数服从多数，下级组织服从上级组织。

（二）工会的各级领导机关，除它们派出的代表机关外，都由民主选举产生。

（三）工会的最高领导机关，是工会的全国代表大会和它所产生的中华全国总工会执行委员会。工会的地方各级领导机关，是工会的地方各级代表大会和它所产生的总工会委员会。

（四）工会各级委员会，向同级会员大会或者会员代表大会负责并报告工作，接受会员监督。会员大会和会员代表大会有权撤换或者罢免其所选举的代表和工会委员会组成人员。

（五）工会各级委员会，实行集体领导和分工负责相结合的制度。凡属重大问题由委员会民主讨论，作出决定，委员会成员根据集体的决定和分工，履行自己的职责。

（六）工会各级领导机关，加强对下级组织的领导和服务，经常向下级组织通报情况，听取下级组织和会员的意见，研究和解决他们提出的问题。下级组织应及时向上级组织请示报告工作。

第十条 工会各级代表大会的代表和委员会的产生，要充分体现选举人的意志。候选人名单，要反复酝酿，充分讨论。选举采用无记名投票方式，可以直接采用候选人数多于应选人数的差额选举办法进行正式选举，也可以先采用差额选举办法进行预选，产生候选人名单，然后进行正式选举。任何组织和个人，不得以任何方式强迫选举人选举或不选举某个人。

第十一条 中国工会实行产业和地方相结合的组织领导原则。同一企业、事业单位、机关和其他社会组织中的会员，组织在一个工会基层组织中；同一行业或者性质相近的几个行业，根据需要建立全国的或者地方的产业工会组织。除少数行政管理体制实行垂直管理的产业，其产业工会实行产业工会和地方工会双重领导，以产业工会领导为主外，其他产业工会均实行以地方工会领导为主，同时接受上级产业工会领导的体制。各产业工会的领导体制，由中华全国总工会确定。

省、自治区、直辖市，设区的市和自治州，县（旗）、自治县、不设区的市建立地方总工会。地方总工会是当地地方工会组织和产业工会地方组织的领导机关。全国建立统一的中华全国总工会。中华全国总工会是各级地方总工会和各产业工会全国组织的领导机关。

中华全国总工会执行委员会委员和产业工会全国委员会委员实行替补制，各级地方总工会委员会委员和地方产业工会委员会委员，也可以实行替补制。

第十二条 县和县以上各级地方总工会委员会，根据工作需要可以派出代表机关。

县和县以上各级工会委员会，在两次代表大会之间，认为有必要时，可以召集代表会议，讨论和决定需要及时解决的重大问题。代表会议代表的名额和产生办法，由召集代表会议的总工会决定。

全国产业工会、各级地方产业工会、乡镇工会和城市街道工会的委员会，可以按照联合制、代表制原则，由下一级工会组织民主选举的主要负责人和适当比例的有关方面代表组成。

上级工会可以派员帮助和指导用人单位的职工组建工会。

第十三条 各级工会代表大会选举产生同级经费审查委员会。中华全国总工会经费审查委员会设常务委员会，省、自治区、直辖市总工会经费审查委员会和独立管理经费的全国产业工会经费审查委员会，应当设常务委员会。经费审查委员会负责审查同级工会组织及其直属企业、事业单位的经费收支和资产管理情况，监督财经法纪的贯彻执行和工会经费的使用，并接受上级工会经费审查委员会的指导和监督。工会经费审查委员会向同级会员大会或会员代表大会负责并报告工作；在大会闭会期间，向同级工会委员会负责并报告工作。

上级经费审查委员会应当对下一级工会及其直属企业、事业单位的经费收支和资产管理情况进行审查。

中华全国总工会经费审查委员会委员实行替补制，各级地方总工会经费审查委员会委员和独立管理经费的产业工会经费审查委员会委员，也可以实行替补制。

第十四条 各级工会建立女职工委员会，表达和维护女职工的合法权益。女职工委员会由同级工会委员会提名，在充分协商的基础上组成或者选举产生，女职工委员会与工会委员会同时建立，在同级工会委员会领导下开展工作。企业工会女职工委员会是县或者县以上妇联的团体会员，通过县以上地方工会接受妇联的业务指导。

第十五条 县和县以上各级工会组织应当建立法律服务机构，为保护职工和工会组织的合法权益提供服务。

各级工会组织应当组织和代表职工开展劳动法律监督。

第十六条 成立或者撤销工会组织，必须经会员大会或者会员代表大会通过，并报上一级工会批准。工会基层组织所在的企业终止，或者所在的事业单位、机关和其他社会组织被撤销，该工会组织相应撤销，并报上级工会备案。其他组织和个人不得随意撤销工会组织，也不得把工会组织的机构撤销、合并或者归属其他工作部门。

第三章 全国组织

第十七条 中国工会全国代表大会，每五年举行一次，由中华全国总工会执行委员会召集。在特殊情况下，由中华全国总工会执行委员会主席团提议，经执行委员会全体会议通过，可以提前或者延期举行。代表名额和代表选举办法由中华全国总工会决定。

第十八条 中国工会全国代表大会的职权是：

（一）审议和批准中华全国总工会执行委员会的工作报告。

（二）审议和批准中华全国总工会执行委员会的经费收支情况报告和经费审查委员会的工作报告。

（三）修改中国工会章程。

（四）选举中华全国总工会执行委员会和经费审查委员会。

第十九条 中华全国总工会执行委员会，在全国代表大会闭会期间，负责贯彻执行全国代表大会的决议，领导全国工会工作。

执行委员会全体会议选举主席一人、副主席若干人、主席团委员若干人，组成主席团。

执行委员会全体会议由主席团召集，每年至少举行一次。

第二十条 中华全国总工会执行委员会全体会议闭会期间，由主席团行使执行委员会的职权。主席团全体会议，由主席召集。

主席团闭会期间，由主席、副主席组成的主席会议行使主席团职权。主席会议由中华全国总工会主席召集并主持。

主席团下设书记处，由主席团在主席团成员中推选第一书记一人，书记若干人组成。书记处在主席团领导下，主持中华全国总工会的日常工作。

第二十一条 产业工会全国组织的设置，由中华全国总工会根据需要确定。

产业工会全国委员会的建立，经中华全国总工会批准，可以按照联合制、代表制原则组成，也可以由产业工会全国代表大会选举产生。全国委员会每届任期五年。任期届满，应当如期召开会议，进行换届选举。在特殊情况下，经中华全国总工会批准，可以提前或者延期举行。

产业工会全国代表大会和按照联合制、代表制原则组成的产业工会全国委员会全体会议的职权是：审议和批准产业工会全国委员会的工作报告；选举产业工会全国委员会或者产业工会全国委员会常务委员会。独立管理经费的产业工会，选举经费审查委员会，并向产业工会全国代表大会或者委员会全体会议报告工作。产业工会全国委员会常务委员会由主席一人、副主席若干人、常务委员若干人组成。

第四章 地方组织

第二十二条 省、自治区、直辖市，设区的市和自治州，县(旗)、自治县、不设区的市的工会代表大会，由同级总工会委员会召集，每五年举行一次。在特殊情况下，由同级总工会委员会提议，经上一级工会批准，可以提前或者延期举行。工会的地方各级代表大会的职权是：

（一）审议和批准同级总工会委员会的工作报告。

（二）审议和批准同级总工会委员会的经费收支情况报告和经费审查委员会的工作报告。

（三）选举同级总工会委员会和经费审查委员会。

各级地方总工会委员会，在代表大会闭会期间，执行上级工会的决定和同级工会代表大会的决议，领导本地区的工会工作，定期向上级总工会委员会报告工作。

根据工作需要，省、自治区总工会可在地区设派出代表机关。直辖市和设区的市总工会在区一级建立总工会。

县和城市的区可在乡镇和街道建立乡镇工会和街道工会组织，具备条件的，建立总工会。

第二十三条 各级地方总工会委员会选举主席一人、副主席若干人、常务委员若干人，组成常务委员会。工会委员会、常务委员会和主席、副主席以及经费审查委员会的选举结果，报上一级总工会批准。

各级地方总工会委员会全体会议，每年至少举行一次，由常务委员会召集。各级地方总工会常务委员会，在委员会全体会议闭会期间，行使委员会的职权。

第二十四条 各级地方产业工会组织的设置，由同级地方总工会根据本地区的实际情况确定。

第五章 基层组织

第二十五条 企业、事业单位、机关和其他社会组织等基层单位，应当依法建立工会组织。社区和行政村可以建立工会组织。从实际出发，建立区域性、行业性工会联合会，推进新经济组织、新社会组织工会组织建设。

有会员二十五人以上的，应当成立工会基层委员会；不足二十五人的，可以单独建立工会基层委员会，也可以由两个以上单位的会员联合建立工会基层委员会，也可以选举组织员或者工会主席一人，主持基层工会工作。工会基层委员会有女会员十人以上的建立女职工委员会，不足十人的设女职工委员。

职工二百人以上企业、事业单位的工会设专职工会主席。工会专职工作人员的人数由工会与企业、事业单位协商确定。

基层工会具备法人条件，依法取得社团法人资格，工会主席为法定代表人。

第二十六条 工会基层组织的会员大会或者会员代表大会，每年至少召开一次。经基层工会委员会或者三分之一以上的工会会员提议，可以临时召开会员大会或者会员代表大会。工会会员在一百人以下的基层工会应当召开会员大会。

工会会员大会或者会员代表大会的职权是：

（一）审议和批准工会基层委员会的工作报告。

（二）审议和批准工会基层委员会的经费收支情况报告和经费审查委员会的工作报告。

（三）选举工会基层委员会和经费审查委员会。

（四）撤换或者罢免其所选举的代表或者工会委员会组成人员。

（五）讨论决定工会工作的重大问题。

工会基层委员会和经费审查委员会每届任期三年至五年，具体任期由会员大会或者会员代表大会决定。任期届满，应当如期召开会议，进行换届选举。在特殊情况下，经上一级工会批准，可以提前或者延期举行。

会员代表大会的代表实行常任制，任期与本单位工会委员会相同。

第二十七条　工会基层委员会的委员，应当在会员或者会员代表充分酝酿协商的基础上选举产生；主席、副主席，可以由会员大会或者会员代表大会直接选举产生，也可以由工会基层委员会选举产生。大型企业、事业单位的工会委员会，根据工作需要，经上级工会委员会批准，可以设立常务委员会。工会基层委员会、常务委员会和主席、副主席以及经费审查委员会的选举结果，报上一级工会批准。

第二十八条　工会基层委员会的基本任务是：

（一）执行会员大会或者会员代表大会的决议和上级工会的决定，主持基层工会的日常工作。

（二）代表和组织职工依照法律规定，通过职工代表大会、厂务公开和其他形式，参加本单位民主管理和民主监督，在公司制企业落实职工董事、职工监事制度。企业、事业单位工会委员会是职工代表大会工作机构，负责职工代表大会的日常工作，检查、督促职工代表大会决议的执行。

（三）参与协调劳动关系和调解劳动争议，与企业、事业单位行政方面建立协商制度，协商解决涉及职工切身利益问题。帮助和指导职工与企业、事业单位行政方面签订和履行劳动合同，代表职工与企业、事业单位行政方面签订集体合同或者其他专项协议，并监督执行。

（四）组织职工开展劳动和技能竞赛、合理化建议、技能培训、技术革新和技术协作等活动，培育工匠人才，总结推广先进经验。做好劳动模范和先进生产（工作）者的评选、表彰、培养和管理服务工作。

（五）加强对职工的政治引领和思想教育，开展法治宣传教育，重视人文关怀和心理疏导，鼓励支持职工学习文化科学技术和管理知识，开展健康的文化体育活动。推进企业文化职工文化建设，办好工会文化、教育、体育事业。

（六）监督有关法律、法规的贯彻执行。协助和督促行政方面做好工资、安全生产、职业病防治和社会保险等方面的工作，推动落实职工福利待遇。办好职工集体福利事业，改善职工生活，对困难职工开展帮扶。依法参与生产安全事故和职业病危害事故的调查处理。

（七）维护女职工的特殊利益，同歧视、虐待、摧残、迫害女职工的现象作斗争。

（八）搞好工会组织建设，健全民主制度和民主生活。建立和发展工会积极分子队伍。做好会员的发展、接收、教育和会籍管理工作。加强职工之家建设。

（九）收好、管好、用好工会经费，管理好工会资产和工会的企业、事业。

第二十九条 教育、科研、文化、卫生、体育等事业单位和机关工会，从脑力劳动者比较集中的特点出发开展工作，积极了解和关心职工的思想、工作和生活，推动党的知识分子政策的贯彻落实。组织职工搞好本单位的民主管理和民主监督，为发挥职工的聪明才智，创造良好的条件。

第三十条 工会基层委员会根据工作需要，可以在分厂、车间（科室）建立分厂、车间（科室）工会委员会。分厂、车间（科室）工会委员会由分厂、车间（科室）会员大会或者会员代表大会选举产生，任期和工会基层委员会相同。

工会基层委员会和分厂、车间（科室）委员会，可以根据需要设若干专门委员会或者专门小组。

按照生产（行政）班组建立工会小组，民主选举工会小组长，积极开展工会小组活动。

第六章 工 会 干 部

第三十一条 各级工会组织按照革命化、年轻化、知识化、专业化的要求，努力建设一支坚持党的基本路线，熟悉本职业务，热爱工会工作，受到职工信赖的干部队伍。

第三十二条 工会干部要努力做到：

（一）认真学习马克思列宁主义、毛泽东思想、邓小平理论、“三个代表”重要思想、科学发展观、习近平新时代中国特色社会主义思想，学习政治、经济、历史、文化、科技、法律和工会业务等知识，提高政治能力，增强群众工作本领。

（二）执行党的基本路线和各项方针政策，遵守国家法律、法规，在改革开放和社会主义现代化建设中勇于开拓创新。

（三）信念坚定，忠于职守，勤奋工作，敢于担当，廉洁奉公，顾全大局，维护团结。

（四）坚持实事求是，认真调查研究，如实反映职工的意见、愿望和要求。

（五）坚持原则，不谋私利，热心为职工说话办事，依法维护职工的合法权益。

（六）作风民主，联系群众，增强群众意识和群众感情，自觉接受职工群众的批评和监督。

第三十三条 各级工会组织根据有关规定管理工会干部，重视发现培养和选拔优秀年轻干部、女干部、少数民族干部，成为培养干部的重要基地。

基层工会主席、副主席任期未满不得随意调动其工作。因工作需要调动时，应事先征得本级工会委员会和上一级工会同意。

第三十四条 各级工会组织建立与健全干部培训制度。办好工会干部院校和各种培训班。

第三十五条 各级工会组织关心工会干部的思想、学习和生活，督促落实相应的待遇，支持他们的工作，坚决同打击报复工会干部的行为作斗争。

县和县以上工会设立工会干部权益保障金，保障工会干部依法履行职责。

县和县以上工会可以为基层工会选派、聘用工作人员。

第七章 工会经费和资产

第三十六条 工会经费的来源：

（一）会员交纳的会费。

（二）企业、事业单位、机关和其他社会组织按全部职工工资总额的百分之二向工会拨缴的经费或者建会筹备金。

（三）工会所属的企业、事业单位上缴的收入。

（四）人民政府和企业、事业单位、机关和其他社会组织的补助。

（五）其他收入。

第三十七条 工会经费主要用于为职工服务和开展工会活动。各级工会组织应坚持正确使用方向，加强预算管理，优化支出结构，开展监督检查。

第三十八条 县和县以上各级工会应当与税务、财政等有关部门合作，依照规定做好工会经费收缴和应当由财政负担的工会经费拨缴工作。

未成立工会的企业、事业单位、机关和其他社会组织，按工资总额的百分之二向上级工会拨缴工会建会筹备金。

具备社团法人资格的工会应当依法设立独立经费账户。

第三十九条 工会资产是社会团体资产，中华全国总工会对各级工会的资产拥有终极所有权。各级工会依法依规加强对工会资产的监督、管理，保护工会资产不受损害，促进工会资产保值增值。根据经费独立原则，建立预算、决算、资产监管和经费审查监督制度。实行“统一领导、分级管理”的财务体制、“统一所有、分级监管、单位使用”的资产监管体制和“统一领导、分级管理、分级负责、下审一级”的经费审查监督体制。工会经费、资产的管理和使用办法以及工会经费审查监督制度，由中华全国总工会制定。

第四十条 各级工会委员会按照规定编制和审批预算、决算，定期向会员大会或者会员代表大会和上一级工会委员会报告经费收支和资产管理情况，接受上级和同级工会经费审查委员会审查监督。

第四十一条 工会经费、资产和国家及企业、事业单位等拨给工会的不动产和拨付资金形成的资产受法律保护，任何单位和个人不得侵占、挪用和任意调拨；不经批准，不得改变工会所属企业、事业单位的隶属关系和产权关系。

工会组织合并，其经费资产归合并后的工会所有；工会组织撤销或者解散，其经费资产由上级工会处置。

第八章　会　　徽

第四十二条 中国工会会徽，选用汉字“中”、“工”两字，经艺术造型呈圆形重叠组成，并在两字外加一圆线，象征中国工会和中国工人阶级的团结统一。会徽的制作标准，由中华全国总工会规定。

第四十三条 中国工会会徽，可在工会办公地点、活动场所、会议会场悬挂，可作为纪念品、办公用品上的工会标志，也可以作为徽章佩戴。

第九章 附 则

第四十四条 本章程解释权属于中华全国总工会。

中华全国总工会关于加强和规范区域性、行业性工会联合会建设的意见

（2020年1月15日）

为进一步加强和规范区域性、行业性工会联合会建设，充分发挥区域性、行业性工会联合会作用，深入推进新时代工会工作创新发展，根据《工会法》及《中国工会章程》等有关规定，结合工会基层组织建设实际，提出如下意见。

一、加强和规范区域性、行业性工会联合会建设的重要意义和总体要求

（一）区域性、行业性工会联合会是基层工会的一种组织形式，是由若干个单位在各自成立基层工会组织（基层工会委员会、联合基层工会委员会或基层工会联合会）的基础上，在一定的区域或行业范围内，按照联合制、代表制原则建立的区域性、行业性的基层工会的联合体。

（二）区域性、行业性工会联合会是近年来各级工会在扩大组织覆盖、扩大工作覆盖探索实践中形成的一种有效形式。实践证明，加

强区域性、行业性工会联合会建设，对于基层工会组织围绕中心服务大局、促进区域、行业经济持续健康发展，参与基层社会治理、积极发挥作用，加强维权服务、构建和谐劳动关系，树立以职工为中心的工作导向、夯实工会基层基础，确保职工队伍和工会组织团结统一具有重要意义。

（三）加强和规范区域性、行业性工会联合会建设，要深入学习贯彻习近平总书记关于工人阶级和工会工作的重要论述特别是关于加强工会基层组织建设的重要指示精神，聚焦保持和增强政治性、先进性、群众性，坚持正确政治方向，在党组织领导、政府支持下，通过党建带工建等机制方法有序有力推进；坚持依法依规，做到依法建会、依法管会、依法履职、依法维权，健全完善制度，严格落实制度；坚持产业和地方相结合的工会组织领导原则，着眼组织健全、职责明确、关系顺畅的目标，推动形成自下而上、工作贯通、覆盖不同所有制企业和相关社会组织的组织体系；坚持从实际出发，积极稳妥推进，立足区域、行业所辖基层单位的分布、数量以及职工人数等实际，按照规模适度、便于管理、科学合理的原则进行组建，并确定覆盖范围。

二、区域性、行业性工会联合会的建立

（四）区域性、行业性工会联合会一般建立在县（市、区、旗）及以下范围内。城市工会可根据本地区域、行业发展情况，从实际出发，探索在市级建立行业性工会联合会。

（五）建立区域性、行业性工会联合会，必须坚持在同级党组织和上一级工会的领导下进行。上级工会及时有效跟踪指导服务，严把组建前置环节，严格规范组建程序，积极稳妥推进组建工作。在广泛征求各方面意见特别是覆盖单位意见，进行充分酝酿协商的基础上，经同级党组织同意并报上一级工会批准后成立工会筹备组。筹备组依法依规做好筹备工作。未建立党组织的，在上一级工会领导下进行。

（六）区域性、行业性工会联合会委员会按照联合制、代表制的原则建立。坚持广泛性和代表性，委员由本区域或行业内所覆盖基层工会的主席和适当比例的有关方面代表等组成，所覆盖基层工会数量较多的，区域性、行业性工会联合会委员会委员可以由所覆盖基层工会主席民主推选代表担任；根据工作需要，可吸收政府有关部门代表参加。

（七）区域性、行业性工会联合会委员会的产生适用《工会基层组织选举工作条例》《基层工会会员代表大会条例》等规定。担任区域性、行业性工会联合会主席、副主席职务，必须履行民主程序。区域性、行业性工会联合会主席、副主席可以由全体委员选举产生，也可以由区域性、行业性工会联合会所覆盖基层工会联合组成会员（代表）大会选举产生。区域、行业内的基层单位行政主要负责人不得作为区域性、行业性工会联合会委员会委员人选，行业协会（商会）会长、副会长等不得担任区域性、行业性工会联合会主席、副主席。上级工会派出的工会干部、社会化工会工作者或者区域、行业龙头骨干企业工会主席、社区工作者等可以作为区域性、行业性工会联合会主席、副主席人选。区域性、行业性工会联合会主席、副主席可以专职，也可以兼职，其任期与区域性、行业性工会联合会委员会相同。

（八）区域性、行业性工会联合会委员会委员实行替补、增补制。区域性、行业性工会联合会委员会委员，当其不再担任原工会组织的主要负责人时，其委员职务由其原单位工会新当选的主要负责人经履行民主程序后予以替补。新覆盖基层工会的主要负责人，经履行民主程序，可以增补为区域性、行业性工会联合会委员会委员。

（九）区域性、行业性工会联合会可结合区域、行业实际，制定工会联合会组织办法等。区域性、行业性工会联合会委员会每届任期三年至五年，任期届满应按时换届。特殊情况需提前或延期换届的，应报上一级工会批准。

（十）建立区域性、行业性工会联合会，原则上所覆盖基层工会的组织领导关系、经费拨缴关系和会员会籍关系保持不变。确需调整的，须经县级以上地方工会批准。

（十一）区域性、行业性工会联合会所覆盖区域、行业内的基层单位，应当分别单独建立基层工会组织（基层工会委员会、联合基层工会委员会或基层工会联合会）。

（十二）区域性、行业性工会联合会的名称应根据区域、行业、单位等情况确定，一般为“××（行政区划名称）+××（区域或行业名称）+工会联合会”，不能以职业名称或基层工会名称等作为区域性、行业性工会联合会的名称。

（十三）具备条件的区域性、行业性工会联合会，要在上级工会的指导下，及时登记取得社团法人资格，开设独立工会经费账户。

（十四）独立管理经费的区域性、行业性工会联合会，应同时成立工会经费审查委员会。区域性、行业性工会联合会所覆盖基层工会女职工较多的，建立女职工委员会，在工会联合会委员会领导下开展工作。

（十五）建立区域性、行业性工会联合会的，应采取有效措施，逐步实现对区域、行业内的基层工会以及不具备单独建会条件的小微企业和零散就业人员全覆盖。实际履行联合会职能但不规范的，应在上级工会指导下，按照联合制、代表制原则，逐步规范为工会联合会。

三、区域性、行业性工会联合会的主要职责任务

（十六）加强对职工的思想政治引领，承担团结引导职工群众听党话、跟党走的政治责任，推动习近平新时代中国特色社会主义思想进社区、进企业、进车间，深化理想信念教育，教育职工践行社会主义核心价值观，恪守社会公德、职业道德、家庭美德、个人品德，遵守劳动纪律。

（十七）在同级党组织和上级工会的领导下，推动和指导区域、行业内基层单位的工会组建、发展会员等工作，夯实工会基层基础。承担本区域、行业职工代表大会工作机构的职责。

（十八）大力弘扬劳模精神、劳动精神、工匠精神，组织开展具有区域特点、行业特色的劳动和技能竞赛、经济技术创新等活动，建设知识型、技能型、创新型的高素质职工队伍。

（十九）代表和组织职工依照法律规定，通过职工代表大会或其他形式参与本区域、行业民主管理和民主监督。调查研究和反映本区域、行业中涉及职工切身利益的重大问题。

（二十）参与制订本区域、本行业涉及劳动和职工权益的政策、标准等。积极推进区域、行业集体协商，推动建立区域、行业集体合同制度。

（二十一）参与协调劳动关系和调解劳动争议，协商解决涉及职工切身利益问题，为所覆盖区域、行业的基层工会和职工提供法律服务和法律援助。

（二十二）突出行业特色、区域特点、职工需求，强化服务意识、健全服务体系、建立服务机制，精准化、精细化开展服务工作。

四、区域性、行业性工会联合会的工作保障

（二十三）加强区域性、行业性工会联合会工作经费保障，建立区域性、行业性工会联合会建设专项经费，并列入本级工会年度预算，保障工会联合会正常运转。各地工会结合实际，可建立项目补贴办法，实行一事一补。区域性、行业性工会联合会可以争取行政支持，也可在所覆盖基层工会自愿的基础上，由基层工会按照一定比例承担部分工作经费。上级工会要加强对区域性、行业性工会联合会经费使用的指导监督。区域性、行业性工会联合会的经费要做到专款专用。

（二十四）加强区域性、行业性工会联合会办公场地、活动场所、服务阵地建设，根据《基层工会经费收支管理办法》等有关规定，争取多方面、多渠道为区域性、行业性工会联合会办公和开展活动提供必要的设施和活动场所等。

（二十五）各地工会可结合实际，建立区域性、行业性工会联合会工会干部日常性工作补贴制度，对非国家工作人员担任的工会主席、副主席及其他工会干部，可给予适当的工作补贴。

五、加强对区域性、行业性工会联合会建设的领导

（二十六）充分认识加强和规范区域性、行业性工会联合会建设的紧迫性和必要性，把加强对区域性、行业性工会联合会建设摆上重要位置，加强统筹协调、形成工作合力，解决好区域性、行业性工会联合会规范和建设中遇到的矛盾和困难，为区域性、行业性工会联合会作用发挥创造有利条件、提供有力保障，努力把工会联合会建设成深受职工群众信赖的学习型、服务型、创新型职工之家，工会干部努力成为职工群众信赖的娘家人、贴心人。

（二十七）积极探索符合区域性、行业性工会联合会特点的工会干部管理使用方式，拓宽来源渠道，采取专职、兼职、挂职相结合的方式，配备区域性、行业性工会联合会干部。加强教育培训，切实提高工会干部适应岗位需要的能力素质。

（二十八）加强分类指导，注重对已建立的区域性、行业性工会联合会加强规范；立足区域、行业实际，适应职工需求，指导区域性、行业性工会联合会突出工作重点，发挥优势作用。加强调查研究，及时总结推广好典型、好经验，发挥示范引领作用。加强监督检查，严格考核考评，坚持问题导向，督促整改解决，不断提升区域性、行业性工会联合会整体建设水平。

图书在版编目（CIP）数据

中华人民共和国工会法释义／张勇，许山松主编
．—北京：中国法制出版社，2022. 1
ISBN 978-7-5216-2473-1

Ⅰ. ①中… Ⅱ. ①张… ②许… Ⅲ. ①工会法-法律
解释-中国 Ⅳ. ①D922. 565

中国版本图书馆 CIP 数据核字（2022）第 015103 号

策划编辑 袁笋冰　　责任编辑 王林林　　封面设计 李 宁

中华人民共和国工会法释义

ZHONGHUA RENMIN GONGHEGUO GONGHUIFA SHIYI

主编/张勇，许山松
经销/新华书店
印刷/保定市中画美凯印刷有限公司
开本/880 毫米×1230 毫米 32 开　　印张/ 14. 25 字数/ 309 千
版次/2022 年 1 月第 1 版　　2022 年 1 月第 1 次印刷

中国法制出版社出版
书号 ISBN 978-7-5216-2473-1　　定价：58. 00 元

北京市西城区西便门西里甲 16 号西便门办公区
邮政编码：100053　　传真：010-63141852
网址：http：//www. zgfzs. com　　编辑部电话：010-63141672
市场营销部电话：010-63141612　　印务部电话：010-63141606

（如有印装质量问题，请与本社印务部联系。）